关于我们

神奇的考点母题以多位财政部会计财务评价中心专家为核心，联袂著名大学的博士、教授，秉承 **"四精" "三六"** 的教学理念，独创"神奇的考点母题"五步教学法，助力财会人才实现职业梦想。

核心业务

| 初级会计师 | 中级会计师 | 高级会计师 |

| 注册会计师 | 税务师 |

神母优势

1、**豪华的师资团队**：优秀专家团队，教授领衔、全博士阵容

2、**经过实践的通关保障**：丰富的考试研究经验和命题经验

3、**独特的教学理念**：独创五步教学法 、四精课程 "三六"原则

4、**硬核的《神奇的考点母题》系列教材**：精准定位考点 真题之源

5、**高质量的准真题和考前神奇密训卷**：聚焦考试重点，一题顶十题

神奇的考点母题 专注财经考试培训
致力成为财经考试培训标准领航者

@神奇母题会计图书

抖音号：89711618843

神奇母题官方图书号

神母豪华师资阵容

—— 教授领衔 全博授课 ——

王峰娟 教授 / 博士
北京工商大学商学院 教授、博士生导师
中央财经大学 博士

杨克智 副教授 / 博士
中央财经大学 会计学博士
北京工商大学MPAcc中心主任

张晓婷 教授 / 博士
北京师范大学 法学院教授
中国人民大学 博士

任翠玉 教授 / 博士
东北财经大学 会计学院 博士、教授

张旭娟 教授 / 博士
山西财经大学 法学院教授
中国政法大学 法学博士

宋迪 博士
中国政法大学 教师
中国人民大学会计学 博士

鄢翔 博士
上海财经大学 会计学博士
首都经济贸易大学 教师

于上尧 博士
中国人民大学财务与金融系 博士
北京工商大学财务系 副教授 硕士研究生导师

郝琳琳 教授 / 博士后
北京工商大学 法学院 教授
财政部科研院 博士后

刘胜 博士
北京工商大学 金融学博士
首都经济贸易大学 特聘导师

高瑜彬 副教授 / 博士
北京工商大学 会计系副主任、副教授
吉林大学管理学、会计学 博士

李静怡 副教授 / 博士
东北财经大学 副教授、经济学博士

李辰颖 副教授 / 博士后
北京林业大学 经济管理学院 副教授
中央财经大学 管理学 博士
上海财经大学 博士后

邹学庚 博士
中国政法大学民商法学 博士
中国政法大学民商经济法学院 教师

宋淑琴 教授 / 博士
东北财经大学教授，管理学博士
辽宁省教学名师

华忆昕 博士
中国政法大学民商法学博士
中国政法大学商学院教师

师资团队	授课明细
初级领航天团	杨克智 鄢翔 /《初级会计实务》、张晓婷 宋迪 /《经济法基础》
中级神奇天团	王峰娟 任翠玉 /《财务管理》、杨克智 /《会计实务》、张晓婷 张旭娟 /《经济法》
高级会计 - 核之队	王峰娟 杨克智 /《高级会计实务》
注会圆梦天团	杨克智 /《会计》、王峰娟 于上尧 /《财务成本管理》、张晓婷 /《经济法》 鄢翔 /《审计》、刘胜 /《战略》、郝琳琳 /《税法》
税务师梦之队	任翠玉 /《财务与会计》- 财务管理、高瑜彬 /《财务与会计》- 会计、 李辰颖 /《税法》（一）、李静怡 /《税法》（二）、 宋迪 /《涉税服务实务》、邹学庚 /《涉税服务相关法律》

考点母题 真题之源 聚焦考点 助力上岸

"四精"课程服务

高效通关有保障

精致
内容质量高

精准
考点定位准

精短
时间消耗少

精彩
专家讲授棒

神奇的考点母题——"三六"原则

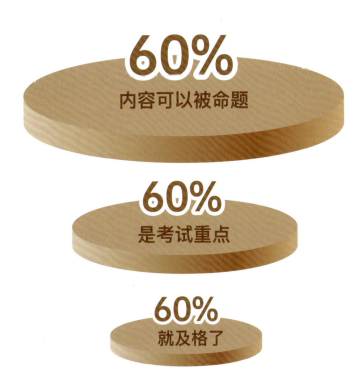

60%
内容可以被命题

60%
是考试重点

60%
就及格了

花少量的时间，掌握**关键内容**，
抓住重点你也可以轻松上岸

神奇的考点母题——五步教学法

五步教学法是一个教学闭环和通关阵法，环环相扣、互为依托，相辅相成。神奇的考点母题五步教学法通过大量实践，已经展现了其独特的魅力。

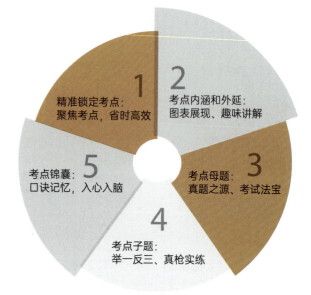

1 精准锁定考点：
聚焦考点，省时高效

2 考点内涵和外延：
图表展现、趣味讲解

3 考点母题：
真题之源、考试法宝

4 考点子题：
举一反三、真枪实练

5 考点锦囊：
口诀记忆，入心入脑

全程专家直播授课

全程直播授课
专家全程直播授课，"博士级"名师在线答疑

母题模式
母题讲解模式，摆脱题海战术，以不变应万变

考点剖析精讲
浓缩考试精华，直击要点，考点全覆盖，一题顶十题

其他培训机构	VS	神奇的考点母题	
机构讲师授课	VS	全国性考试前命题专家授课	✓
大部分为录播+少部分课程直播	VS	全程100%直播+答疑	✓
常规讲解模式	VS	独创母题讲解模式	✓
无答疑或者松散答题服务	VS	全国性考试前命题专家授课+211，985具有博士学历大学老师联合答疑	✓

THE MAGIC KEY TO EXAM

中级会计实务

应试指导及母题精讲

神奇母题® ①

编著 ◎ 杨克智

THE MAGIC KEY
TO EXAM

团结出版社
UNITY PRESS

图书在版编目（ＣＩＰ）数据

中级会计实务应试指导及母题精讲 / 杨克智编著
. -- 北京：团结出版社, 2023.3
ISBN 978-7-5126-9931-1

Ⅰ.①中… Ⅱ.①杨… Ⅲ.①会计实务—资格考试—题解 Ⅳ.① F233-44

中国版本图书馆 CIP 数据核字 (2022) 第 236083 号

出　　版：团结出版社
　　　　　（北京市东城区东皇城根南街 84 号 邮编：100006）
电　　话：（010）65228880　65244790
网　　址：http://www.tjpress.com
E-mail：65244790@163.com
经　　销：全国新华书店
印　　刷：涿州汇美亿浓印刷有限公司
装　　订：涿州汇美亿浓印刷有限公司

开　　本：185mm×260mm　16 开
印　　张：35
字　　数：328 千字
版　　次：2023 年 5 月　第 1 版
印　　次：2023 年 5 月　第 1 次印刷

书　　号：978-7-5126-9931-1
定　　价：99.00 元

前　言

相较于注册会计师、税务师而言，中级会计师考试难度较为适中。考试的基本要求为连续两年通过《中级会计实务》《财务管理》《经济法》三个科目。从最近几年的趋势看，考试难度有所加强。鉴于此，神奇考点母题团队精心编制了本套中级会计师系列辅导教材，本系列辅导教材按照最新考试大纲和教材、尊重命题规律和考生学习规律、以考点母题为本位、辅之以子题进行编制。本套辅导教材的特点有：

1. 考点母题化

将教材内容进行优化，剔除不能出考题的内容，或者出题概率不大的内容，将教材凝缩为考点母题，使讲义的内容更加精致，考点更加集中。同时将考点对应的真题出题方向和选项进行全面、精准归纳，形成真题出题的原料库。考点母题搭建起教材和考试之间的桥梁，掌握了考点母题就掌握了考试的秘方，解决了考生"学习学得好但考试不一定考得好"的问题，让考试更轻松，过关更高效。在精致的基础上，做到精短、精准。

2. 习题子题化

将考点母题按照真题的范式衍生出考点子题，考点子题完全按照真题的难度和要求命制，是高质量准真题。通过练习考点子题，掌握考点母题衍生真题的规律，举一反三，有的放矢，拒绝题海战术。把好题练好，练熟。

3. 教材形象化

看漫画学知识，将教材海量文字内容通过漫画的形式或图表的形式进行展示，将公式形象化，让教材通俗易懂、一目了然。本书将核心考点内容都漫画化了，核心公式都形式化、可视化了，让内容更生动，学习更有趣。

4. 记忆口诀化

根据各科目考试特点，将需要记忆的考点总结成朗朗上口的记忆口诀，让考点入心入脑，不但让考生学会考点内容和母题内容，还让考生能轻松地记忆和准确运用。

5. 书课一体化

本套辅导教材为神奇母题课程的授课讲义，完全书课一体。神奇的考点母题授课团队均为高校教授、博士，考点把握精准、授课专业精彩、课时精短高效、课程资料精致。书中部分考点母题配有考点视频二维码，方便考生立体学习。

《中级会计实务》是基础性科目，特点是章节内容多，备考难度大，学习时间长。本书的编写过程中设置了【考点藏宝图】【会计故事会】【考点锦囊】【考点小卡片】等特色栏目，帮助考生更好地学习，提高备考效率。其中，【考点藏宝图】将考点相关的文字内容绘制成各种场景图、逻辑图、框架图，将考点内容直观呈现。【会计故事会】将抽象的概念通过生活中的小故事进行趣味化讲解。【考点锦囊】将不好记忆、容易遗忘和混淆的考点内容编制成入心入脑、朗朗上口的口诀，方便记忆。【考点小卡片】通过图表的形式对跨考点内容进行全面系统地总结、对比、提炼。本书由杨克智博士编著，李梦瑶、张蓉蓉、杜春梅参与了校对、编辑等工作。

神奇的考点母题教研团队

杨克智 副教授 博士

北京工商大学会计系副教授，MPAcc 中心执行主任，硕士生导师

中央财经大学会计学博士

中国注册会计师

中国商业会计学会理事

国家一流专业、一流课程主讲教师

主持国家社科基金项目 1 项、北京社科基金项目 1 项

参与国家社科重大基金项目、重点基金项目多项

发表学术论文 20 多篇

神奇的考点母题创始人

《会计故事会》畅销书作者

目　录

第 1 章　概述

本章介绍了会计职业道德、会计法规制度体系以及会计目标、会计要素和会计信息质量要求。考试以客观题为主，重点是会计信息质量要求。

本章思维导图

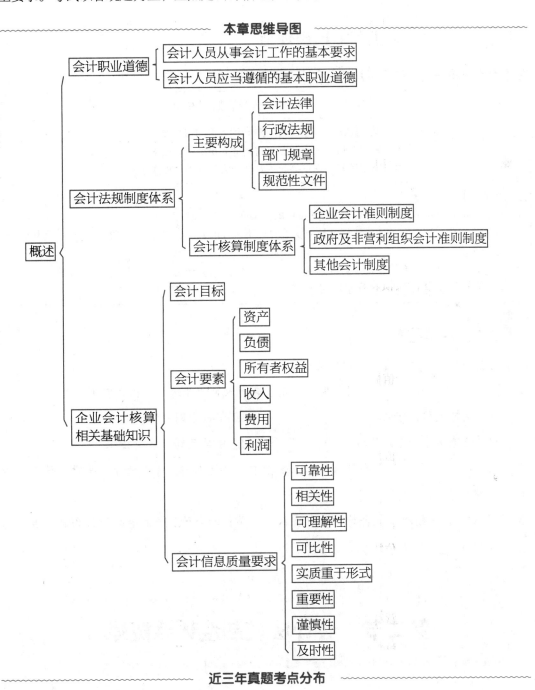

近三年真题考点分布

略（2023 年新增，考客观题）

第一节 会计职业道德概述

考点1 会计人员职业道德规范

▲【考点母题——万变不离其宗】会计人员职业道德

会计人员职业道德	（1）下列各项中，属于会计人员职业道德的内容有（ ）。
	A. 坚持诚信，守法奉公（对会计人员的自律要求） B. 坚持准则，守责敬业（对会计人员的履职要求） C. 坚持学习，守正创新（对会计人员的发展要求）

【判断金句】
1. 单位负责人对本单位的会计工作和会计资料的真实性、完整性负责。（ ）
2. 因发生与会计职务有关的违法行为被依法追究刑事责任的人员，单位不得任用（聘用）其从事会计工作。（ ）
3. 因违反《会计法》有关规定受到行政处罚五年内不得从事会计工作的人员，处罚期届满前，单位不得任用（聘用）其从事会计工作。（ ）

 考点锦囊 <u>三坚三守。</u>

▲【考点子题——举一反三，真枪实练】

[1]【经典子题·多选题】下列各项中，属于会计人员职业道德的内容有（ ）。

　　A. 坚持诚信，守法奉公　　　　　　B. 坚持准则，守责敬业

　　C. 坚持学习，守正创新　　　　　　D. 坚持原则，客观公正

[2]【经典子题·判断题】会计人员职业道德中"坚持准则，守责敬业"是对会计人员的自律要求。（ ）

[3]【经典子题·判断题】会计机构负责人对本单位的会计工作和会计资料的真实性、完整性负责。（ ）

第二节 会计法规制度体系概述

略

第三节　会计目标、会计要素和会计信息质量要求

考点 2　财务报告目标

财务报告的目标是向财务报告使用者提供与企业财务状况、经营成果和现金流量等有关的会计信息，反映企业管理层受托责任履行情况，有助于财务报告使用者作出经济决策。

【考点藏宝图】

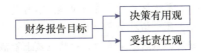

会计故事会·行车记录仪

包子铺高老板从天安门打车到鸟巢平时打车费 50 元，这次打车花了 80 元，怀疑司机绕路了，高老板可以通过查看行车记录仪上记录的行车轨迹判断司机是否绕路，什么地点上的车、走的哪条路、什么时间下的车，行车记录仪上都有记录。行车记录仪提供的行车轨迹信息可以反映出租车司机受乘客之托将乘客安全、快速地送达目的地的受托责任履行情况，会计上把它称之为**受托责任观**。

考点 3　会计要素及其确认条件

会计要素是根据交易或者事项的经济特征所确定的财务会计对象的基本分类。会计要素按照其性质分为资产、负债、所有者权益、收入、费用和利润。

第1章

反映企业的财务状况 （与资产负债表有关）	反映企业的经营成果 （与利润表有关）
资产＝负债＋所有者权益	收入－费用＝利润

1. 资产

要素	概念	特征	确认条件
资产	过去的交易或者事项形成的、由企业拥有或控制的、预期会给企业带来经济利益的资源	1. 预期带来经济利益 2. 企业拥有或者控制的资源 3. 过去的交易或者事项形成	1. 经济利益很可能流入 2. 该资源的成本或者价值能够可靠地计量

 会计故事会·孙悟空是不是资产

孙悟空是不是资产要看是否满足三个条件。一看是不是过去的交易或事项。唐僧路过五指山把孙悟空救出来，孙悟空感动的都哭了，属于过去的交易或事项；二看是否拥有或控制。当孙悟空戴上紧箍咒的这天，唐僧才能控制孙悟空，不听话就念咒语；三看是不是资源。孙悟空是武功高强，是一个很好的保镖，因此是一个难得的资源。从这个角度看，孙悟空戴上紧箍咒的这一天应该确认为唐僧的一项资产。

过去的交易或事项　　　　　　由企业拥有或控制　　　　　预期能给企业带来经济利益

 会计故事会·中奖了

小王买了一张彩票奖金是 500 万元。这张彩票符合资产的概念，过去买的，中了奖属于小王的，预期会带来 500 万元。我们再看看是否符合确认条件，如果中奖未来流入的金额是确定的 500 万元，但是能不能很可能流入呢，如果很可能流入大家都去买彩票了，还辛辛苦苦考证干嘛，该干嘛干嘛去。

 会计故事会·大师怎么记账

1931 年 12 月 3 日清华大学迎来了她的第 10 任校长梅贻琦，梅贻琦校长在就职典礼上，留下了中国大学史上最著名的一句话："所谓大学之大，非有大楼之谓也，乃有大师之谓也"。大学最核心的资产是老师，老师也符合会计上资产的定义，但是老师作为一项资产或资源金额是多少？这个不好计量，大师是无价之宝，会计是货币计量，没有金额就无法在报表上列示，这叫该资源的成本或者价值不能够可靠地计量不确认资产。

2．负债

要素	概念	特征	确认条件
负债	过去的交易或者事项形成的、预期会导致经济利益流出企业的现时义务	1. 企业承担的现时义务（含法定义务和推定义务） 2. 预期会导致经济利益流出 3. 过去的交易或者事项形成	1. 经济利益很可能流出 2. 未来流出的经济利益能够可靠地计量

会计故事会·姐姐的借款

　　小军向姐姐借1000元钱谈个恋爱，钱已经借了，这叫过去的交易或事项形成的。如果小军准备将来把1000元还给姐姐，这叫预期会导致经济利益的流出，没有还钱之前确认为一项负债。如果小军借钱后不准备还了，这就不是预期会导致经济利益的流出了，不是负债是收入。

【考点子题——举一反三，真枪实练】

[4]【历年真题·判断题】负债是企业承担的现时义务，包括法定义务和推定义务。（　　）

3．所有者权益

要素	概念	特征	确认条件
所有者权益	资产 - 负债 = 所有者权益，由所有者享有的剩余权益	由所有者投入的资本、资本公积、其他综合收益以及盈余公积和未分配利润构成	依赖于其他会计要素，尤其是资产和负债的确认

会计故事会·准岳母的尽职调查

　　小花到了婚配的年龄，隔壁邻居张大妈给小花介绍了一个远房亲戚小张。这天小花的父母偷偷的过来做尽职调查，一看小张家房子、车子一应俱全，看上去家底很殷实。进一步了解发现小张家建房子和买车的钱都是借的，负债累累，这就是典型的外表风光，家底拮据，所以尽职调查除了看外表的资产，关键还要看实际的所有者权益。

【考点母题——万变不离其宗】所有者权益

（1）下列各项中，导致企业所有者权益总额发生增减变动的有（　　）。
A．宣告分派现金股利　　　　　　B．所有者投入资本 C．其他综合收益变动　　　　　　D．盈利或亏损
（2）下列各项中，不会导致企业所有者权益总额发生增减变动的有（　　）。
A．用盈余公积弥补亏损　　　B．提取法定盈余公积　　　C．实际发放股票股利

 内部结转叫乱炖，都在锅里。

⚠️【考点子题——举一反三，真枪实练】

[5]【历年真题·判断题】所有者权益体现的是所有者在企业中的剩余权益，其确认和计量主要依赖于资产、负债等其他会计要素的确认和计量。（　　）

[6]【历年真题·单选题】下列各项中，将导致企业所有者权益总额发生增减变动的是（　　）。

A. 实际发放股票股利 　　　　　　B. 提取法定盈余公积

C. 宣告分配现金股利 　　　　　　D. 用盈余公积弥补亏损

4．收入、费用和利润

要素	概念	特征	确认条件
收入	日常活动中形成的、会导致所有者权益增加的、与所有者投入资本无关的经济利益的总流入	1. 日常活动中形成 2. 与所有者投入资本无关的经济利益的总流入 3. 会导致所有者权益的增加	五个条件
费用	日常活动中发生的、会导致所有者权益减少的、与向所有者分配利润无关的经济利益的总流出	1. 日常活动中形成 2. 与向所有者分配利润无关 3. 会导致所有者权益的减少	1. 经济利益很可能流出 2. 流出金额能可靠计量
利润	是指企业在一定会计期间的经营成果	1. 收入减去费用后的净额反映的是企业日常活动的业绩 2. 直接计入当期利润的得和损失反映的是企业非日常活动的业绩	主要依赖于收入和费用以及利得和损失的确认

会计故事会·守株待兔

宋国有个农民，他的田地中有一截树桩。一天，一只跑得飞快的野兔撞在了树桩上，扭断了脖子死了。这就是利得，天上掉的馅饼。如果每天都有一只不知死活的野兔往树桩上撞，农夫天天守着这截树桩就可以，属于日常活动，这就是收入。

会计故事会·鱼饵

高老板周末喜欢钓鱼，钓鱼先要有鱼饵，这就是费用，钓上的鱼就是收入。会计上收入和费用是成双成对的，有收入就有费用，这叫配比原则。而利得和损失不强调配比，是单边的，偶然的。

⚠️【考点链接】利得损失

下面将利得与收入、损失与费用、所有者权益以及利润进行归纳总结。

类别	共同点		不同点	核算方法
收入	经济利益流入	总流入	日常活动引起	计入主营业务收入、其他业务收入
利得		净流入	非日常活动引起	计入营业外收入、其他综合收益
费用	经济利益流出	总流出	日常活动引起	计入主营业务成本、其他业务成本、管理费用等
损失		净流出	非日常活动引起	计入营业外支出、其他综合收益

【考点子题——举一反三，真枪实练】

[7]【经典子题·判断题】利润包括收入减去费用后的净额以及直接计入当期利润的利得和损失。（　　）

[8]【经典子题·单选题】下列有关收入和利得的表述中，正确的是（　　）。

A. 收入源于日常活动，利得也可能源于日常活动

B. 收入会影响利润，利得也一定会影响利润

C. 收入源于日常活动，利得源于非日常活动

D. 收入会导致所有者权益的增加，利得不一定会导致所有者权益的增加

考点4　会计信息质量要求

会计信息质量要求包括可靠性、相关性、可理解性、可比性、实质重于形式、重要性、谨慎性和及时性等。

项目	概念	（概念趣解）
可靠性	以实际发生的交易或者事项为依据进行确认、计量和报告，如实反映，保证会计信息真实可靠、内容完整	包子铺的口碑
相关性	信息应当与投资者等财务报告使用者的经济决策需要相关	学什么考什么，这就是相关性
可理解性	要求清晰明了，便于理解和使用	阿尔兹海默症是啥？原来就是老年痴呆
可比性	1. 同一企业不同时期发生的相同或相似的交易或事项，采用一致的会计政策 2. 不同企业同一会计期间，采用相同或相似的会计政策。	没有对比就没有伤害

续表

实质重于形式	按照交易或者事项的经济实质进行会计确认、计量和报告，而不应仅以交易或者事项的法律形式为依据	晚上出门遇到抢劫的，"兄弟，最近手头比较紧张，借哥点钱用吧"。形式上说借钱，实质上是"我被抢劫了，快报警啊"
重要性	会计信息应当反映所有重要交易或者事项	捡干货报告
谨慎性	既不高估资产或收益，也不低估负债或费用，不允许企业设置秘密准备	上班怕堵车，提前10分钟出门
及时性	企业对于已经发生的交易或事项，及时进行确认、计量和报告，不得提前或者延后	日后事项搭便车

 会计故事会·包子铺的口碑

　　高老板的包子铺网上显示全是好评和点赞，这个信息可靠吗？一是要注意这个好评和点赞是不是真实的，有没有可能是"水军"，信息不真实；二是可能高老板只显示好评和点赞，屏蔽了差评，也就是说披露的信息不完整。所以，可靠性包括真实性和完整性。

【考点母题——万变不离其宗】会计信息质量要求

实质重于形式	（1）下列各项交易或事项的会计处理中，体现实质重于形式原则的有（　　）。
	A. 商品售后回购，属于租赁交易或融资交易时，不确认商品销售收入 B. 将租入资产确认为企业的使用权资产
谨慎性	（2）下列各项交易或事项的会计处理中，体现谨慎性原则的有（　　）。
	A. 要求企业对可能发生的资产减值损失计提资产减值准备 B. 对售出商品可能发生的保修义务等确认预计负债
重要性	（3）下列各项交易或事项的会计处理中，体现重要性原则的有（　　）。
	A. 不重要的周转材料按照存货进行会计处理 B. 商品流通企业采购商品时将金额较小的运杂费直接记入当期损益
可比性	（4）下列各项交易或事项的会计处理中，体现可比性原则的有（　　）。
	A. 企业不得随意变更会计政策（例如存货发出计价方法）

【考点子题——举一反三，真枪实练】

［9］【历年真题·单选题】下列各项中，体现实质重于形式会计信息质量要求的是（　　）。

　　A. 不重要的周转材料按照存货进行会计处理

　　B. 对不存在标的资产的亏损合同确认预计负债

　　C. 商品售后回购属于融资交易的，不确认商品销售收入

　　D. 对无形资产计提减值准备

[10]【历年真题·判断题】企业应当根据其所处环境和实际情况，从项目性质和金额大小两个方面判断会计信息的重要性。（　　）

[11]【历年真题·判断题】企业为减少本年度亏损而调减应计提的资产减值准备金额，体现了会计核算的谨慎性质量要求。（　　）

［本章考点子题答案及解析］

[1]【答案：ABC】会计人员职业道德包括坚持诚信，守法奉公；坚持准则，守责敬业；坚持学习，守正创新。

[2]【答案：×】"坚持准则，守责敬业"是对会计人员的履职要求。

[3]【答案：×】单位负责人对本单位的会计工作和会计资料的真实性、完整性负责。

[4]【答案：√】

[5]【答案：√】

[6]【答案：C】选项C，宣告分派现金股利，借方为利润分配，贷方为应付股利，所有者权益减少，负债增加。其他选项所有者权益总额不变。

[7]【答案：√】

[8]【答案：C】利得是指由企业非日常活动所形成的、会导致所有者权益增加的、与所有者投入资本无关的经济利益的净流入。利得可能直接计入所有者权益，也可能计入当期损益，但最终都会导致所有者权益增加。

[9]【答案：C】商品售后回购属于融资交易的，不确认商品销售收入，体现了实质重于形式的会计信息质量要求，选项C正确；选项A，属于重要性要求；选项B、D，属于谨慎性原则。

[10]【答案：√】

[11]【答案：×】谨慎性原则要求不得多计资产和收益，不得少计负债或费用，并不得设置秘密准备。为减少本年度亏损而调减应计提的资产减值准备金额，属于滥用会计估计，应作为重大会计差错进行处理。

第 2 章　存货

本章介绍了存货的初始计量、期末计量。考试以客观题为主，重点掌握打狗棒法。

本章思维导图

```
                ┌─ 存货的概念（出售目的、仔一窝）
        存货的确认 ┤
        和初始计量 ├─ 存货的确认条件
                │
                └─ 存货的初始计量（价费税）

                ┌─ 存货期末计量原则（成本与可
                │  变现净值孰低）（成本一动不
                │  动，可变现净值龙飞凤舞）
存货 ┤
                │                    ┌─ 产品（有合同看合   产成品估计售价-
                │                    │  同，没合同看市场）  进一步加工的成本-
        存货的期末 ┤                    │                估计的销售费用-
        计量      │   存货期末计量方法 ┤─ 原材料（加工看产   估计的相关税费（三
                └─                   │  品，出售看自己）   估一加）
                                     │
                                     └─ 存货跌价准备科目
                                        （锁定期末余额关
                                        门打狗）
```

近三年真题考点分布

题　型	2020 年		2021 年		2022 年		考　点
	第一批	第二批	第一批	第二批	第一批	第二批	
单选题	2	1	1	1	1	1	存货成本的确认；委托加工物资收回后的入账价值；可变现净值的确定；存货期末计价；跌价准备的计提与结转
多选题	1	1	1	1	1	—	
判断题	—	1	—	1	—	—	
计算分析题	—	—	—	—	—	—	
综合题	—	—	—	—	—	1	

第一节　存货的确认和初始计量

考点 1　存货的初始计量

存货是指企业在日常活动中持有以备出售的产成品或商品、处在生产过程中的在产品、在生产过程或提供劳务过程中耗用的材料和物料等。

会计故事会·鸡场的存货

鸡场养鸡下蛋，下蛋的母鸡不是为了出售，因此母鸡不是存货。母鸡下的蛋是为了出售，鸡蛋就是养鸡场的存货。如果养鸡场养的是肉鸡，主要是卖鸡，那么饲养的鸡就是存货。如果是销售孵化的小鸡，那么孵小鸡的鸡蛋、孵化过程中的鸡蛋以及孵化出的小鸡都是存货。

考点锦囊 存货卖卖卖。

存货应当按照成本进行初始计量，包括相关价款和税费。

第2章

会计故事会·包子铺

　　包子铺从国外进口一批面粉，面粉成本包括支付的价款、支付给远洋运输公司的运输费、支付给保险公司的保险费、支付给海关的关税以及入关后运输费、装卸费等等，这些价费税都是取得存货必不可少的必要支出，都计入存货成本。面粉从采购直到进入包子铺仓库完成装卸入库后关上仓库大门的这个时点，面粉的最终成本才盖棺定论，这时存货的成本就确定了。入库后的成本就跟存货取得成本无关了。

✦【考点母题——万变不离其宗】存货的初始计量

下列各项中，一般纳税企业应计入存货成本的有（　　）。

外购存货	A. 发票账单上列明的价款（不含增值税） B. 材料采购过程中发生的仓储费、包装费、运输费、保险费 C. 原材料入库前的装卸费用、挑选整理费　　D. 进口原材料支付的关税 E. 应税消费品缴纳的消费税、资源税　　　　F. 运输途中的合理损耗
商品流通企业	A. 商品流通企业在采购商品过程中发生的运输费、装卸费、保险费等，应计入存货的采购成本 B. 商品流通企业采购商品的进货费用金额较小的，可以在发生时直接计入当期损益（销售费用）
自行生产的存货	A. 直接材料费　　　　　　　　　　　　　B. 直接人工费 C. 制造费用。各项间接费用，包括生产车间管理人员的薪酬、折旧费、办公费、水电费、季节性和修理期间的停工损失等
投资者投入的存货	A. 按照投资合同或协议约定的价值确定 B. 合同或协议约定价值不公允的，按照公允价值入账
提供劳务取得的存货	A. 按提供劳务人员的直接人工和其他直接费用以及可归属于该存货的间接费用确定
委托外单位加工的存货	A. 发出委托加工的物资的材料成本、运输费用、加工费、装卸费 B. 因委托加工原材料收回后直接销售的商品而支付的受托方代收代缴的消费税

考点锦囊 存货成本价费税。

❀【考点藏宝图】

项目	收回委托加工物资	直接出售 / 加工后出售
直接出售	借：库存商品（委托加工物资成本、加工费、消费税） 　　应交税费——应交增值税（进项税额） 　贷：委托加工物资 　　　银行存款（加工费、增值税、消费税）	借：银行存款 　贷：主营业务收入 　　　应交税费——应交增值税（销项税额）

续表

继续加工应税消费品	借：库存商品（委托加工物资成本、加工费） 应交税费——应交增值税（进项税额） ——应交消费税 贷：委托加工物资 银行存款（加工费、增值税、消费税）	借：银行存款 贷：主营业务收入 应交税费——应交增值税（销项税额） 借：税金及附加 贷：应交税费——应交消费税

⊿【考点子题——举一反三，真枪实练】

[1]【历年真题·多选题】企业委托加工一批非金银首饰的应税消费品，收回后直接用于销售。不考虑其他因素，下列各项中，应当计入收回的已加工产品成本的有（ ）。

A. 委托加工耗用原材料的实际成本　　B. 支付的加工费

C. 收回委托加工产品时支付的运杂费　　D. 支付给受托方的由其代收代缴的消费税

[2]【历年真题·单选题】甲、乙公司均系增值税一般纳税人。2×19年12月1日甲公司委托乙公司加工一批应缴纳消费税的W产品，W产品收回后继续生产应税消费品。为生产该批W产品，甲公司耗用原材料的成本为120万元，支付加工费用33万元、增值税税额4.29万元、消费税税额17万元。不考虑其他因素，甲公司收回的该批W产品的入账价值为（ ）万元。

A. 170　　　B. 174.29　　　C. 157.29　　　D. 153

[3]【历年真题·多选题】下列各项中，应当计入企业外购原材料初始入账金额的有（ ）。

A. 入库前的装卸费用　　B. 运输途中的保险费

C. 入库前的合理损耗　　D. 入库后的仓储费用

[4]【历年真题·单选题】甲公司系增值税一般纳税人。2×21年8月1日外购一批原材料，取得的增值税专用发票上注明的价款为100万元，增值税税额为13万元。支付原材料运费取得的增值税专用发票上注明的价款为1万元，增值税税额为0.09万元。不考虑其他因素，该批原材料的初始入账金额为（ ）万元。

A. 114.09　　　B. 100　　　C. 113　　　D. 101

[5]【历年真题·单选题】甲公司系增值税一般纳税人。2×19年12月1日外购2 000千克原材料，取得的增值税专用发票上注明的价款为100 000元，增值税税额为13 000元，采购过程中发生合理损耗10千克。不考虑其他因素，该批原材料的入账价值为（ ）元。

A. 112 435　　　B. 100 000　　　C. 99 500　　　D. 113 000

[6]【历年真题·单选题】甲公司系增值税一般纳税人，2018年3月2日购买W商品

1 000 千克，运输途中合理损耗 50 千克，实际入库 950 千克。甲公司取得的增值税专用发票上注明的价款为 95 000 元，增值税税额为 16 150 元。不考虑其他因素，甲公司入库 W 商品的单位成本为（   ）元/千克。

    A. 95   B. 100   C. 111.15   D. 117

〔7〕【历年真题·单选题】甲公司系增值税一般纳税人。2018 年 12 月 1 日外购一批原材料，取得的增值税专用发票上注明的价款为 80 万元，增值税税额为 12.8 万元，入库前发生挑选整理费 1 万元。不考虑其他因素，该批原材料的入账价值为（   ）万元。

    A. 93.8   B. 80   C. 81   D. 92.8

〔8〕【历年真题·判断题】企业接受投资者投入存货的成本，应当按照投资合同或协议约定的价值确定，但投资合同或协议约定的价值不公允的除外。（   ）

〔9〕【历年真题·判断题】企业通过提供劳务取得存货的成本，按提供劳务人员的直接人工和其他直接费用以及可归属于该存货的间接费用确定。（   ）

第二节　存货的期末计量

 考点 2　可变现净值的计算

    资产负债表日存货按照成本与可变现净值孰低计量。可变现净值是指在日常活动中，以预计售价减去进一步加工成本和预计销售费用以及相关税费后的净值。

【考点藏宝图】

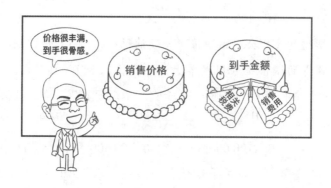

会计故事会·发黑的香蕉

　　一家水果店采购有各种水果，苹果、香蕉等，这些水果就是存货。月末由于存放时间较长香蕉表皮发黑，这就是会计上的减值迹象。出现减值迹象后，说明香蕉可能要亏本了，估计香蕉打折出售并扣除销售费用和相关税费到手净额为 60 元，这就是可变现净值，计算可变现净值就是减值测试。如果香蕉的成本为 100 元，可变现净值为 60 元，说明香蕉减值了，需要计提 40 元的存货跌价准备。

【考点母题——万变不离其宗】存货的可变现净值

下列各项中，关于可变现净值表述正确的有（　　）。		
库存商品	没有不可撤销的销售合同部分	A. 市场销售价格 – 估计的销售费用 – 估计的相关税费
	不可撤销的销售合同部分	B. 合同价格 – 估计的销售费用 – 估计的相关税费
原材料	**一般情况（默认情况）：加工成库存商品**	C. 产成品市场销售价格 – 估计进一步加工的成本 – 估计的销售费用 – 估计的相关税费
	直接出售	D. 市场销售价格 – 估计的销售费用 – 估计的相关税费

考点锦囊 有合同看合同，材料看产品。

 会计故事会·原材料可变现净值

　　一家包子铺采购了一批成本为 100 元的面粉准备做包子用，资产负债表日面粉市场价格涨到 120 元，但由于疫情影响包子价格下降。假设将这批面粉加工成包子的总成本 500 元（除了面粉成本 100 元，其他人工、租金等固定成本 400 元），估计包子的总售价为 450 元。表明上看来面粉可以赚 20 元，但如果把面粉卖了，包子做不成了，固定成本 400 元不管做不做包子都要发生，这样实际亏 380 元（400-20）。如果加工成包子再卖呢？实际亏 50 元（包子售价 450-面粉进一步加工成包子的成本 400 元-面粉的成本 100 元）。所以，会计上对原材料一般要用产成品估计售价减去进一步加工成本，再减去估计的销售费用和相关税费后的金额确定其可变现净值，即倒挤法。计算原材料的可变现净值不能捡了芝麻丢了西瓜，得不偿失，会计要算大账。

【考点子题——举一反三，真枪实练】

[10]【历年真题·判断题】企业为执行不可撤销的销售合同而持有的存货，应当以合同价格为基础确定其可变现净值。（　　）

[11]【历年真题·判断题】持有存货的数量多于销售合同订购数量的，超出部分的存货可变现净值应当以产成品或商品的合同价格作为计算基础。（　　）

[12]【历年真题·单选题】2018 年 12 月 10 日，甲公司与乙公司签订了一份不可撤销的销售合同。合同约定，甲公司应于 2019 年 2 月 10 日以每台 30 万元的价格向乙公司交付 5 台 H 产品。2018 年 12 月 31 日，甲公司库存的专门用于生产上述产品的 K 材料账面价值为 100 万元，市场销售价格为 98 万元，预计将 K 材料加工成上述产

尚需发生加工成本 40 万元，与销售上述产品相关的税费 15 万元。不考虑其他因素，2018 年 12 月 31 日，K 材料的可变现净值为（　　）万元。

A. 100　　　　　　B. 95　　　　　　C. 98　　　　　　D. 110

[13]【历年真题·判断题】企业用于直接出售的无合同约定的原材料，其可变现净值应以该材料的市场价格为基础确定。（　　）

考点3　存货跌价准备的计提与转回

资产负债表日存货按照成本与可变现净值孰低计量。

【考点藏宝图】

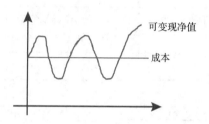

方点锦囊 成本一动不动，可变现净值龙飞凤舞。

存货跌价准备

3. 结转： 借：存货跌价准备 　贷：主营业务成本等 4. 倒挤在借方：转回 借：存货跌价准备 　贷：资产减值损失	1. 期初余额 4. 倒挤在贷方：计提 借：资产减值损失 　贷：存货跌价准备
	2. 期末余额：成本与可变现净值的差额

方点锦囊 打狗棒法：锁定期末余额关门打狗。

会计故事会·打狗棒法

　　"存货跌价准备"期末余额＝期末成本－期末可变现净值，先锁定"存货跌价准备"账户期末余额后，当期计提或转回的金额＝期末余额－期初余额，如果期末大于期初则本期还要计提跌价准备，说明减值金额更多了；如果期末小于期初则属于存货跌价准备的转回，说明减值金额小了，冲减一部分上期多计提的减值金额。这种倒挤当期发生额的方法叫打狗棒法，锁定期末余额，关门打狗。

【考点子题——举一反三，真枪实练】

[14]【历年真题·判断题】企业按照单个存货项目计提存货跌价准备，在结转销售成本时应同时结转对所售存货已计提的存货跌价准备。（　　）

[15]【历年真题·单选题】2017 年 12 月 1 日，甲公司与乙公司签订一份不可撤销的销售合同，合同约定甲公司以 205 元/件的价格向乙公司销售 1 000 件 M 产品，交货日期为 2018 年 1 月 10 日。2017 年 12 月 31 日，甲公司库存 M 产品 1 500 件，成本为 200 元/件，市场销售价格为 191 元/件。预计 M 产品的销售费用均为 1 元/件。不考虑其他因素，2017 年 12 月 31 日甲公司应对 M 产品计提的存货跌价准备金额为（　　）元。

　　A．0　　　　　　　　B．1 000　　　　　　C．5 000　　　　　　D．15 000

[16]【经典子题·单选题】2×21 年 1 月 1 日，甲公司 M 商品存货跌价准备的余额为 30 万元。2×21 年 12 月 31 日，甲公司 M 商品的成本为 500 万元，市场售价为 480 万元，预计销售费用为 5 万元。不考虑其他因素，2×21 年 12 月 31 日，甲公司对存货应计提的跌价准备金额为（　　）万元。

　　A．20　　　　　　　　B．25　　　　　　　C．15　　　　　　　D．-5

[17]【历年真题·单选题】2×20 年 12 月 1 日，甲公司与乙公司签订一份不可撤销的 H 设备销售合同，并为此购入专门用于生产 H 设备的一批钢材，其初始入账金额为 500 万元。2×20 年 12 月 31 日，该批钢材的市场销售价格为 470 万元，甲公司将其加工成 H 设备尚需发生加工成本 300 万元，合同约定 H 设备的销售价格为 790 万元，估计的销售费用和相关税费为 10 万元。不考虑其他因素，2×20 年 12 月 31 日甲公司对该批钢材应计提存货跌价准备的金额为（　　）万元。

　　A．30　　　　　　　　B．20　　　　　　　C．40　　　　　　　D．10

[18]【历年真题·判断题】存货发生减值后，以前减记存货价值的影响因素已经消失的，也不得转回原已计提的存货跌价准备。（　　）

[本章考点子题答案及解析]

[1]【答案：ABCD】以上选项均计入已加工产品成本。

[2]【答案：D】委托加工物资收回后用于连续生产应税消费品的，发生的消费税不计入相关存货成本，甲公司收回的 W 产品的入账价值 =120+33=153（万元）。

[3]【答案：ABC】入库后的仓储费用计入当期损益，不影响外购原材料成本，选项 D 错误。

[4]【答案：D】该批原材料的初始入账金额 =100+1=101（万元），选项 D 正确。

[5]【答案：B】原材料采购时合理损耗不用从采购成本中扣除，原材料的入账价值为 100 000 元。

[6]【答案：B】甲公司入库 W 商品的单位成本为 =95 000/950=100（元 / 千克）。

[7]【答案：C】外购存货的成本包括购买价款、相关税费、运输费、装卸费、保险费以及其他可归属于该存货的采购成本，即该批材料的入账价值 =80+1=81（万元）。

[8]【答案：√】

[9]【答案：√】

[10]【答案：√】

[11]【答案：×】企业持有的存货数量若超出销售合同约定的数量，则超出的部分存货的可变现净值应以市场价格为基础进行确定。

[12]【答案：B】K 材料可变现净值 =30×5-40-15=95（万元），选项 B 正确。

[13]【答案：√】

[14]【答案：√】

[15]【答案：C】签订不可撤销的销售合同的可变现净值 =（205-1）×1 000=204 000（元），大于成本 200 000（元）；未签订销售合同的可变现净值 =（191-1）×500=95 000（元），成本 =200×500=100 000（元），发生减值 5 000 元。

借：资产减值损失　　　　　　　　5 000

　　贷：存货跌价准备　　　　　　　　　5 000

[16]【答案：D】M 商品可变现净值 =480-5=475（万元），小于成本 500 万元，期末存货跌价准备的余额 =500-475=25（万元），期初存货跌价准备的余额为 30 万元，当期计提跌价准备金额 =25-30=-5（万元）。

借：存货跌价准备　　　　　　　　5

　　贷：资产减值损失　　　　　　　　　5

[17]【答案：B】材料的可变现净值 =790-300-10=480（万元），材料的成本为 500 万元，该批材料应计提的存货跌价准备 =500-480=20（万元）。

[18]【答案：×】存货发生减值后，以前减记存货价值的影响因素已经消失的，可以转回原已计提的存货跌价准备。

第 3 章　固定资产

本章介绍了从固定资产初始计量、固定资产折旧、后续计量以及处置。本章属于家常菜，考试难度不大，必须要变成你的盘中菜。

本章思维导图

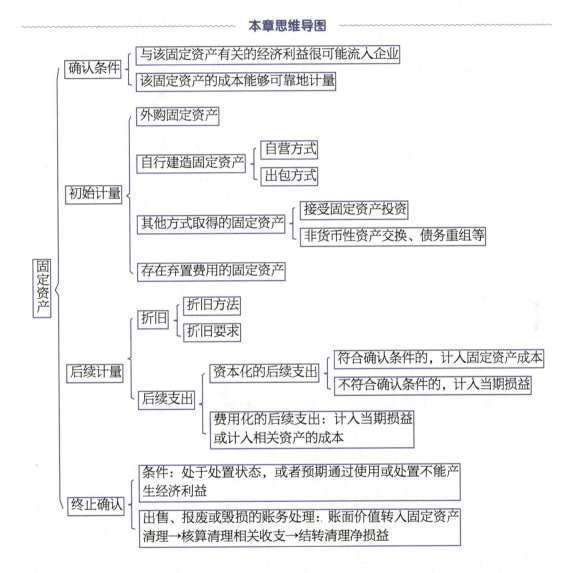

固定资产
- 确认条件
  - 与该固定资产有关的经济利益很可能流入企业
  - 该固定资产的成本能够可靠地计量
- 初始计量
  - 外购固定资产
  - 自行建造固定资产
    - 自营方式
    - 出包方式
  - 其他方式取得的固定资产
    - 接受固定资产投资
    - 非货币性资产交换、债务重组等
  - 存在弃置费用的固定资产
- 后续计量
  - 折旧
    - 折旧方法
    - 折旧要求
  - 后续支出
    - 资本化的后续支出
      - 符合确认条件的，计入固定资产成本
      - 不符合确认条件的，计入当期损益
    - 费用化的后续支出：计入当期损益或计入相关资产的成本
- 终止确认
  - 条件：处于处置状态，或者预期通过使用或处置不能产生经济利益
  - 出售、报废或毁损的账务处理：账面价值转入固定资产清理→核算清理相关收支→结转清理净损益

题型	2020 年		2021 年		2022 年		考点
	第一批	第二批	第一批	第二批	第一批	第二批	
单选题	1	1	—	—	—	1	外购固定资产的初始计量；自行建造固定资产的核算；弃置费用的核算；更新改造固定资产账面价值的确定；固定资产折旧；固定资产处置
多选题	—	1	—	—	1	1	
判断题	—	—	—	—	1	—	
计算分析题	—	—	1	1	—	—	
综合题	—	—	—	—	—	—	

第一节 固定资产的确认和初始计量

考点 1 固定资产的确认

固定资产是指同时具有下列特征的有形资产:(1)为生产商品、提供劳务、出租或经营管理而持有的;(2)使用寿命超过一个会计年度。

【考点藏宝图】

会计故事会·钉子户

固定资产不是固定不动的资产,固定不动的叫不动产。固定资产是企业自己使用且超过一年,属于资产负债表中的非流动资产。与存货等流动资产不同,流动资产下一年度内就流出去了,下一年度报表上的流动资产物是人非,不是上一年度原来的流动资产了,东西全变了。而固定资产不同,比如房屋建筑物,在资产负债表中一待就是几十年,属于资产负债表中典型的钉子户。因此,固定资产中的"固定"不是资产本身不能挪动,而是在资产负债表中固定不走的钉子户。

【考点母题——万变不离其宗】固定资产确认

下列各项中,应当确认为固定资产的有( )。

A. 环保设备及安全设备
B. 固定资产的各组成部分具有不同使用寿命或者以不同方式为企业提供经济利益,适用不同折旧率或折旧方法的,应当分别将各组成部分确认为单项固定资产
C. 房地产开发企业作为本企业办公用房购入的写字楼
D. 符合固定资产定义和确认条件的周转材料,确认为固定资产

【考点子题——举一反三,真枪实练】

[1]【历年真题·判断题】企业为符合国家有关排污标准购置的大型环保设备,因其不能为企业带来直接的经济利益,因此不确认为固定资产。( )

[2]【历年真题·判断题】固定资产的各组成部分具有不同使用寿命且能够单独可靠计量的，企业应当将各组成部分确认为单项固定资产。（　　）

考点2　固定资产初始计量

固定资产应按取得成本进行初始计量。固定资产取得成本是指企业购建某项固定资产达到预定可使用状态前所发生的一切合理、必要的支出。

❀【考点藏宝图】

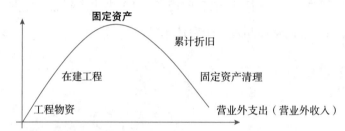

▲【考点母题——万变不离其宗】固定资产初始计量

下列各项中，应当计入固定资产成本的有（　　）。	
外购固定资产	A. 购买价款 B. 相关税费（职工食堂、宿舍等集体福利相关进项税不能抵扣，计入成本） C. 运输费用、装卸费用、安装费用 D. 专业人员服务费 【判断金句】 1. 企业以一笔款项购入多项没有单独标价的固定资产，应将该款项按各项固定资产公允价值占公允价值总额的比例进行分配。（　　） 2. 支付的运行维护费不计入固定资产成本。（　　）
自营方式建造固定资产	A. 自建成本包括工程用物资成本、人工成本、相关税费、资本化的借款费用以及分摊的间接费用 B. 建造固定资产取得的土地使用权确认为无形资产，但建造期间作为无形资产核算的土地使用权的摊销计入在建工程 C. 工程完工后，盘盈、盘亏、报废、毁损的工程物资，计入当期损益 D. 领用原材料或库存商品按照实际成本转入在建工程 E. 按暂估价值入账的固定资产在办理竣工决算后，按照暂估价值与竣工决算价值的差额调整入账价值，不需要调整已经计提的折旧金额 F. 达到预定可使用状态前产出的产品或副产品对外销售的，确认相关产品的收入和结转成本，不得冲减固定资产成本
出包方式建造固定资产	A. 成本包括发生的建筑工程支出、安装工程支出、以及待摊支出 B. 待摊支出包括为建造工程发生的管理费、可行性研究费、临时设施费、公证费、监理费、应负担的税金、符合资本化条件的借款费用、建设期间发生的工程物资盘亏、报废及毁损净损失，以及负荷联合试车费等

续表

投资者投入固定资产	A. 投资者投入固定资产应按投资合同或协议约定的价值加上应支付的相关税费作为固定资产的入账价值，但合同或协议约定价值不公允的除外
存在弃置费用的固定资产	A. 弃置费用是企业承担的环境保护和生态恢复等义务所确定的支出，一般工商企业的固定资产发生的报废清理费用不属于弃置费用 B. 确认预计负债： 　借：固定资产 　　贷：银行存款 　　　　预计负债（弃置费用的现值） C. 确认现值： 　借：财务费用 　　贷：预计负债 D. 固定资产折旧： 　借：制造费用等 　　贷：累计折旧 E. 实际发生弃置费用： 　借：预计负债 　　贷：银行存款 F. 弃置费用发生变动时，相应增加或减少固定资产账面价值

▲【考点子题——举一反三，真枪实练】

[3]【历年真题·单选题】2010 年 12 月 31 日，甲公司建造了一座核电站达到预定可使用状态并投入使用，累计发生的资本化支出为 210 000 万元。当日，甲公司预计该核电站在使用寿命届满时为恢复环境发生弃置费用 10 000 万元，其现值为 8 200 万元。该核电站的入账价值为（　）万元。

A. 200 000　　　　B. 210 000　　　　C. 218 200　　　　D. 220 000

[4]【历年真题·单选题】2×19 年甲公司采用自营方式建造一条生产线，建造过程中耗用工程物资 200 万元，耗用生产成本为 20 万元、公允价值为 30 万元的自产产品，应付工程人员薪酬 25 万元，2×19 年 12 月 31 日，该生产线达到预定可使用状态。不考虑其他因素，该生产线的入账价值为（　）万元。

A. 245　　　　B. 220　　　　C. 25　　　　D. 225

[5]【历年真题·单选题】甲公司系增值税一般纳税人，2018 年 1 月 15 日购买一台生产设备并立即投入使用，取得的增值税专用发票上注明的价款为 500 万元，增值税税额为 85 万元。当日，甲公司预付了该设备一年的维护费，取得的增值税专用发票上注明的价款为 10 万元，增值税税额为 1.7 万元。不考虑其他因素，该项设备的入账价值为（　）万元。

A. 500　　　　B. 510　　　　C. 585　　　　D. 596.7

[6]【历年真题·多选题】下列各项与企业以自营方式建造办公楼相关的支出中，应计入该办公楼成本的有（　　）。

A. 领用工程物资的实际成本

B. 建造过程中发生的机械施工费

C. 建造期间发生的符合资本化条件的借款费用

D. 通过出让方式取得土地使用权时支付的土地出让金

[7]【经典子题·判断题】达到预定可使用状态前产出的产品或副产品对外销售的，将试运行销售相关收入抵销相关成本后的净额冲减固定资产成本。（　　）

[8]【历年真题·判断题】按暂估价值入账的固定资产在办理竣工结算后，企业应当根据暂估价值与竣工结算价值的差额调整原已计提的折旧金额。（　　）

[9]【历年真题·判断题】企业以一笔款项购入多项没有单独标价的固定资产，应将该款项按各项固定资产公允价值占公允价值总额的比例进行分配，分别确定各项固定资产的成本。（　　）

第二节　固定资产的后续计量

考点3　固定资产折旧

1.固定资产折旧

固定资产折旧是指在固定资产使用寿命内，按照确定的方法对应计折旧额进行的系统分摊。

会计故事会·时间折旧

2014年春晚王铮亮一首《时间都去哪了》感动无数观众。"时间都去哪儿了，还没好好感受年轻就老了"。人生老病死，自然规律，亘古不变。时间在慢慢地流淌，我们也将慢慢地老去。会计上，资产正常衰老，价值越来越小，需要计提折旧，即在资产使用寿命内逐年分摊成本。如果不小心发生意外或生一场大病导致身体残疾，这就不是折旧了而是资产减值。

✦【考点母题——万变不离其宗】固定资产折旧范围

应当计提折旧的固定资产	（1）下列各项固定资产，应当计提折旧的有（　　）。
	A. 未使用的固定资产（闲置的设备、未使用的房屋） B. 日常修理停用的固定资产 C. 季节性停工的固定资产 D. 已达到预定可使用状态但尚未办理竣工决算的固定资产
不应计提折旧的固定资产	（2）下列各项固定资产，不应当计提折旧的有（　　）。
	A. 已提足折旧仍继续使用的固定资产 B. 处于更新改造过程停止使用的固定资产

考点锦囊 **固定资产要折旧，在建工程不折旧。**

✦【考点子题——举一反三，真枪实练】

[10]【经典子题·多选题】下列固定资产中，应计提折旧的固定资产有（　　）。

　　A. 未使用的固定资产　　　　　　　B. 季节性停用的固定资产

　　C. 正在改扩建的固定资产　　　　　D. 日常修理停用的固定资产

2. 固定资产折旧方法

　　企业应当根据与固定资产有关的经济利益的预期消耗方式，合理选择折旧方法，分摊应计折旧额。应计折旧额 = 固定资产的原价 − 预计净残值 − 固定资产减值准备。

✦【考点藏宝图】

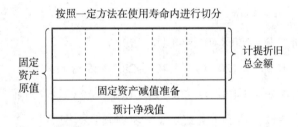

会计故事会·切苹果

　　固定资产折旧就是将其成本分期分摊。固定资产折旧就像切苹果，准备将苹果切成 10 块，这就是固定资产折旧年限。切苹果的时候不要把中间的苹果核也切进去，这就是净残值，固定资产折旧总额中要用原价减去净残值。切苹果的时候，可以前面多切一点后面少切一点，或者每次切的一样多，或者随心所欲想怎么切就怎么切，反正最后切成 10 块就可以，这就是折旧方法，会计上固定资产的折旧方法有年限平均法、工作量法、双倍余额递减法和年数总和法。如果苹果有坏的地方，在切苹果的时候要先削掉，这类似于固定资产减值，如果固定资产发生减值要按照扣除减值准备后的金额计提折旧。

⚠ **【考点链接】固定资产折旧方法**

方法	计提基础	年折旧率	计算特点
年限平均法	原值－预计净残值	年折旧率＝（1－预计净残值率）÷预计使用年限×100%	每年计提折旧额相等
工作量法	原值－预计净残值	单位工作量折旧额＝（原值－预计净残值）÷预计总工作量	每年计提折旧额与工作量相关
双倍余额递减法	年初账面净值	年折旧率＝2÷预计使用年限×100%	每年计提折旧额递减
年数总和法	原值－预计净残值	年折旧率＝尚可使用年限÷预计使用寿命的年数总和×100%	每年计提折旧额递减

📜 **考点锦囊** 折旧法，四选一；加速度，双倍与总和；双倍法，年少不知残滋味。总和法，折旧率下楼梯。

📜 **考点锦囊** 折旧按年计算按月计提。年是资产年，不是公历年，从次月开始向后数 12 个月就是第一个资产年。

【经典例题】 甲公司某项设备原价为 120 万元，预计使用寿命为 5 年，预计净残值率为 4%；

要求：假定甲公司按双倍余额递减法计算折旧。

【分析】

每年折旧额计算如下：

年折旧率 $=2/5\times100\%=40\%$；

第一年应提的折旧额 $=120\times40\%=48$（万元）；

第二年应提的折旧额 $=（120-48）\times40\%=28.8$（万元）；

第三年应提的折旧额 $=（120-48-28.8）\times40\%=17.28$（万元）；

从第四年起改按年限平均法（直线法）计提折旧：

第四、五年应提的折旧额 $=（120-48-28.8-17.28-120\times4\%）\div2=10.56$（万元）。

【例题拓展】 甲公司 2020 年 10 月购入某项设备原价为 120 万元，预计使用寿命为 5 年，预计净残值率为 4%；假定甲公司按双倍余额递减法计算折旧。

要求：计算甲公司 2021 年度的折旧金额。

【分析】

资产年第 1 年：2020 年 11 月 －2021 年 10 月；

资产年第 2 年：2021 年 11 月 －2022 年 10 月；

第一个资产年的折旧金额 =120×40%=48（万元），每月的折旧金额 =48/12=4（万元）。2021 年 1 月 –10 月折旧金额 =4×10=40（万元）；

第二个资产年的折旧金额 =（120–48）×40%=28.8（万元），每月的折旧金额 =28.8/12=2.4（万元）。2021 年 11 月 –12 月折旧金额 =2.4×2=4.8（万元）；2021 年度的折旧金额 =40+4.8=44.8（万元）。

【例题拓展】甲公司 2020 年 10 月购入某项设备原价为 120 万元，预计使用寿命为 5 年，预计净残值率为 4%，采用双倍余额递减法计算折旧；2020 年末可收回金额 100 万元，预计使用寿命为 4 年，预计净残值为 4.8 万元；假定甲公司按年数总和法计算折旧。

要求：计算甲公司 2021 和 2022 年度的折旧金额。

【分析】

资产年第 1 年：2020 年 11 月 –2021 年 10 月；

第一个资产年的折旧金额 =120×40%=48（万元），每月的折旧金额 =48/12=4（万元）。2020 年 11 月和 12 月累计折旧金额 =4×2=8（万元）；账面净值 =120–8=112（万元）。

减值金额 =112–100=12（万元）。

【注意】减值后第一个资产年 2021 年 1 月 –2021 年 12 月。减值后要洗心革面，重新开始。新的折旧计提基础，新的折旧率。

2021 年折旧金额 =（120–8–12–4.8）×4/（1+2+3+4）=38.08（万元）；

2022 年折旧金额 =（120–8–12–4.8）×3/（1+2+3+4）=28.56（万元）。

▲【考点子题——举一反三，真枪实练】

[11]【历年真题·判断题】对于在用的机器设备，企业可以按其生产产品实现的收入为基础计提折旧。（　　）

▲【考点链接】固定资产的名称

固定资产账户余额	=固定资产原价
固定资产净值（固定资产折余价值）	=固定资产原价 – 累计折旧
固定资产账面价值	=固定资产原价 – 累计折旧 – 固定资产减值准备

▲【考点子题——举一反三，真枪实练】

[12]【历年真题·单选题】20×1 年 11 月 20 日，甲公司购进一台需要安装的 A 设备，取得的增值税专用发票注明的设备价款为 950 万元，可抵扣增值税进项税额为 123.5 万元，款项已通过银行支付。安装 A 设备时，甲公司领用原材料 36 万元（不含增

值税额），支付安装人员工资 14 万元。20×1 年 12 月 30 日，A 设备达到预定可使用状态。A 设备预计使用年限为 5 年，预计净残值率为 5%，甲公司采用双倍余额递减法计提折旧。甲公司 20×4 年度对 A 设备计提的折旧是（　　）万元。

    A. 136.8   B. 144   C. 187.34   D. 190

3. 固定资产折旧的会计处理

▲▲【考点母题——万变不离其宗】固定资产的会计处理

<table>
<tr><td colspan="2">企业对固定资产计提折旧时，其折旧额应根据不同情况分别计入（　　）。</td></tr>
<tr>
<td>借：制造费用（生产车间计提折旧）
     管理费用（企业管理部门、未使用的固定资产计提折旧）
     销售费用（企业专设销售部门计提折旧）
     其他业务成本（企业出租固定资产计提折旧）
     研发支出（企业研发无形资产时使用固定资产计提折旧）
     在建工程（自行建造固定资产中使用固定资产计提折旧）
  贷：累计折旧</td>
<td>谁受益，谁承担</td>
</tr>
</table>

【判断金句】

1. 当月增加的固定资产，当月不计提折旧，从下月起计提折旧；当月减少的固定资产，当月仍计提折旧，从下月起不计提折旧。（　　）

2. 企业至少应当于每年年度终了，对固定资产的使用寿命、预计净残值和折旧方法进行复核，若发生变化的，应按会计估计变更进行处理。（　　）

▲【考点子题——举一反三，真枪实练】

[13]【经典子题·计算分析题】甲公司 2021 年 1 月份固定资产计提折旧情况如下：

    第一生产车间厂房计提折旧 7.6 万元，机器设备计提折旧 9 万元。

    管理部门房屋建筑物计提折旧 13 万元，运输工具计提折旧 4.8 万元。

    销售部门房屋建筑物计提折旧 6.4 万元，运输工具计提折旧 5.26 万元。

    此外，本月第一生产车间新购置一台设备，原价为 122 万元，预计使用寿命 10 年，预计净残值 1 万元，按年限平均法计提折旧。

    要求：编制甲公司 2021 年 1 月计提折旧的相关分录。

[14]【历年真题·多选题】每年年末，企业应当对固定资产的下列项目进行复核的有（　　）。

    A. 预计净残值   B. 预计使用寿命   C. 折旧方法   D. 已计提折旧

考点4　固定资产的后续支出

    固定资产的后续支出是指固定资产使用过程中发生的更新改造支出、修理费用等。

会计故事会 · 整容

　　如果对自己的五官不满意喜欢隆个鼻、割个双眼皮啥的，会计上这叫资产改良，属于资产的后续支出，而且是资本化的后续支出，相关支出在资产使用寿命内分摊。如果平时只是化个妆，会计上这叫资产维护，也属于资产的后续支出，但属于费用化的后续支出，直接计入当期损益。会计上，对资产的后续支出分为资本化后续支出和费用化后续支出。

【考点藏宝图】

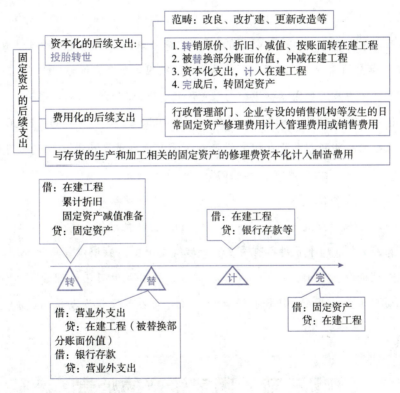

会计故事会 · 换轮胎

　　小汽车原价 20 万元，现在开了 5 年，账面价值还剩 10 万元。准备把轮胎换一下，没有轮胎的小汽车不能叫固定资产，把小汽车账面价值 10 万元转入在建工程，假设报废的轮胎账面价值 1 万元，旧轮胎卖废品卖了 0.1 万元，把轮胎卸下来后这个车的价值就剩 9 万元了，轮胎报废损失 0.9 万元（1–0.1）计入营业外支出。新轮胎的价格 2 万元，换轮胎的手续费 0.2 万元，换完轮胎小汽车从在建工程转入固定资产，新固定资产的原价变成了 11.2 万元（9+2+0.2）。

⚠️ 【考点子题——举一反三，真枪实练】

[15]【历年真题·多选题】下列各项关于固定资产后续计量会计处理的表述中，正确的有（　　）。

　　A. 因更新改造停止使用的固定资产不再计提折旧

　　B. 已达到预定可使用状态但尚未办理竣工决算的固定资产应计提折旧

　　C. 专设销售机构发生的固定资产日常修理费用计入销售费用

　　D. 行政管理部门发生的固定资产日常修理费用计入管理费用

[16]【经典子题·单选题】A企业2015年12月购入一项固定资产，原价为600万元，采用年限平均法计提折旧，使用寿命为10年，预计净残值为零。2018年12月该企业对该项固定资产的某一主要部件进行更换，2019年1月发生支出合计400万元，符合固定资产确认条件，被更换的部件的原价为300万元，此外更换的主要部件变价收入100万元，收到存入银行。则对该项固定资产进行更换后的原价为（　　）万元。

　　A. 610　　　　　　B. 420　　　　　　C. 710　　　　　　D. 510

[17]【历年真题·单选题】甲公司某项固定资产已完成改造，累计发生的改造成本为400万元，拆除部分的原价为200万元。改造前，该项固定资产原价为800万元，已计提折旧250万元，不考虑其他因素，甲公司该项固定资产改造后的账面价值为（　　）万元。

　　A. 750　　　　　　B. 812.5　　　　　C. 950　　　　　　D. 1 000

[18]【历年真题·多选题】企业在固定资产发生资本化后续支出并达到预定可使用状态时进行的下列各项会计处理中，正确的有（　　）。

　　A. 重新预计净残值　　　　　　　　　B. 重新确定折旧方法

　　C. 重新确定入账价值　　　　　　　　D. 重新预计使用寿命

[19]【历年真题·多选题】下列各项固定资产后续支出中，应予以费用化处理的有（　　）。

　　A. 生产线的改良支出　　　　　　　　B. 办公楼的日常修理费

　　C. 机动车的交通事故责任强制保险费　　D. 更换的飞机发动机的成本

第三节　固定资产的处置

考点 5　固定资产处置

　　固定资产处置就是终止确认，包括出售、转让、报废或毁损。

🌀【考点藏宝图】

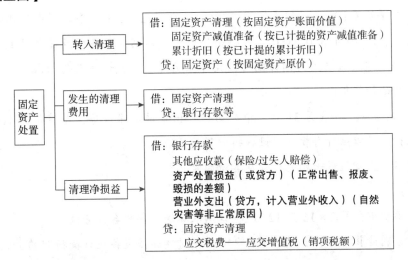

固定资产处置

转入清理 → 借：固定资产清理（按固定资产账面价值）
　　　　　　固定资产减值准备（按已计提的资产减值准备）
　　　　　　累计折旧（按已计提的累计折旧）
　　　　贷：固定资产（按固定资产原价）

发生的清理费用 → 借：固定资产清理
　　　　　　贷：银行存款等

清理净损益 → 借：银行存款
　　　　　　其他应收款（保险/过失人赔偿）
　　　　　　资产处置损益（或贷方）（正常出售、报废、毁损的差额）
　　　　　　营业外支出（贷方，计入营业外收入）（自然灾害等非正常原因）
　　　　贷：固定资产清理
　　　　　　应交税费——应交增值税（销项税额）

会计故事会·母鸡报废

　　邻居看上了鸡主人家这只下蛋的母鸡，要出高价购买。假设母鸡的账面价值是 20 元，邻居愿意出 100 元购买，鸡主人赚了 80 元作为资产处置损益，这是营业利润。如果假设有一天母鸡由于鸡瘟自然灾害不幸去世了，纯属事故，鸡主人损失 20 元（账面价值 20 元），损失金额计入营业外支出，属于非营业利润。

考点锦囊 **正常营业内，非常营业外。**

▲【考点子题——举一反三，真枪实练】

[20]【历年真题·多选题】下列各项中，影响固定资产处置损益的有（　　）。

A. 固定资产原价　　　　　　　　B. 固定资产清理费用

C. 固定资产处置收入　　　　　　D. 固定资产减值准备

[21]【历年真题·判断题】企业的固定资产因自然灾害发生的净损失应计入资产处置损益。（　　）

[22]【历年真题·单选题】甲公司系增值税一般纳税人，2018 年 12 月 31 日，甲公司出售一台原价为 452 万元，已提折旧 364 万元的生产设备，取得的增值税专用发票上注明的价款为 150 万元，增值税税额为 24 万元。出售该生产设备发生不含增值税的清理费用 8 万元，不考虑其他因素，甲公司出售该生产设备的利得为（　　）万元。

A. 54　　　　　　B. 87.5　　　　　　C. 62　　　　　　D. 79.5

[23]【历年真题·计算分析题】2×16 年至 2×21 年，甲公司发生的与环保设备相关的交易或事项如下：

资料一：2×16 年 12 月 31 日，甲公司以银行存款 600 万元购入一台环保设备并立即投入使用，预计使用年限为 5 年，预计净残值为零，采用双倍余额递减法计提折旧。

资料二：2×18年12月31日。甲公司应环保部门的要求对该环保设备进行改造以提升其环保效果。改造过程中耗用工程物资70万元，应付工程人员薪酬14万元。

资料三：2×19年3月31日，甲公司完成了对该环保设备的改造并达到预定可使用状态，立即投入使用，预计尚可使用年限为4年，预计净残值为零，仍采用双倍余额递减法计提折旧。

资料四：2×21年3月31日，甲公司对外出售该环保设备，出售价款120万元已收存银行。另以银行存款支付设备拆卸费用5万元。

本题不考虑增值税等相关税费及其他因素。

要求：

（1）编制甲公司2×16年12月31日购入环保设备的会计分录。

（2）分别计算甲公司2×17年和2×18年对该环保设备应计提折旧的金额。

（3）编制甲公司2×18年12月31日至2×19年3月31日对该环保设备进行改造并达到预定可使用状态的相关会计分录。

（4）计算甲公司2×21年3月31日对外出售该环保设备应确认损益的金额，并编制相关会计分录。

[本章考点子题答案及解析]

[1]【答案：×】环保设备也应确认为固定资产。

[2]【答案：√】

[3]【答案：C】

借：固定资产	218 200
贷：在建工程	210 000
预计负债	8 200

[4]【答案：A】自产产品用于建造生产线，应按照成本转入生产线入账价值，不视同销售。该生产线的入账价值=200+20+25=245（万元）。

[5]【答案：A】该项设备的入账价值为500万元，维护费计入当期损益。

[6]【答案：ABC】选项D计入无形资产。

[7]【答案：×】达到预定可使用状态前产出的产品或副产品对外销售的，确认相关产品的收入和结转成本，不得冲减固定资产成本。

[8]【答案：×】按暂估价值入账的固定资产在办理竣工决算后，应当按照暂估价值与竣工决算价值的差额调整入账价值，但是不需要调整已经计提的折旧金额。

[9]【答案：√】

[10]【答案：ABD】选项C，正在改扩建的固定资产不提折旧。

[11]【答案：×】企业应当根据与固定资产有关的经济利益的预期消耗方式选择折旧方法。

[12]【答案：B】甲公司A设备的入账价值=950+36+14=1 000（万元）。计算过程如下：

20×2 年的折旧额 =1 000×2/5=400（万元）；

20×3 年的折旧额 =（1 000−400）×2/5=240（万元）；

20×4 年的折旧额 =（1 000−400−240）×2/5=144（万元）。

[13]【答案】新购置的设备本月不提折旧，应从 2021 年 2 月开始计提折旧。甲公司 2021 年 1 月份计提折旧的账务处理如下：

借：制造费用　　　　　　　　　　16.6（7.6+9）

　　管理费用　　　　　　　　　　17.8

　　销售费用　　　　　　　　　　11.66

　　贷：累计折旧　　　　　　　　46.06

[14]【答案：ABC】企业至少应当于每年年度终了，对固定资产的使用寿命、预计净残值和折旧方法进行复核。

[15]【答案：ABCD】

[16]【答案：A】对该项固定资产进行更换前的账面价值 =600−600/10×3=420（万元）；

减去：被更换部件的账面价值 =300−300/10×3=210（万元），

加上：发生的后续支出 400 万元，

对该项固定资产进行更换后的原价 =420+400−210=610（万元）。

账务处理如下：

借：在建工程　　　　　　　　　　420（600−180）

　　累计折旧　　　　　　　　　　180（600/10×3）

　　贷：固定资产　　　　　　　　600

借：营业外支出　　　　　　　　　210

　　贷：在建工程　　　　　　　　210

借：银行存款　　　　　　　　　　100

　　贷：营业外支出　　　　　　　100

借：在建工程　　　　　　　　　　400

　　贷：工程物资　　　　　　　　400

借：固定资产　　　　　　　　　　610

　　贷：在建工程　　　　　　　　610（420−210+400）

[17]【答案：B】该项固定资产被替换部分的账面价值 =200−（200/800）×250=137.5（万元），固定资产更新改造后的账面价值 =800−250−137.5+400=812.5（万元）。

[18]【答案：ABCD】在固定资产发生的资本化后续支出完工并达到预定可使用状态时，再从在建工程转为固定资产，并按重新确定的使用寿命、预计净残值和折旧方法计提折旧。

[19]【答案：BC】选项 A、D 计入资本化，选项 B、C 计入当期损益。

[20]【答案：ABCD】影响固定资产处置损益的有固定资产的账面价值、处置取得的价款以及处置时的相关税费，而选项 A、D 影响处置时固定资产的账面价值，选项 B 是处置清理费用，选项 C 对应处置取得的价款，因此 ABCD 都影响处置损益。

[21]【答案：×】因自然灾害发生的净损失，应计入营业外支出。

[22]【答案: A 】甲公司出售该生产设备的利得 =150-（452-364+8 ）=54（万元）。

[23]【答案】（1）2×16 年 12 月 31 日

借：固定资产	600	
贷：银行存款		600

（2）甲公司 2×17 年对该环保设备应计提的折旧金额 =600×2/5=240（万元），2×18 年应计提的折旧金额 =（600-240）×2/5=144（万元）。

（3）2×18 年 12 月 31 日，固定资产的账面价值 =600- 240-144=216（万元）。

借：在建工程	216	
累计折旧	384	
贷：固定资产		600
借：在建工程	84	
贷：工程物资		70
应付职工薪酬		14

2×19 年 3 月 31 日

借：固定资产	300	
贷：在建工程		300

（4）2×19 年 3 月 31 日至 2×21 年 3 月 31 日，该设备应计提的折旧金额 =300×2/4+（300-300×2/4）×2/4=225（万元），此时固定资产的账面价值 =300-225=75（万元），出售该设备应确认的损益金额 =（120-5）-75=40（万元）。相关分录如下：

借：固定资产清理	75	
累计折旧	225	
贷：固定资产		300
借：固定资产清理	5	
贷：银行存款		5
借：银行存款	120	
贷：固定资产清理		80（75+5）
资产处置损益		40

第 4 章　无形资产

无形资产属于资产中的白富美。本章介绍了无形资产的确认、初始计量、内部研究开发支出的会计处理、无形资产的摊销以及处置。重点是内部研发无形资产的核算。

─────── **本章思维导图** ───────

```
                          ┌ 无形资产的确认和初始计量 ┬ 无形资产的确认（商誉除外）
                          │                          └ 无形资产的初始计量
                          │
                          │ 内部研究开发支出的确认和计量 ┬ ★研究阶段与开发阶段：费用化和资本化
      无                  │                              （恋爱两阶段：订婚前，订婚后结婚时）
      形 ─────────────────┤
      资                  │ 无形资产的后续计量 ┬ 使用寿命有限的无形资产摊销：当月开始摊销
      产                  │                    └ 使用寿命不确定的无形资产：不摊销，强制减值测试
                          │
                          └ 无形资产的处置 ┬ 出售：资产处置损益
                                          └ 报废：营业外收入或营业外支出
```

~~~~~~~ **近三年真题考点分布** ~~~~~~~

题型	2020 年		2021 年		2022 年		考点
	第一批	第二批	第一批	第二批	第一批	第二批	
单选题	1	1	1	—	1	—	无形资产初始计量；土地使用权的确认；无形资产研发支出的处理；无形资产减值准备的计提，无形资产的处置
多选题	—	1	1	2	—	—	
判断题	1	1	1	1	1	—	
计算分析题	1	—	—	—	—	—	
综合题	—	—	—	—	—	1	

第一节　无形资产的确认和初始计量

考点 1　无形资产的确认

无形资产是企业拥有或者控制的没有实物形态的可辨认非货币性资产，包括专利权、非专利技术、商标权、著作权、特许权、土地使用权等。

会计故事会 · 祖传秘方

老字号祖传秘方就是无形资产，有的祖传秘方是无价之宝，家里有没有矿不要紧，关键是有没有秘方。我们常说的高科技企业就是无形资产比较多，无形资产多的企业才是传说中的白富美。

【注意】

1. 商誉不是无形资产。

2. 企业内部产生的品牌、报刊名、刊头、客户名单和实质上类似项目的支出不确认无形资产（成本不能可靠计量）。

♦♦♦【考点母题——万变不离其宗】土地使用权

	下列各项中，关于土地使用权表述正确的有（　　）。
无形资产	A. 企业取得土地使用权通常应确认为无形资产
	B. 土地使用权用于自行开发建造厂房等地上建筑物时，相关的土地使用权账面价值不转入在建工程成本
固定资产	C. 企业外购房屋建筑物所支付的价款应当在地上建筑物与土地使用权之间进行分配，确实难以合理分配的全部作为固定资产
	D. 单独入账的土地计入固定资产（土地的所有权）
投资性房地产	E. 已出租的土地使用权
	F. 持有并准备增值后转让的土地使用权
开发产品（存货）	G. 房地产开发企业取得的土地使用权用于建造对外出售的房屋建筑物

♦♦♦【考点子题——举一反三，真枪实练】

[1]【历年真题·判断题】企业为建造厂房取得土地使用权而支付的土地出让金应当计入在建工程成本，并在完工后转入固定资产。（　　）

[2]【历年真题·多选题】下列各项中，应确认为企业无形资产的有（　　）。

A. 外购的用于建造自用厂房的土地使用权

B. 内部产生但尚未申请商标权的品牌

C. 外购的专利权

D. 收到投资者投入的非专利技术

[3]【历年真题·多选题】下列各项关于企业土地使用权会计处理的表述中，正确的有（　　）。

A. 工业企业将购入的用于建造办公楼的土地使用权作为无形资产核算

B. 房地产开发企业将购入的用于建造商品房的土地使用权作为存货核算

C. 工业企业将以经营租赁方式租出的自有土地使用权作为无形资产核算

D. 工业企业将持有并准备增值后转让的自有土地使用权作为投资性房地产核算

<blockquote>考点 2　无形资产的初始计量</blockquote>

无形资产应当按照实际成本进行初始计量，以取得无形资产并使之达到预定用途而发生的全部支出作为无形资产的成本。

会计故事会·妻子的化妆品

某日妻子大包小包购买了许多化妆品，回家心情大好。丈夫说购买化妆品的支出属于日常维修费用，应该计入管理费用。妻子大怒："这怎么能算维修费用呢？虽然美丽没有实物形态，但打扮的漂亮一点赏心悦目具有价值，应该资本化计入无形资产"。丈夫说："如果你还没有结婚，说明未达到预定用途，化妆品支出应当计入无形资产，现在你嫁给我了，按照会计准则规定，应当计入到管理费用中去"。

【考点母题——万变不离其宗】无形资产的初始计量

外购无形资产	（1）下列各项中，应当计入无形资产成本的有（　　）。
	A. 购买价款　　　B. 相关税费　　　C. 专业服务费　　　D. 测试费用
	（2）下列各项中，**不应**当计入外购无形资产成本的有（　　）。
	E. 引进新产品宣传发生的广告费 F. 引进新产品宣传发生的管理费用 G. 达到预定用途以后发生的费用

续表

投资者投入无形资产	H. 按照投资合同或协议约定的价值确定，但合同或协议约定价值不公允的应按无形资产的公允价值入账
外购无形资产价款超过正常信用条件延期支付	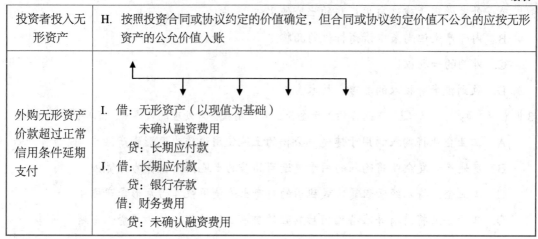 I. 借：无形资产（以现值为基础） 　　未确认融资费用 　　贷：长期应付款 J. 借：长期应付款 　　贷：银行存款 　借：财务费用 　　贷：未确认融资费用

【考点子题——举一反三，真枪实练】

[4]【历年真题·多选题】2×20年1月1日，甲公司与乙公司签订合同，购买乙公司的一项专利权。合同约定，甲公司2×20年至2×24年每年年末支付120万元。当日该专利权的现销价格为520万元。甲公司的该项购买行为实质上具有重大融资性质。不考虑其他因素，下列各项关于甲公司该专利权会计处理的表述中，正确的有（　　）。

A. 该专利权的初始入账金额为520万元

B. 未确认融资费用的初始入账金额为80万元

C. 未确认融资费用在付款期内采用直线法进行摊销

D. 长期应付款的初始入账金额为600万元

[5]【历年真题·单选题】2018年12月20日，甲公司以银行存款200万元外购一项专利技术用于产品的生产，另支付相关税费1万元，达到预定用途的专业服务费2万元，宣传W产品广告费4万元。2018年12月20日，该专利技术的入账价值为（　　）万元。

A. 203　　　　　　B. 201　　　　　　C. 207　　　　　　D. 200

第二节　内部研究开发支出的确认和计量

考点3　开发支出的会计处理

研究开发项目区分为研究阶段与开发阶段。

🌀【考点藏宝图】

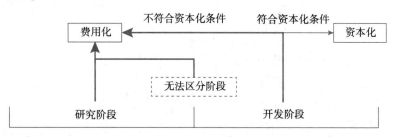

恋爱 ── 研究阶段

订婚 ── 结婚 ── 开发阶段

会计故事会·谈恋爱

　　谈恋爱有一定的风险，在关系没有确定之前逛街、看电影、吃饭、送礼物相关的支出全部要费用化，这就是所谓研究阶段，不确定性比较大。如果一切顺利双方都见家长订婚了，这就进入开发阶段了，不确定性较小，开发阶段相关的支出符合条件可以资本化，直到领证爱情长跑才算结束，内部研发资本化的金额转入无形资产。

🔥【考点母题——万变不离其宗】内部研发

研发支出计量	构成开发成本	A. 耗费的材料　　B. 劳务成本　　C. 注册费 D. 研发专用设备的折旧、无形资产摊销 E. 借款费用资本化的利息支出
	不构成开发成本	F. 开发活动之外的其他费用、管理费用等间接费用 G. 达到预定用途前发生的可辨认的无效和初始运作损失 H. 运行无形资产发生的培训支出
研发支出的会计处理	研究阶段的支出	I. 在发生时全部费用化，计入当期损益（管理费用）
	开发阶段的支出	J. 符合资本化条件的，计入无形资产成本
		K. 不符合资本化条件的，计入当期损益（管理费用）
	无法区分	L. 在发生时费用化，计入当期损益（管理费用）
【判断金句】对于同一项无形资产在开发过程中达到资本化条件之前已经费用化计入当期损益的支出不再进行调整。（　　）		

发生支出时：
借：研发支出——费用化支出（不满足资本化条件的）
　　　　　——资本化支出（满足资本化条件的）
　　贷：原材料、应付职工薪酬、银行存款等

期末：
借：管理费用
　　贷：研发支出——费用化支出
【注意】"管理费用"科目期末在利润表的"研发费用"项目列报。

达到预定用途时：
借：无形资产
　　贷：研发支出——资本化支出
【注意】"研发支出"科目期末在资产负债表的"开发支出"项目列报。

❖【考点子题——举一反三，真枪实练】

[6]【经典子题·计算分析题】甲公司2018年1月10日开始自行研究开发无形资产，12月31日达到预定用途。其中，研究阶段发生职工薪酬30万元、计提专用设备折旧40万元；进入开发阶段后，相关支出符合资本化条件前发生的职工薪酬30万元、计提专用设备折旧30万元，符合资本化条件后发生职工薪酬100万元、计提专用设备折旧200万元。假定不考虑其他因素。

要求：编制甲公司2018年研发支出的会计分录。

[7]【历年真题·单选题】企业自行研发专利技术发生的下列各项支出中，应计入无形资产入账价值的是（　　）。

A. 为有效使用自行研发的专利技术而发生的培训费

B. 研究阶段发生的支出

C. 无法区分研究阶段和开发阶段的支出

D. 专利技术的注册登记费

[8]【历年真题·多选题】下列各项满足资本化条件后发生的企业内部研发支出，应予以资本化进行会计处理的有（　　）。

A. 开发过程中所用固定资产的折旧　　　B. 开发过程中的研发人员薪酬

C. 开发过程中正常耗用的材料　　　　　D. 开发过程中所用专利权的摊销

[9]【历年真题·单选题】甲公司自行研发一项新技术，累计发生研究开发支出800万元，其中符合资本化条件的支出为500万元。研发成功后向国家专利局提出专利权申请并获得批准，实际发生注册登记费8万元；为使用该项新技术发生的有关人员培训费为6万元。不考虑其他因素，甲公司该项无形资产的入账价值为（　　）万元。

A. 508　　　　　　　B. 514　　　　　　　C. 808　　　　　　　D. 814

[10]【历年真题·判断题】在自行开发的无形资产达到预定用途时，企业应将前期已经费用化的研发支出调整计入无形资产成本。（　　）

第三节　无形资产的后续计量

 使用寿命有限的无形资产摊销

无形资产应摊销金额是指其成本扣除预计残值后的金额。已计提减值准备的无形资产，还应扣除已计提的无形资产减值准备金额。

🌀【考点藏宝图】

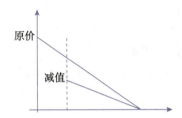

 会计故事会·无形资产摊销

固定资产有新旧之分，所以成本分摊叫折旧；无形资产看不见摸不着，没有新旧之分，所以成本分摊叫摊销。"销"有开支，花费的含义，如开销。摊销即分摊开销。有些无形资产可以无限使用下去，比如祖传秘方（非专利技术），只要有价值可以作为传家宝，一代一代传下去。

✖✖【考点母题——万变不离其宗】使用寿命有限的无形资产摊销

下列各项中，关于使用寿命有限的无形资产摊销会计表述正确的有（　　）。	
使用寿命的确定	A. 源自合同性权利或其他法定权利取得的无形资产，使用寿命不超过合同性权利或其他法定权利的期限 B. 企业至少应当于每年年度终了，对无形资产的使用寿命进行复核
应摊销金额	C. 应摊销金额是成本扣除预计残值和已计提的无形资产减值准备后的金额 D. 无形资产残值一般为 0 E. 无形资产残值为预计出售日资产的处置价格扣除相关税费 F. 企业至少应于每年年末对残值进行复核
摊销期和摊销方法	G. 根据与无形资产有关的经济利益的预期消耗方式决定摊销方法，包括直线法、产量法等 H. 有特定产量限制的无形资产，应当采用产量法进行摊销 I. 无法可靠确定其预期消耗方式的，应当采用直线法进行摊销 J. 当月增加当月开始摊销，当月减少当月停止摊销 K. 企业至少应当于每年年度终了，对无形资产的使用寿命及摊销方法进行复核

续表

无形资产摊销 的会计处理	L. 借：制造费用（生产产品计提摊销） 　　　管理费用（企业管理部门、未使用的无形资产计提摊销） 　　　销售费用（企业专设销售部门计提摊销） 　　　其他业务成本（企业出租无形资产计提摊销） 　　　研发支出（企业研发无形资产时使用无形资产计提摊销） 　　　在建工程（自行建造固定资产中使用无形资产计提摊销） 　　贷：累计摊销 【注意】无形资产摊销按年计算按月计提。

会计故事会·摊销方法变与不变

　　摊销方法是不能随便变的，比如你的容貌正常按直线法分摊，年末进行复核，如果没有特殊情况明年还是按照直线法分摊，不能随便变更，如果预计明年准备生三胎，那明年就要采用加速摊销的方法，不能用直线法分摊了，废老命了。

🔺【考点子题——举一反三，真枪实练】

[11]【历年真题·判断题】企业外购的有特定产量限制的专利权，应当采用产量法进行摊销。（　　）

[12]【历年真题·单选题】2018年1月1日，甲公司以银行存款240万元外购一项专利技术并立即投入使用，预计使用年限为5年，预计残值为零，采用直线法摊销。2019年1月1日，甲公司与乙公司签订协议，甲公司将于2021年1月1日以100万元的价格向乙公司转让该专利技术，甲公司对该专利技术仍采用直线法摊销。不考虑其他因素，甲公司2019年应对该专利技术计提摊销的金额为（　　）万元。

　　A. 46　　　　　　　B. 48　　　　　　　C. 50　　　　　　　D. 96

[13]【历年真题·单选题】2×19年1月1日，甲公司以银行存款60万元外购一项法律保护期为10年的专利技术并立即投入使用。甲公司预计该专利技术在未来6年为其带来经济利益，采用直线法摊销。当日，甲公司与乙公司签订协议。甲公司将于2×21年1月1日以24万元的价格向乙公司转让该专利技术。不考虑其他因素，2×19年12月31日，甲公司该专利技术的账面价值为（　　）万元。

　　A. 50　　　　　　　B. 56.4　　　　　　C. 42　　　　　　　D. 54

[14]【历年真题·单选题】2013年1月1日，甲公司某项特许使用权的原价为960万元，已摊销600万元，已计提减值准备60万元。预计尚可使用年限为2年，预计净残值为零，采用直线法按月摊销。不考虑其他因素，2013年1月甲公司该项特许使用权应摊销的金额为（　　）万元。

　　A. 12.5　　　　　　B. 15　　　　　　　C. 37.5　　　　　　D. 40

[15]【历年真题·多选题】下列关于专门用于产品生产的专利权会计处理的表述中，正确的有（   ）。

    A. 该专利权的摊销金额应计入管理费用

    B. 该专利权的使用寿命至少应于每年年度终了进行复核

    C. 该专利权的摊销方法至少应于每年年度终了进行复核

    D. 该专利权应以成本减去累计摊销和减值准备后的余额进行后续计量

[16]【历年真题·判断题】企业用于生产某种产品的、已确认为无形资产的非专利技术，其摊销金额应计入当期管理费用。（   ）

考点 5　使用寿命不确定的无形资产减值测试

    使用寿命不确定的无形资产，在持有期间内不需要摊销，但应当在每一会计期末进行减值测试（强制减值测试）。企业应在每个会计期间对使用寿命不确定的无形资产的使用寿命进行复核。

考点锦囊 不摊销要减测。

【考点藏宝图】

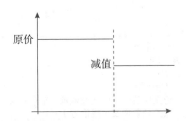

【考点子题——举一反三，真枪实练】

[17]【经典子题·多选题】下列关于企业无形资产摊销的会计处理中，正确的有（   ）。

    A. 对使用寿命有限的无形资产选择的摊销方法应当一致地运用于不同会计期间

    B. 使用寿命不确定的无形资产每个会计期末未发生减值迹象不进行减值测试

    C. 使用寿命不确定的无形资产按照不低于10年的期限进行摊销

    D. 使用寿命有限的无形资产自可供使用时起开始摊销

[18]【历年真题·多选题】下列关于无形资产后续计量的表述中，正确的有（   ）。

    A. 至少应于每年年度终了对以前确定的无形资产残值进行复核

    B. 应在每个会计期间对使用寿命不确定的无形资产的使用寿命进行复核

    C. 至少应于每年年度终了对使用寿命有限的无形资产的使用寿命进行复核

    D. 至少应于每年年度终了对使用寿命有限的无形资产的摊销方法进行复核

[19]【历年真题·单选题】下列各项关于企业无形资产会计处理的表述中，正确的是（　　）。

A. 存在残值的使用寿命有限的无形资产，在持有期间至少应于每年年末对残值进行复核

B. 无形资产达到预定用途后，为推广拟用其生产的新产品而发生的支出应计入无形资产的成本

C. 无法区分研究阶段和开发阶段的研发支出应计入无形资产的成本

D. 使用寿命不确定的无形资产只有存在减值迹象时才进行减值测试

第四节　无形资产的处置

考点6　无形资产的处置

　　无形资产的处置是指无形资产出售、对外捐赠，或者是无法为企业带来未来经济利益时，应予转销并终止确认。

【考点藏宝图】

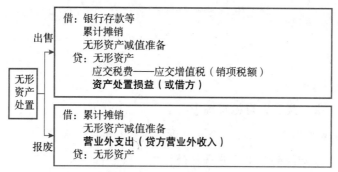

【考点子题——举一反三，真枪实练】

[20]【历年真题·判断题】无形资产预期不能为企业带来未来经济利益的，企业应当将其账面价值转入当期损益。（　　）

[21]【经典子题·单选题】某企业出售一项商标权，该商标权的账面余额50万元，已摊销20万元，计提资产减值准备5万元，出售时开具增值税专用发票上注明的价款30万元，增值税额1.8万元，款项以银行存款收讫。假设不考虑其他因素，该企业应确认的转让无形资产净收益为（　　）万元。

A. -2　　　　　　　　B. 6.8　　　　　　　　C. 3　　　　　　　　D. 5

[22]【历年真题·计算分析题】2015 年 1 月 1 日至 2019 年 12 月 31 日，甲公司 A 专利技术相关的交易或事项如下：

资料一：2015 年 1 月 1 日，甲公司经董事会批准开始自行研发 A 专利技术以生产新产品。2015 年 1 月 1 日至 6 月 30 日为研究阶段，发生材料费 500 万元、研发人员薪酬 300 万元、研发用设备的折旧费 200 万元。

资料二：2015 年 7 月 1 日。A 专利技术的研发活动进入开发阶段。2016 年 1 月 1 日，该专利技术研发成功并达到预定用途。在开发阶段，发生材料费 800 万元、研发人员薪酬 400 万元、研发用设备的折旧费 300 万元。上述研发支出均满足资本化条件。甲公司预计 A 专利技术的使用寿命为 10 年，预计残值为零，按年采用直线法摊销。

资料三：2017 年 12 月 31 日，A 专利技术出现减值迹象。经减值测试，该专利技术的可收回金额为 1 000 万元。预计尚可使用 5 年，预计残值为零，仍按年采用直线法摊销。

资料四：2019 年 12 月 3 日，甲公司以 450 万元将 A 专利技术对外出售，价款已收存银行。

本题不考虑增值税等相关税费及其他因素。

要求（"研发支出"科目应写出必要的明细科目）：

（1）编制甲公司 2015 年 1 月 1 日至 6 月 30 日研发 A 专利技术发生相关支出的会计分录。

（2）编制甲公司 2016 年 1 月 1 日 A 专利技术达到预定用途时的会计分录。

（3）计算甲公司 2016 年度 A 专利技术应摊销的金额，并编制相关会计分录。

（4）计算甲公司 2017 年 12 月 31 日对 A 专利技术应计提减值准备的金额，并编制相关会计分录。

（5）计算甲公司 2019 年 12 月 3 日对外出售 A 专利技术应确认的损益金额，并编制相关会计分录。

［本章考点子题答案及解析］

[1]【答案：×】企业为建造厂房取得土地使用权而支付的土地出让金应确认为无形资产。

[2]【答案：ACD】企业内部产生的品牌、报刊名、刊头、客户名单等，由于不能与整个业务开发成本区分开来，成本无法可靠计量，不应确认为无形资产，选项 B 错误。

[3]【答案：ABD】选项 C 计入投资性房地产。

[4]【答案：ABD】未确认融资费用在付款期内采用实际利率法进行摊销，选项 C 错误。

借：无形资产　　　　　　　　　　520
　　未确认融资费用　　　　　　　　80
　　贷：长期应付款　　　　　　　　600（120×5）

［5］【答案：A】外购无形资产的成本，包括购买价款、相关税费以及直接归属于使该资产达到预定用途所发生的其他支出，所以专利权入账价值 =200+1+2=203（万元）。

［6］【答案】（1）发生的研发支出：

借：研发支出——费用化支出　　　　　130

　　　　　　——资本化支出　　　　　300

　　贷：应付职工薪酬　　　　　　　　　160

　　　　累计折旧　　　　　　　　　　270

（2）发生的研发支出中费用化的支出：

借：管理费用　　　　　　　　　　　130

　　贷：研发支出——费用化支出　　　130

（3）2018 年 12 月 31 日，该技术研发完成并形成无形资产：

借：无形资产　　　　　　　　　　　300

　　贷：研发支出——资本化支出　　　300

［7］【答案：D】选项 A，为有效使用专利技术发生的培训费，不属于使无形资产达到预定用途的合理必要支出，不应计入无形资产成本；选项 B，研究阶段发生的支出应全部费用化；选项 C，无法区分研究阶段和开发阶段的支出全部费用化，计入管理费用。

［8］【答案：ABCD】以上支出均可以资本化处理。

［9］【答案：A】甲公司该项无形资产入账价值 =500+8=508（万元），为使用该项新技术发生的有关人员培训费计入当期损益，不构成无形资产的开发成本。

［10］【答案：×】自行研发无形资产费用化支出期末应转入管理费用，以后期间无需转入无形资产成本，不影响自行研发无形资产的成本。

［11］【答案：√】

［12］【答案：A】2018 年无形资产摊销金额 =240/5=48（万元），2019 年 1 月 1 日无形资产账面价值 =240−48=192（万元）。由于甲公司签订协议于 2021 年 1 月 1 日以 100 万元出售该无形资产，因此，无形资产尚可使用年限变为 2 年，预计净残值为 100 万元。2019 年无形资产摊销金额 =（192−100）/2=46（万元），选项 A 正确。

［13］【答案：C】甲公司该项专利技术将于 2×21 年 1 月 1 日以 24 万元出售给乙公司，故其预计净残值为 24 万元，2×19 年 12 月 31 日该专利技术的账面价值 =60−（60−24）/2=42（万元）。

［14］【答案：A】2013 年 1 月甲公司该项特许使用权应摊销的金额 =（960−600−60）/（2×12）=12.5（万元）。

［15］【答案：BCD】无形资产摊销一般是计入管理费用，但若专门用于生产产品的无形资产，其摊销费用计入相关成本，选项 A 错误。

［16］【答案：×】无形资产用于生产某种产品的，其摊销金额应当计入产品的成本。

［17］【答案：AD】使用寿命不确定的无形资产每个会计期末进行减值测试，选项 B 错误；使用寿命不确定的无形资产，会计上不进行摊销，选项 C 错误。

［18］【答案：ABCD】企业应至少于每年年度终了对使用寿命有限的无形资产的使用寿命、摊销方法及预计净残值进行复核，选项 A、C 和 D 正确；企业应于每个会计期间对使用寿命不确定的无形资产的使用寿命进行复核，选项 B 正确。

[19]【答案：A】无形资产达到预定用途后发生的支出不计入无形资产的成本，选项 B 错误；无法区分研
究阶段和开发阶段的研发支出，应当计入管理费用，选项 C 错误；使用寿命不确定的无形资产，应
当至少在每个会计期末进行减值测试，选项 D 错误。

[20]【答案：√】

[21]【答案：D】该企业应确认的转让无形资产净收益 =30-（50-20-5）=5（万元）。

借：银行存款	31.8
累计摊销	20
无形资产减值准备	5
贷：无形资产	50
应交税费——应交增值税（销售税额）	1.8
资产处置损益	5

[22]【答案】

（1）

借：研发支出——费用化支出	1 000（500+300+200）
贷：原材料	500
应付职工薪酬	300
累计折旧	200

（2）

借：无形资产	1 500（800+300+400）
贷：研发支出——资本化支出	1 500

（3）甲公司 2016 年度 A 专利技术应摊销的金额 =1 500/10=150（万元）。

借：制造费用	150
贷：累计摊销	150

（4）甲公司该项无形资产在 2017 年 12 月 31 日计提减值前的账面价值 =1 500-1 500/10×2=1 200
（万元），可收回金额为 1 000 万元，故应计提减值准备的金额 =1 200-1 000=200（万元）。

借：资产减值损失	200
贷：无形资产减值准备	200

（5）甲公司 A 专利权 2019 年 12 月 3 日的账面价值 =1 000-1 000/5-1 000/5×11/12=616.67（万
元），公司出售 A 专利权应确认的损益金额 =450-616.67=-166.67（万元）。

借：银行存款	450
累计摊销	683.33（1 500/10×2+1 000/5+1 000/5×11/12）
无形资产减值准备	200
资产处置损益	166.67
贷：无形资产	1 500

第5章　长期股权投资和合营安排

本章介绍了对子公司、合营企业、联营企业长期股权投资的初始计量、后续计量以及股权投资的转换和处置以及合营安排的相关内容。本章与合并财务报表珠联璧合，独步天下。

本章思维导图

- 长期股权投资
  - 基本概念
    - 定义：子公司（控制）、合营企业（共同控制）、联营企业（重大影响）的权益性投资
  - 长期股权投资的初始计量
    - ★对联营企业、合营企业投资：价费税
    - ★子公司投资的初始计量：同控看脸色，非同看自己
  - 长期股权投资的后续计量
    - 成本法：一动不动
    - ★权益法：你动我也动
  - 长期股权投资核算方法的转换及处置
    - ★转换：成转权，穿越到从前
    - 处置：权益法两尾巴，他综公积转收益
  - 合营安排
    - 共同经营：各抱各娃
    - 合营企业：长期股权投资

近三年真题考点分布

题型	2020 年		2021 年		2022 年		考点
	第一批	第二批	第一批	第二批	第一批	第二批	
单选题	1	—	1	—	1	—	长期股权投资的初始计量；权益法下对长期股权投资核算；长期股权投资核算方法的转换；与合并财务报表结合在综合题中进行考察
多选题	1	—	—	—	—	—	
判断题	1	—	1	—	1	—	
计算分析题	—	—	—	—	1	1	
综合题	1	1	1	1	—	—	

扫码畅听增值课

第一节　长期股权投资的范围和初始计量

考点 1　长期股权投资的范围

　　长期股权投资是指投资方对被投资单位实施控制、共同控制以及重大影响的权益性投资，包括对子公司（控制）、合营企业（共同控制）、联营企业（重大影响）的权益投资。

【考点藏宝图】

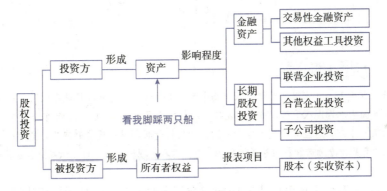

考点锦囊　长投是投的多不是投的长。

会计故事会 · 海参炒面

　　宋小宝演的小品《海参炒面》中，点了一碗海参炒面，结果端上来的面只有面没有海参。问其原因，海参炒面是厨师的名字叫海参，海参炒面是厨师海参炒的面。这个名字就是典型的具有迷惑性，比长投还长投。

【考点子题——举一反三，真枪实练】

［1］【经典子题·判断题】投资时间在一年以上的权益性投资应确认为长期股权投资。
　　　（　　）

考点 2　长期股权投资的初始计量

（一）企业合并形成的长期股权投资

1. 非同一控制下企业合并形成的长期股权投资

（1）一次交易取得控制权

❧【考点藏宝图】

十年之前，我不认识你，你不属于我　　　　　　　相见恨晚

会计故事会·彩礼

　　农村相亲，首先去女方家里见面要拿八大箱东西，不管什么，拿够八箱就可以了，正所谓八八大发；其次见面礼，见面六千六或八千八。另外，还包括给女方购买手机、衣服、金银首饰等等；其次是彩礼，这是大头，动辄几十万。这些直接支付给女方的钱和物就是长期股权投资的成本。支付给媒婆的介绍费以及自己尽调的费用、办酒席的费用等属于合并费用，计入管理费用，不计入长期股权投资成本。

▲▲▲【考点母题——万变不离其宗】非同一控制下企业合并取得长期股权投资

下列关于非同一控制下企业合并形成的长期股权投资会计处理表述中，正确的有（　　）。	
长期股权投资初始投资成本	A. 长期股权投资初始投资成本为付出的资产、发生或承担的负债以及发行的权益性证券的公允价值
支付对价为货币资金	B. 借：长期股权投资 　　贷：银行存款
发行股票	C. 借：长期股权投资（发行股票公允价值） 　　贷：股本 　　　　资本公积——股本溢价（差额）
发行权益性证券发生的手续费、佣金等费用	D. 借：资本公积——股本溢价（权益性证券发行费用，不足冲减的，冲减留存收益） 　　贷：银行存款
合并费用	E. 借：管理费用（审计、法律服务等相关费用） 　　贷：银行存款

考点锦囊　非同看自己。

考点锦囊　三任（发行股票的手续费任何情况下都是冲减资本公积，合并费用任何情况下都是计入管理费用，任何情况下取得长期股权投资支付的价款中包含的被投资单位已宣告但尚未发放的现金股利计入应收股利）。

【考点子题——举一反三，真枪实练】

［2］【历年真题·判断题】企业长期股权投资的初始投资成本，不包括支付的价款中包含的被投资单位已宣告但尚未发放的现金股利或利润。（　　）

［3］【历年真题·单选题】2018年1月1日，甲公司发行1500万股普通股股票从非关联方取得乙公司80%的股权。发行股票的每股面值1元，取得股权当日每股公允价值6元，为发行股票支付给券商佣金300万元。甲公司能够对乙公司实施控制。乙公司2018年1月1日的所有者权益账面价值总额为12 000万元，可辨认净资产的公允价值与账面价值相同，则甲公司应确认的长期股权投资初始投资成本为（　　）万元。

　　A. 9 000　　　　　B. 9 600　　　　　C. 8 700　　　　　D. 9 300

［4］【经典子题·单选题】A公司和B公司不存在关联方关系。A公司采用控股合并方式合并B公司，为进行该项企业合并，A公司定向发行了2 000万股普通股（每股面值1元，公允价值每股6元）作为对价。购买日，B公司可辨认净资产账面价值为9 000万元，公允价值为12 000万元。此外A公司发生评估咨询费用80万元，股票发行费用150万元，均以银行存款支付。A公司的下列会计处理中，正确的是（　　）。

　　A. 确认长期股权投资12 080万元，确认营业外收入9 850万元

　　B. 确认长期股权投资12 230万元，确认资本公积9 770万元

　　C. 确认长期股权投资12 000万元，确认营业外收入10 000万元

　　D. 确认长期股权投资12 000万元，确认资本公积9 850万元

（2）多次交易分步取得控制权

　　甲公司第一次取得乙公司10%的股权；第二次取得乙公司50%的股权。第二次取得股权后甲公司能够对乙公司实施控制，甲公司与乙公司属于非同一控制。

❁【考点藏宝图】

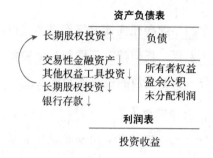

① 第一次股权投资是长期股权投资核算

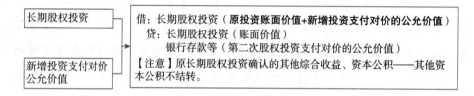

❀点锦囊　**长投转长投，成本要杂交，尾巴不结转。**

⚛【考点子题——举一反三，真枪实练】

[5]【经典子题·计算分析题】2019年1月1日，A公司以银行存款4 500万元自非关联方处取得了B公司20%股权，并能够对其施加重大影响。2021年7月1日，A公司另支付银行存款12 000万元，自另一非关联方处取得B公司40%股权，并取得对B公司的控制权。

购买日，A公司原持有的对B公司的20%股权的账面价值为5 250万元，长期股权投资各明细科目如下：投资成本4 500万元；损益调整300万元；其他综合收益300万元；其他权益变动150万元。以上交易的相关手续均于当日完成，不考虑相关税费等其他因素影响。

要求：编制A公司企业合并的会计处理。

② 第一次股权投资作为交易性金融资产核算

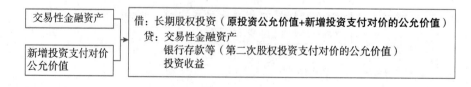

考点锦囊 金转长，公加公，视同处置。

【考点子题——举一反三，真枪实练】

[6]【经典子题·计算分析题】2021年1月1日，A公司以每股6元的价格购入某上市公司B公司的股票200万股，并由此持有B公司5%的股权。A公司与B公司不存在关联方关系。A公司将对B公司的投资作为交易性金融资产进行会计处理。2021年12月31日，该金融资产投资的公允价值为1 300万元。2022年1月20日，A公司以现金15 000万元为对价，向B公司大股东收购B公司50%的股权，相关手续于当日完成。A公司取得B公司控制权之日为2022年1月20日，原交易性金融资产的公允价值为1 500万元。不考虑相关税费等其他因素的影响。

要求：编制A公司企业合并的会计处理。

③第一次股权投资作为其他权益工具投资核算

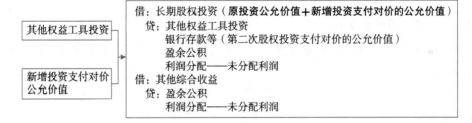

考点锦囊 他转长，公加公，收益计留存。

【考点子题——举一反三，真枪实练】

[7]【经典子题·计算分析题】2021年1月1日，A公司以每股6元的价格购入某上市公司B公司的股票200万股，并由此持有B公司5%的股权。A公司与B公司不存在关联方关系。A公司将对B公司的投资作为其他权益工具投资进行会计处理。2021年12月31日，该其他权益工具投资的公允价值为1 300万元。2022年1月20日，A公司以现金15 000万元为对价，向B公司大股东收购B公司50%的股权，相关手续于当日完成。A公司取得B公司控制权之日为2022年1月20日，原其他权益工具投资的公允价值为1 500万元。A公司按照10%提取盈余公积。不考虑相关税费等其他因素的影响。

要求：编制A公司企业合并的会计处理。

⚠【考点母题——万变不离其宗】非同一控制下多次交易分步形成企业合并

下列关于非同一控制下多次交易分步形成企业合并的会计处理表述中，正确的有（　　）。	
原投资为采用权益法核算的长期股权投资	A. 购买日初始投资成本是原投资账面价值加新增投资成本（公允价值） B. 合并日之前持有的股权投资，确认的其他综合收益、资本公积等，暂不进行会计处理，处置该项投资时转入当期损益
原投资为交易性金融资产	C. 购买日初始投资成本是原交易性金融资产的公允价值加上新增投资成本（公允价值） D. 交易性金融资产的公允价值与账面价值的差额计入投资收益
原投资为其他权益工具投资	E. 购买日初始投资成本是原其他权益工具投资的公允价值加上新增投资成本（公允价值） F. 其他权益工具投资的公允价值与账面价值的差额以及原计入其他综合收益的累积公允价值变动应当直接转入留存收益

【考点锦囊】 长转长，要杂交，尾巴不结转；金转长，公加公，同处置。

2. 同一控制下的企业合并形成的长期股权投资

（1）一次交易取得控制权

长期股权投资初始投资成本 = 被合并方在最终控制方合并财务报表中净资产账面价值 × 持股比例

🌀【考点藏宝图】

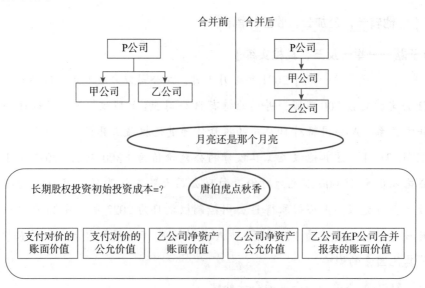

假设乙公司账上只有一项存货资产，成本 100 万元，存货没有发生减值，在乙公司自己的报表上存货金额始终是 100 万元，乙公司没有负债，因此，**乙公司净资产账面价值始终是 100 万元**。P 公司购买乙公司时存货公允价值变为 120 万元，在 P 公司合并财务报表上这就是存货的成本，一直按照 120 万元计量，这就是**乙公司在 P 公司合并财务报表中净资产账面价值**。如下图所示：

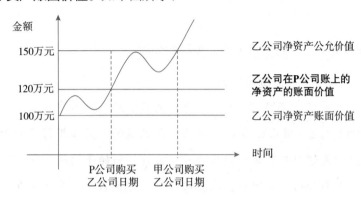

甲公司取得乙公司长期股权投资初始投资成本 = 被合并方（乙公司）在最终控制方（P 公司）合并财务报表中净资产账面价值（120 万元）× 持股比例

会计故事会·亲上加亲

古代社会有句话叫"姑作婆，最贴心。姨作婆，亲上亲"，说的是近亲结婚，表哥表妹从小青梅竹马，大家都比较了解，也不用尽职调查，亲连亲，彩礼钱都可能省去，这就是所谓的同一控制下企业合并形成长期股权投资。这个时候长期股权投资的成本就不能看支付对价了，沾亲带故，支付的对价很难公允，所以长期股权投资的成本按照新娘出嫁前在娘家的账面价值来计量就可以。

▲【考点母题——万变不离其宗】同一控制企业合并取得长期股权投资

下列关于同一控制下企业合并形成的长期股权投资会计处理表述中，正确的有（　　）。	
长期股权投资初始投资成本	A. 长期股权投资初始投资成本为被合并方在最终控制方合并财务报表中的净资产账面价值份额（**看母公司脸色**）
合并方以支付现金、转让非现金资产方式作为合并对价	B. 借：长期股权投资（**看母公司脸色**） 　　贷：银行存款 　　　　资本公积——资本溢价或股本溢价（**差额；如果差额在借方，先冲减资本公积，资本公积不足按照比例冲减盈余公积、利润分配——未分配利润**）

续表

合并方以发行权益性证券作为合并对价的	C. 借：长期股权投资（**看母公司脸色**） 　　　贷：股本（发行股票的数量 × 每股**面值**） 　　　　　资本公积——股本溢价（差额） 　　借：资本公积——股本溢价（**权益性证券发行费用**） 　　　贷：银行存款
合并费用	D. 借：**管理费用**（审计、法律服务等相关费用） 　　　贷：银行存款

考点锦囊 **同控看脸色，对价用账面，差额计公积。**

▲【考点子题——举一反三，真枪实练】

［8］【历年真题·单选题】丙公司为甲、乙公司的母公司。2018 年 1 月 1 日，甲公司以银行存款 7 000 万元取得乙公司 60% 有表决权的股份，另以银行存款 100 万元支付了与合并直接相关的中介费用，当日办妥相关股权划转手续后，取得了乙公司的控制权；乙公司在丙公司合并财务报表中的净资产账面价值为 9 000 万元。不考虑其他因素，甲公司该项长期股权投资在合并日的初始投资成本为（　　）万元。

    A. 5 400   B. 5 500   C. 7 000   D. 7 100

［9］【经典子题·单选题】2019 年 6 月 30 日，A 公司向其母公司 P 发行 1 000 万股普通股（每股面值为 1 元，每股公允价值为 4.34 元），发行股票向证券公司支付中介费用 100 万元，取得母公司 P 拥有对 S 公司 100% 的股权，并于当日起能够对 S 公司实施控制。合并后 S 公司仍维持其独立法人地位继续经营。2019 年 6 月 30 日，P 公司合并财务报表中的 S 公司净资产账面价值为 4 000 万元。假定 A 公司和 S 公司都受 P 公司最终控制，在企业合并前采用的会计政策相同。不考虑相关税费等其他因素影响，A 公司的下列会计处理中，正确的是（　　）。

    A. 长期股权投资借方增加 4 000 万元   B. 股本贷方增加 4 340 万元

    C. 管理费用贷方增加 100 万元   D. 资本公积合计变化 3 000 万元

（2）多次交易分步取得控制权

甲公司、乙公司均为 P 公司的子公司，甲公司第一次从 P 公司取得乙公司 10% 的股权；第二次从 P 公司取得乙公司 50% 的股权。第二次取得股权后甲公司能够对乙公司实施控制。

🌀【考点藏宝图】

第一次交易10%股权	第二次交易50%股权

借：长期股权投资（看母公司脸色，持股份额两次相加）
　贷：长期股权投资/交易性金融资产/其他权益工具投资（账面价值）
　　　银行存款等（第二次股权投资支付对价的账面价值）
　　　资本公积——股本溢价（差额；如果差额在借方，依次冲减资本公积、盈余公积、利润分配——未分配利润）

会计故事会·多次交易

　　实际上同一控制下多次交易分步取得控制权的，直接把第一次对被投资方股权投资（交易性金融资产、其他权益工具投资或联营企业、合营企业长期股权投资）作为支付的对价之一来看待就可以，同控看脸色，对价用账面，差额计公积。

🔺【考点母题——万变不离其宗】同一控制多次交易分步形成企业合并

下列关于同一控制下多次交易分步形成企业合并的会计处理表述中，正确的有（　　）。

A. 合并日长期股权投资初始投资成本为被合并方在最终控制方合并财务报表中的净资产账面价值份额

B. 长期股权投资的初始投资成本与达到合并前的股权投资账面价值加上合并日进一步取得股份新支付对价的账面价值之和的差额，调整资本公积（资本溢价或股本溢价），资本公积不足冲减的，冲减留存收益

C. 合并日之前持有的股权投资确认的其他综合收益、资本公积等，暂不进行会计处理，处置该项投资时转入当期损益

D. 合并过程中发生的合并费用计入管理费用

考点锦囊 长投看脸色，转换用账面，差额计公积，尾巴不结转。

🔺【考点子题——举一反三，真枪实练】

[10]【经典子题·计算分析题】2021 年 1 月 1 日，A 公司取得同一控制下的 B 公司 25% 的股份，实际支付款项 9 000 万元，能够对 B 公司施加重大影响。2021 年 12 月 31 日，A 公司账上对 B 公司"长期股权投资——投资成本"9 000 万元，"长期股权投资——损益调整"375 万元。2022 年 1 月 1 日，A 公司以定向增发 3 000 万股普通股（每股面值为 1 元，每股公允价值为 4.5 元）的方式取得同一控制下另一企业所持有的 B 公司 35% 股权，相关手续于当日完成。进一步取得投资后，A 公司能够对 B 公司实施控制。当日，B 公司在最终控制方合并财务报表中的净资产的账面价值为 34 500 万元。不考虑相关税费等其他因素影响。

要求：编制相关企业合并的会计分录。

[11]【**经典子题·交易性金融资产**】2021 年 1 月 1 日，A 公司以每股 6 元的价格购入某上市公司 B 公司的股票 200 万股，并由此持有 B 公司 5% 的股权。A 公司将其作为交易性金融资产核算。2021 年 12 月 31 日，该金融资产投资的公允价值为 1 300 万元。2022 年 1 月 20 日，A 公司以现金 15 000 万元为对价，向 B 公司大股东收购 B 公司 50% 的股权，相关手续于当日完成。A 公司取得 B 公司控制权之日为 2022 年 1 月 20 日，原交易性金融资产的公允价值为 1 400 万元。进一步取得投资后，A 公司能够对 B 公司实施控制。当日，B 公司在最终控制方合并财务报表中的净资产的账面价值为 32 600 万元。A 公司和 B 公司一直同受同一最终控制方控制。不考虑相关税费等其他因素影响。

要求：编制 A 公司企业合并的会计处理。

[12]【**经典子题·其他权益工具投资**】2021 年 1 月 1 日，A 公司以每股 6 元的价格购入某上市公司 B 公司的股票 200 万股，并由此持有 B 公司 5% 的股权。A 公司将其作为其他权益工具投资核算。2021 年 12 月 31 日，该其他权益工具投资的公允价值为 1 300 万元。2022 年 1 月 20 日，A 公司以现金 15 000 万元为对价，向 B 公司大股东收购 B 公司 50% 的股权，相关手续于当日完成。A 公司取得 B 公司控制权之日为 2022 年 1 月 20 日，原其他权益工具投资的公允价值为 1 500 万元。进一步取得投资后，A 公司能够对 B 公司实施控制。当日，B 公司在最终控制方合并财务报表中的净资产的账面价值为 32 600 万元。A 公司和 B 公司一直同受同一最终控制方控制。不考虑相关税费等其他因素影响。

要求：编制 A 公司企业合并的会计处理。

（二）企业合并以外的其他方式取得的长期股权投资

企业合并以外的其他方式取得的长期股权投资包括对联营企业、合营企业投资长期股权投资。

按照实际支付的购买价款作为长期股权投资的初始投资成本，包括与取得长期股权投资直接相关的费用、税金及其他必要支出。

考点锦囊 👉 **长投价费税。**

✿【考点藏宝图】

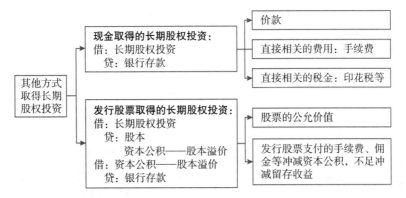

✦【考点母题——万变不离其宗】其他方式取得长期股权投资初始成本

下列关于其他方式取得长期股权投资的会计处理表述中，正确的有（　　）。	
以支付现金取得的长期股权投资	A. 按照实际支付的购买价款以及购买过程中支付的手续费等必要支出作为初始投资成本 B. 实际支付的价款或对价中包含的已宣告但尚未发放的现金股利或利润计入应收股利
以发行权益性证券取得的长期股权投资	C. 按照发行权益性证券的公允价值作为初始投资成本 D. 发行权益性证券的公允价值与股本面值之间的差额计入资本公积 E. 发行权益性证券支付的手续费、佣金等与发行直接相关的费用冲减资本公积，不足部分依次冲减盈余公积和利润分配——未分配利润

✂考点锦囊 发行股票的手续费，任何情况下都是冲减资本公积。

▲【考点子题——举一反三，真枪实练】

[13]【历年真题·判断题】增值税一般纳税企业以支付现金方式取得联营企业股权的，所支付的与该股权投资直接相关的费用应计入当期损益。（　　）

[14]【经典子题·单选题】甲公司于 2020 年 7 月 1 日，取得乙公司 30% 的股份，对乙公司具有重大影响，实际支付价款 2 000 万元。乙公司可辨认净资产的公允价值为 8 000 万元。另外，在购买过程中另外支付手续费等相关费用 200 万元。甲公司的初始投资成本为（　　）万元。

A. 2 600　　　　　B. 2 000　　　　　C. 2 400　　　　　D. 2 200

[15]【经典子题·单选题】甲公司向乙公司某大股东发行普通股 1 000 万股（每股面值 1 元，公允价值 4 元），以换取该股东拥有的 30% 乙公司股权，对乙公司具有重大影响。增发股票过程中甲公司以银行存款向证券承销机构支付佣金及手续费共计 50 万元。乙公司可辨认净资产的公允价值为 15 000 万元。甲公司对乙公司长期股权投资

的初始投资成本为（　　）万元。

A. 4 550　　　　　B. 4 500　　　　　C. 4 000　　　　　D. 3 950

【考点小结】

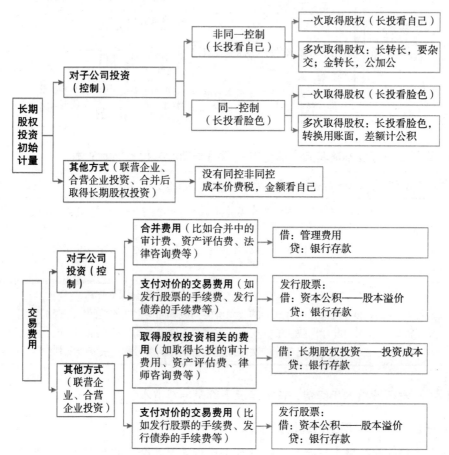

考点锦囊 任何情况下，发行股票手续费都冲减资本公积（发行债券的交易费用计入债券初始金额）。

【考点子题——举一反三，真枪实练】

[16]【历年真题·多选题】下列各项关于企业对长期股权投资会计处理的表述中，正确的有（　　）。

A. 以合并方式取得子公司股权时，支付的法律服务费计入管理费用

B. 以定向增发普通股的方式取得联营企业股权时，普通股的发行费用计入长期股权投资的初始投资成本

C. 以发行债券方式取得子公司股权时，债券的发行费用计入长期股权投资的初始投资成本

D. 取得合营企业股权时，支付的手续费计入长期股权投资的初始投资成本

第二节　长期股权投资的后续计量

考点 3　成本法

投资方持有的对子公司投资应当采用成本法核算。成本法是指按投资成本计价的方法，除发生减值、处置外，账面价值不发生变化。

【考点藏宝图】

长期股权投资　　成本法：一动不动

科目设置	长期股权投资、长期股权投资减值准备
初始投资或追加投资时	按企业合并形成的长期股权投资
持有期间	借：应收股利（被投资单位宣告发放现金股利或利润） 　贷：投资收益

会计故事会·一个都不能少

对子公司长期股权投资采用成本法核算，平时母公司个别财务报表上长期股权投资一动不动，看似对子公司的一举一动漠不关心，如果子公司以为天高皇帝远，可以自由放飞自我，那你就错了。母公司能够控制子公司，需要将子公司纳入合并报表范围，在编制合并报表的时候，将子公司所有资产、所有负债、所有收入和费用都要一笔一笔详详细细的合并到合并报表上来，一个都不能少。母公司个别报表上对长期股权投资先省点力气，等着合并报表上出大招。

【考点母题——万变不离其宗】成本法

下列各项中，关于长期股权投资成本法的会计处理正确的有（　　）。	
取得长期股权投资	甲公司于 2021 年 1 月 1 日取得非同一控制下乙公司 60% 股权，成本为 1 200 万元。假定甲公司在取得乙公司股权后能够对乙公司实施控制。 A．借：长期股权投资——乙公司　　　　　1 200 　　　贷：银行存款　　　　　　　　　　　　　1 200

宣告发放现金股利	2021年2月6日，乙公司宣告分派利润，甲公司按照持股比例可取得10万元。 B. 借：应收股利　　　　　　　　　　10 　　　贷：投资收益　　　　　　　　　　　10
实际发放现金股利	乙公司于2021年2月12日实际发放现金股利。 C. 借：银行存款　　　　　　　　　　10 　　　贷：应收股利　　　　　　　　　　　10
乙公司实现净利润	2021年，乙公司实现净利润3 000万元，甲公司采用成本法核算，不作账务处理。
甲公司股权转让	2022年1月20日，甲公司经协商，将持有的乙公司全部股权转让给丁企业，收到股权转让款1 500万元。 D. 借：银行存款　　　　　　　　　　1 500 　　　贷：长期股权投资——乙公司　　　　1 200 　　　　　投资收益　　　　　　　　　　　300

【考点子题——举一反三，真枪实练】

[17]【经典子题·计算分析题】甲公司于2021年4月10日自非关联方处取得乙公司60%股权，成本为1 600万元，相关手续于当日完成，并能够对乙公司实施控制。2022年2月6日，乙公司宣告分派现金股利，甲公司按照持股比例可取得60万元。乙公司于2022年2月12日实际分派现金股利。不考虑相关税费等其他因素的影响。

要求：编制甲公司相关会计分录。

考点4　权益法

对联营企业、合营企业投资长期股权投资后续计量采用权益法核算。权益法是在持有期间，根据被投资单位所有者权益的变动，长期股权投资按应享有被投资企业所有者权益的份额调整其账面价值的方法。

【考点藏宝图】

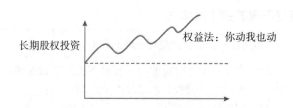

会计故事会·权益法

　　由于合营企业、联营企业不纳入合并财务报表范围，投资方根据享有合营企业、联营企业净资产的权利进行会计处理，紧盯被投资方所有者权益，被投资方所有者权益的任何风吹草动投资方都要记录，这就是长期股权投资权益法核算的基本原理。权益法下长期股权投资就像葫芦娃一样，千里眼盯着被投资方的所有者权益，被投资方所有者权益增加了权益法下长期股权投资也相应的按照持股比例增加长期股权投资的账面价值，保持与被投资方所有者权益的同步变化，你变我也变，与被投资单位所有者权益高度一致。

【考点藏宝图】

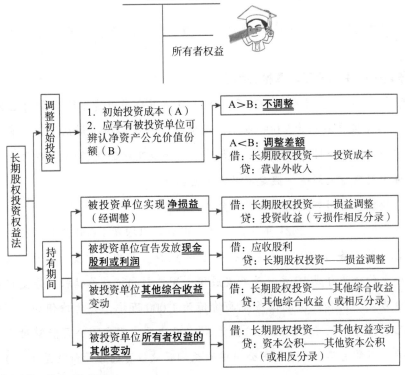

（一）初始投资成本的调整

【考点藏宝图】

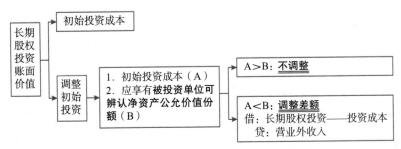

会计故事会 · 掀开红盖头

对联营企业以及合营企业股权投资，投资时先不管三七二十一按照支付对价的公允价值确定长期股权投资的初始投资成本。投资时光顾看自己，还没掀开被投资方的神秘盖头，看看被投资方到底值多少钱，用被投资方净资产的公允价值份额一算，不算不知道一算吓一跳，发现自己花了100万元，但股权价值120万元，捡了个大便宜，激动的心颤抖的手，赶紧掏出手机发个朋友圈，就像天上掉馅饼，将20万元的溢价计入营业外收入，同时增加长期股权投资的投资成本，朋友圈发出后被疯狂的点赞。如果算完后发现购入的股权投资只值80万元，亏了20万元，赶紧环顾一下四周，看看还有没有人知道，打死也不能往外说，特别是不能让老板知道亏了20万元，这时会计上不进行账务调整，神不知鬼不觉。

方点锦囊 赚了发朋友圈，亏了别吭声。

【注意】初始成本始终是自己支付对价的公允价值，调整后增加的成本不能叫初始成本，叫投资成本（或账面价值）。

【考点子题——举一反三，真枪实练】

[18]【经典子题·计算分析题】2021年1月1日，甲公司以货币资金取得乙公司30%的股权，初始投资成本为2 000万元，投资时乙公司各项可辨认资产、负债的公允价值与其账面价值相同，可辨认净资产公允价值及账面价值的总额均为7 000万元，对乙公司具有重大影响。假定不考虑其他因素。

要求：编制甲公司相关股权投资的会计处理。

[19]【经典子题·单选题】2021年2月1日，甲公司以增发1 000万股本公司普通股股票和一台大型设备为对价，取得乙公司25%股权。其中，所发行普通股面值为每股1元，公允价值为每股10元。为增发股份，甲公司向证券承销机构等支付佣金和手续费400万元。用作对价的设备账面价值为1 000万元，公允价值为1 200万元。当日，乙公司可辨认净资产公允价值为50 000万元。假定甲公司能够对乙公司施加重大影响。不考虑其他因素，甲公司该项长期股权投资的账面价值是（　　）万元。

A. 10 000　　　　B. 12 500　　　　C. 11 200　　　　D. 11 600

（二）投资损益的确认

1. 被投资单位实现利润

✿【考点藏宝图】

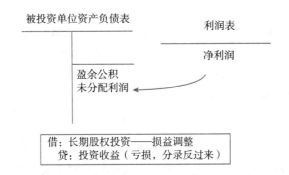

方点锦囊　不管分不分，收益先记账。

▲【考点子题——举一反三，真枪实练】

[20]【经典子题·计算分析题】2021 年 1 月 1 日，甲公司以货币资金取得乙公司 30% 的股权，初始投资成本为 2 000 万元，投资时乙公司各项可辨认资产、负债的公允价值与其账面价值相同，可辨认净资产公允价值及账面价值的总额均为 7 000 万元，对乙公司具有重大影响。乙公司 2021 年实现净利润 1 000 万元。假定不考虑其他因素。

要求：编制甲公司相关股权投资的会计处理。

2. 取得投资时被投资单位资产或负债公允价值与账面价值不同

✿【考点藏宝图】

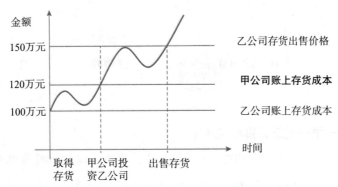

出售存货乙公司账上的利润是 50 万元（150-100），甲公司计算的利润是 30 万元（150-120）。立场不同，利润不同。

方点锦囊　饭要自己吃，账要自己算。

【考点母题——万变不离其宗】取得投资时公允价值调整

下列各项中，关于取得投资时被投资单位资产与负债公允价值与账面价值不同时投资收益的计算的会计处理正确的有（　　）。

存货	A. 调整后的净利润＝账面净利润－（投资日存货的公允价值－账面价值）×当期出售比例
固定资产（无形资产）	B. 调整后的净利润＝账面净利润－[（资产的公允价值÷资产尚可使用年限－资产的原值÷资产使用年限）×月/12]

【考点子题——举一反三，真枪实练】

［21］【经典子题·计算分析题】2021年1月1日，甲公司以货币资金取得乙公司30%的股权，初始投资成本为2 000万元，投资时乙公司净资产的公允价值为7 000万元，账面价值为5 000万元，差异的原因是一项管理用固定资产账面价值1 000万元，公允价值3 000万元，该固定资产剩余可使用寿命为10年，净残值为0，采用年限平均法计提折旧。甲公司对乙公司具有重大影响。乙公司2021年实现净利润1 000万元。假定不考虑其他因素。

要求：编制甲公司相关股权投资的会计处理。

3. 内部交易抵销

（1）逆流交易

【考点藏宝图】

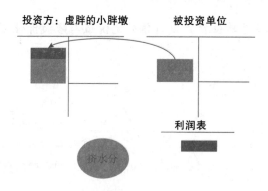

【考点子题——举一反三，真枪实练】

［22］【经典子题·计算分析题】2021年1月1日，甲公司以货币资金取得乙公司30%的股权，初始投资成本为2 000万元，投资时乙公司净资产的公允价值为7 000万元，账面价值为5 000万元，差异的原因是一项管理用固定资产账面价值1 000万元，公允价值3 000万元，该固定资产剩余可使用寿命为10年，净残值为0，采用年限平均法计提折旧。甲公司对乙公司具有重大影响。6月30日，乙公司将其成本为900

万元的商品以 1 200 万元的价格出售给甲公司，甲公司将取得的商品作为存货，截止 2021 年 12 月 31 日，甲公司全部未对外出售该存货。乙公司 2021 年实现净利润 1 000 万元，假定不考虑其他因素。

要求：编制甲公司相关股权投资的会计处理。

[23]【经典子题拓展·全部实现对外销售】2021 年 1 月 1 日，甲公司以货币资金取得乙公司 30% 的股权，初始投资成本为 2 000 万元，投资时乙公司净资产的公允价值为 7 000 万元，账面价值为 5 000 万元，差异的原因是一项管理用固定资产账面价值 1 000 万元，公允价值 3 000 万元，该固定资产剩余可使用寿命为 10 年，净残值为 0，采用年限平均法计提折旧。甲公司对乙公司具有重大影响。6 月 30 日，乙公司将其成本为 900 万元的商品以 1 200 万元的价格出售给甲公司，甲公司将取得的商品作为存货，截止 2021 年 12 月 31 日，甲公司该存货全部出售。乙公司 2021 年实现净利润 1 000 万元，假定不考虑其他因素。

要求：编制甲公司相关股权投资的会计处理。

[24]【经典子题拓展·部分实现对外销售】2021 年 1 月 1 日，甲公司以货币资金取得乙公司 30% 的股权，初始投资成本为 2 000 万元，投资时乙公司净资产的公允价值为 7 000 万元，账面价值为 5 000 万元，差异的原因是一项管理用固定资产账面价值 1 000 万元，公允价值 3 000 万元，该固定资产剩余可使用寿命为 10 年，净残值为 0，采用年限平均法计提折旧。甲公司对乙公司具有重大影响。6 月 30 日，乙公司将其成本为 900 万元的商品以 1 200 万元的价格出售给甲公司，甲公司将取得的商品作为存货，截止 2021 年 12 月 31 日，甲公司对外出售了 60%。乙公司 2021 年实现净利润 1 000 万元，假定不考虑其他因素。

要求：编制甲公司相关股权投资的会计处理。

[25]【经典子题拓展·2022 年实现销售】2021 年 1 月 1 日，甲公司以货币资金取得乙公司 30% 的股权，初始投资成本为 2 000 万元，投资时乙公司净资产的公允价值为 7 000 万元，账面价值为 5 000 万元，差异的原因是一项管理用固定资产账面价值 1 000 万元，公允价值 3 000 万元，该固定资产剩余可使用寿命为 10 年，净残值为 0，采用年限平均法计提折旧。甲公司对乙公司具有重大影响。6 月 30 日，乙公司将其成本为 900 万元的商品以 1 200 万元的价格出售给甲公司，甲公司将取得的商品作为存货，截止 2021 年 12 月 31 日，甲公司全部未对外出售该存货。乙公司 2021 年实现净利润 1 000 万元。2022 年甲公司将该批存货全部实现对外出售，2022 年实现净利润 1 000 万元。假定不考虑其他因素。

要求：编制甲公司相关股权投资的会计处理。

[26]【经典子题拓展·2022年部分实现销售】2021年1月1日，甲公司以货币资金取得乙公司30%的股权，初始投资成本为2 000万元，投资时乙公司净资产的公允价值为7 000万元，账面价值为5 000万元，差异的原因是一项管理用固定资产账面价值1 000万元，公允价值3 000万元，该固定资产剩余可使用寿命为10年，净残值为0，采用年限平均法计提折旧。甲公司对乙公司具有重大影响。6月30日，乙公司将其成本为900万元的商品以1 200万元的价格出售给甲公司，甲公司将取得的商品作为存货，截止2021年12月31日，甲公司全部未对外出售该存货。乙公司2021年实现净利润1 000万元。2022年甲公司将该批存货的80%实现对外出售，2022年实现净利润1 000万元。假定不考虑其他因素。

要求：编制甲公司相关股权投资的会计处理。

（2）顺流交易

顺流交易比照逆流交易处理。

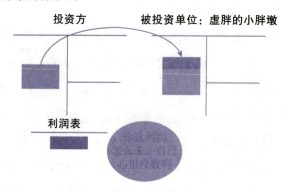

 顺流交易，移花接木。

会计故事会·顺流交易

假设投资方持有被投资方30%股权，投资方900万元存货以1 200万元出售给被投资方，也就是顺流交易，被投资方没有实现对外销售。投资方利润表中确认营业收入1 200万元，结转营业成本900万元，虚增利润300万元。本来应该营业收入减去1 200×30%，营业成本900×30%，这部分属于自己卖给自己，合计要冲减投资方利润（1 200-900）×30%。但是营业收入和营业成本投资方账已经做完了，（1 200-900）×30%金额直接从投资收益中减掉也可以，反正对投资方来说从营业收入和营业成本中减去90万元与从投资收益中减去90万元最后的利润总额是一样的。从确认被投资方投资收益中减去90万元更简单一些，因此，顺利交易计算投资收益跟逆流交易的算法是一样的。这种方法叫移花接木法。

▲【考点子题——举一反三，真枪实练】

[27]【经典子题·顺流交易】2021年1月1日，甲公司以货币资金取得乙公司30%的股权，初始投资成本为2 000万元，投资时乙公司净资产的公允价值为7 000万元，账

面价值为 5 000 万元，差异的原因是一项管理用固定资产账面价值 1 000 万元，公允价值 3 000 万元，该固定资产剩余可使用寿命为 10 年，净残值为 0，采用年限平均法计提折旧。甲公司对乙公司具有重大影响。6 月 30 日，甲公司将其成本为 900 万元的商品以 1 200 万元的价格出售给乙公司，乙公司将取得的商品作为存货，截止 2021 年 12 月 31 日，乙公司全部未对外出售该存货。乙公司 2021 年实现净利润 1 000 万元，假定不考虑其他因素。

要求：编制甲公司相关股权投资的会计处理。

[28]【历年真题·判断题】企业采用权益法核算长期股权投资的，在确认投资收益时，不需考虑顺流交易产生的未实现内部交易利润。（　　）

【考点小结】

项目		投资方♂	被投资方♀	调整利润
投资时	固定资产	公允价值 A1	账面价值 A2	被投资方账面净利润 -（A1-A2）/ 使用寿命 × 月 /12
	存货	公允价值 B1	账面价值 B2	被投资方账面净利润 -（B1-B2）× 对外出售比例
内部交易	存货 to 存货	内部售价 C1	成本 C2	被投资方账面净利润 -（C1-C2）+（C1-C2）× 对外出售比例
	存货 to 固定资产	内部售价 D1	成本 D2	被投资方账面净利润 -（D1-D2）+（D1-D2）/ 使用寿命 × 月 /12

考点锦囊 **投资时，只减不加；内部交易，先减后加，一次减逐期加。**

【注意】投资时，固定资产当月折旧，内部交易，固定资产次月折旧。

【考点子题——举一反三，真枪实练】

[29]【经典子题·单选题】甲公司 2021 年 1 月 1 日以 3 000 万元的价格购入乙公司 30% 的股份，另支付相关费用 10 万元。购入时乙公司可辨认净资产的公允价值为 11 000 万元，账面价值为 10 000 万元，公允价值与账面价值的差额是由一项存货造成的，该项存货的账面价值为 1 000 万元，公允价值为 2 000 万元，当年实际对外出售了 80%。当年甲公司向乙公司销售了一批商品，该商品的成本为 600 万元，市场价值为 800 万元，当年对外出售了 80%。乙公司 2021 年实现净利润 1 000 万元。甲公司取得该项投资后对乙公司具有重大影响。假定不考虑其他因素，该投资对甲公司 2021 年度利润总额的影响金额为（　　）万元。

A. 470　　　　　　B. 358　　　　　　C. 338　　　　　　D. 302

（三）被投资单位其他综合收益变动的处理

【考点藏宝图】

被投资单位资产负债表

所有者权益

其他综合收益

看看还有啥

借：长期股权投资——其他综合收益
贷：其他综合收益（或相反分录）

【考点子题——举一反三，真枪实练】

[30]**【经典子题·其他综合收益】**2021年1月1日，甲公司以货币资金取得乙公司30%的股权，初始投资成本为2000万元，投资时乙公司净资产的公允价值为7000万元，账面价值为5000万元，差异的原因是一项管理用固定资产账面价值1000万，公允价值3000万元，该固定资产剩余可使用寿命为10年，净残值为0，采用年限平均法计提折旧。甲公司对乙公司具有重大影响。6月30日，乙公司将其成本为900万元的商品以1200万元的价格出售给甲公司，甲公司将取得商品作为存货，截止2021年12月31日，甲公司仍未对外出售该存货。乙公司2021年实现净利润1000万元，乙公司当期所有者权益公允价值变动计入其他综合收益的金额为300万元。假定不考虑其他因素。

要求：编制甲公司相关股权投资的会计处理。

[31]**【历年真题·多选题】**2018年1月1日，甲公司以银行存款3950万元取得乙公司30%的股份，另以银行存款50万元支付了与该投资直接相关的手续费，相关手续于当日完成，能够对乙公司施加重大影响。当日，乙公司可辨认净资产的公允价值为14000万元。各项可辨认资产、负债的公允价值均与其账面价值相同。乙公司2018年实现净利润2000万元，其他债权投资的公允价值上升100万元。不考虑其他因素，下列各项中甲公司2018年与该投资相关的会计处理中，正确的有（ ）。

A. 确认投资收益600万元

B. 确认财务费用50万元

C. 确认其他综合收益30万元

D. 确认营业外收入200万元

（四）取得现金股利或利润的处理

🌀【考点藏宝图】

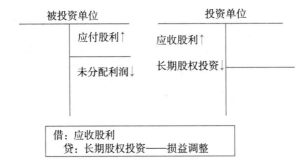

权发现，长投减少没收益。

【注意】股票股利不用进行会计处理。

▲【考点子题——举一反三，真枪实练】

[32]【经典子题·宣告发放现金股利】2021 年 1 月 1 日，甲公司以货币资金取得乙公司
30% 的股权，初始投资成本为 2 000 万元，投资时乙公司净资产的公允价值为 7 000
万元，账面价值为 5 000 万元，差异的原因是一项管理用固定资产账面价值 1 000 万
元，公允价值 3 000 万元，该固定资产剩余可使用寿命为 10 年，净残值为 0，采用
年限平均法计提折旧。甲公司对乙公司具有重大影响。6 月 30 日，乙公司将其成本
为 900 万元的商品以 1 200 万元的价格出售给甲公司，甲公司将取得的商品作为存
货，截止 2021 年 12 月 31 日，甲公司仍未对外出售该存货。乙公司 2021 年实现净
利润 1 000 万元，乙公司当期所有者权益公允价值变动计入其他综合收益的金额为
300 万元。乙公司宣告发放现金股利 100 万元。假定不考虑其他因素。

要求：编制甲公司相关股权投资的会计处理。

（五）超额亏损的确认

🌀【考点藏宝图】

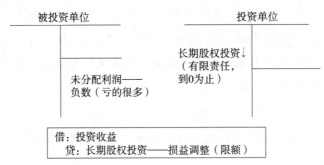

第5章

考点锦囊 账面价值冲到0，减值准备要注意。

【考点子题——举一反三，真枪实练】

[33]【经典子题·单选题】甲公司持有B公司30%的普通股股权，对B公司具有重大影响。截止到2021年末该项长期股权投资科目余额为280万元，B公司2021年发生净亏损1 000万元，甲公司对B公司没有其他长期权益。不考虑其他因素，2021年末甲公司对B公司的长期股权投资的科目余额应为（　　）万元。

A. 0 　　　　B. 12 　　　　C. -20 　　　　D. -8

（六）被投资单位除净损益、其他综合收益以及利润以外的所有者权益的变动

【考点藏宝图】

```
        被投资单位资产负债表

                              看看还有没有漏网之鱼



              所有者权益
              股本
              资本公积等

        借：长期股权投资——其他权益变动
        贷：资本公积——其他资本公积
```

考点锦囊 大鱼差不多，小鱼一网捞。

【考点子题——举一反三，真枪实练】

[34]【经典子题·资本公积】2021年1月1日，甲公司以货币资金取得乙公司30%的股权，初始投资成本为2 000万元，投资时乙公司净资产的公允价值为7 000万元，账面价值为5 000万元，差异的原因是一项管理用固定资产账面价值1 000万，公允价值3 000万元，该固定资产剩余可使用寿命为10年，净残值为0，采用年限平均法计提折旧。甲公司对乙公司具有重大影响。6月30日，乙公司将其成本为900万元的商品以1 200万元的价格出售给甲公司，甲公司将取得商品作为存货，截止2021年12月31日，甲公司仍未对外出售该存货。乙公司2021年实现净利润1 000万元，乙公司当期所有者权益公允价值变动计入其他综合收益的金额为300万元，资本公积增加200万元。乙公司宣告发放现金股利100万元。假定不考虑其他因素。

要求：编制甲公司相关股权投资的会计处理。

[35]【历年真题·多选题】企业采用权益法核算时，下列事项中将引起长期股权投资账面价值发生增减变动的有（　　）。

A. 长期股权投资初始投资成本小于投资时应享有被投资单位可辨认净资产公允价值份额

B. 计提长期股权投资减值准备

C. 被投资单位资本公积发生变化

D. 长期股权投资的初始投资成本大于投资时应享有可辨认净资产公允价值份额

[36]【经典子题·综合题】甲公司对乙公司进行股票投资的相关交易或事项如下：

资料一：2021 年 1 月 1 日，甲公司以银行存款 7 300 万元从非关联方取得乙公司 20% 的有表决权股份，对乙公司的财务和经营政策具有重大影响。当日，乙公司所有者权益的账面价值为 40 000 万元，各项可辨认资产、负债的公允价值均与其账面价值相同。本次投资前，甲公司不持有乙公司股份且与乙公司不存在关联方关系。甲公司的会计政策、会计期间与乙公司的相同。

资料二：2021 年 6 月 15 日，甲公司将其生产的成本为 600 万元的设备以 1 000 万元的价格出售给乙公司。当日，乙公司以银行存款支付全部货款，并将该设备交付给本公司专设销售机构作为固定资产立即投入使用。乙公司预计该设备的使用年限为 10 年，预计净残值为零，采用年限平均法计提折旧。

资料三：2021 年度乙公司实现净利润 6 000 万元，持有的其他债权投资因公允价值上升计入其他综合收益 380 万元。

资料四：2022 年 4 月 1 日，乙公司宣告分派现金股利 1 000 万元，2022 年 4 月 10 日，甲公司按其持股比例收到乙公司发放的现金股利并存入银行。

资料五：2022 年 9 月 1 日，甲公司以定向增发 2 000 万股普通股（每股面值为 1 元、公允价值为 10 元的方式，从非关联方取得乙公司 40% 的有表决权股份，相关手续于当日完成后，甲公司共计持有乙公司 60% 的有表决权股份，能够对乙公司实施控制，该企业合并不属于反向购买。当日，乙公司可辨认净资产的账面价值与公允价值均为 45 000 万元；甲公司原持有的乙公司 20% 股权的公允价值为 10 000 万元。本题不考虑增值税等相关税费及其他因素。

要求：

（1）判断甲公司 2021 年 1 月 1 日对乙公司股权投资的初始投资成本是否需要调整，并编制与投资相关的会计分录。

（2）分别计算甲公司 2021 年度对乙公司股权投资应确认的投资收益、其他综合收益，以及 2021 年 12 月 31 日该项股权投资的账面价值，并编制相关会计分录。

（3）分别编制甲公司 2022 年 4 月 1 日在乙公司宣告分派现金股利时的会计分录，以及 2022 年 4 月 10 日收到现金股利时的会计分录。

（4）计算甲公司 2022 年 9 月 1 日取得乙公司控制权时长期股权投资改按成本法核算

的初始投资成本，并编制相关会计分录。

考点5 长期股权投资核算方法的转换

长期股权投资核算方法的转换是由于持股比例的变化，股权投资进行重分类。

（一）成本法转权益法

❀【考点藏宝图】

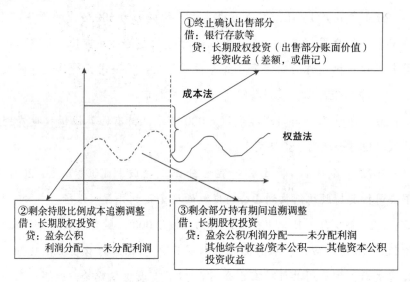

考点锦囊 **成转权，穿越到从前（穿越回去发朋友圈、钓大鱼、换马甲）。**

🔺【考点母题——万变不离其宗】成本法转权益法

下列各项中，长期股权投资成本法转权益法的会计处理正确的有（　　）。

续表

①终止确认出售部分：

　A. 借：银行存款等

　　　　贷：长期股权投资（出售部分账面价值）

　　　　　　投资收益（差额，或借记）

②剩余持股比例成本追溯调整：

　B. 借：长期股权投资

　　　　贷：盈余公积、利润分配——未分配利润（剩余长期股权投资的成本小于原投资时应享有被投资单位可辨认净资产公允价值的份额）

③剩余部分持有期间追溯调整：

　C. 借：长期股权投资

　　　　贷：盈余公积、利润分配——未分配利润（原投资时至处置投资当期期初被投资单位留存收益变动 × 剩余持股比例）

　　　　　　投资收益（处置投资当期期初至处置日被投资单位净损益变动 × 剩余持股比例）

　　　　　　其他综合收益或资本公积——其他资本公积（被投资单位相应变动 × 剩余持股比例）

▲【考点子题——举一反三，真枪实练】

［37］【历年真题·多选题】2017 年 1 月 1 日，甲公司长期股权投资账面价值为 2 000 万元。当日，甲公司将持有的乙公司 80% 股权中的一半以 1 200 万元出售给非关联方，剩余对乙公司的股权投资具有重大影响。甲公司原取得乙公司股权时，乙公司可辨认净资产的账面价值为 2 200 万元，各项可辨认资产、负债的公允价值与其账面价值相同。自甲公司取得乙公司股权投资至处置投资日，乙公司实现净利润 1 500 万元，增加其他综合收益 300 万元。假定按照净利润的 10% 提取法定盈余公积，不考虑增值税等相关税费及其他因素。下列关于 2017 年 1 月 1 日甲公司个别财务报表中对长期股权投资的会计处理表述中，正确的有（　　）。

A. 增加盈余公积 60 万元　　　　　　　B. 增加未分配利润 540 万元

C. 增加投资收益 320 万元　　　　　　　D. 增加其他综合收益 120 万元

（二）公允价值计量转权益法

❀【考点藏宝图】

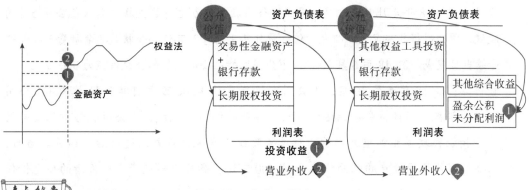

🎒考点锦囊　**金转权，公加公，朋友圈，该发还得发。**

续表

（一）转销金融资产

1. 交易性金融资产

借：长期股权投资（原股权公允价值+新增投资成本）

　　贷：交易性金融资产（账面价值）

　　　　银行存款等（新增投资成本）

　　　　投资收益（差额，或借记）

2. 其他权益工具投资

借：长期股权投资（原股权公允价值+新增投资成本）

　　贷：其他权益工具投资（账面价值）

　　　　银行存款等（新增投资成本）

　　　　盈余公积

　　　　利润分配——未分配利润

借：其他综合收益（结转原投资持有期间确认的部分）

　　贷：盈余公积

　　　　利润分配——未分配利润

（二）调整长期股权投资账面价值

借：长期股权投资——投资成本

　　贷：营业外收入

⏃【考点子题——举一反三，真枪实练】

[38]【经典子题·单选题】2021年1月1日，甲公司以100万元现金取得乙公司5%的股权，划分为交易性金融资产核算。2021年12月31日支付366万元，取得乙公司15%的股权，至此，甲公司能够对乙公司施加重大影响。2021年12月31日乙公司可辨认净资产的公允价值为2 500万元，交易性金融资产的公允价值为122万元。不考虑其他因素，甲公司2021年12月31日长期股权投资的账面价值为（　　）万元。

A. 488　　　　　　B. 500　　　　　　C. 466　　　　　　D. 366

[39]【历年真题·综合题】2×18年至2×19年，甲公司发生与股权投资相关的交易或事项如下：

资料一：2×18年4月1日，甲公司以银行存款800万元自非关联方购入乙公司5%的股权，甲公司将其指定为以公允价值计量且其变动计入其他综合收益的金融资产，相关手续当日完成。2×18年6月30日，甲公司所持乙公司股份的公允价值为900万元。

资料二：2×18年6月30日，甲公司以银行存款4 500万元自非关联方取得乙公司25%的股权，累计持股比例达到30%，相关手续当日完成，甲公司能够对乙公司的财务和经营政策施加重大影响，对该项股权投资采用权益法进行后续核算。当日，乙公司可辨认净资产的账面价值为17 000万元，各项可辨认资产、负债的公允价值均与其账面价值相同。

资料三：2×18 年 9 月 15 日，乙公司以 800 万元价格向甲公司销售其生产的一台成本为 700 万元的设备。当日，甲公司将该设备作为行政管理用固定资产并立即投入使用，预计使用年限为 10 年，预计净残值为零，采用年限平均法计提折旧。

资料四：2×18 年 7 月 1 日至 12 月 31 日，乙公司实现净利润 800 万元，其所持以公允价值计量且其变动计入其他综合收益的金融资产的公允价值增加 40 万元。

资料五：2×19 年度乙公司实现净利润 2 000 万元。

甲、乙公司均以公历年度作为会计年度，采用相同的会计政策。甲、乙公司均按照净利润的 10% 提取法定盈余公积金。本题不考虑增值税、企业所得税等相关税费及其他因素。

要求（"其他权益工具投资""长期股权投资"科目应写出必要的明细科目）：

（1）编制甲公司 2×18 年 4 月 1 日购入乙公司 5% 股权的会计分录。

（2）编制甲公司 2×18 年 6 月 30 日对所持有乙公司 5% 股权按公允价值进行计量的会计分录。

（3）计算甲公司 2×18 年 6 月 30 日对乙公司持股比例达到 30% 的长期股权投资初始投资成本，并编制相关会计分录。

（4）计算甲公司 2×18 年度对乙公司股权投资应确认投资收益和其他综合收益的金额，并编制相关会计分录。

（5）计算甲公司 2×19 年度对乙公司股权投资应确认投资收益的金额，并编制相关会计分录。

（三）权益法转公允价值计量

【考点藏宝图】

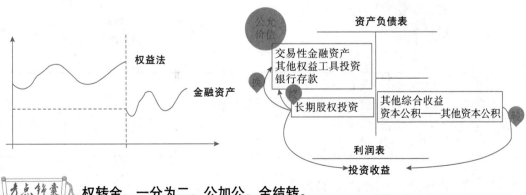

权转金，一分为二，公加公，全结转。

续表

①借：银行存款等

交易性金融资产 / 其他权益工具投资（剩余部分公允价值）

贷：长期股权投资（全部账面价值）

投资收益（差额，或借记）

②原权益法确认的其他综合收益等的结转（**全部**）

借：其他综合收益（结转原投资持有期间确认的部分）

资本公积——其他资本公积（结转原投资持有期间确认的部分）

贷：投资收益

▲【考点子题——举一反三，真枪实练】

[40]【经典子题•计算分析题】2021 年 5 月 10 日，甲公司将其持有的一项以权益法核算的长期股权投资出售 50%，取得价款 600 万元，当日办妥相关手续。出售时，该项长期股权投资的账面价值为 1 100 万元，其中：投资成本为 700 万元，损益调整为 300 万元，可重分类进损益的其他综合收益为 100 万元。剩余股权划分为交易性金融资产，公允价值为 600 万元。不考虑增值税等相关税费及其他因素。

要求：编制甲公司相关会计分录。

（四）成本法转公允价值计量

❧【考点藏宝图】

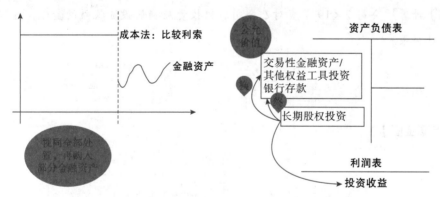

借：银行存款（出售取得的价款）

交易性金融资产 / 其他权益工具投资（剩余部分公允价值）

贷：长期股权投资（全部账面价值）

投资收益（差额，或借记）

考点锦囊 成转金，一分为二，公加公。

【考点子题——举一反三，真枪实练】

[41]【经典子题·计算分析题】2021 年 5 月 10 日，甲公司将其持有的一项以成本法核算的长期股权投资出售 90%，取得价款 1 000 万元，当日办妥相关手续。出售时该项长期股权投资的账面价值为 1 100 万元。剩余股权划分为交易性金融资产，公允价值为 111 万元。不考虑增值税等相关税费及其他因素。

要求：编制甲公司相关会计分录。

[42]【历年真题·判断题】企业因处置部分子公司股权将剩余股权投资分类为以公允价值计量且其变动计入当期损益的金融资产时，应在丧失控制权日将剩余股权投资的公允价值与账面价值之间的差额计入其他综合收益。（　　）

考点6　长期股权投资的处置

成本法长期股权投资处置收益 = 实际取得价款与账面价值之间的差额

权益法长期股权投资处置收益 = 实际取得价款与账面价值之间的差额 + 其他综合收益结转 + 资本公积（其他资本公积）结转

【考点藏宝图】

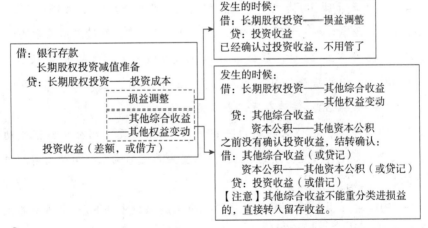

考点锦囊　权益处置两尾巴，他综公积转收益。权转权，部分转，金转金，全结转。

【考点母题——万变不离其宗】长期股权投资处置

下列关于其他综合收益和其他权益变动的结转的表述正确的有（　　）。	
处置后仍然采用权益法核算	将与所出售股权相对应的**部分**在处置时转入当期损益
处置后终止采用权益法	**全部**结转

【判断金句】处置当期投资收益为取得价款与长期股权投资账面价值之差，加上结转的其他综合收益和其他权益变动。（　　）

⚠️【考点子题——举一反三，真枪实练】

[43]【历年真题·单选题】2017 年 5 月 10 日，甲公司将其持有的一项以权益法核算的长期股权投资全部出售，取得价款 1 200 万元，当日办妥相关手续。出售时，该项长期股权投资的账面价值为 1 100 万元，其中投资成本为 700 万元，损益调整为 300 万元，可重分类进损益的其他综合收益为 100 万元，不考虑增值税等相关税费及其他因素。甲公司处置该项股权投资应确认的投资收益为（　　）万元。

A. 100　　　　　　B. 500　　　　　　C. 200　　　　　　D. 400

[44]【历年真题·综合题】甲公司 2013 年至 2015 年对乙公司股票投资的有关资料如下：

资料一：2013 年 1 月 1 日，甲公司定向发行每股面值为 1 元，公允价值为 4.5 元的普通股 1 000 万股作为对价取得乙公司 30% 有表决权的股份。交易前，甲公司与乙公司不存在关联方关系且不持有乙公司股份；交易后，甲公司能够对乙公司施加重大影响。取得投资日，乙公司可辨认净资产的账面价值为 16 000 万元，除行政管理用 W 固定资产外，其他各项资产、负债的公允价值分别与其账面价值相同。该固定资产原价 500 万元，原预计使用年限为 5 年，预计净残值为零，采用年限平均法计提折旧，已计提折旧 100 万元；当日，该固定资产的公允价值为 480 万元，预计尚可使用 4 年，与原预计剩余年限相一致，预计净残值为零，继续采用原方法计提折旧。

资料二：2013 年 8 月 20 日，乙公司将其成本为 900 万元的 M 商品以不含增值税的价格 1 200 万元出售给甲公司。至 2013 年 12 月 31 日，甲公司向非关联方累计售出该商品 50%，剩余 50% 作为存货，未发生减值。

资料三：2013 年度，乙公司实现的净利润为 6 000 万元，因公允价值变动增加其他综合收益 200 万元（可重分类进损益），未发生其他影响乙公司所有者权益变动的交易或事项。

资料四：2014 年 1 月 1 日，甲公司将对乙公司股权投资的 80% 出售给非关联方，取得价款 5 600 万元，相关手续于当日完成，剩余股份当日公允价值为 1 400 万元。出售部分股份后，甲公司对乙公司不再具有重大影响，将剩余股权投资转为其他权益工具投资。

资料五：甲公司和乙公司采用的会计政策、会计期间相同，假定不考虑增值税、所得税等其他因素。

要求：

（1）说明甲公司 2013 年度对乙公司长期股权投资应采用的核算方法，并编制甲公司取得乙公司股权投资的会计分录。

（2）计算甲公司 2013 年度应确认的投资收益和应享有乙公司其他综合收益变动的金额，并编制相关会计分录。

（3）计算甲公司 2014 年 1 月 1 日处置部分股权投资交易对公司营业利润的影响额，并编制相关会计分录。

第三节　合营安排

 考点 7　合营安排的认定

1. 合营安排的概念

合营安排是指一项由两个或两个以上的参与方共同控制的安排。

考点锦囊　集体控制、最小唯一组合。

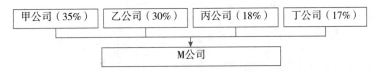

会计故事会·流动餐厅

　　在农村婚丧嫁娶都喜欢在自己家里办，比较热闹有氛围，但在家里办比较费事，现在农村有这样一门生意开始兴起，这就是流动餐厅。一个厨师带着几个服务员，把宴席所需要的桌椅板凳、食材等全包了，上门服务，一应俱全，主家只要出钱就行。老王是厨师，跟邻居老张合伙了一个流动餐厅。老王负责掌厨，老张负责承揽业务，另外再请几个服务员帮忙，凡事老王和老张都商量着来，协商一致才干，这就叫合营安排。

【考点藏宝图】

甲公司（35%）	乙公司（30%）	丙公司（18%）	丁公司（17%）

M公司

情况 1：M 公司所有重大决策需要 55% 以上（含本数）表决权通过方可做出。

① 甲公司（35%）+ 乙公司（30%）=65%（控制 M 公司的参与方数量最少的组合）

② 甲公司（35%）+ 乙公司（30%）+ 丙公司（18%）=83%

③ 甲公司（35%）+ 乙公司（30%）+ 丁公司（17%）=82%

④ 乙公司（30%）+ 丙公司（18%）+ 丁公司（17%）=65%

⑤ 甲公司（35%）+ 乙公司（30%）+ 丙公司（18%）+ 丁公司（17%）=100%

情况1构成合营安排。最小唯一组合。

情况2：公司所有重大决策需要51%以上（含本数）表决权通过方可做出。

① 甲公司（35%）+ 乙公司（30%）=65%（数量最少的组合）

② 甲公司（35%）+ 丙公司（18%）=53%（数量最少的组合）

③ 甲公司（35%）+ 丁公司（17%）=52%（数量最少的组合）

情况2不构成合营安排。

【考点子题——举一反三，真枪实练】

[45]【经典子题·单选题】P企业由甲公司、乙公司和丙公司组成，协议规定，相关活动的决策至少需要75%表决权通过才能实施。假定甲公司、乙公司和丙公司任意两方均可达成一致意见，但三方不可能同时达成一致意见。下列项目中属于共同控制的是（   ）。

A. 甲公司、乙公司、丙公司在P企业中拥有的表决权分别为50%、35%和15%

B. 甲公司、乙公司、丙公司在P企业中拥有的表决权分别为50%、25%和25%

C. 甲公司、乙公司、丙公司在P企业中拥有的表决权分别为80%、10%和10%

D. 甲公司、乙公司、丙公司在P企业中拥有的表决权分别为40%、30%和30%

2. 合营安排的分类

合营安排分为共同经营和合营企业。共同经营是指合营方享有该安排相关资产且承担该安排相关负债的合营安排。合营企业是指合营方仅对该安排的净资产享有权利的合营安排。

【考点藏宝图】

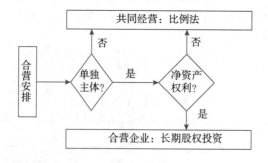

会计故事会·AA制

如果办完酒席老王和老张按比例分钱，各自的费用各自承担，即收入、费用、资产和负债都AA制，这就是共同经营，各抱各娃。如果老王和老张将流动餐厅注册成为一家企业，老王和老张成为企业的股东，不是分配收入而是按持股比例享有净资产权力，这就是合营企业，会计上作为长期股权投资核算，而不是按比例确认收入和费用。

▲【考点母题——万变不离其宗】合营安排的分类

下列关于合营安排的分类表述正确的有（　　）。	
共同经营	A. 合营方享有该安排相关资产且承担该安排相关负债的合营安排
合营企业	B. 合营方仅对该安排的净资产享有权利的合营安排

▲【考点子题——举一反三，真枪实练】

[46]【经典子题·单选题】下列关于合营安排的表述中，正确的是（　　）。

A. 当合营安排未通过单独主体达成时，该合营安排为共同经营

B. 合营安排中参与方对合营安排提供担保的，该合营安排为共同经营

C. 当合营安排通过单独主体达成时，该合营安排为合营企业

D. 合营安排为共同经营的，参与方对合营安排有关的净资产享有权利

考点 8　共同经营的会计处理

合营企业投资采用权益法长期股权投资核算，其他合营安排中的合营方按照比例法核算，按比例确认属于合营方的资产、负债、收入及费用。

▲【考点子题——举一反三，真枪实练】

[47]【经典子题·计算分析题】2×20 年 1 月 1 日，A 公司和 B 公司共同出资购买一栋写字楼，各自拥有该写字楼 50% 的产权，用于出租收取租金。合同约定，该写字楼相关活动的决策需要 A 公司和 B 公司一致同意方可做出；A 公司和 B 公司的出资比例、收入分享比例和费用分担比例均为各自 50%。该写字楼购买价款为 8 000 万元，由 A 公司和 B 公司以银行存款支付，预计使用寿命 20 年，预计净残值为 320 万元，采用年限平均法按月计提折旧。该写字楼的租赁合同约定，租赁期限为 10 年，每年租金为 480 万元，按月交付。该写字楼每月支付维修费 2 万元。另外，A 公司和 B 公司约定，该写字楼的后续维护和维修支出（包括再装修支出和任何其他的大修支出）以及与该写字楼相关的任何资金需求，均由 A 公司和 B 公司按比例承担。假设 A 公司和 B 公司均采用成本法对投资性房地产进行后续计量，不考虑税费等其他因素影响。

要求：编制 A 公司相关会计分录。

[本章考点子题答案及解析]

[1]【答案：×】长期股权投资包括对子公司、合营企业和联营企业的投资。

[2]【答案：√】

[3]【答案：A】非同一控制下企业合并，初始成本 = 支付对价公允价值 =1 500×6=9 000（万元），为发

行股票支付的佣金、手续费计入资本公积。

[4]【答案：D】甲企业购买日的合并成本 =2 000×6=12 000（万元）。

借：长期股权投资　　　　　　　　12 000
　　贷：股本　　　　　　　　　　　　2 000
　　　　资本公积——股本溢价　　　10 000[2 000×（6-1）]
借：资本公积——股本溢价　　　　150
　　贷：银行存款　　　　　　　　　150
借：管理费用　　　　　　　　　　80
　　贷：银行存款　　　　　　　　　80

[5]【答案】

借：长期股权投资　　　　　　　　17 250
　　贷：长期股权投资——投资成本　　4 500
　　　　　　　　——损益调整　　　　300
　　　　　　　　——其他综合收益　　300
　　　　　　　　——其他权益变动　　150
　　　　银行存款　　　　　　　　　12 000

【注意】购买日前 A 公司原持有股权相关的其他综合收益 300 万元以及其他所有者权益变动 150 万元在购买日均不进行会计处理。

[6]【答案】

借：长期股权投资　　　　　　　　16 500
　　贷：交易性金融资产——成本　　　1 200（200×6）
　　　　　　　　——公允价值变动　　100
　　　　银行存款　　　　　　　　　15 000
　　　　投资收益　　　　　　　　　200

[7]【答案】

借：长期股权投资　　　　　　　　16 500
　　贷：其他权益工具投资——成本　　1 200（200×6）
　　　　　　　　——公允价值变动　　100
　　　　银行存款　　　　　　　　　15 000
　　　　盈余公积　　　　　　　　　20（200×10%）
　　　　利润分配——未分配利润　　180（200×90%）
借：其他综合收益　　　　　　　　100
　　贷：盈余公积　　　　　　　　　　10（100×10%）
　　　　利润分配——未分配利润　　90（100×90%）

[8]【答案：A】甲公司该项长期股权投资在合并日的初始投资成本为 =9 000×60%=5 400（万元）。

借：长期股权投资　　　　　　　　5 400
　　资本公积——股本溢价　　　　1 600

贷：银行存款	7 000
借：管理费用	100
贷：银行存款	100

[9]【答案：A】

借：长期股权投资	4 000
贷：股本	1 000
资本公积——股本溢价	3 000
借：资本公积——股本溢价	100
贷：银行存款	100

[10]【答案】

借：长期股权投资	20 700
贷：长期股权投资——投资成本	9 000
——损益调整	375
股本	3 000
资本公积——股本溢价	8 325

[11]【答案】

借：长期股权投资	17 930
贷：交易性金融资产——成本	1 200（200×6）
——公允价值变动	100
银行存款	15 000
资本公积——股本溢价	1 630

[12]【答案】

借：长期股权投资	17 930
贷：其他权益工具投资——成本	1 200（200×6）
——公允价值变动	100
银行存款	15 000
资本公积——股本溢价	1 630

[13]【答案：×】以支付现金方式取得联营企业股权的，所支付的与该股权投资直接相关的费用应计入长期股权投资初始投资成本。

[14]【答案：D】借记"长期股权投资"科目 2 200 万元，贷记"银行存款"科目 2 200 万元。

[15]【答案：C】发行股票向证券承销机构支付的佣金及手续费 50 万元应该抵减溢价收入，所以初始投资成本为 1 000×4=4 000（万元）。

借：长期股权投资	4 000
贷：股本	1 000
资本公积——股本溢价	3 000（4×1 000-1 000）
借：资本公积——股本溢价	50
贷：银行存款	50

[16]【答案: AD】发行普通股方式取得联营企业股权时,普通股的发行费用冲减资本公积,不计入长期股权投资的初始投资成本,选项 B 错误;以发行债券的方式取得子公司股权时,债券的发行费用应计入债券的初始确认金额,借: 应付债券——利息调整,贷: 银行存款,不计入长期股权投资的初始投资成本,选项 C 错误。

[17]【答案】2021 年 4 月 10 日:

借: 长期股权投资——乙公司　　　　　1 600

　　贷: 银行存款　　　　　　　　　　　　　　1 600

2022 年 2 月 6 日,乙公司宣告分派现金股利:

借: 应收股利　　　　　　　　　　　　　60

　　贷: 投资收益　　　　　　　　　　　　　　60

2022 年 2 月 12 日实际收到现金股利:

借: 银行存款　　　　　　　　　　　　　60

　　贷: 应收股利　　　　　　　　　　　　　　60

[18]【答案】

借: 长期股权投资——投资成本　　　　2 000

　　贷: 银行存款　　　　　　　　　　　　　　2 000

借: 长期股权投资——投资成本　　　　100

　　贷: 营业外收入　　　　　　　　　　　　　100

[19]【答案: B】甲公司该项长期股权投资的初始投资成本 =1 000×10+1 200=11 200(万元)。调整后的投资成本即账面价值 =50 000×25%=12 500(万元)。

[20]【答案】

借: 长期股权投资——投资成本　　　　2 000

　　贷: 银行存款　　　　　　　　　　　　　　2 000

借: 长期股权投资——投资成本　　　　100

　　贷: 营业外收入　　　　　　　　　　　　　100

借: 长期股权投资——损益调整　　　　300(1 000×30%)

　　贷: 投资收益　　　　　　　　　　　　　　300

[21]【答案】

借: 长期股权投资——投资成本　　　　2 000

　　贷: 银行存款　　　　　　　　　　　　　　2 000

借: 长期股权投资——投资成本　　　　100

　　贷: 营业外收入　　　　　　　　　　　　　100

乙公司经过公允价值调整后的净利润 =1 000-(3 000/10-1 000/10)=800(万元)。

借: 长期股权投资——损益调整　　　　240(800×30%)

　　贷: 投资收益　　　　　　　　　　　　　　240

[22]【答案】

借：长期股权投资——投资成本　　　　2 000

　　贷：银行存款　　　　　　　　　　　　2 000

借：长期股权投资——投资成本　　　　100

　　贷：营业外收入　　　　　　　　　　　100

乙公司经过公允价值调整后的净利润 =1 000-（3 000/10-1 000/10）=800（万元）；

再调整内部交易未实现的利润 =800-（1 200-900）=500（万元）。

借：长期股权投资——损益调整　　　　150（500×30%）

　　贷：投资收益　　　　　　　　　　　　150

[23][答案]

借：长期股权投资——投资成本　　　　2 000

　　贷：银行存款　　　　　　　　　　　　2 000

借：长期股权投资——投资成本　　　　100

　　贷：营业外收入　　　　　　　　　　　100

乙公司经过公允价值调整后的净利润 =1 000-（3 000/10-1 000/10）=800（万元）；

内部交易全部实现对外销售，对乙公司净利润无影响。

借：长期股权投资——损益调整　　　　240（800×30%）

　　贷：投资收益　　　　　　　　　　　　240

[24][答案]

借：长期股权投资——投资成本　　　　2 000

　　贷：银行存款　　　　　　　　　　　　2 000

借：长期股权投资——投资成本　　　　100

　　贷：营业外收入　　　　　　　　　　　100

乙公司经过公允价值调整后的净利润 =1 000-（3 000/10-1 000/10）=800（万元）；

再调整内部交易未实现的利润 =800-（1 200-900）+（1 200-900）×60%=680（万元）。

借：长期股权投资——损益调整　　　　204（680×30%）

　　贷：投资收益　　　　　　　　　　　　204

[25][答案] 甲公司 2021 年相关会计处理：

借：长期股权投资——投资成本　　　　2 000

　　贷：银行存款　　　　　　　　　　　　2 000

借：长期股权投资——投资成本　　　　100

　　贷：营业外收入　　　　　　　　　　　100

乙公司经过公允价值调整后的净利润 =1 000-（3 000/10-1 000/10）=800（万元）；

再调整内部交易未实现的利润 =800-（1 200-900）=500（万元）。

借：长期股权投资——损益调整　　　　150（500×30%）

　　贷：投资收益　　　　　　　　　　　　150

2022 年乙公司经过公允价值调整后的净利润 =1 000-（3 000/10-1 000/10）=800（万元）；

第5章

再调整 2022 年已经实现的 2021 年内部交易未实现利润 =800+（1 200-900）=1 100（万元）。

借：长期股权投资——损益调整　　　330（1 100×30%）

　　贷：投资收益　　　　　　　　　　330

[26]【答案】甲公司 2021 年相关会计处理：

借：长期股权投资——投资成本　　　2 000

　　贷：银行存款　　　　　　　　　　2 000

借：长期股权投资——投资成本　　　100

　　贷：营业外收入　　　　　　　　　100

乙公司经过公允价值调整后的净利润 =1 000-（3 000/10-1 000/10）=800（万元）；

再调整内部交易未实现的利润 =800-（1 200-900）=500（万元）。

借：长期股权投资——损益调整　　　150（500×30%）

　　贷：投资收益　　　　　　　　　　150

2022 年乙公司经过公允价值调整后的净利润 =1 000-（3 000/10-1 000/10）=800（万元）；

再调整 2022 年已经实现的 2021 年内部交易未实现利润 =800+（1 200-900）×80%=1 040（万元）。

借：长期股权投资——损益调整　　　312（1 040×30%）

　　贷：投资收益　　　　　　　　　　312

[27]【答案】

借：长期股权投资——投资成本　　　2 000

　　贷：银行存款　　　　　　　　　　2 000

借：长期股权投资——投资成本　　　100

　　贷：营业外收入　　　　　　　　　100

乙公司经过公允价值调整后的净利润 =1 000-（3 000/10-1 000/10）=800（万元）；

再调整内部交易未实现的利润 =800-（1 200-900）=500（万元）。

借：长期股权投资——损益调整　　　150（500×30%）

　　贷：投资收益　　　　　　　　　　150

[28]【答案：×】企业采用权益法核算长期股权投资的，在确认投资收益时，需要考虑顺流交易产生的未实现内部交易利润。

[29]【答案：C】该投资对甲公司 2021 年度利润总额的影响金额 =[11 000×30%-（3 000+10）]+[1 000-（2 000-1 000）×80%-（800-600）+（800-600）×80%]×30%=338（万元）。

[30]【答案】

借：长期股权投资——投资成本　　　2 000

　　贷：银行存款　　　　　　　　　　2 000

借：长期股权投资——投资成本　　　100

　　贷：营业外收入　　　　　　　　　100

乙公司经过公允价值调整后的净利润 =1 000-（3 000/10-1 000/10）=800（万元）；

再调整内部交易未实现的利润 =800-（1 200-900）=500（万元）。

借：长期股权投资——损益调整　　　　150（500×30%）

　　　贷：投资收益　　　　　　　　　　150

调整其他综合收益：

借：长期股权投资——其他综合收益　　90（300×30%）

　　　贷：其他综合收益　　　　　　　　90

[31]【答案：ACD】

　　2018 年 1 月 1 日

借：长期股权投资——投资成本　　　　4 000

　　　贷：银行存款　　　　　　　　　　4 000

借：长期股权投资——投资成本　　　　200（14 000×30%-4 000）

　　　贷：营业外收入　　　　　　　　　200

　　2018 年 12 月 31 日

借：长期股权投资——损益调整　　　　600（2 000×30%）

　　　　　　　　　——其他综合收益　　30（100×30%）

　　　贷：投资收益　　　　　　　　　　600

　　　　其他综合收益　　　　　　　　30

[32]【答案】

借：长期股权投资——投资成本　　　　2 000

　　　贷：银行存款　　　　　　　　　　2 000

借：长期股权投资——投资成本　　　　100

　　　贷：营业外收入　　　　　　　　　100

乙公司经过公允价值调整后的净利润 =1 000-（3 000/10-1 000/10）=800（万元）；

再调整内部交易未实现的利润 =800-（1 200-900）=500（万元）。

借：长期股权投资——损益调整　　　　150（500×30%）

　　　贷：投资收益　　　　　　　　　　150

借：长期股权投资——其他综合收益　　90（300×30%）

　　　贷：其他综合收益　　　　　　　　90

借：应收股利　　　　　　　　　　　　30（100×30%）

　　　贷：长期股权投资——损益调整　　30

[33]【答案：A】

借：投资收益　　　　　　　　　　　　280

　　　贷：长期股权投资——损益调整　　280

长期股权投资的科目余额 =280-268=12（万元），长期股权投资的账面价值 = 长期股权投资的科目余额 - 长期股权投资减值准备 =12-12=0。

[34]【答案】

借：长期股权投资——投资成本　　　　2 000

贷：银行存款	2 000	
借：长期股权投资——投资成本	100	
贷：营业外收入	100	

乙公司经过公允价值调整后的净利润 =1 000-（3 000/10-1 000/10）=800（万元）；

再调整内部交易未实现的利润 =800-（1 200-900）=500（万元）。

借：长期股权投资——损益调整	150（500×30%）	
贷：投资收益	150	
借：长期股权投资——其他综合收益	90（300×30%）	
贷：其他综合收益	90	
借：长期股权投资——其他权益变动	60（200×30%）	
贷：资本公积——其他资本公积	60	
借：应收股利	30（100×30%）	
贷：长期股权投资——损益调整	30	

[35]【答案：ABC】选项 D，长期股权投资的初始投资成本大于投资时应享有可辨认净资产公允价值份额不调整长期股权投资的成本。

[36]【答案】（1）2021 年 1 月 1 日，甲公司取得乙公司长期股权投资的初始投资成本是 7 300 万元，占乙公司所有者权益公允价值的份额 =40 000×20%=8 000（万元），初始投资成本小于所占乙公司所有者权益公允价值的份额，所以需要调整长期股权投资的初始入账价值。

借：长期股权投资——投资成本	7 300	
贷：银行存款	7 300	
借：长期股权投资——投资成本	700（8 000-7 300）	
贷：营业外收入	700	

（2）2021 年乙公司调整后的净利润 =6 000-（1 000-600）+（1 000-600）/10×6/12=5 620（万元）；

甲公司 2021 年度对乙公司股权投资应确认的投资收益 =5 620×20%=1 124（万元）；

甲公司 2021 年度对乙公司股权投资应确认的其他综合收益 =380×20%=76（万元）；

2021 年 12 月 31 日长期股权投资账面价值 =7 300+700+1 124+76=9 200（万元）。

借：长期股权投资——损益调整	1 124	
贷：投资收益	1 124	
借：长期股权投资——其他综合收益	76	
贷：其他综合收益	76	

（3）2022 年 4 月 1 日

借：应收股利	200（1 000×20%）	
贷：长期股权投资——损益调整	200	

2022 年 4 月 10 日

借：银行存款	200	
贷：应收股利	200	

（4）2022 年 9 月 1 日长期股权投资的初始投资成本 =2 000×10+9 200-200=29 000（万元）。

借：长期股权投资　　　　　　　　　29 000

　　贷：长期股权投资——投资成本　　　8 000

　　　　　　　　　　　——损益调整　　　924

　　　　　　　　　　　——其他综合收益　76

　　　　股本　　　　　　　　　　　　2 000

　　　　资本公积——股本溢价　　　　18 000

[37]【答案：ABD】选项 A、B 和 D 正确，会计分录如下：

借：银行存款　　　　　　　　　　　1 200

　　贷：长期股权投资　　　　　1 000（2 000/2）

　　　　投资收益　　　　　　　　　　200

借：长期股权投资——损益调整　　　　600

　　　　　　　　　　——其他综合收益　120

　　贷：盈余公积　　　　　　　60（1 500×40%×10%）

　　　　利润分配——未分配利润　540（1 500×40%×90%）

　　　　其他综合收益　　　　　120（300×40%）

[38]【答案：B】会计分录如下：

借：长期股权投资——投资成本　　　　488

　　贷：交易性金融资产　　　　　　　100

　　　　投资收益　　　　　　　　　　22

　　　　银行存款　　　　　　　　　　366

借：长期股权投资——投资成本　　12（2 500×20%-488）

　　贷：营业外收入　　　　　　　　　12

[39]【答案】

（1）借：其他权益工具投资——成本　　　800

　　　　　贷：银行存款　　　　　　　　　800

（2）借：其他权益工具投资——公允价值变动　100

　　　　　贷：其他综合收益　　　　　　　100

（3）长期股权投资的初始投资成本 =900+4 500=5 400（万元）。

借：长期股权投资——投资成本　　　5 400

　　贷：其他权益工具投资——成本　　　800

　　　　　　　　　　——公允价值变动　100

　　　　银行存款　　　　　　　　　4 500

借：其他综合收益　　　　　　　　　100

　　贷：盈余公积　　　　　　　　　　10

　　　　利润分配——未分配利润　　　90

（4）甲公司 2×18 年度对乙公司股权投资应确认的投资收益 =[800-（800-700）+（800-700）/10×3/12]

×30%=210.75（万元）；

甲公司 2×18 年度对乙公司股权投资应确认的其他综合收益 =40×30%=12（万元）。

借：长期股权投资——损益调整　　210.75

　　贷：投资收益　　　　　　　　　　　210.75

借：长期股权投资——其他综合收益　12

　　贷：其他综合收益　　　　　　　　　12

（5）甲公司 2×19 年度对乙公司股权投资应确认的投资收益 =［2 000+（800-700）/10］×30%=603（万元）。

借：长期股权投资——损益调整　　603

　　贷：投资收益　　　　　　　　　　603

［40］【答案】

借：银行存款　　　　　　　　　　　600

　　交易性金融资产　　　　　　　　600

　　贷：长期股权投资——投资成本　　　700

　　　　　　　　　　——损益调整　　　300

　　　　　　　　　　——其他综合收益　100

　　　　投资收益　　　　　　　　　　100

借：其他综合收益　　　　　　　　　100

　　贷：投资收益　　　　　　　　　　　100

［41］【答案】

借：银行存款　　　　　　　　　　　1 000

　　交易性金融资产　　　　　　　　111

　　贷：长期股权投资　　　　　　　　　1 100

　　　　投资收益　　　　　　　　　　11

［42］【答案：×】差额计入投资收益。

［43］【答案：C】甲公司处置该项股权投资应确认的投资收益 =1 200-1 100+100（其他综合收益结转）=200（万元）。

［44］【答案】（1）甲公司取得乙公司长期股权投资采用权益法核算。

理由：甲公司取得乙公司 30% 的股权能够对乙公司施加重大影响，所以采用权益法核算。

取得股权投资会计分录：

借：长期股权投资——投资成本　　4 500

　　贷：股本　　　　　　　　　　　　　1 000

　　　　资本公积——股本溢价　　　　　3 500

取得投资时被投资单位可辨认净资产公允价值 =16 000+［480-（500-100）］=16 080（万元）；

甲公司取得投资日应享有被投资单位可辨认净资产公允价值的份额 =16 080×30%=4 824（万元）；

调增长期股权投资的金额 =4 824-4 500=324（万元）。

借：长期股权投资——投资成本　　324

　　贷：营业外收入　　　　　　　　　　324

（2）应确认的投资收益 = [6 000-（480/4-500/5）-（ 1 200-900 ）×50%]×30%=1 749（万元）；
应确认的其他综合收益 =200×30%=60（万元）。

借：长期股权投资——损益调整　　　1 749

　　贷：投资收益　　　　　　　　　　　　1 749

借：长期股权投资——其他综合收益　　60

　　贷：其他综合收益　　　　　　　　　　60

（3）处置长期股权投资的损益 =5 600+1 400-（ 4 500+ 324+1 749+60 ）+60=427（万元）。

借：银行存款　　　　　　　　　　　　5 600

　　其他权益工具投资——成本　　　　1 400

　　贷：长期股权投资——投资成本　　　4 824

　　　　　　　　　　　——损益调整　　1 749

　　　　　　　　　　　——其他综合收益　60

　　　　投资收益　　　　　　　　　　　367

借：其他综合收益　　　　　　　　　　60

　　贷：投资收益　　　　　　　　　　　　60

[45]【答案：A 】选项 A，甲公司和乙公司是能够集体控制该安排的唯一组合，属于共同控制；选项 B，
甲公司和乙公司、甲公司和丙公司是能够集体控制该安排的两个组合，如果存在两个或两个以上的
参与方组合能够集体控制某项安排的，不构成共同控制；选项 C，甲公司可以对 P 企业实施控制，
不属于共同控制范围；选项 D，任意两个投资者持股比例都达不到 75%，不属于共同控制。

[46]【答案：A 】选项 B，参与方为合营安排提供担保（或提供担保的承诺）的行为本身并不直接导致一
项安排被分类为共同经营；选项 C，当合营安排通过单独主体达成时，也不一定是合营企业；选项
D，合营安排划分为合营企业的，参与方对合营安排相关的净资产享有权利。

[47]【答案】（1）出资购买写字楼时：

借：投资性房地产　　　　　　　　　　4 000（ 8 000×50% ）

　　贷：银行存款　　　　　　　　　　　　4 000

（2）每月确认租金收入时：

借：银行存款　　　　　　　　　　　　20（ 480×50%÷12 ）

　　贷：其他业务收入　　　　　　　　　　20

（3）每月计提写字楼折旧 =（ 8 000-320 ）÷20÷12×50%=16（万元）。

借：其他业务成本　　　　　　　　　　16

　　贷：投资性房地产累计折旧　　　　　　16

（4）支付维修费时：

借：其他业务成本　　　　　　　　　　1（ 2×50% ）

　　贷：银行存款　　　　　　　　　　　　1

第6章　投资性房地产

　　本章介绍了投资性房地产的概念、两种后续计量模式以及投资性房地产的转换和处置。本章可以在计算分析题中考察。

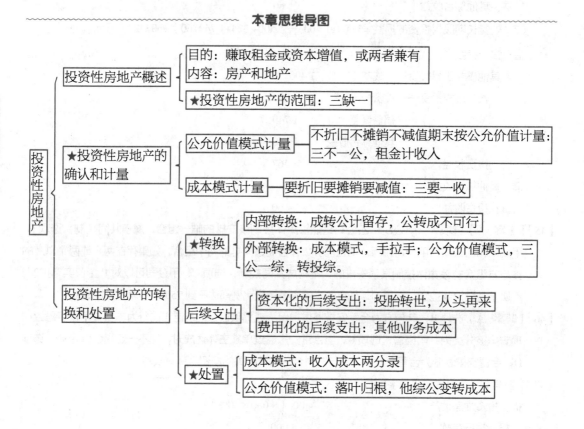

题　型	2020 年		2021 年		2022 年		考　　点
	第一批	第二批	第一批	第二批	第一批	第二批	
单选题	—	1	1	1	1	—	投资性房地产的范围；投资性房地产转换、后续计量及其处置
多选题	1	1	2	—	—	—	
判断题	—	—	1	1	1	—	
计算分析题	1	—	—	—	—	—	
综合题	—	—	—	—	—	1	

第一节　投资性房地产概述

考点 1　投资性房地产的范围

投资性房地产是指为赚取租金或资本增值，或两者兼有而持有的房地产。

🌀【考点藏宝图】

 会计故事会·一个都不能少

习大大说："房子是用来住的，不是用来炒的"。房子本来兼具自住和投资功能的属性，如果购买房子是为了涨价后出售，或者为了出租赚取租金，这就是投资。著名的有温州炒房团，房价炒的稀里哗啦。

♦【考点母题——万变不离其宗】投资性房地产的范围

下列项目中，属于投资性房地产的有（　　）。		
属于投资性房地产	A. 已出租的建筑物（以经营租赁方式出租） B. 已出租的土地使用权（以经营租赁方式出租） C. 持有并准备增值后转让的土地使用权	三缺一
不属于投资性房地产	自用房地产	A. 企业自用的办公楼 B. 出租给本企业职工居住的自建宿舍楼 C. 准备出租但没有出租的土地使用权和建筑物 D. 企业持有的准备建造房屋的土地使用权 E. 企业生产经营用的土地使用权 F. 认定为闲置的土地使用权
	作为存货的房地产	A. 房地产开发企业正在开发的商品房 B. 房地产开发企业持有并准备增值后出售的建筑物 C. 房地产开发企业准备出售的楼盘
	A. 租入再转租的建筑物 B. 租入再转租的土地使用权	传说中的倒爷

会计故事会·三缺一

投资性房地产包括已出租的建筑物、已出租的土地使用权和持有准备增值后转让的土地使用权三种，少了一种持有准备增值后转让的建筑物。

项目	持有并准备增值后转让	已出租
土地使用权	√	√
建筑物	×	√

实际上，本质上投资性房地产只有土地使用权，建筑物本身没有投资价值。建筑物本身只会越来越跌价，建筑物上的这些钢筋、砖块、水泥不会升值。因此，建筑物作为投资性房地产纯粹是沾了土地使用权的光，没有土地使用权建筑物很难成为风光无限的投资性房地产。很多人买房子，看中的不是建筑物而是这块地，房子买过来后往往把它拆掉再进行新建。这也是为什么会计上没有将持有准备增值后转让的建筑物作为投资性房地产的原因。

考点锦囊 投房三缺一，倒爷靠边站。

【考点子题——举一反三，真枪实练】

[1]【历年真题·多选题】下列各项中，应作为投资性房地产核算的有（   ）。

A. 已出租的土地使用权

B. 以经营租赁方式租入再转租的建筑物

C. 持有并准备增值后转让的土地使用权

D. 出租给本企业职工居住的自建宿舍楼

[2]【历年真题·判断题】企业以经营租赁方式租入后再转租给其他单位的土地使用权，不能确认为投资性房地产。（   ）

[3]【历年真题·单选题】房地产开发企业用于在建商品房的土地使用权，在资产负债表中应列示的项目为（   ）。

A. 存货　　　　B. 固定资产　　　　C. 无形资产　　　　D. 投资性房地产

第二节　投资性房地产的确认和计量

考点 2　投资性房地产公允价值模式计量

投资性房地产后续计量可以选择成本模式或公允价值模式，但同一企业只能采用一种模式。公允价值能够持续可靠取得，可以选择公允价值计量模式。

公允价值计量模式的条件：公允价值能够持续可靠取得。

【考点藏宝图】

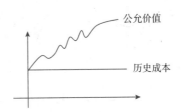

【考点母题——万变不离其宗】公允价值模式计量

下列各项中，关于投资性房地产公允价值模式计量的会计处理正确的有（　）。	
1. 取得	A. 借：投资性房地产——成本 　　贷：银行存款
2. 租金收入	B. 借：银行存款 　　贷：其他业务收入 　　　　应交税费——应交增值税（销项税额）
3. 折旧或摊销、减值	C. 不折旧不摊销不减值（三不）
4. 公允价值变动	D. 借：投资性房地产——公允价值变动 　　贷：公允价值变动损益（或反向）

方点锦囊 三不一公，租金计收入（不折旧不摊销不减值公允价值计量，租金计入其他收入）。

【考点子题——举一反三，真枪实练】

[4]【经典子题·单选题】甲公司投资性房地产采用公允价值模式计量。2021 年 7 月，甲公司与乙公司签订租赁协议，约定将甲公司新建造的一栋写字楼租赁给乙公司使用，租赁期为 10 年，年租金为 200 万元，乙公司每季季初等额支付租金。2021 年 10 月

1 日，该写字楼开始起租，写字楼的工程造价为 8 000 万元，2021 年 12 月 31 日，该写字楼的公允价值为 8 400 万元。2021 年该项交易影响当期损益的金额为（　　）万元。

A. 300 　　　　　B. 450 　　　　　C. 400 　　　　　D. 600

[5]【历年真题·单选题】企业采用公允价值模式计量投资性房地产，下列各项会计处理的表述中，正确的是（　　）。

A. 资产负债表日应当对投资性房地产进行减值测试

B. 取得的租金收入计入投资收益

C. 资产负债表日公允价值高于账面价值的差额计入其他综合收益

D. 不需要对投资性房地产计提折旧或摊销

考点3　投资性房地产成本模式计量

成本模式按照历史成本进行会计处理。

【考点藏宝图】

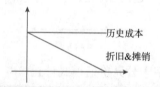

【考点锦囊】换汤不换药（投资性房地产成本模式与固定资产/无形资产会计处理原理相同）。

【考点母题——万变不离其宗】成本模式计量

下列各项中，关于投资性房地产成本模式计量的会计处理正确的有（　　）。	
1. 取得	A. 借：投资性房地产 　　贷：银行存款
2. 租金收入	B. 借：银行存款 　　贷：其他业务收入 　　　　应交税费——应交增值税（销项税额）
3. 折旧或摊销，比照固定资产折旧、无形资产摊销原则	C. 借：其他业务成本 　　贷：投资性房地产累计折旧（摊销）
4. 提减值，一经计提，不得转回	D. 借：资产减值损失 　　贷：投资性房地产减值准备

【考点锦囊】模式二选一，公允模式三不一公一收，成本模式三要一收（要折旧要摊销要减值，租金计入他收）。

▲【考点子题——举一反三，真枪实练】

［6］【历年真题·单选题】2×18 年 12 月 31 日，甲公司以银行存款 12 000 万元外购一栋写字楼并立即出租给乙公司使用，租期 5 年，每年末收取租金 1 000 万元。该写字楼的预计使用年限为 20 年，预计净残值为零，采用年限平均法计提折旧，甲公司对投资性房地产采用成本模式进行后续计量。2×19 年 12 月 31 日，该写字楼出现减值迹象，可收回金额为 11 200 万元。不考虑其他因素，该写字楼相关的交易或事项对甲公司 2×19 年度营业利润的影响金额为（　　）万元。

A．400　　　　　　B．800　　　　　　C．200　　　　　　D．1 000

［7］【历年真题·多选题】下列各项中对企业以成本模式计量的投资性房地产会计处理的表述中，正确的有（　　）。

A．年末无需对其预计使用寿命进行复核

B．应当按期计提折旧或摊销

C．存在减值迹象时，应当进行减值测试

D．计提的减值准备，在以后的会计期间不允许转回

第三节　投资性房地产的转换和处置

考点 4　**模式转换**

投资性房地产成本模式与公允价值模式之间的转换。

❧【考点藏宝图】

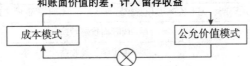

按会计政策变更处理，变更日公允价值
和账面价值的差，计入留存收益

成本模式　　　　　　　　公允价值模式

**成转公计留存，公转成不可行。**

▲【考点母题——万变不离其宗】模式转换

下列各项中，关于投资性房地产模式转换的会计处理正确的有（　　）。

续表

成转公	A. 借：投资性房地产——成本（转换日的公允价值） 投资性房地产累计折旧（摊销） 投资性房地产减值准备 贷：投资性房地产 利润分配——未分配利润 （差额 ×90%） 盈余公积 （差额 ×10%）
公转成	B. 不能转

🔺【考点子题——举一反三，真枪实练】

[8]【历年真题·多选题】投资性房地产的后续计量由成本模式变更为公允价值模式时，其公允价值与账面价值的差额，对企业下列财务报表项目产生影响的有（　　）。

　　A. 其他综合收益　　B. 盈余公积　　　　C. 未分配利润　　　　D. 资本公积

[9]【经典子题·单选题】甲企业将某一栋写字楼租赁给乙公司使用，并一直采用成本模式进行后续计量。2021 年 1 月 1 日，甲企业认为，出租给乙公司使用的写字楼，其所在地的房地产交易市场比较成熟，具备了采用公允价值模式计量的条件，决定将该项投资性房地产从成本模式转换为公允价值模式计量。该写字楼的原造价为 8 500 万元，已计提折旧 500 万元。2021 年 1 月 1 日，该写字楼的公允价值为 9 000 万元。假设甲企业按净利润的 10% 计提盈余公积。不考虑其他因素，甲企业因此调整 2021 年初未分配利润为（　　）万元。

　　A. 900　　　　　　B. 1 000　　　　　　C. 1 200　　　　　　D. 1 180

[10]【经典子题·判断题】已采用公允价值模式计量的投资性房地产，不得从公允价值模式计量转为成本模式计量。（　　）

考点5　成本模式下投资性房地产的转换

🌀【考点藏宝图】

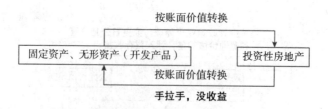

按账面价值转换

固定资产、无形资产（开发产品） ⇄ 投资性房地产

按账面价值转换

手拉手，没收益

会计故事会·成本模式转换

　　成本模式投资性房地产与非投资性房地产之间的转换是换姓不换名，把投资性房地产变成固定资产，投资性房地产累计折旧变成累计折旧（固定资产），投资性房地产减值准备变成固定资产减值准备，会计科目一一对应，这叫手拉手。

⚠【考点母题——万变不离其宗】成本模式转换

下列各项中，关于投资性房地产成本模式转换的会计处理正确的有（　　）。

非转投	自用房地产转换为投资性房地产 **手拉手**：投资性房地产会计科目与固定资产（无形资产）会计科目——对应	A. 借：投资性房地产 　　累计折旧（累计摊销） 　　固定资产减值准备（无形资产减值准备） 　　贷：固定资产（无形资产）（原值） 　　　投资性房地产累计折旧（摊销） 　　　投资性房地产减值准备
	存货转换为投资性房地产（二合一）	B. 借：投资性房地产（转换时的账面价值） 　　存货跌价准备（已计提存货跌价准备） 　　贷：开发产品（成本）
投转非	投资性房地产转换为自用房地产（手拉手）	C. 借：固定资产（无形资产）（原值） 　　投资性房地产累计折旧（摊销） 　　投资性房地产减值准备 　　贷：投资性房地产 　　　累计折旧（累计摊销） 　　　固定资产减值准备（无形资产减值准备）
	投资性房地产转换为存货（三合一）	D. 借：开发产品 　　投资性房地产累计折旧（摊销） 　　投资性房地产减值准备 　　贷：投资性房地产（原价）

📜考点锦囊　**手拉手，没收益。**

⚠【考点子题——举一反三，真枪实练】

[11]【经典子题·多选题】甲公司采用成本模式计量的投资性房地产，2021 年 10 月 1 日，公司董事会决定将自用办公楼整体出租给乙公司，租赁期为 3 年，月租金为 250 万元。2021 年 10 月 1 日为租赁期开始日。该写字楼原值为 24 000 万元，预计使用年限为 40 年，已计提固定资产折旧 1 000 万元，预计净残值为零，均采用直线法计提折旧。每季度初支付租金，假定按季度确认收入。甲公司会计处理正确的有（　　）。

A. 2021 年 10 月 1 日转换日确认投资性房地产科目的金额为 24 000 万元

B. 2021 年 10 月 1 日转换日不确认损益

C. 2021 年第四季度确认租金收入为 750 万元

D. 2021 年第四季度投资性房地产计提折旧费用为 100 万元

[12]【历年真题·判断题】自用房地产转换为以成本模式计量的投资性房地产，不影响损益金额。（　　）

[13]【历年真题·单选题】2021 年 7 月 1 日，甲公司将一项按照成本模式进行后续计量的投资性房地产转换为固定资产。该资产在转换前的账面原价为 4 000 万元，已计提折旧 200 万元，已计提减值准备 100 万元，转换日的公允价值为 3 850 万元。假定不考虑其他因素，转换日甲公司应借记"固定资产——原价"科目的金额为（　　）万元。

A. 3 700　　　　B. 3 800　　　　C. 3 850　　　　D. 4 000

 考点6 公允价值模式下投资性房地产的转换

🌀【考点藏宝图】

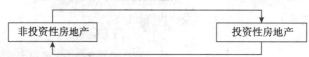

公允价值与账面价值的借方差额记入"公允价值变动损益"，
贷方差额记入"其他综合收益"

非投资性房地产		投资性房地产

自用房地产或存货按公允价值计量，公允价值与账面价值的差额记入"公允价值变动损益"

会计故事会·表面富贵

　　自用房地产转变成公允价值计量的投资性房地产，一般情况下都是公允价值大于账面价值，而且这个差额很大，这个差额必须记入其他综合收益。如果计入当期损益对利润表的冲击太大，关键这个收益没有现金流，属于表面富贵。

【考点母题——万变不离其宗】公允价值模式转换

下列各项中，关于投资性房地产公允价值模式转换的会计处理正确的有（　　）。		
非转投	作为存货的房地产转换为投资性房地产	A. 借：投资性房地产——成本（转换日的公允价值） 　　　存货跌价准备（已计提存货跌价准备） 　　　公允价值变动损益（借差） 　　贷：开发产品（成本） 　　　　其他综合收益（贷差）
	自用房地产转换为投资性房地产	B. 借：投资性房地产——成本（转换日的公允价值） 　　　累计折旧（累计摊销） 　　　固定资产减值准备（无形资产减值准备） 　　　公允价值变动损益（借差） 　　贷：固定资产（无形资产）（原值） 　　　　其他综合收益（贷差）

续表

投转非	投资性房地产转换为存货	C. 借：开发产品（转换日的公允价值） 　　　公允价值变动损益（借差） 　　贷：投资性房地产——成本 　　　　　　　　——公允价值变动（或借方） 　　　公允价值变动损益（贷差）
	投资性房地产转换为自用房地产	D. 借：固定资产（无形资产）（转换日的公允价值） 　　　公允价值变动损益（借差） 　　贷：投资性房地产——成本 　　　　　　　　——公允价值变动（或借方） 　　　公允价值变动损益（贷差）

考点锦囊 三公一综，转投综，牛气冲天。

	账面价值小于公允价值	账面价值大于公允价值
非转投（固定资产转投资性房地产）	其他综合收益	公允价值变动损益
投转非（投资性房地产转固定资产）	公允价值变动损益	公允价值变动损益

【考点子题——举一反三，真枪实练】

[14]【历年真题·单选题】企业将自用房地产转为以公允价值模式计量的投资性房地产。下列关于转换日该房地产公允价值大于账面价值的差额的会计处理表述中，正确的是（　　）。

A. 计入递延收益　　B. 计入当期损益　　C. 计入其他综合收益　D. 计入资本公积

[15]【历年真题·单选题】甲公司对投资性房地产采用公允价值模式进行后续计量。2×20年3月1日，该公司将一项账面价值为300万元、公允价值为280万元的作为固定资产核算的办公楼转换为投资性房地产。不考虑其他因素，甲公司该转换业务对其2×20年度财务报表项目影响的下列各项表述中，正确的是（　　）。

A. 减少其他综合收益20万元　　　　B. 减少公允价值变动收益20万元

C. 增加营业外支出20万元　　　　　D. 减少投资收益20万元

[16]【历年真题·多选题】甲公司发生的与投资性房地产有关的下列交易或事项中，将影响其利润表营业利润项目列报金额的有（　　）。

A. 以公允价值模式计量的投资性房地产，资产负债表日公允价值小于账面价值

B. 将投资性房地产由成本模式计量变更为公允价值模式计量时，公允价值大于账面价值

C. 将公允价值模式计量的投资性房地产转换为自用房地产时，公允价值小于账面价值

D. 作为存货的房地产转换为以公允价值模式计量的投资性房地产时，公允价值大于账面价值

[17]【经典子题·单选题】甲公司为房地产开发企业并采用公允价值模式计量。2021年12月31日对外出租的房地产租赁期届满，企业董事会作出书面决议明确表明，将用于该房地产重新开发用于对外销售的，从投资性房地产转换为存货。2021年12月31日转换日该房地产的公允价值为1 800万元，转换日之前"投资性房地产——成本"科目余额为2 100万元，"投资性房地产——公允价值变动"贷方科目金额为200万元，则转换日该存货正确的会计处理为（　　）万元。

A. 开发产品按公允价值1 800万元入账　　B. 开发产品按原账面价值1 900万元入账

C. 确认公允价值变动收益100万元　　　　D. 确认其他综合收益100万元

[18]【经典子题·多选题】2021年7月15日，甲公司因租赁期满，将出租的写字楼收回，准备作为办公楼用于本企业的行政管理。2021年8月1日，该写字楼正式开始自用，相应由投资性房地产转换为自用房地产，当日的公允价值为4 500万元，预计尚可使用年限15年，采用平均年限法计提折旧，无残值。该项房地产在转换前采用公允价值模式计量，原账面价值为4 450万元，其中，成本为4 000万元，公允价值变动为增值450万元。甲公司转换日正确的会计处理有（　　）。

A. 固定资产的入账价值为公允价值4 500万元

B. 固定资产的入账价值为原账面价值4 450万元

C. 确认公允价值变动收益50万元

D. 冲减原投资性房地产的账面价值4 450万元

[19]【历年真题·计算分析题】甲公司对投资性房地产采用公允价值模式进行后续计量，2016年至2018年与A办公楼相关的交易或事项如下：

资料一：2016年6月30日，甲公司以银行存款12 000万元购入A办公楼，并于当日出租给乙公司使用且已办妥相关手续，租期2年，年租金为500万元，每半年收取一次。

资料二：2016年12月31日，甲公司收到首期租金250万元并存入银行。2016年12月31日，办公楼的公允价值为11 800万元。

资料三：2018年6月30日，该办公楼租赁期满，甲公司将其收回并交付给本公司行政管理部门使用。当日，该办公楼的账面价值与公允价值均为11 500万元，预计尚可使用年限为20年，预计净残值为零，采用年限平均法计提折旧。

本题不考虑增值税等相关税费及其他因素。

要求（"投资性房地产"科目应写出必要的明细科目）：

（1）编制甲公司2016年6月30日购入A办公楼并出租的会计分录。

（2）编制甲公司2016年12月31日收到A办公楼租金的会计分录。

（3）编制甲公司 2016 年 12 月 31 日 A 办公楼公允价值变动的会计分录。

（4）编制甲公司 2018 年 6 月 30 日将 A 办公楼收回并交付给本公司行政管理部门使用的会计分录。

（5）计算甲公司对 A 办公楼应计提的 2018 年下半年折旧总额，并编制相关会计分录。

⯈【考点小结】投资性房地产各种转换

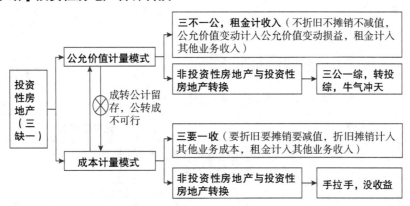

▲【考点子题——举一反三，真枪实练】

[20]【历年真题·多选题】下列各项关于企业投资性房地产后续计量的表述中正确的有（   ）。

A. 已经采用公允价值模式计量的投资性房地产，不得从公允价值模式转为成本模式

B. 采用公允价值模式计量的，不得计提折旧或摊销

C. 采用成本模式计量的，不得确认减值损失

D. 由成本模式转为公允价值模式的，应当作为会计政策变更处理

考点7　投资性房地产的后续支出

投资性房地产后续支出包括资本化后续支出和费用化后续支出。

❀【考点藏宝图】

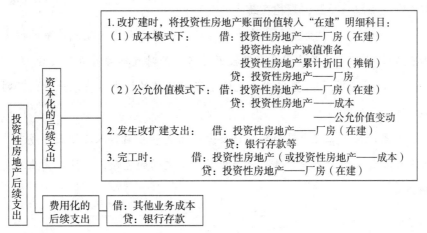

方点锦囊 费用化后续支出计入其他业务成本。

【考点子题——举一反三，真枪实练】

[21]【历年真题·单选题】企业对其分类为投资性房地产的写字楼进行日常维护所发生的相关支出，应当计入的财务报表项目是（　　）。

　　A. 营业成本　　　　B. 投资收益　　　　C. 管理费用　　　　D. 营业外支出

考点8　投资性房地产的处置

投资性房地产处置包括出售、转让、报废或毁损。

成本模式	公允价值模式
借：银行存款（实际收到的金额） 　贷：其他业务收入 借：其他业务成本（账面价值） 　投资性房地产累计折旧（摊销） 　投资性房地产减值准备 　贷：投资性房地产	借：银行存款（实际收到的金额） 　贷：其他业务收入 借：其他业务成本（账面余额） 　贷：投资性房地产——成本 　　　　　　——公允价值变动（或借方） 借：公允价值变动损益 　贷：其他业务成本（或借方） 借：其他综合收益 　贷：其他业务成本

方点锦囊 两个尾巴，处置要结转。

会计故事会·两个尾巴

　　公允价值模式计量的投资性房地产处置时还要带上两个小尾巴，一个尾巴是公允价值变动损益，另一个尾巴是其他综合收益，处置时都要转入其他业务成本。

【考点子题——举一反三，真枪实练】

[22]【历年真题·判断题】企业自用房地产转换为采用公允价值模式计量的投资性房地产时确认的其他综合收益应当在处置投资性房地产时直接转入留存收益。（　　）

[23]【历年真题·多选题】处置采用公允价值模式计量的投资性房地产时，下列说法不正确的有（　　）。

　　A. 应按累计公允价值变动金额，将公允价值变动损益转入其他业务成本

　　B. 实际收到金额与该投资性房地产账面价值之间的差额，应计入营业外支出或营业外收入

C.　实际收到的金额与该投资性房地产账面价值之间的差额，应计入投资收益

D.　对于投资性房地产的累计公允价值变动金额，在处置时不需要进行会计处理

[24]【历年真题·计算分析题】甲公司对投资性房地产采用公允价值模式进行后续计量，2017 年至 2018 年与投资性房地产相关的资料如下：

资料一：2017 年 3 月 1 日，甲公司将原作为固定资产核算的一栋写字楼以经营租赁方式出租给乙公司并办妥相关手续，租期为 18 个月。当日，该写字楼的公允价值为 16 000 万元，账面原价为 15 000 万元，已计提折旧 3 000 万元。

资料二：2017 年 3 月 31 日，甲公司收到第一个月租金 125 万元，已存入银行。2017 年 12 月 31 日，该写字楼的公允价值为 17 000 万元。

资料三：2018 年 9 月 1 日，该写字楼租期届满，甲公司以 17 500 万元将其对外出售，价款已收存银行，出售该写字楼满足收入确认条件。本题不考虑增值税等相关税费及其他因素。

要求（"投资性房地产"科目应写出必要的明细科目）：

（1）编制甲公司 2017 年 3 月 1 日出租写字楼的会计分录。

（2）编制甲公司 2017 年 3 月 31 日收到写字楼租金的会计分录。

（3）编制甲公司 2017 年 12 月 31 日写字楼公允价值变动的会计分录。

（4）编制甲公司 2018 年 9 月 1 日出售写字楼的相关会计分录。

[本章考点子题答案及解析]

[1]【答案：AC】选项 B，以经营租赁方式租入的建筑物，不具有所有权，再转租的建筑物不能作为投资性房地产核算；选项 D，出租给职工的自建宿舍楼，作为自有固定资产核算，不属于投资性房地产。

[2]【答案：√】

[3]【答案：A】房地产开发企业用于在建商品房的土地使用权应作为企业的存货核算，选项 A 正确。

[4]【答案：B】甲公司 2021 年取得的租金收入计入到其他业务收入 50 万元，期末公允价值变动损益的金额为 400 万元，所以影响当期损益的金额为 450 万元。账务处理如下：

（1）2021 年 10 月 1 日，甲公司出租写字楼：

借：投资性房地产——成本　　　　　　　　8 000

　　贷：固定资产　　　　　　　　　　　　　　8 000

（2）2021 年 10 月 1 日，甲公司确认租金收入：

借：银行存款　　　　　　　　　　　　　　50

　　贷：其他业务收入　　　　　　　　　　　　50

（3）2021 年 12 月 31 日，按照公允价值调整其账面价值，公允价值与原账面价值之间的差额计入当期损益：

借: 投资性房地产——公允价值变动　　　400

　　贷: 公允价值变动损益　　　　　　　　　　400

[5]【答案: D】企业采用公允价值模式计量的投资性房地产不计提折旧或摊销, 也不进行减值测试计提减值准备, 选项 A 错误, 选项 D 正确; 取得的租金收入计入其他业务收入, 选项 B 错误; 资产负债表日公允价值高于账面价值的差额计入公允价值变动损益, 选项 C 错误。

[6]【答案: C】2×19 年 12 月 31 日, 减值测试前投资性房地产的账面价值 =12 000-12 000/20=11 400 (万元), 可收回金额为 11 200 万元, 应计提减值准备的金额 =11 400-11 200=200 (万元)。

借: 银行存款　　　　　　　　　　　　1 000

　　贷: 其他业务收入　　　　　　　　　　　　1 000

借: 其他业务成本　　　　　　　　　　600

　　贷: 投资性房地产累计折旧 (摊销)　　　600 (12 000/20)

借: 资产减值损失　　　　　　　　　　200

　　贷: 投资性房地产减值准备　　　　　　　200

影响营业利润金额 =1 000-600-200=200 (万元)。

[7]【答案: BCD】以成本模式计量的投资性房地产, 需要计提折旧或摊销, 则年末需要对其预计使用寿命进行复核, 选项 A 错误。

[8]【答案: BC】成本模式变更为公允价值模式是会计政策变更, 其公允价值与账面价值的差额调整期初留存收益, 选项 B、C 正确。

[9]【答案: A】甲企业的账务处理如下:

借: 投资性房地产——成本　　　　　　9 000

　　投资性房地产累计折旧　　　　　　500

　　贷: 投资性房地产　　　　　　　　　　　8 500

　　　　利润分配——未分配利润　　　　　　900[9 000-(8 500-500)]×90%}

　　　　盈余公积　　　　　　　　　　　　100[9 000-(8 500-500)]×10%}

[10]【答案: √】

[11]【答案: ABCD】(1) 2021 年 10 月 1 日将自用写字楼转为投资性房地产:

借: 投资性房地产　　　　　　　　　　24 000

　　累计折旧　　　　　　　　　　　　1 000

　　贷: 固定资产　　　　　　　　　　　　　24 000

　　　　投资性房地产累计折旧　　　　　　　1 000

(2) 收到租金:

借: 银行存款　　　　　　　　　　　　750 (250×3)

　　贷: 其他业务收入　　　　　　　　　　　750

(3) 对投资性房地产计提折旧:

借: 其他业务成本　　　　　　　　　　100

　　贷: 投资性房地产累计折旧　　　　　　　100 (24 000÷40×2/12)

[12]【答案: √】

[13]【答案：D】会计分录为：

借：固定资产——原价 4 000

投资性房地产累计折旧 200

投资性房地产减值准备 100

贷：投资性房地产 4 000

累计折旧 200

固定资产减值准备 100

[14]【答案：C】企业将自用房地产转为以公允价值模式计量的投资性房地产，当日公允价值大于账面价值的差额，应该计入其他综合收益，选项 C 正确。

[15]【答案：B】自用房地产转换为以公允价值模式进行后续计量的投资性房地产，转换时公允价值小于账面价值的差额，借记"公允价值变动损益"科目。

[16]【答案：AC】选项 A，计入公允价值变动损益，影响营业利润；选项 B，计入留存收益，不影响营业利润；选项 C，计入公允价值变动损益，影响营业利润；选项 D，计入其他综合收益，不影响营业利润。

[17]【答案：A】

借：开发产品 1 800

投资性房地产——公允价值变动 200

公允价值变动损益 100

贷：投资性房地产——成本 2 100

[18]【答案：ACD】

借：固定资产——原价 4 500

贷：投资性房地产——成本 4 000

——公允价值变动 450

公允价值变动损益 50

[19]【答案】（1）2016 年 6 月 30 日

借：投资性房地产——成本 12 000

贷：银行存款 12 000

（2）2016 年 12 月 31 日

借：银行存款 250

贷：其他业务收入 250

（3）2016 年 12 月 31 日

借：公允价值变动损益 200

贷：投资性房地产——公允价值变动 200

（4）2018 年 6 月 30 日

借：固定资产 11 500

投资性房地产——公允价值变动 200

公允价值变动损益 300

　　　贷：投资性房地产——成本　　　　　　12 000

　　（5）甲公司对 A 办公楼应计提的 2018 年下半年折旧总额 = 11 500/20×6/12=287.5（万元）。

　　借：管理费用　　　　　　　　　　　287.5

　　　贷：累计折旧　　　　　　　　　　　　287.5

[20]【答案：ABD】采用成本模式进行后续计量的投资性房地产存在减值迹象时，应进行减值测试，确定发生减值的，应当计提减值准备，选项 C 错误。

[21]【答案：A】对其分类为投资性房地产的写字楼进行日常维护所发生的相关支出应计入其他业务成本，对应的报表项目为营业成本。

[22]【答案：×】自用房地产转换为采用公允价值模式计量的投资性房地产形成的其他综合收益，在投资性房地产处置时，应转入其他业务成本。

[23]【答案：BCD】实际收到的金额作为其他业务收入，账面价值转入其他业务成本；选项 B、C 错误；投资性房地产的累计公允价值变动金额转入其他业务成本，选项 A 正确，选项 D 错误。

[24]【答案】

　　（1）借：投资性房地产——成本　　　16 000

　　　　　累计折旧　　　　　　　　　　3 000

　　　　　贷：固定资产　　　　　　　　　　15 000

　　　　　　　其他综合收益　　　　　　　　4 000

　　（2）借：银行存款　　　　　　　　　125

　　　　　贷：其他业务收入　　　　　　　　125

　　（3）借：投资性房地产——公允价值变动1 000

　　　　　贷：公允价值变动损益　　　　　　1 000

　　（4）借：银行存款　　　　　　　　　17 500

　　　　　贷：其他业务收入　　　　　　　　17 500

　　　　借：其他业务成本　　　　　　　　17 000

　　　　　贷：投资性房地产——成本　　　　16 000

　　　　　　　　　　　　——公允价值变动 1 000

　　　　借：公允价值变动损益　　　　　　1 000

　　　　　贷：其他业务成本　　　　　　　　1 000

　　　　借：其他综合收益　　　　　　　　4 000

　　　　　贷：其他业务成本　　　　　　　　4 000

扫码畅听增值课

第7章　资产减值

本章介绍了固定资产、无形资产等非流动资产的减值测试以及资产组和总部资产的减值测试。

本章思维导图

```
                    ┌─ 资产减值的概念 ─┬─ 资产减值迹象：脸色苍白
                    │                  │  减值测试：医院检查
                    │                  └─ ★强制减值测试（一商二无）：商誉、使用寿命不确定的无形资
                    │                     产、尚未完工的无形资产
                    │
                    │  ★资产可收回金额 ─┬─ 资产可收回金额的计算 ─┬─ 公允价值减去处置费用后的净额
                    │    的计量和减值损失 │  （两条腿走路，抱大腿）  └─ 资产未来现金流量的现值
资产 ────────────────┤    的确定           │
减值                 │                    └─ 资产减值损失的账务处理
                    │                       （借：资产减值损失　贷：资产减值
                    │                       准备）不得转回
                    │
                    │                    ┌─ 资产组的认定（葫芦串）─┬─ 独立现金流
                    │                    │                         └─ 管理方式
                    │                    │
                    └─ 资产组减值的处理 ─┼─ ★资产组减值测试 ─┬─ 有商誉先冲减
                                        │                    ├─ 商誉冲完再分摊（账面价值权重）
                                        │                    └─ 个别资产有底线（能者多劳）
                                        │
                                        └─ 总部资产减值测试 ─┬─ 总部资产能分先分（五马分尸）
                                                            └─ 分完再测，测完再合
```

近三年真题考点分布

题 型	2020 年		2021 年		2022 年		考　　点
	第一批	第二批	第一批	第二批	第一批	第二批	
单选题	—	—	—	1	1	—	资产可收回金额的计算，资产减值的会计处理，资产组减值
多选题	1	—	1	—	—	—	
判断题	1	—	—	1	1	1	
计算分析题	—	1	—	—	—	—	
综合题	—	—	—	—	—	—	

第一节 资产减值概述

考点1 资产减值的概念

企业应当在资产负债表日判断资产是否存在可能发生减值的迹象；对于存在减值迹象的资产，应当进行减值测试，发生减值的计提减值准备。

《企业会计准则第8号—资产减值》：（1）长期股权投资；（2）采用成本模式进行后续计量的投资性房地产；（3）固定资产（含在建工程）；（4）无形资产（含研发支出）；（5）商誉等。

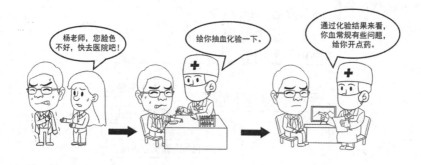

会计故事会·减值三部曲

如果将资产折旧看成是人的正常衰老，那资产减值就像疾病一样，会减少人的寿命和降低生活质量。如果看见某人脸色苍白、无精打采，我们首先想到的是这个人可能生病了，这就是所谓的减值迹象。但是不是真的生病不能只用眼睛看，到医院去照照CT、验验血等等，这就是所谓的减值测试。如果检查的指标不正常，就说明资产真的减值了，需要打针吃药，会计上就是计提减值准备。

【考点母题——万变不离其宗】资产减值迹象

	（1）下列各项中，属于资产减值迹象的有（ ）。
外部信息	A. 市价在当期大幅度下跌 B. 企业经营所处的经济环境在当期发生重大变化且对企业产生不利影响 C. 市场利率或者其他市场投资报酬率在当期已经提高（折现率提高）
内部信息	A. 资产已经陈旧过时或者其实体已经损坏 B. 资产已经或者将被闲置、终止使用或者计划提前处置 C. 资产的经济绩效已经低于或者将低于预期
（2）无论是否存在减值迹象，均应至少于每年年末进行减值测试的有（ ）。	

续表

A. 商誉
B. 使用寿命不确定的无形资产
C. 尚未达到可使用状态的无形资产（研发支出——资本化支出）

考点锦囊　减三强，一商二无。

▲【考点子题——举一反三，真枪实练】

[1]【历年真题·多选题】下列各项资产中，企业应采用可收回金额与账面价值孰低的方法进行减值测试的有（　　）。

    A. 存货　　　　　　B. 长期股权投资　　C. 固定资产　　　　D. 债权投资

[2]【历年真题·多选题】下列各项中，属于固定资产减值迹象的有（　　）。

    A. 固定资产将被闲置

    B. 计划提前处置固定资产

    C. 有证据表明资产已经陈旧过时

    D. 企业经营所处的经济环境在当期发生重大变化且对企业产生不利影响

[3]【历年真题·多选题】下列各项资产中，无论是否发生减值迹象，企业每年年末必须进行减值测试的有（　　）。

    A. 按成本模式计量的投资性房地产　　　　B. 使用寿命不确定的无形资产

    C. 使用寿命有限的无形资产　　　　　　　D. 商誉

第 7 章

第二节　资产可收回金额的计量和减值损失的确定

考点 2　资产可收回金额的计算

可收回金额就是资产的实际价值，等于资产的公允价值减去处置费用后的净额与资产未来现金流量的现值两者的孰高。

```
┌─────────────────────┐
│ 公允价值减去处置费用后的净额 │──┐   ┌──────────────┐
└─────────────────────┘  ├──▶│ 两者孰高：可收回 │
┌─────────────────────┐  │   │ 金额         │
│ 资产未来现金流量的现值    │──┘   └──────────────┘
└─────────────────────┘
```

会计故事会·母鸡减值测试

　　鸡场下蛋的母鸡，未来通过下蛋的收入产生价值，我们可以预计母鸡的一生下蛋的数量和时点，估计每个蛋的价格是多少，因为时间跨度比较长，需要把未来不同时点的蛋的现金流进行折现，每个鸡蛋折现的金额合计数就是未来现金流的现值，这个金额就是母鸡专职下蛋的价值。如果母鸡直接出售的价值更大（公允价值减去处置费用就是出售价值），我们可能选择把母鸡直接出售。可收回金额是在出售母鸡和出售鸡蛋中进行决策，选择价值最大的方案，也就是孰高的金额。通过比较可收回金额和母鸡的成本来判断母鸡有没有减值。

考点锦囊 **可收回金额：两条腿走路，抱大腿。**

【考点子题——举一反三，真枪实练】

[4] 历年真题·判断题 固定资产的可收回金额，应当根据该资产的公允价值减去处置费用后的净额与预计未来现金流量的现值两者之间的较低者确定。（　　）

1．公允价值减去处置费用的计算

公允价值简单的理解就是市场价格。

2．资产未来现金流量的现值

资产预计未来带来的现金流量折现。

【考点藏宝图】

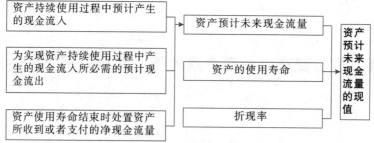

【考点母题——万变不离其宗】未来现金流量的现值

	下列各项中，关于资产未来现金流量的现值表述正确的有（　　）。
资产未来现金流量的预计	A．预计未来现金流量应当以资产的当前状况为基础 B．预计未来现金流量包括已经承诺的重组事项 C．预计未来现金流量不包括与将来可能会发生、尚未作出承诺的重组事项 D．预计未来现金流量不包括与资产改良相关的现金流量 E．预计未来现金流量不包括与筹资活动和所得税收付相关的现金流量 F．内部转移价格应当予以调整 G．预计未来现金流量的方法包括传统法（最有可能性）和期望现金流量法 H．在建工程预计其未来现金流量时包括预期为使其达到预定可使用状态而发生的全部现金流出数

折现率的预计	I. 反映当前市场货币时间价值和资产特定风险的税前利率
外币未来现金流量	J. 以外币计算现值，再将外币计算的现值按照当日的即期汇率折算成记账本位币

考点锦囊 先折现后折汇。

▲ 【考点子题——举一反三，真枪实练】

[5] 【历年真题·多选题】企业对固定资产进行减值测试时，预计未来现金流量现值应考虑的因素有（　　）。

  A. 折现率   B. 预计剩余使用寿命

  C. 预计未来现金流量   D. 账面价值

[6] 【历年真题·多选题】企业在资产减值测试时，下列各项关于预计资产未来现金流量的表述中，正确的有（　　）。

  A. 不包括筹资活动产生的现金流量

  B. 包括处置时取得的净现金流量

  C. 包括将来可能会发生的、尚未做出承诺的重组事项的现金流量

  D. 不包括与企业所得税收付有关的现金流量

[7] 【历年真题·多选题】下列各项中，属于固定资产减值测试时预计其未来现金流量不应考虑的因素有（　　）。

  A. 与所得税收付有关的现金流量

  B. 筹资活动产生的现金流入或者流出

  C. 与预计固定资产改良有关的未来现金流量

  D. 与尚未作出承诺的重组事项有关的预计未来现金流量

[8] 【历年真题·判断题】在资产减值测试中，计算资产未来现金流量现值时所采用的折现率应当是反映当前市场货币时间价值和资产特定风险的税前利率。（　　）

考点3 资产减值损失的账务处理

  可收回金额低于其账面价值，企业应当将资产的账面价值减记至可收回金额。资产减值损失确认后，按照减值资产的金额计提折旧或者摊销。

❦【考点藏宝图】

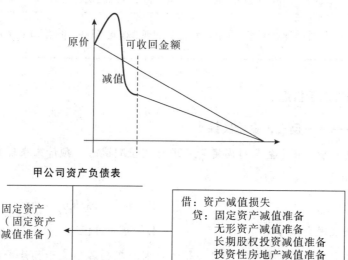

甲公司资产负债表

固定资产
（固定资产
减值准备）

借：资产减值损失
　贷：固定资产减值准备
　　　无形资产减值准备
　　　长期股权投资减值准备
　　　投资性房地产减值准备
　　　商誉减值准备等

甲公司利润表

资产减值损失

考点锦囊 借资产减值损失，贷方各找各妈。

♜【考点母题——万变不离其宗】资产减值损失的账务处理

> 下列各项中，关于资产减值损失的账务处理的表述正确的有（　　）。
>
> A. 可收回金额低于其账面价值，企业应当将资产的账面价值减记至可收回金额
> B. 资产减值损失确认后，按照减值资产的金额计提折旧或者摊销
> C. 资产减值准则所规范的资产，资产减值损失一经确认不得转回（流动资产、金融资产减值可以转回）
> D. 资产处置、出售、报废等，应当将相关资产减值准备予以转销

♜【考点子题——举一反三，真枪实练】

［9］【历年真题·单选题】2018 年 12 月 31 日，甲公司一台原价为 500 万元、已计提折旧 210 万元、已计提减值准备 20 万元的固定资产出现减值迹象。经减值测试，未来税前和税后净现金流量的现值分别为 250 万元和 210 万元，公允价值减去处置费用后的净额为 240 万元。不考虑其他因素，2018 年 12 月 31 日，甲公司应为该固定资产计提减值准备的金额为（　　）万元。

　　A. 20　　　　　　　B. 30　　　　　　　C. 60　　　　　　　D. 50

［10］【历年真题·单选题】2016 年 12 月 20 日，甲公司以 4 800 万元购入一台设备并立即投入使用，预计使用年限为 10 年，预计净残值为零，按年限平均法计提折旧。2017 年 12 月 31 日，该设备出现减值迹象，甲公司预计该设备的公允价值减去处置费用

后的净额为 3 900 万元，未来现金流量的现值为 3 950 万元。不考虑增值税等相关税费及其他因素，2017 年 12 月 31 日，甲公司应为该设备计提减值准备的金额为（　　）万元。

A. 370　　　　　　B. 410　　　　　　C. 420　　　　　　D. 460

[11]【历年真题·单选题】2×17 年 6 月 20 日，甲公司以银行存款 1 500 万元外购一条生产线并立即投入使用，预计使用年限为 15 年，预计净残值为零，采用年限平均法计提折旧。2×18 年 12 月 31 日，估计可收回金额为 1 209 万元，预计尚可使用年限为 13 年，预计净残值为零，仍采用年限平均法计提折旧。不考虑其他因素，2×19 年末该资产的账面价值为（　　）万元。

A. 1 116　　　　　B. 1 250　　　　　C. 1 209　　　　　D. 1 407

[12]【历年真题·单选题】企业的下列各项资产中，以前计提减值准备的影响因素已消失的，应在已计提的减值准备金额内转回的是（　　）。

A. 固定资产　　　B. 商誉　　　　　C. 原材料　　　　D. 长期股权投资

第三节　资产组减值的处理

考点4　资产组的认定

　　企业应当以单项资产为基础估计其可收回金额，难以对单项资产的可收回金额进行估计的，应当以该资产所属的资产组为基础确定资产组的可收回金额。

会计故事会·出租房

　　张阿姨家有一套房子出租，房子各项家具、家电齐全，租客拎包入住即可，每月租金1000元。出租的房屋会计上作为很多项资产分别核算并计提折旧和摊销，比如房子建筑物作为一项固定资产核算，土地使用权作为无形资产核算，房子里面不同的家具、家电分别作为不同的固定资产来核算。但这些资产合在一起形成一个整体才有独立的现金流（比如租金），我们把它们称之为一个资产组。

【考点藏宝图】

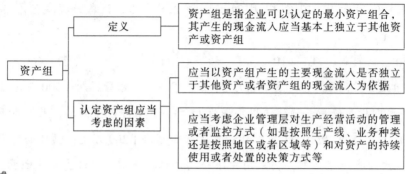

考点锦囊 **资产组现金流要独立。**

【考点母题——万变不离其宗】资产组的认定

下列关于资产减值测试时认定资产组的表述中，正确的有（ ）。	
资产组认定考虑的因素	A. 以能否产生独立于其他资产或者资产组的现金流入为依据 B. 应当考虑企业管理层对生产经营活动的管理或者监控方式 C. 应当考虑企业管理层对资产的持续使用的方式 D. 应当考虑资产处置的决策方式
资产组变更	E. 资产组一经确定后，在各个会计期间应当保持一致，不得随意变更

【考点子题——举一反三，真枪实练】

[13]【历年真题·多选题】下列关于资产减值测试时认定资产组的表述中，正确的有（ ）。

    A. 资产组是企业可以认定的最小资产组合

    B. 认定资产组应当考虑企业管理层对资产的持续使用或处置的决策方式

    C. 认定资产组应当考虑企业管理层管理生产经营活动的方式

    D. 资产组产生的现金流入应当独立于其他资产或资产组产生的现金流入

[14]【历年真题·判断题】资产组的认定应当以资产组产生的主要现金流入是否独立于其他资产或者资产组的现金流入为依据。（ ）

[15]【历年真题·判断题】资产组一经确定，在各个会计期间应当保持一致，不得随意变更。（ ）

考点5 资产组减值测试

    资产组的可收回金额低于其账面价值的，应当确认相应的减值损失。

❀【考点藏宝图】

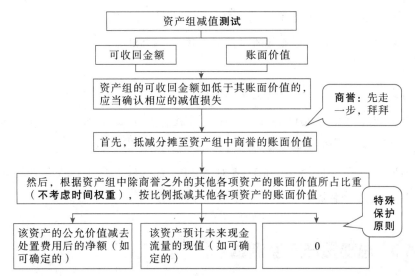

考点锦囊 **商誉先冲减，特殊要保护。**

▲【考点子题——举一反三，真枪实练】

[16]【历年真题·判断题】包含了商誉的资产发生了减值，应当按商誉的账面价值以及其他资产的账面价值进行分摊。（ ）

[17]【历年真题·计算分析题】甲公司拥有A、B、C三家工厂，分别位于国内、美国和英国，假定各工厂除生产设备外无其他固定资产，2011年受国内外经济发展趋缓的影响，甲公司产品销量下降30%，各工厂的生产设备可能发生减值，该公司2011年12月31日对其进行减值测试，有关资料如下：

（1）A工厂负责加工半成品，年生产能力为100万件，完工后按照内部转移价格全部发往B、C工厂进行组装，但B、C工厂每年各自最多只能将其中的60万件半成品组装成最终产品，并各自负责其组装完工的产品于当地销售。甲公司根据市场需求的地区分布和B、C工厂的装配能力，将A工厂的半成品在B、C工厂之间进行分配。

（2）12月31日，A、B、C工厂生产设备的预计尚可使用年限均为8年，账面价值分别为人民币6 000万元、4 800万元和5 200万元，以前年度均未计提固定资产减值准备。

（3）由于半成品不存在活跃市场，A工厂的生产设备无法产生独立的现金流量。12月31日，估计该工厂生产设备的公允价值减去处置费用后的净额为人民币5 000万元。

（4）12月31日，甲公司无法估计B、C工厂生产设备的公允价值减去处置费用后的净额以及未来现金流量的现值，也无法合理估计 A、B、C 三家工厂生产设备在总体上的公允价值减去处置费用后的净额，但根据未来 8 年最终产品的销量及恰当的折现率得到的预计未来现金流量的现值为人民币 13 000 万元。

要求：

（1）为减值测试目的，甲公司应当如何确认资产组？请说明理由。

（2）分析计算甲公司 2011 年 12 月 31 日对 A、B、C 三家工厂生产设备各应计提的减值准备以及计提减值准备后的账面价值。

（3）编制甲公司 2011 年 12 月 31 日对 A、B、C 三家工厂生产设备计提减值准备的会计分录。

考点6 总部资产减值测试

企业总部资产包括企业集团或其事业部的办公楼、电子数据处理设备、研发中心等资产。总部资产通常难以单独进行减值测试，需要结合其他相关资产组或者资产组组合进行。

会计故事会·养鸡场

养鸡场有三只母鸡，每只母鸡都有一个独立的鸡舍，母鸡们以下蛋为生，自己下蛋自己卖，自己成本自己承担，这叫独立的现金流，每只母鸡及其鸡舍构成一个资产组。鸡舍外有一只狗，负责三只母鸡的安保，狗没有独立的现金流，在进行减值测试时需要和鸡舍组合起来进行，狗就叫总部资产。

【考点藏宝图】

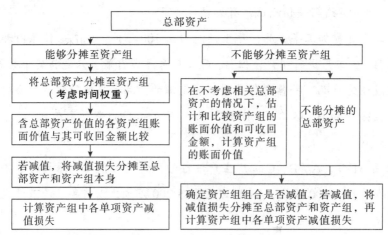

会计故事会·鸡场的猫

母鸡们下蛋比较辛苦，鸡场有一只能歌善舞的猫负责给母鸡们表演节目和陪产。猫姐和狗哥一样，都没有独立的现金流，属于总部资产。猫姐的工作很容易量化，把自己的账面价值按照对不同母鸡服务的时间分摊到三只母鸡头上去进行减值测试，这叫能够分摊至资产组，将总部资产分摊至资产组。狗哥的工作不好分摊到各只母鸡上去，无法区分哪只母鸡享受的安保多，谁的安保少，这叫不能够分摊至资产组，需要将狗哥和三只母鸡绑定在一起来测试。

考点锦囊 总部资产，能分先分，不分打包。

【考点子题——举一反三，真枪实练】

[18]【历年真题·计算分析题】甲公司拥有一栋办公楼和M、P、V三条生产线，办公楼为与M、P、V生产线相关的总部资产。2019年12月31日，办公楼、M、P、V生产线的账面价值分别为200万元、80万元、120万元和150万元。2019年12月31日，办公楼、M、P、V生产线出现减值迹象，甲公司决定进行减值测试，办公楼无法单独进行减值测试，M、P、V生产线分别被认定为资产组。

资料一：2019年12月31日，甲公司运用合理和一致的基础将办公楼账面价值分摊到M、P、V生产线的金额分别为40万元、60万元和100万元。

资料二：2019年12月31日，分摊了办公楼账面价值的M、P、V生产线的可收回金额分别为140万元、150万元和200万元。

资料三：P生产线由E、F两台设备构成，E、F设备均无法产生单独的现金流量。2019年12月31日，E、F设备的账面价值分别为48万元和72万元，甲公司估计E设备的公允价值和处置费用分别为45万元和1万元，F设备的公允价值和处置费用均无法合理估计。不考虑其他因素。

要求：

（1）分别计算分摊了办公楼账面价值的M、P、V生产线应确认减值损失的金额。

（2）计算办公楼应确认减值损失的金额，并编制相关会计分录。

（3）分别计算P生产线中E、F设备应确认减值损失的金额。

[19]【经典子题·总部资产增加一个难以分摊至各相关资产组的研发中心】承上题，假定总部资产在上述办公大楼的基础上还包括一栋研发中心，研发中心的账面价值为180万元。该研发中心的账面价值难以在合理和一致的基础上分摊至各相关资产组，包括研发中心在内的最小资产组组合（即甲公司）的可收回金额为670万元，假定其他条件不变。

要求：确认包括研发中心在内的减值损失。

〔本章考点子题答案及解析〕

〔1〕【答案: BC】选项 A 采用可变现净值,选项 D 采用预计信用减值损失模型。

〔2〕【答案: ABCD】以上选项均属于资产减值的迹象。

〔3〕【答案: BD】使用寿命不确定的无形资产、商誉必须强制进行减值测试,选项 B、D 正确。

〔4〕【答案: ×】应当根据该资产的公允价值减去处置费用后的净额与预计未来现金流量的现值两者之间的孰高者确定。

〔5〕【答案: ABC】预计未来现金流量现值时不需要考虑账面价值,选项 D 错误。

〔6〕【答案: ABD】预计资产未来现金流量不包括将来可能会发生的、尚未做出承诺的重组事项的现金流量,选项 C 错误。

〔7〕【答案: ABCD】

〔8〕【答案: √】

〔9〕【答案: A】固定资产账面价值 =500-210-20=270(万元),预计未来现金流量现值时不应包括筹资活动、所得税的现金流量,即应采用税前现金流量现值 250 万元,资产可回收金额以公允价值减去处置费用的净额、未来现金流量现值两者较高者,即为 250 元。资产账面价值大于可回收金额,应计提减值准备 =270-250=20(万元)。

〔10〕【答案: A】2017 年末设备的账面余额 =4 800-4 800/10=4 320(万元);甲公司应为该设备计提减值准备的金额 =4 320-3 950=370(万元)。

〔11〕【答案: A】2×19 年年末该资产的账面价值 =1 209-1 209/13=1 116(万元)。

〔12〕【答案: C】资产减值准则规范的资产(包括固定资产、长期股权投资和商誉等),资产减值损失一经计提,在以后会计期间不得转回,选项 A、B 和 D 错误,选项 C 正确。

〔13〕【答案: ABCD】资产组是指企业可以认定的最小资产组合,选项 A 正确;资产组产生的现金流入应当基本上独立于其他资产或资产组产生的现金流入,选项 D 正确;资产组的认定,应当考虑企业管理层管理生产经营活动的方式和对资产的持续使用或者处置的决策方式等,选项 B、C 正确。

〔14〕【答案: √】

〔15〕【答案: √】

〔16〕【答案: ×】对于包含了商誉的资产组发生了减值,应首先冲减商誉的账面价值,减记至 0 为限;若有剩余的减值损失则按其他资产的账面价值比例分摊。

〔17〕【答案】(1)甲公司应将工厂 ABC 认定为一个资产组。因为工厂 ABC 组成一个独立的产销单元,能够产生独立的现金流量,工厂 A 生产的半成品全部发往 B、C 工厂组装,并不直接对外出售,且需在 B、C 工厂之间根据市场需求的地区分布和 B、C 工厂的装配能力进行分配。

(2)A、B、C 三家工厂生产设备各应计提的减值准备以及计提减值准备后的账面价值。

单位:万元

	工厂 A	工厂 B	工厂 C	甲公司
账面价值	6 000	4 800	5 200	16 000
可收回金额	5 000	—	—	13 000

总的减值损失	–	–	–	3 000
减值损失分摊比例	37.5% （6 000/16 000）	30% （4 800/16 000）	32.5%	100%
首次分摊的损失	1 000 （6 000−5 000）	900 （3 000×30%）	975	2 875
减值后的账面价值	5 000	3 900	4 225	13 125
尚未分摊的减值损失	125	–	–	125
二次分摊比例	0	48% [4 800/（4 800+5 200）]	52%	100%
二次分摊减值损失	0	60 （125×48%）	65	125
二次分摊后应确认的减值损失总额	1 000 （0+1 000）	960 （900+60）	1 040	3 000
二次分摊后账面价值	5 000 （6 000−1 000）	3 840 （4 800−960）	4 160	13 000

（3）甲公司 2011 年 12 月 31 日对 A、B、C 三家工厂生产设备计提减值准备的会计分录：

借：资产减值损失　　　　　　　　3 000

　　贷：固定资产减值准备——A　　　1 000

　　　　　　　　　——B　　　　960

　　　　　　　　　——C　　　1 040

[18]【答案】（1）M 生产线的账面价值（包含分摊的办公楼账面价值）=80+40=120（万元），可收回金额为 140 万元，没有发生减值；

P 生产线的账面价值（包含分摊的办公楼账面价值）=120+60=180（万元），可收回金额为 150 万元，应确认减值损失 30 万元；

V 生产线的账面价值（包含分摊的办公楼账面价值）= 150+100=250（万元），可收回金额为 200 万元，应确认减值损失 50 万元。

（2）办公楼应确认减值损失金额 =30×60/（60+120）+50×100/（100+150）=30（万元）。

借：资产减值损失　　　　　　　　30

　　贷：固定资产减值准备　　　　　　30

（3）E 设备应分摊的减值损失 =[30×120/（60+120）]×48/（48+72）=8（万元）；

F 设备应分摊的减值损失 =[30×120/（60+120）]×72/（48+72）=12（万元）；

由于 E 设备的公允价值减去处置费用后的净额 =45−1=44（万元），其分摊减值损失后的账面价值应不低于 44 万元，所以应确认减值损失的金额 =48−44=4（万元）；

由于 F 设备无法合理估计公允价值减去处置费用后的净额以及未来现金流量，所以应确认减值损失的金额为资产组的减值损失总额减去 E 设备的减值损失 =30×120/（60+120）−4=16（万元）。

[19]【答案】经过上述减值测试后，办公楼、M、P、V 生产线的账面价值之和 =200+80+120+150-80=470（万元），研发中心的账面价值为 180 万元，由此包括研发中心在内的最小资产组组合（即甲公司）的账面价值总额为 650 万元（470+180），但其可收回金额为 670 万元，高于其账面价值，因此，甲公司不必再进一步确认减值损失。

第 8 章　金融资产和金融负债

本章介绍了金融资产的分类以及各类金融资产的会计处理，包括债权投资、其他债权投资、其他权益工具投资、交易性金融资产以及应付债券和交易性金融负债。

本章思维导图

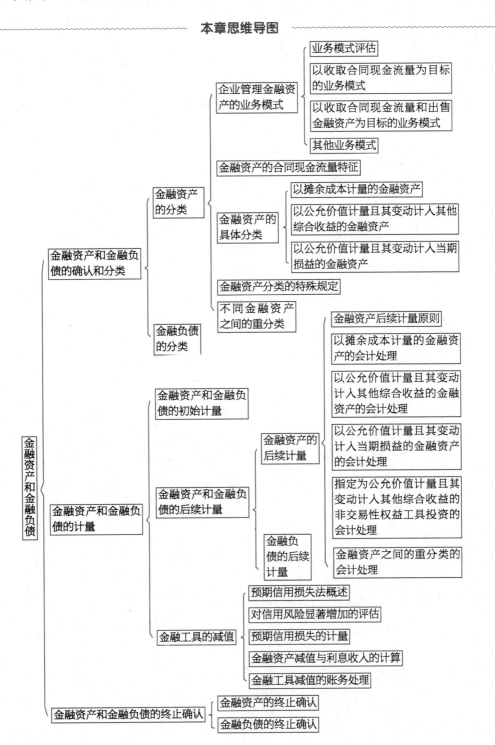

题 型	2020 年		2021 年		2022 年		考 点
	第一批	第二批	第一批	第二批	第一批	第二批	
单选题	—	—	1	1	—	1	金融资产分类，交易性金融资产、债权投资、其他债权投资、其他权益工具的确认和计量；金融资产重分类
多选题	1	1	—	2	—	1	
判断题	1		—	1	—	—	
计算分析题	—	1	—	—	1	—	
综合题	—	1	1	—	—	1	

第一节　金融资产和金融负债的确认和分类

考点 1　金融资产的分类

金融工具是指形成一方的金融资产并形成其他方的金融负债或权益工具的合同。金融工具包括金融资产、金融负债和权益工具。

🌀【考点藏宝图】

会计故事会 · 八戒的赌注

八戒和沙僧坐在一旁看猴哥大战白骨精，八戒说"沙师弟，咱俩打个赌如何，如果猴哥赢了我给你一两银子，如果猴哥输了你给我一两银子"，沙僧说赌就赌谁怕谁，八戒和沙僧之间的合同就横空出世了。这个合同形成一方的金融资产，同时形成另一方的金融负债，结果不是沙僧给八戒一两银子，就是八戒给沙僧一两银子，这样的合同就是金融工具，脚踩两只船。

1. 企业管理金融资产的业务模式

企业管理金融资产的业务模式是指企业如何管理其金融资产以产生现金流量。

会计故事会 · 八戒的养老金

八戒退休时有 100 万元现金，如果把这 100 万元购买玉帝发行的国债，每月拿 100 万元国债的利息养老，这种管理模式叫以收取合同现金流量为目标的业务模式。如果八戒不想眼睛一闭钱没花完怎么办？八戒除了每月收取利息外，每月再出售 5 000 元国债用于丰富退休生活，正好眼睛一闭钱也花完了，这种管理模式以收取合同现金流量和出售金融资产为目标。如果 100 万元国债随时准备支持儿子猪小戒娶媳妇买房子用，这就是其他业务模式了。

▲▲【考点母题——万变不离其宗】业务模式

下列关于企业管理金融资产业务模式的表述中，正确的有（　　）。

续表

收取合同现金流量为目标的业务模式	A. 本金加利息的合同现金流量特征（合同现金流量仅为支付的本金和以未偿付本金金额为基础的利息） B. 不属于本金加利息的合同现金流量特征：（1）企业持有一项可转换成固定数量的发行人权益工具的债券；（2）贷款的利息支付金额与涉及债务人业绩的一些变量挂钩或者与权益指数挂钩
收取合同现金流量和出售金融资产为目标	A. 收取合同现金流量和出售金融资产对于实现管理目标是不可或缺的 B. 相比于收取合同现金流量，该业务模式涉及**出售通常频率更高、金额更大**
其他业务模式（兜底项目）	A. **除**以收取合同现金流量为目标的业务模式和以收取合同现金流量和出售金融资产为目标的业务模式以外的所有模式

▲【考点子题——举一反三，真枪实练】

[1]【经典子题·多选题】企业管理金融资产的业务模式有（　　）。

A. 收取合同现金流量

B. 出售金融资产

C. 收取合同现金流量和出售金融资产两者兼有

D. 保管金融资产

[2]【经典子题·判断题】贷款的利息支付金额与涉及债务人业绩的变量挂钩，该贷款不符合本金加利息的合同现金流量特征。（　　）

[3]【经典子题·判断题】收到股票投资的现金股利，符合本金加利息的合同现金流量特征。（　　）

[4]【经典子题·单选题】甲银行持有金融资产组合以满足其每日流动性需求。甲银行为了降低其管理流动性需求的成本，高度关注该金融资产组合的回报，包括收取的合同现金流量和出售金融资产的利得或损失。甲银行管理该金融资产组合的业务模式是（　　）。

A. 收取合同现金流量

B. 出售金融资产

C. 收取合同现金流量和出售金融资产两者兼有

D. 保管金融资产

2. 金融资产的具体分类

企业应当根据其管理金融资产的业务模式和金融资产的合同现金流量特征分类。

金融资产分类	企业管理金融资产的业务模式	主要核算科目
1. 以摊余成本计量的金融资产	以收取合同现金流量为目标	债权投资

续表

2. 以公允价值计量且其变动计入其他综合收益的金融资产	分类	既以收取合同现金流量为目标又以出售该金融资产为目标	其他债权投资
	指定（初始确认时指定，一经指定，不得撤销）	不符合近期出售条件的权益工具投资	其他权益工具投资
3. 以公允价值计量且其变动计入当期损益的金融资产		兜底项目	交易性金融资产

考点锦囊 金融资产三类四种，股票走后门。

会计故事会·权益工具投资

　　权益工具投资正常分类全部是以公允价值计量且其变动计入当期损益的金融资产。权益工具投资公允价值变动比较大，而且公允价值不受管理者控制，计入当期损益利润表就像过山车一样，惊险刺激，老板的小心脏受不了。准则也很人性化，为了保护好大佬们的心脏，只能给权益工具投资开一个后门，但对其进行"灭活"处理，可以指定为以公允价值计量且其变动计入其他综合收益的金融资产。

【考点子题——举一反三，真枪实练】

[5]【历年真题·单选题】甲公司对其购入债券的业务管理模式是以收取合同现金流量为目标，该债券合同条款规定，在特定日期产生的现金流量，仅为对本金和未偿还本金金额为基础的利息的支付。不考虑其他因素，甲公司应将该债券投资分类为（　　）。

　　A. 其他货币资金

　　B. 以公允价值计量且其变动计入当期损益的金融资产

　　C. 以公允价值计量且其变动计入其他综合收益的金融资产

　　D. 以摊余成本计量的金融资产

[6]【经典子题·单选题】甲银行向企业客户发放的固定利率贷款，该银行管理该贷款的业务模式是以收取合同现金流量为目标。该贷款应当分类成的金融资产是（　　）。

　　A. 以摊余成本计量的金融资产

　　B. 以公允价值计量且其变动计入其他综合收益的金融资产

　　C. 以公允价值计量且其变动计入当期损益的金融资产

　　D. 以历史成本计量的金融资产

[7]【经典子题·单选题】甲企业可以在需要时随时向银行出售应收账款。历史上甲企业频繁向银行出售应收账款，且出售金额重大。不考虑其他因素，甲企业应收账款应当分类为的金融资产是（　　）。

　　A. 以摊余成本计量的金融资产

    B. 以公允价值计量且其变动计入其他综合收益的金融资产

    C. 以公允价值计量且其变动计入当期损益的金融资产

    D. 以历史成本计量的金融资产

［8］【经典子题·判断题】企业可以后续计量中将非交易性权益工具投资指定为以公允价值计量且其变动计入其他综合收益的金融资产。（　　）

［9］【经典子题·判断题】在初始确认时，企业可以将非交易性权益工具投资指定为以公允价值计量且其变动计入其他综合收益的金融资产，且可以随时撤销指定。（　　）

3. 金融资产重分类

🌀【考点藏宝图】

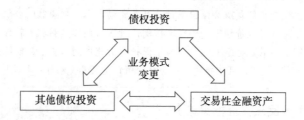

会计故事会·股票干瞪眼

    股票投资一般情况下分类为以公允价值计量且其变动计入当期损益的金融资产，特殊情况下，在初始确认时开一个后门经过指定可以强制指定为以公允价值计量且其变动计入其他综合收益的金融资产，但一经指定，不得撤销。所以金融资产重分类实际上只是债券投资的狂欢，股票投资只能干瞪眼。

🏮**考点锦囊** **债券想分就分，股票干瞪眼。**

🔺【考点母题——万变不离其宗】重分类

下列关于金融资产重分类的会计处理的表述中，正确的有（　　）。	
不属于业务模式变更	A. 企业持有特定金融资产的意图改变 B. 金融资产特定市场暂时性消失从而暂时影响金融资产出售 C. 金融资产在企业具有不同业务模式的各部门之间转移
重分类日	A. 重分类日是导致企业对金融资产进行重分类的业务模式发生变更后的**首个报告期间的第一天**
权益工具	A. 权益工具投资**不得**进行重分类

会计故事会·有备而来

年底企业想通过重分类来调节利润已经来不及了，如果企业决定12月份进行重分类，那么只能竹篮打水一场空，因为准则强制要求重分类日是业务模式发生变更后的首个报告期间的第一天，重分类的利润到下一个报告期了。

重分类要利润，提前谋划。

▲**【考点子题——举一反三，真枪实练】**

［10］【经典子题·判断题】企业持有特定金融资产的意图改变属于业务模式变更。（　　）

［11］【经典子题·判断题】金融资产不得进行重分类。（　　）

［12］【经典子题·判断题】如果管理权益工具投资业务模式发生变化，应当对权益工具投资进行重分类。（　　）

［13］【经典子题·单选题】甲上市公司要求提供季报，2021年10月15日改变其管理某项金融资产的业务模式，则重分类日是（　　）。

    A. 2021年10月15日   B. 2021年11月1日

    C. 2021年12月31日   D. 2022年1月1日

考点 2　金融负债的分类

交易性金融负债 应付债券	交易性金融资产 其他债权投资 债权投资

▲**【考点母题——万变不离其宗】金融负债**

下列关于金融负债的分类正确的有（　　）。	
分类	A. 交易性金融负债　　　　B. 以摊余成本计量的金融负债（兜底项目）
重分类	A. 金融负债的分类一经确定，不得变更

负债有靠山，不要随便惹。（负债都有债权人，金额和分类都不能随便变）

▲**【考点子题——举一反三，真枪实练】**

［14］【历年真题·多选题】制造企业的下列各项负债中，应当采用摊余成本进行后续计量

的有（　　）。

A. 应付债券　　　　B. 长期应付款　　　　C. 长期借款　　　　D. 交易性金融负债

［15］【历年真题·判断题】在特定条件下，企业可以将以公允价值计量且其变动计入当期损益的金融负债重分类为以摊余成本计量的金融负债。（　　）

第二节　金融资产和金融负债的计量

考点3　金融资产和负债计量

【考点母题——万变不离其宗】金融资产初始计量

下列有关金融资产的计量，表述正确的有（　　）。			
公允价值计量	A. 交易性金融资产	B. 其他债权投资	C. 其他权益工具投资
摊余成本	A. 债权投资		

【考点子题——举一反三，真枪实练】

［16］【历年真题·多选题】下列项目中，期末采用公允价值期末计量的有（　　）。

A. 无形资产　　　　B. 交易性金融资产　　C. 在建工程　　　　D. 其他权益工具投资

考点4　债权投资的会计处理

1. 按溢价发行

债券的发行价格大于面值。

会计故事会·八戒发债

　　八戒发行债券，票面利率8%。市场上其他相同的债券利率只有5%。由于八戒的债券收益高，大家都愿意购买八戒的债券。八戒发行债券当日一大早，堪比地铁早高峰，人山人海。八戒一看买的人这么多，开始涨价，这就是溢价发行，即溢价发行票面利率大于市场利率。反过来如果债券票面利率小于市场利率，按照面值发行无人问津，于是打折销售，这就是折价发行。

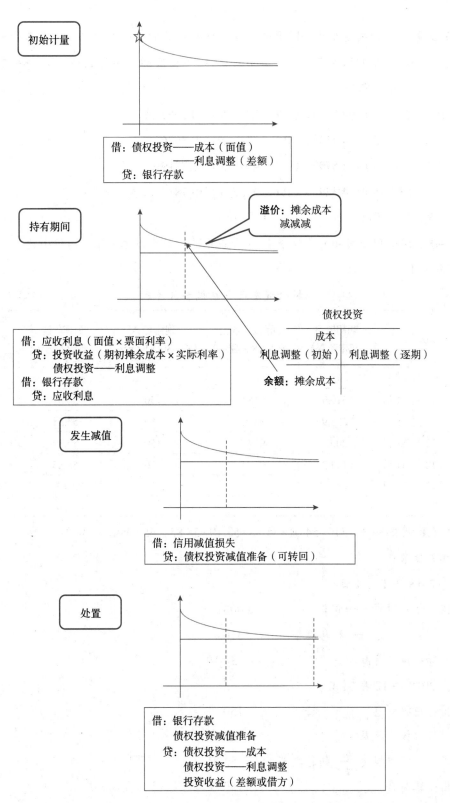

初始计量

借：债权投资——成本（面值）
          ——利息调整（差额）
  贷：银行存款

持有期间

溢价：摊余成本
减减减

借：应收利息（面值×票面利率）
  贷：投资收益（期初摊余成本×实际利率）
      债权投资——利息调整
借：银行存款
  贷：应收利息

债权投资
成本	
利息调整（初始）	利息调整（逐期）
余额：摊余成本	

发生减值

借：信用减值损失
  贷：债权投资减值准备（可转回）

处置

借：银行存款
      债权投资减值准备
  贷：债权投资——成本
      债权投资——利息调整
      投资收益（差额或借方）

【经典例题·计算分析题】2018 年 1 月 1 日，甲公司以 3 300 万元购入乙公司当日发行的面值总额为 3 000 万元的债券，另支付交易费用 10 万元。甲公司根据其管理该债券的业务模式和该债券的合同现金流量特征，将该债券分类为以摊余成本计量的金融资产。该债券期限为5年，票面年利率为5%，实际利率为2.9%，每年年末支付利息，到期偿还本金。

（P/A，2%，5）= 4.8534，（P/F，2%，5）=0.9057；

（P/A，3%，5）= 4.7135，（P/F，3%，5）=0.8626；

（P/A，4%，5）= 4.5797，（P/F，4%，5）=0.8219；

（P/A，5%，5）= 4.3295，（P/F，5%，5）=0.7835；

不考虑其他因素。

要求：编制甲公司相关会计分录。（分录中的单位用万元，保留两位小数）

【答案】

摊余成本及利息调整计算表　　　　　　　单位：万元

年份	期初摊余成本（A）	实际投资收益（B=A×2.9%）	现金流入（C=3000×5%）	收回本金（D=C-B）	期末摊余成本（E=A-D）
2018 年 1 月 1 日					3 310.00
2018 年 12 月 31 日	3 310.00	95.99	150	54.01	3 255.99
2019 年 12 月 31 日	3 255.99	94.42	150	55.58	3 200.41
2020 年 12 月 31 日	3 200.41	92.81	150	57.19	3 143.22
2021 年 12 月 31 日	3 143.22	91.15	150	58.85	3 084.37
2022 年 12 月 31 日	3 084.37	65.63*	150	*84.37	3 000.00
合计				310	

* 尾数调整 84.37=310-54.01-55.58-57.19-58.85，65.63=150-84.37

相关分录：

① 2018 年 1 月 1 日

借：债权投资——成本　　　　　　3 000

　　　　　——利息调整　　　　　310

　　贷：银行存款　　　　　　　　　　3 310

② 2018 年 12 月 31 日

借：应收利息　　　　　　　　　150

　　贷：投资收益　　　　　　　　　　95.99

　　　　债权投资——利息调整　　　　54.01

借：银行存款　　　　　　　　　150

　　贷：应收利息　　　　　　　　　　150

③ 2019 年 12 月 31 日

借：应收利息   150

 贷：投资收益   94.42

   债权投资——利息调整 55.58

借：银行存款   150

 贷：应收利息   150

④ 2020 年 12 月 31 日

借：应收利息   150

 贷：投资收益   92.81

   债权投资——利息调整 57.19

借：银行存款   150

 贷：应收利息   150

⑤ 2021 年 12 月 31 日

借：应收利息   150

 贷：投资收益   91.15

   债权投资——利息调整 58.85

借：银行存款   150

 贷：应收利息   150

⑥ 2022 年 12 月 31 日

借：应收利息   150

 贷：投资收益   65.63

   债权投资——利息调整 84.37

借：银行存款   3 150

 贷：债权投资——成本 3 000

   应收利息   150

2．按折价发行

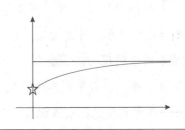

初始计量

借：债权投资——成本（面值）
 贷：银行存款
   债权投资——利息调整

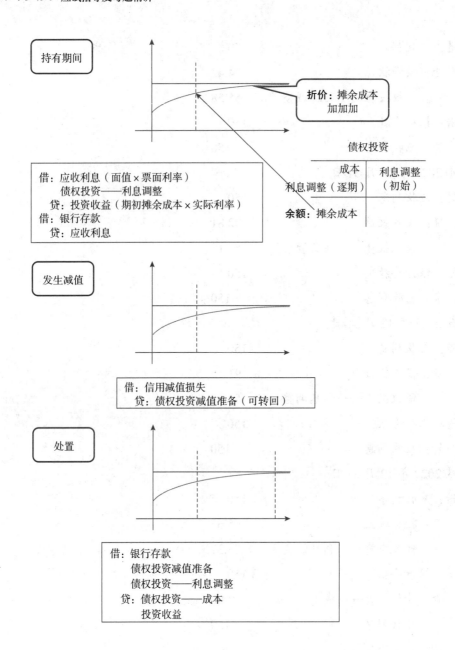

【经典例题·计算分析题】2018年1月1日，甲公司以2 700万元购入乙公司当日发行的面值总额为3 000万元的债券，另支付交易费用10万元。甲公司根据其管理该债券的业务模式和该债券的合同现金流量特征，将该债券分类为以摊余成本计量的金融资产。该债券期限为5年，票面年利率为5%，实际利率为7.38%，每年年末支付利息，到期偿还本金。不考虑增值税相关税费及其他因素。

要求：编制甲公司债权投资相关会计分录。（分录中的单位用万元）

【答案】

摊余成本及利息调整计算表　　　　　　　　单位：万元

年份	期初摊余成本（A）	实际投资收益（B=A×7.38%）	现金流入（C=3000×5%）	收回本金（D=B−C）	期末摊余成本（E=A+D）
2018 年 1 月 1 日					2 710.00
2018 年 12 月 31 日	2 710.00	200.00	150	50.00	2 760.00
2019 年 12 月 31 日	2 760.00	203.69	150	53.69	2 813.69
2020 年 12 月 31 日	2 813.69	207.65	150	57.65	2 871.34
2021 年 12 月 31 日	2 871.34	211.90	150	61.90	2 933.24
2022 年 12 月 31 日	2 933.24	216.76*	150	66.76*	3 000.00
合计				290	

* 尾数调整 66.76=290−50−53.69−57.65−61.90，216.76 =150+66.76

相关分录：

① 2018 年 1 月 1 日

借：债权投资——成本　　　　　　3 000

　　贷：银行存款　　　　　　　　2 710

　　　　债权投资——利息调整　　　290

② 2018 年 12 月 31 日

借：应收利息　　　　　　　　　　150

　　债权投资——利息调整　　　　　50

　　贷：投资收益　　　　　　　　200

借：银行存款　　　　　　　　　　150

　　贷：应收利息　　　　　　　　150

③ 2019 年 12 月 31 日

借：应收利息　　　　　　　　　　150

　　债权投资——利息调整　　　　53.69

　　贷：投资收益　　　　　　　203.69

借：银行存款　　　　　　　　　　150

　　贷：应收利息　　　　　　　　150

④ 2020 年 12 月 31 日

借：应收利息　　　　　　　　　　150

　　债权投资——利息调整　　　　57.65

　　贷：投资收益　　　　　　　207.65

　　借：银行存款　　　　　　　　150

　　　　贷：应收利息　　　　　　　150

⑤ 2021 年 12 月 31 日

　　借：应收利息　　　　　　　　150

　　　　债权投资——利息调整　　61.90

　　　　贷：投资收益　　　　　　211.90

　　借：银行存款　　　　　　　　150

　　　　贷：应收利息　　　　　　　150

⑥ 2022 年 12 月 31 日

　　借：应收利息　　　　　　　　150

　　　　债权投资——利息调整　　66.76

　　　　贷：投资收益　　　　　　216.76

　　借：银行存款　　　　　　　3 150

　　　　贷：债权投资——成本　　3 000

　　　　　　应收利息　　　　　　150

3．一次还本付息

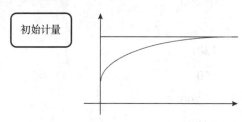

借：债权投资——成本（面值）
　　债权投资——利息调整（或贷方）
　　贷：银行存款

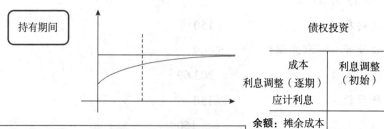

借：债权投资——**应计利息**（面值×票面利率）
　　贷：投资收益（期初摊余成本×实际利率）
　　　　债权投资——利息调整（或借方）

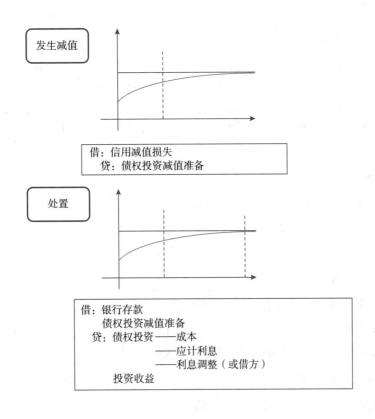

借：信用减值损失
　　贷：债权投资减值准备

借：银行存款
　　债权投资减值准备
　　贷：债权投资——成本
　　　　　　——应计利息
　　　　　　——利息调整（或借方）
　　　　　投资收益

考点锦囊　一次付息利滚利。

【经典例题·计算分析题】2018 年 1 月 1 日，甲公司以 3 000 万元购入乙公司当日发行的面值总额为 3 000 万元的债券，另支付交易费用 10 万元。甲公司根据其管理该债券的业务模式和该债券的合同现金流量特征，将该债券分类为以摊余成本计量的金融资产。该债券期限为 5 年，票面年利率为 5%，实际利率为 4.49%，到一次还本付息。不考虑增值税相关税费及其他因素。

要求：编制甲公司相关会计分录。（分录中的单位用万元）

【答案】

摊余成本及利息调整计算表　　　　　单位：万元

年份	期初摊余成本（A）	实际投资收益（B=A×4.49%）	应计利息（C=3000×5%）	利息调整（D=C-B）	期末摊余成本（E=A+B）
2018 年 1 月 1 日					3 010
2018 年 12 月 31 日	3 010	135.15	150	14.85	3 145.15
2019 年 12 月 31 日	3 145.15	141.22	150	8.78	3 286.37
2020 年 12 月 31 日	3 286.37	147.56	150	2.44	3 433.93

续表

2021 年 12 月 31 日	3 433.93	154.18	150	-4.18	3 588.11
2022 年 12 月 31 日	3 588.11	161.89*	150	-11.89*	3 750
合计				10	

* 尾数调整 -11.89=10-14.85-8.78-2.44+4.18, 161.89=150+11.89

相关分录:

① 2018 年 1 月 1 日

借:债权投资——成本 3 000

——利息调整 10

贷:银行存款 3 010

② 2018 年 12 月 31 日

借:债权投资——应计利息 150

贷:投资收益 135.15

债权投资——利息调整 14.85

③ 2019 年 12 月 31 日

借:债权投资——应计利息 150

贷:投资收益 141.22

债权投资——利息调整 8.78

④ 2020 年 12 月 31 日

借:债权投资——应计利息 150

贷:投资收益 147.56

债权投资——利息调整 2.44

⑤ 2021 年 12 月 31 日

借:债权投资——应计利息 150

——利息调整 4.18

贷:投资收益 154.18

⑥ 2022 年 12 月 31 日

借:债权投资——应计利息 150

——利息调整 11.89

贷:投资收益 161.89

借:银行存款 3 750

贷:债权投资——成本 3 000

——应计利息 750

▲【考点母题——万变不离其宗】债权投资

	下列关于债权投资的会计处理，表述正确的有（ ）。
初始计量	A. 借：债权投资——成本（面值） 应收利息（实际支付款项中包含已到付息期但尚未领取的利息） 贷：银行存款 债权投资——利息调整（差额，可能在借方，含交易费用） 【注意】交易费用在"债权投资——利息调整"科目核算。
后续计量	B. 分期付息： 借：应收利息 债权投资——利息调整（差额，可能在贷方） 贷：投资收益 C. 一次还本付息： 借：债权投资——应计利息 ——利息调整（差额，可能在贷方） 贷：投资收益 D. 发生信用减值： 借：信用减值损失 贷：债权投资减值准备
处置	E. 借：银行存款 债权投资减值准备 贷：债权投资——成本 ——利息调整（可能在借方） ——应计利息（一次还本付息） 投资收益（差额，也可能在借方）

考点锦囊 溢价减减减，折价加加加。

▲【考点子题——举一反三，真枪实练】

[17]【历年真题·单选题】2×21年1月1日，甲公司支付1 947万元从二级市场购入乙公司当日发行的期限为3年、按年付息、到期偿还面值的公司债券。该债券的面值为2 000万元，票面年利率为5%，实际年利率为6%。甲公司将该债券分类为以摊余成本计量的金融资产。不考虑其他因素，2×21年12月31日，该债券投资的账面价值为（ ）万元。

    A. 1 930.18   B. 1 947   C. 1 963.82   D. 2 063.82

[18]【历年真题·计算分析题（改编）】甲公司债券投资的相关资料如下：

    资料一：2015年1月1日，甲公司以银行存款2 030万元购入乙公司当日发行的面值总额为2 000万元的4年期公司债券，该债券的票面年利率为4.2%。债券合同约定，未来4年，每年的利息在次年1月1日支付，本金于2019年1月1日一次性偿还，乙公司不能提前赎回该债券，甲公司将该债券划分为债权投资。

资料二：甲公司在取得乙公司债券时，计算确定该债权投资的实际年利率为3.79%，甲公司在每年年末对债权投资的投资收益进行会计处理。

资料三：2017年1月1日，甲公司在收到乙公司债券上年利息后，将该债券全部出售，所得款项2 025万元收存银行。

假定不考虑增值税等相关税费及其他因素。

要求（"债权投资"科目应写出必要的明细科目）：

（1）编制甲公司2015年1月1日购入乙公司债券的相关会计分录。

（2）计算甲公司2015年12月31日应确认的债券投资收益，并编制相关会计分录。

（3）编制甲公司2016年1月1日收到乙公司债券利息的相关会计分录。

（4）计算甲公司2016年12月31日应确认的债券投资收益，并编制相关会计分录。

（5）编制甲公司2017年1月1日出售乙公司债券的相关会计分录。

考点5　其他债权投资的会计处理

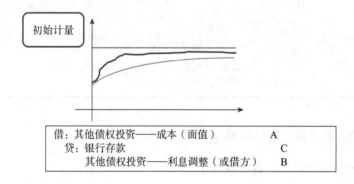

初始计量

借：其他债权投资——成本（面值）	A
贷：银行存款	C
其他债权投资——利息调整（或借方）	B

会计故事会·其他债权投资

对于债券会计人员有一种天然的感情，见到债券不由自主就想到按照摊余成本进行计量。就像姚明踢球，看见皮球就有一种投篮的冲动。跟姚明踢球老想用手一样，对于其他债权投资会计人员先按照思维惯性以摊余成本进行计量，再看看游戏规则，其他债权投资需要按照公允价值计量且其变动计入其他综合收益。因此，资产负债表日其他债权投资在按照摊余成本计量后再根据公允价值进行调整，确保期末账面价值为公允价值，要不然裁判要出红牌了。

考点锦囊 两步走，先摊后公。

【经典例题·计算分析题】2013年1月1日，甲公司支付价款1 000万元（含交易费用）

从上海证券交易所购入 A 公司同日发行的 5 年期公司债券 12 500 份，债券票面价值总额为 1 250 万元，票面年利率为 4.72%，于年末支付本年度债券利息（即每年利息为 59 万元），本金在债券到期时一次性偿还。甲公司根据其管理该债券的业务模式和该债券的合同现金流量特征，将该债券分类为以公允价值计量且其变动计入其他综合收益的金融资产。

要求：编制 2013 年 1 月 1 日甲公司购买债券的相关会计分录。（分录中的单位用万元）

【答案】

（1）2013 年 1 月 1 日，购入 A 公司债券：

借：其他债权投资——成本　　　　　1 250

　　贷：银行存款　　　　　　　　　　　1 000

　　　　其他债权投资——利息调整　　　250

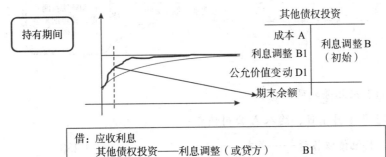

<u>秀点锦囊</u>　**打狗棒法：两步走，锁定期末余额，先摊后公。**

【经典例题·计算分析题】2013 年 1 月 1 日，甲公司支付价款 1 000 万元（含交易费用）从上海证券交易所购入 A 公司同日发行的 5 年期公司债券 12 500 份，债券票面价值总额为 1 250 万元，票面年利率为 4.72%，实际利率为 10%，于年末支付本年度债券利息（即每年利息为 59 万元），本金在债券到期时一次性偿还。甲公司根据其管理该债券的业务模式和该债券的合同现金流量特征，将该债券分类为以公允价值计量且其变动计入其他综合收益的金融资产。其他资料如下：

（1）2013 年 12 月 31 日，A 公司债券的公允价值为 1 200 万元（不含利息）。

要求：编制甲公司 2013 年债券相关会计分录。

【答案】

单位：万元

日期	现金流入（A）	实际利息收入（B=期初D×10%）	已收回本金（C=A-B）	摊余成本余额（D=期初D-C）	公允价值（E）	公允价值变动额（F=E-D-期初G）	公允价值变动累计金额（G=期初G+F）
2013年1月1日				1 000	1 000	0	0
2013年12月31日	59	100	-41	1 041	1 200	159	159

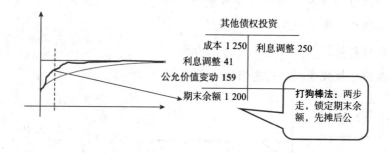

甲公司的有关账务处理如下：

（1）2013年1月1日，购入A公司债券：

借：其他债权投资——成本　　　　　　　　　　　1 250

　　贷：银行存款　　　　　　　　　　　　　　　　　1 000

　　　　其他债权投资——利息调整　　　　　　　　　　250

（2）2013年12月31日，确认A公司债券实际利息收入、公允价值变动，收到债券利息：

借：应收利息　　　　　　　　　　　　　　　　　59

　　其他债权投资——利息调整　　　　　　　　　41

　　贷：投资收益　　　　　　　　　　　　　　　　　100

借：银行存款　　　　　　　　　　　　　　　　　59

　　贷：应收利息　　　　　　　　　　　　　　　　　59

借：其他债权投资——公允价值变动　　　　　　159

　　贷：其他综合收益——其他债权投资公允价值变动　159

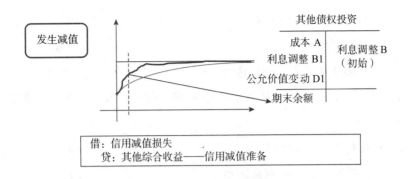

【经典例题·计算分析题】2013 年 1 月 1 日，甲公司支付价款 1 000 万元（含交易费用）从上海证券交易所购入 A 公司同日发行的 5 年期公司债券 12 500 份，债券票面价值总额为 1 250 万元，票面年利率为 4.72%，实际利率为 10%，于年末支付本年度债券利息（即每年利息为 59 万元），本金在债券到期时一次性偿还。甲公司根据其管理该债券的业务模式和该债券的合同现金流量特征，将该债券分类为以公允价值计量且其变动计入其他综合收益的金融资产。其他资料如下：

（1）2013 年 12 月 31 日，A 公司债券的公允价值为 1 200 万元（不含利息）。

假设 2013 年 12 月 31 日，该金融资产预期信用减值损失 100 万元。

要求：编制甲公司 2013 年债券相关会计分录。

【答案】

单位：万元

日期	现金流入（A）	实际利息收入（B=期初D×10%）	已收回本金（C=A-B）	摊余成本余额（D=期初D-C）	公允价值（E）	公允价值变动额（F=E-D-期初G）	公允价值变动累计金额（G=期初G+F）
2013 年 1 月 1 日				1 000	1 000	0	0
2013 年 12 月 31 日	59	100	-41	1 041	1 200	159	159

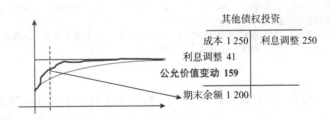

甲公司的有关账务处理如下：

（1）2013 年 1 月 1 日，购入 A 公司债券：

借：其他债权投资——成本　　　　　　　　　　1 250

　　贷：银行存款　　　　　　　　　　　　　　1 000

　　　　其他债权投资——利息调整　　　　　　　250

（2）2013 年 12 月 31 日，确认 A 公司债券实际利息收入、公允价值变动，收到债券利息：

借：应收利息　　　　　　　　　　　　　　　　59

　　其他债权投资——利息调整　　　　　　　　41

　　贷：投资收益　　　　　　　　　　　　　　100

借：银行存款　　　　　　　　　　　　　　　　59

　　贷：应收利息　　　　　　　　　　　　　　　59

借：其他债权投资——公允价值变动　　　　　　159

　　贷：其他综合收益——其他债权投资公允价值变动　159

借：信用减值损失　　　　　　　　　　　　　　100

　　贷：其他综合收益——信用减值准备　　　　　100

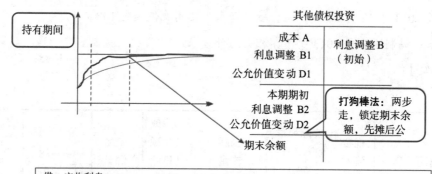

借：应收利息
　　其他债权投资——利息调整（或贷方）　　B2
　　贷：投资收益
借：银行存款
　　贷：应收利息
借：其他债权投资——公允价值变动　　　　　D2
　　贷：其他综合收益——其他债权投资公允价值变动（或借方）
【注意】D2 有两种算法：
1. 本期公允价值变动 D2=期末余额（期末公允价值）-期初余额（上期末公允价值）-本期利息调整 B2
2. 本期公允价值变动 D2=期末余额（期末公允价值）-期末摊余成本（A-B+B1+B2）-公允价值变动 D1（前期公允价值累计变动）

【经典例题·计算分析题】2013 年 1 月 1 日，甲公司支付价款 1 000 万元（含交易费用）从上海证券交易所购入 A 公司同日发行的 5 年期公司债券 12 500 份，债券票面价值总额为 1 250 万元，票面年利率为 4.72%，实际利率为 10%，于年末支付本年度债券利息（即每年利息为 59 万元），本金在债券到期时一次性偿还。甲公司根据其管理该债券的业务模式和该债券的合同现金流量特征，将该债券分类为以公允价值计量且其变动计入其他综合收益的金融资产。其他资料如下：

（1）2013 年 12 月 31 日，A 公司债券的公允价值为 1 200 万元（不含利息）。

（2）2014 年 12 月 31 日，A 公司债券的公允价值为 1 300 万元（不含利息）。

要求：编制甲公司相关会计分录。

【答案】

单位：万元

日期	现金流入（A）	实际利息收入（B=期初D×10%）	已收回本金（C=A-B）	摊余成本余额（D=期初D-C）	公允价值（E）	公允价值变动额（F=E-D-期初G）	公允价值变动累计金额（G= 期初G+F）
2013 年 1 月 1 日				1 000	1 000	0	0
2013 年 12 月 31 日	59	100	-41	1 041	1 200	159	159
2014 年 12 月 31 日	59	104	-45	1 086	1 300	55	214

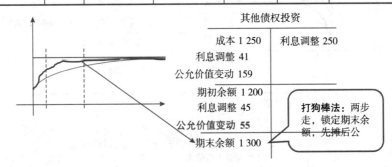

其他债权投资

成本 1 250　　　　利息调整 250
利息调整 41
公允价值变动 159
期初余额 1 200
利息调整 45
公允价值变动 55
期末余额 1 300

打狗棒法：两步走，锁定期末余额，先摊后公

甲公司的有关账务处理如下：

（1）2013 年 1 月 1 日，购入 A 公司债券：

借：其他债权投资——成本　　　　　　　　　　　　1 250
　　贷：银行存款　　　　　　　　　　　　　　　　　1 000
　　　　其他债权投资——利息调整　　　　　　　　　　250

（2）2013 年 12 月 31 日，确认 A 公司债券实际利息收入、公允价值变动，收到债券利息：

借：应收利息　　　　　　　　　　　　　　　　　　　59
　　其他债权投资——利息调整　　　　　　　　　　　　41
　　贷：投资收益　　　　　　　　　　　　　　　　　　100

借：银行存款   59

　　贷：应收利息   59

借：其他债权投资——公允价值变动   159

　　贷：其他综合收益——其他债权投资公允价值变动   159

（3）2014 年 12 月 31 日，确认 A 公司债券实际利息收入、公允价值变动，收到债券
利息：

借：应收利息   59

　　其他债权投资——利息调整   45

　　贷：投资收益   104

借：银行存款   59

　　贷：应收利息   59

借：其他债权投资——公允价值变动   55

　　贷：其他综合收益——其他债权投资公允价值变动   55

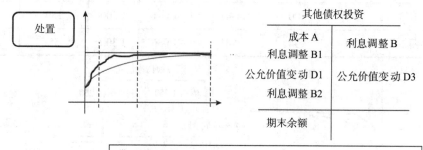

借：银行存款
　　贷：其他债权投资——成本
　　　　　　　　　　——利息调整（或借方）
　　　　　　　　　　——公允价值变动（或借方）
　　　投资收益（或借方）
借：其他综合收益——其他债权投资公允价值变动（或借方）
　　　　　　　　　——信用减值准备
　　贷：投资收益

【经典例题·计算分析题】续上题，假设 2015 年 1 月 20 日，通过上海证券交易所出售了
　　A 公司债券 12 500 份，取得价款 1 360 万元。

　　【答案】2017 年 1 月 20 日，确认出售 A 公司债券实现的损益：

借：银行存款   1 360

　　其他债权投资——利息调整   164（250-41-45）

　　贷：其他债权投资——成本   1 250

　　　　　　　　　　——公允价值变动   214（159+55）

　　　　投资收益   60

借：其他综合收益——其他债权投资公允价值变动　　　214
　　贷：投资收益　　　　　　　　　　　　　　　　　214

⚠【考点母题——万变不离其宗】其他债权投资

下列关于其他债权投资的会计处理，表述正确的有（　　）。	
初始计量	A. 借：其他债权投资——成本（面值） 　　　　应收利息（已到付息期但尚未领取的利息） 　　　　其他债权投资——利息调整（差额，也可能在贷方，含交易费用） 　　贷：银行存款等
后续计量	B. 借：应收利息（分期付息债券按票面利率计算的利息） 　　　　其他债权投资——应计利息（到期一次还本付息债券按票面利率计算的利息） 　　贷：投资收益（期初摊余成本乘以实际利率计算确定的利息收入） 　　　　其他债权投资——利息调整（差额，也可能在借方）
公允价值 变动	C. 公允价值上升： 　　借：其他债权投资——公允价值变动 　　　贷：其他综合收益——其他债权投资公允价值变动 D. 公允价值下降： 　　借：其他综合收益——其他债权投资公允价值变动 　　　贷：其他债权投资——公允价值变动 E. 减值： 　　借：信用减值损失 　　　贷：其他综合收益——信用减值准备
处置	F. 处置时，售价与账面价值的差额计入投资收益： 　　借：银行存款 　　　　其他债权投资——利息调整（或贷方） 　　贷：其他债权投资——成本 　　　　　　　　　——公允价值变动（或借方） 　　　　投资收益（或借方）
	G. 将其他债权投资持有期间产生的"其他综合收益"转入"投资收益"： 　　借：其他综合收益（或贷方） 　　　贷：投资收益

📜 **考点锦囊** 两步走，先摊后公，处置他综转收益。

▲【考点子题——举一反三，真枪实练】

[19]【历年真题·计算分析题】2×19 年度，甲公司发生的与债券投资相关的交易或事项如下：

资料一：2×19 年 1 月 1 日，甲公司以银行存款 2 055.5 万元购入乙公司当日发行的期限为 3 年、分期付息、到期偿还面值、不可提前赎回的债券。该债券的面值为

2 000 万元，票面年利率为 5%，每年的利息在当年年末支付。甲公司将该债券投资分类为以公允价值计量且其变动计入其他综合收益的金融资产，该债券投资的实际年利率为 4%。

资料二：2×19 年 12 月 31 日，甲公司所持乙公司债券的公允价值为 2 010 万元（不含利息）。

资料三：2×19 年 12 月 31 日，甲公司所持乙公司债券的预期信用损失为 10 万元。

本题不考虑其他因素。

要求（"其他债权投资"科目应写出必要的明细科目）：

（1）编制甲公司 2×19 年 1 月 1 日购入乙公司债券的会计分录。

（2）计算甲公司 2×19 年 12 月 31 日应确认对乙公司债券投资的实际利息收入，并编制相关会计分录。

（3）编制甲公司 2×19 年 12 月 31 日对乙公司债券投资按公允价值计量的会计分录。

（4）编制甲公司 2×19 年 12 月 31 日对乙公司债券投资确认预期信用损失的会计分录。

考点6 其他权益工具投资的会计处理

指定为以公允价值计量且其变动计入其他综合收益的非交易性权益工具投资。

会计故事会·其他权益工具投资

以公允价值计量且其变动计入其他综合收益的金融资产原本只有其他债权投资，股票投资如果不符合长期股权投资的确认条件，统统划分为交易性金融资产。交易性金融资产会计处理比较刺激，按照公允价值计量且其变动计入当期损益，特别是公允价值的变动计入当期损益比较有杀伤力。公允价值如同过山车，可远观而不可亵玩焉，企业老板心脏一般都不太好受不了这种刺激，托关系走后门将股票投资指定为以公允价值计量且其变动计入其他综合收益，这就是其他权益工具投资。其他权益工具投资与其他债权投资虽然是姐妹，但其他权益工具投资不是亲生的，其公允价值变动计入其他综合收益的金额不像其他债权投资那样，出嫁的时候作为陪嫁转入当期损益。其他权益工具投资公允价值变动计入其他综合收益的金额出嫁的时候被没收了，直接转入留存收益。

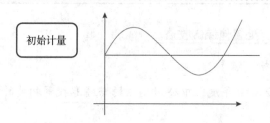

初始计量

借：其他权益工具投资——成本（公允价值与交易费用之和）
　　应收股利（已宣告但尚未发放的现金股利）
　　贷：银行存款（实际支付的金额）

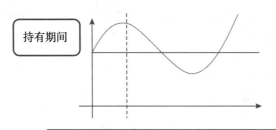

借：其他权益工具投资——公允价值变动
　　贷：其他综合收益

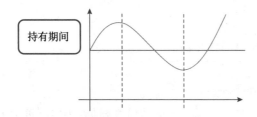

借：其他综合收益
　　贷：其他权益工具投资——公允价值变动

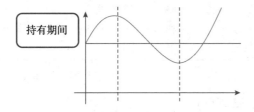

借：应收股利
　　贷：投资收益
借：银行存款
　　贷：应收股利

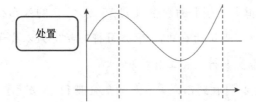

借：银行存款
　　贷：其他权益工具投资——成本
　　　　　　　　　　　　——公允价值变动（也可能在借方）
　　　　盈余公积（差额×10%，也可能在借方）
　　　　利润分配——未分配利润（差额×90%，也可能在借方）
借：盈余公积（差额×10%，也可能在贷方）
　　　利润分配——未分配利润（差额×90%，也可能在贷方）
　　贷：其他综合收益（也可能在借方）

▲▲【考点母题——万变不离其宗】其他权益工具投资

下列关于其他权益工具投资的会计处理，表述正确的有（　　）。

续表

初始计量	A. 借：其他权益工具投资——成本（公允价值与交易费用之和） 　　　应收股利（已宣告但尚未发放的现金股利） 　　贷：银行存款（实际支付的金额）
宣告发放现金股利	B. 借：应收股利 　　贷：投资收益
公允价值变动	C. 公允价值上升： 　　借：其他权益工具投资——公允价值变动 　　　贷：其他综合收益 D. 公允价值下降： 　　借：其他综合收益 　　　贷：其他权益工具投资——公允价值变动
处置	E. 借：银行存款 　　贷：其他权益工具投资——成本 　　　　　　　　　　　　——公允价值变动（也可能在借方） 　　　盈余公积（差额×10%，也可能在借方） 　　　利润分配——未分配利润（差额×90%，也可能在借方） 　　借：盈余公积（差额×10%，也可能在贷方） 　　　利润分配——未分配利润（差额×90%，也可能在贷方） 　　　贷：其他综合收益（也可能在借方）

第8章

考点锦囊 处置计留存，注意没利润。

▲【考点子题——举一反三，真枪实练】

[20]【经典子题·计算分析题】2021年5月6日，甲公司支付价款1 016万元（含交易费用1万元和已宣告发放但尚未领取的现金股利15万元），购入乙公司发行的股票200万股，占乙公司有表决权股份的0.5%。甲公司将其指定为以公允价值计量且其变动计入其他综合收益的非交易性权益工具投资。

（1）2021年5月10日，甲公司收到乙公司发放的现金股利15万元。

（2）2021年6月30日，该股票市价为每股5.2元。

（3）2021年12月31日，甲公司仍持有该股票；当日，该股票市价为每股5元。

（4）2022年5月9日，乙公司宣告发放股利4 000万元（甲公司按照持股比例享有20万元现金股利）。

（5）2022年5月13日，甲公司收到乙公司发放的现金股利。

（6）2022年5月20日，甲公司由于某特殊原因，以每股4.9元的价格将股票全部转让。

假定不考虑其他因素，甲公司按照10%计提盈余公积。

要求：编制甲公司的相关账务处理。

考点 7　交易性金融资产的会计处理

以公允价值计量且其变动计入当期损益的金融资产。

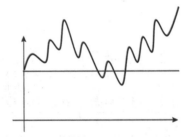

初始计量

> 借：交易性金融资产——成本（按公允价值）
> 　　投资收益（发生的交易费用）
> 　　应收利息（按已到付息期但尚未领取的利息）
> 　　应收股利（已宣告但尚未发放的现金股利）
> 　贷：银行存款（按实际支付的金额）

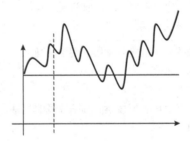

持有期间

> 借：交易性金融资产——公允价值变动
> 　贷：公允价值变动损益（或相反）

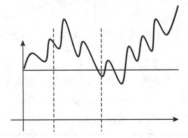

持有期间

> 借：应收股利/应收利息
> 　贷：投资收益
> 借：银行存款
> 　贷：应收股利/应收利息

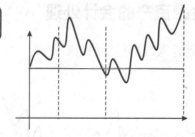

处置

借：银行存款（应按实际收到的金额）
　　贷：交易性金融资产——成本（初始投资成本）
　　　　　　　　　　　　　——公允价值变动
　　　投资收益（差额，或借方）

【考点母题——万变不离其宗】交易性金融资产

以公允价值计量且其变动计入当期损益的金融资产的会计处理正确的有（　　）。	
1. 取得交易性金融资产	借：交易性金融资产——成本（按公允价值） 　　投资收益（发生的交易费用） 　　应收利息（按已到付息期但尚未领取的利息） 　　应收股利（已宣告但尚未发放的现金股利） 　　贷：银行存款（按实际支付的金额）
2. 持有期间	（1）股票：被投资单位宣告发放的现金股利 借：应收股利 　　贷：投资收益 （2）债券：资产负债表日按票面利率计算的利息 借：应收利息 　　贷：投资收益
3. 资产负债表日的会计处理	（1）资产负债表日，交易性金融资产的公允价值高于其账面余额的差额 借：交易性金融资产——公允价值变动 　　贷：公允价值变动损益 （2）公允价值低于其账面余额的差额做相反的会计分录
4. 出售交易性金融资产	借：银行存款（应按实际收到的金额） 　　贷：交易性金融资产——成本（初始投资成本） 　　　　　　　　　　　　　——公允价值变动 　　　投资收益（差额，或借方）

考点锦囊 一头一尾要注意，费用冲收益，处置不结转。

【考点子题——举一反三，真枪实练】

[21]【历年真题·综合题】甲公司2018年1月1日相关业务如下：

（1）2018年10月10日，甲公司以银行存款600万元购入乙公司股票200万股，将其分类以公允价值计量且其变动计入当期损益的金融资产。

（2）甲公司持有上述乙公司股票的公允价值为660万元。

（3）2019年3月20日，乙公司宣告每股分派现金股利0.3元，2019年3月27日，甲公司收到乙公司发放的现金股利并存入银行。2019年3月31日，甲公司持有上述乙公司股票的公允价值为660万元。

（4）2019年4月25日，甲公司将持有的乙公司股票全部转让，转让所得648万元存入银行，不考虑其他因素。

要求（"交易性金融资产"科目应写出必要的明细科目）：

（1）编制甲公司2018年10月10日购入乙公司股票的会计分录。

（2）编制甲公司2018年12月31日对乙公司股票投资期末计量的会计分录。

（3）编制甲公司2019年3月20日在乙公司宣告分派现金股利时的会计分录。

（4）编制甲公司2019年3月27日收到现金股利的会计分录。

（5）编制甲公司2019年4月25日转让乙公司股票的会计分录。

[22]【历年真题·计算分析题】2×19年至2×20年，甲公司发生的债券投资相关的交易或事项如下：

资料一：2×19年1月1日，甲公司以银行存款5 000万元购入乙公司当日发行的期限为5年、分期付息、到期偿还面值、不可提前赎回的债券。该债券的面值为5 000万元，票面年利率为6%，每年的利息在次年1月1日以银行存款支付。甲公司将购入的乙公司债券分类为以公允价值计量且其变动计入当期损益的金融资产。

资料二：2×19年12月31日，甲公司所持乙公司债券的公允价值为5 100万元（不含利息）。

资料三：2×20年5月10日，甲公司将所持乙公司债券全部出售，取得价款5 150万元存入银行。不考虑相关税费及其他因素。

要求（"交易性金融资产"科目应写出必要的明细科目）：

（1）编制甲公司2×19年1月1日购入乙公司债券的会计分录。

（2）分别编制甲公司2×19年12月31日确认债券利息收入的会计分录和2×20年1月1日收到利息的会计分录。

（3）编制甲公司2×19年12月31日对乙公司债券投资按公允价值计量的会计分录。

（4）编制甲公司2×20年5月10日出售乙公司债券的会计分录。

[23]【历年真题·多选题】企业对下列金融资产进行初始计量时，应将发生的相关交易费用计入初始确认金额的有（ ）。

A. 其他权益工具投资　　　　　　　B. 债权投资

C. 交易性金融资产　　　　　　　　D. 其他债权投资

[24]【历年真题·单选题】2×19年8月1日，甲公司以银行存款602万元（含交易费用2万元）购入乙公司股票，分类为以公允价值计量且其变动计入当期损益的金融资产。2×19年12月31日甲公司所持乙公司股票的公允价值为700万元。2×20年1月5日，甲公司将所持乙公司股票以750万元的价格全部出售，并支付交易费用3万元，实际取得款项747万元。不考虑其他因素，甲公司出售所持乙公司股票对其2×20年度营业利润的影响金额为（ ）万元。

A. 145　　　　　　B. 147　　　　　　C. 50　　　　　　D. 47

考点 8 　金融工具减值

（1）预期信用损失法

金融资产减值采用预期信用损失法。在预期信用损失法下，减值准备的计提不以减值的实际发生为前提，而是以未来可能的违约事件造成的损失的期望值来计量当前（资产负债表日）应当确认的损失准备。

【考点藏宝图】

假设B为本金，I为每期利息，f为每期违约的概率。M1、M2、M3、M4为各期预计信用损失，R为折现率。

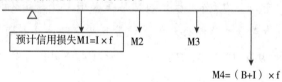

预计信用损失M1=I × f　　M2　　M3

M4=（B+I）× f

预期信用损失M=M1/（1+R）+M2/（1+R）²+M3/（1+R）³+M4/（1+R）⁴

减值准备

借：信用减值损失（或贷方）　　　　期初
　贷：债权投资减值准备　　　倒挤　倒挤

期末M

会计故事会·踩死一只蚂蚁

甲公司持有本金100万元，年利率10%的一年后到期的债券。假设债券到期违约的概率为0.01%。如果该债券按照实际发生减值计提减值准备，一是该债券违约的概率很小，0.01%的违约概率比走在路上踩死一只蚂蚁的概率还要小。二是现在还没有违约，所以根本不用提前计提减值准备。如果按照预期信用损失法则不管未来违约的概率多小都要提前计提减值准备，计算公式如下：预期信用损失 =（100+100×10%）×0.01%/（1+10%）=0.01（万元）。预期信用损失法下，只要有一点点违约的可能性，都需要计提减值准备，很灵敏。

会计故事会·黑名单

存货减值计入资产减值损失，但债权投资等金融资产减值计入信用减值损失。债权投资为什么会减值，是债务人不讲信用，没有契约精神，不按合同约定按期足额支付利息和本金，因此是债务人的信用出问题了，辜负了债权人的信任，计入信用减值损失昭告天下，列入黑名单，这个杀伤力比计入资产减值损失的杀伤力大，对债务人的侮辱性极强。

（2）金融工具减值的三阶段

一般情况下，企业应当在每个资产负债表日评估相关金融工具的信用风险自初始确认后是否已显著增加，可以将金融工具发生信用减值的过程分为三个阶段。

【考点藏宝图】

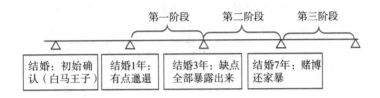

会计故事会·房贷

青年教师小金买房向银行贷款 100 万元，期限 30 年，银行根据小金老师的收入、职业等进行评估认为金老师"高学历、高颜值、高素质"，违约的风险很低，给予 4.5% 的优惠利率，每月等额偿还房贷 5000 元。每年末银行都要评估金老师的房贷的信用风险，买房 1 年后金老师谈恋爱了，开支较大。银行认为金老师虽然恋爱开支较大，但每个月偿还房贷是没有问题的，这叫信用风险自初始确认后没有显著增加，属于第一阶段。恋爱后金老师购置了一辆豪车，随之消费支出的档次也上了一个台阶，这时银行评估金老师已经不是以前那个朴素无华的金老师了，每月按时偿还贷款存在较大风险但目前为止每月在父母的支持下还是按时还钱，这就属于第二个阶段了，信用风险自初始确认后显著增加但没有实际发生减值。由于支出较大收入不涨，金老师辞职创业了，创业有风险下海需谨慎，金老师创业失败了，负债累累，开始隔三差五拖欠房贷，这就是第三个阶段，实际发生减值了。

第一阶段：信用风险自初始确认后未显著增加

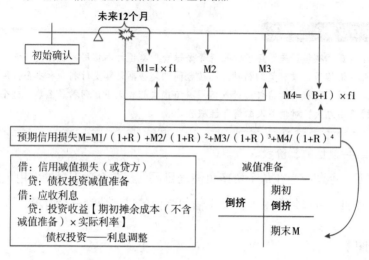

预期信用损失M=M1/（1+R）+M2/（1+R）²+M3/（1+R）³+M4/（1+R）⁴

借：信用减值损失（或贷方）
　　贷：债权投资减值准备
借：应收利息
　　贷：投资收益【期初摊余成本（不含减值准备）×实际利率】
　　　　债权投资——利息调整

减值准备	
倒挤	期初
	倒挤
	期末M

第二阶段：信用风险自初始确认后已显著增加但尚未发生信用减值

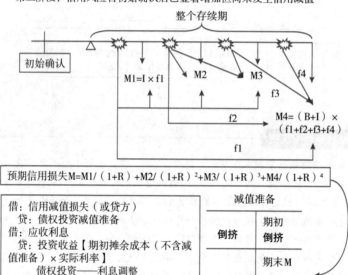

预期信用损失M=M1/（1+R）+M2/（1+R）²+M3/（1+R）³+M4/（1+R）⁴

借：信用减值损失（或贷方）
　　贷：债权投资减值准备
借：应收利息
　　贷：投资收益【期初摊余成本（不含减值准备）×实际利率】
　　　　债权投资——利息调整

减值准备	
倒挤	期初
	倒挤
	期末M

第三阶段：实际发生信用减值

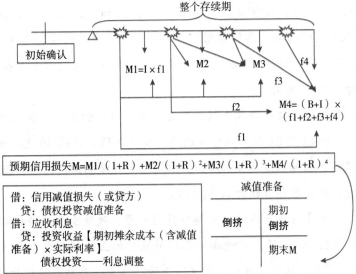

预期信用损失M=M1/（1+R）+M2/（1+R）²+M3/（1+R）³+M4/（1+R）⁴

借：信用减值损失（或贷方）
　　贷：债权投资减值准备
借：应收利息
　　贷：投资收益【期初摊余成本（含减值准备）×实际利率】
　　　　债权投资——利息调整

减值准备

	期初
倒挤	倒挤
	期末M

（3）其他债权投资减值准备

🌀【考点藏宝图】

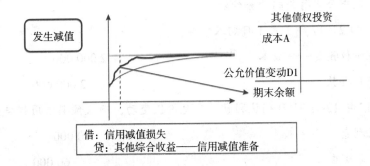

借：信用减值损失
　　贷：其他综合收益——信用减值准备

会计故事会·老王的网约车

　　老王开网约车，每天收入平均 300 元—500 元。收入的波动可以看成是公允价值的波动，有时收入 300 元／天，有时 500 元／天，这是正常的收入波动，不用焦虑。如果哪天发现自己身体出现问题，不能长时间玩命工作了，每天收入下降到 100 元—200 元，这个收入下降就不是公允价值波动了，而是减值。会计上，需要将减值引起的其他债权投资公允价值下降和正常的公允价值波动分离出来，减值的部分计入信用减值损失，正常的公允价值波动计入其他综合收益。

【经典例题·计算分析题】2×17 年 1 月 1 日，甲公司按面值从债券二级市场购入乙公司公开发行的债券 20 000 张，每张面值 100 元，票面利率 3%（与实际利率相同），划分为以公允价值计量且其变动计入其他综合收益的金融资产。初始确认时，该债券具有较低的信用风险，且该债券的内部信用评级与外部机构信用评级对其的投资级别相同。

2×17年12月31日，该债券的市场价格为每张100元。经评估，该债券仍具有较低的信用风险，该金融工具的信用风险自初始确认后并未显著增加，甲公司按照相当于未来12个月内预期信用损失的金额计量该金融工具的损失准备。经评估计算，损失准备金额为2500元。

2×18年，乙公司因投资决策失误，发生财务困难，但仍可支付该债券当年的票面利息。2×18年12月31日，该债券的公允价值下降为每张80元。评估后，甲公司认为信用风险自初始确认后显著增加，应按整个存续期预期信用损失确认损失准备。经评估计算，损失准备余额为100 000元。

2×19年，乙公司调整产品结构并整合其他资源，致使上年发生的财务困难大为好转。2×19年12月31日，该债券（乙公司发行的上述债券）的公允价值已上升至每张95元。甲公司认定债券的信用风险下降，并且较自初始确认后的信用风险已无显著增加，甲公司按照相当于未来12个月内预期信用损失的金额计量该金融工具的损失准备。经评估计算，损失准备金额为2 500元。

不考虑其他因素。

要求：编制甲公司有关的账务处理。

【解析】（1）2×17年1月1日购入债券：

借：其他债权投资——成本 2 000 000
　贷：银行存款 2 000 000

（2）2×17年12月31日确认利息、公允价值变动，确认预期信用损失：

借：应收利息 60 000
　贷：投资收益 60 000
借：银行存款 60 000
　贷：应收利息 60 000

债券的公允价值变动为零，故不作账务处理。

借：信用减值损失 2 500
　贷：其他综合收益——信用减值准备 2 500

（3）2×18年12月31日确认利息收入及减值损失：

借：应收利息 60 000
　贷：投资收益 60 000
借：银行存款 60 000
　贷：应收利息 60 000

借：其他综合收益——其他债权投资公允价值变动　　　400 000（20 000×20）

　　贷：其他债权投资——公允价值变动　　　　　400 000

借：信用减值损失　　　　　　　　　　　　　　97 500

　　贷：其他综合收益——信用减值准备　　　　　97 500（100 000-2 500）

（4）2×19 年 12 月 31 日确认利息收入、公允价值变动及减值损失回转：

借：应收利息　　　　　　　　　　　　　　　　60 000

　　贷：投资收益　　　　　　　　　　　　　　60 000

借：银行存款　　　　　　　　　　　　　　　　60 000

　　贷：应收利息　　　　　　　　　　　　　　60 000

借：其他债权投资——公允价值变动　　　　　　300 000（20 000×15）

　　贷：其他综合收益——其他债权投资公允价值变动　　300 000

借：其他综合收益——信用减值准备　　　　　　97 500（100 000-2 500）

　　贷：信用减值损失　　　　　　　　　　　　97 500

▲【考点母题——万变不离其宗】金融工具减值

下列关于金融工具减值的会计处理中，正确的有（　　）。	
预期信用损失法	A. 以发生违约的风险为权重根据合同应收的所有合同现金流量与预期收取的所有现金流量之间的差额折现
应当采用预期信用损失法计提减值的资产	A. 以摊余成本计量的金融资产 B. 以公允价值计量且其变动计入其他综合收益的金融资产 C. 租赁应收款 D. 合同资产 E. 企业作出的贷款承诺、财务担保合同、低于市场利率贷款的贷款承诺（公允价值计量的除外）
减值三阶段	A. 第一阶段信用风险自初始确认后未显著增加，按照未来 12 个月的预期信用损失计量损失准备，并按其账面余额（即未扣除减值准备）和实际利率计算利息收入 B. 第二阶段信用风险自初始确认后已显著增加但尚未发生信用减值，按照该工具整个存续期的预期信用损失计入损失准备，并按其账面余额和实际利率计算利息收入 C. 第三阶段初始确认后发生信用减值，按照该工具整个存续期的预期信用损失计入损失准备，按其摊余成本（账面余额减已计提减值准备，也即账面价值）和实际利率计算利息收入

特殊情况	A. 较低信用风险。在资产负债表日具有较低信用风险的金融工具，企业可以不用与其初始确认时的信用风险进行比较，而直接作出该工具的信用风险自初始确认后未显著增加的假设 B. 应收款项、租赁应收款和合同资产。 （1）对于不含重大融资成本的应收账款和合同资产，应当始终按照整个存续期内预期信用损失的金额计量损失准备（没有选择权） （2）对于包含重大融资成本的应收账款、合同资产和租赁应收款，可以始终选择按照相当于整个存续期内预期信用损失的金额计量其损失准备（有选择权，而且可以分别选择）
债权投资	A. 借：信用减值损失 　　贷：债权投资减值准备（可转回）
其他债权投资	A. 借：信用减值损失 　　贷：其他综合收益——信用减值准备
交易性金融资产、其他权益工具投资	不计提减值

▲【考点子题——举一反三，真枪实练】

[25]【经典子题·判断题】预期信用损失法以减值的实际发生为前提计量当前应当确认的减值准备。（　　）

[26]【经典子题·多选题】下列各项中，应当采用预期信用损失法计提减值的资产有（　　）。

    A. 债权投资　　　　B. 应收账款　　　　C. 存货　　　　D. 其他债权投资

[27]【经典子题·判断题】对于不含重大融资成本的应收账款，可以始终选择按照整个存续期内预期信用损失的金额计量损失准备。（　　）

考点9　金融资产重分类的会计处理

 嫁鸡随鸡、入乡随俗。

（1）以摊余成本计量的金融资产的重分类

①债权投资与交易性金融资产重分类

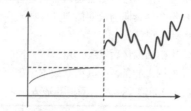

借：交易性金融资产——成本
　　贷：债权投资——成本
　　　　　　——利息调整
　　公允价值变动损益（或借方）

摊转金，同处置，公计量。

【经典例题·计算分析题】甲公司提供季报。2020年10月15日，甲公司以面值500 000元购入一项债券投资，将其分类为以摊余成本计量的金融资产。2021年10月15日，甲公司决定将该债券从以摊余成本计量的金融资产重分类为以公允价值计量且其变动计入当期损益的金融资产。2022年1月1日，该债券的公允价值为510 000元。

要求：编制甲公司重分类日的会计处理的相关分录。

【答案】

借：交易性金融资产——成本   510 000
 贷：债权投资——成本   500 000
  公允价值变动损益   10 000

【考点子题——举一反三，真枪实练】

[28]【历年真题·判断题】企业将以摊余成本计量的金融资产重分类为以公允价值计量且其变动计入当期损益的金融资产按金融资产在重分类日的公允价值计量。（   ）

②债权投资与其他债权投资重分类

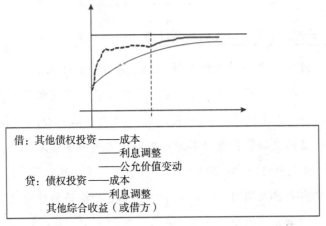

```
借：其他债权投资——成本
          ——利息调整
          ——公允价值变动
   贷：债权投资——成本
          ——利息调整
       其他综合收益（或借方）
```

摊转他，二步走，公计量。

【经典例题·计算分析题】甲公司提供季报。2020年10月15日，甲公司以面值500 000元购入一项债券投资，将其分类为以摊余成本计量的金融资产。2021年10月15日，甲公司决定将该债券从以摊余成本计量的金融资产重分类为以公允价值计量且其变动计入其他综合收益的金融资产。2022年1月1日，该债券的公允价值为510 000元。

要求：编制甲公司重分类日的会计处理的相关分录。

【答案】

借：其他债权投资——成本　　　　　　　　　500 000

　　贷：债权投资——成本　　　　　　　　　　　　500 000

借：其他债权投资——公允价值变动　　　　　 10 000

　　贷：其他综合收益　　　　　　　　　　　　　　 10 000

（2）以公允价值计量且其变动计入其他综合收益的金融资产重分类

①其他债权投资与债权投资重分类

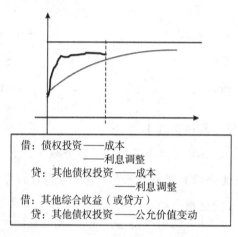

借：债权投资——成本
　　　　　　——利息调整
　贷：其他债权投资——成本
　　　　　　　　——利息调整
借：其他综合收益（或贷方）
　贷：其他债权投资——公允价值变动

方点·点晴　辛辛苦苦几十年，一夜回到解放前。

【经典例题·计算分析题】甲公司提供季报。2020年10月15日，甲公司以面值500 000元购入一项债券投资，将其分类为以公允价值计量且其变动计入其他综合收益的金融资产。2021年10月15日，甲公司决定将该债券从以公允价值计量且其变动计入其他综合收益的金融资产重分类为以摊余成本计量的金融资产。2021年12月31日，该债券的公允价值为510 000元。

要求：编制甲公司2021年12月31日和重分类日的会计处理的相关分录。

【答案】

2021年12月31日

借：其他债权投资——公允价值变动　　　　　 10 000

　　贷：其他综合收益　　　　　　　　　　　　　　 10 000

2022年1月1日

借：债权投资——成本　　　　　　　　　　　 500 000

　　贷：其他债权投资——成本　　　　　　　　　　 500 000

借：其他综合收益　　　　　　　　　　　　　 10 000

　　贷：其他债权投资——公允价值变动　　　　　　 10 000

◬【考点子题——举一反三，真枪实练】

[29 【经典子题·判断题】企业将以公允价值计量且其变动计入其他综合收益的金融资产重分类为以摊余成本计量的金融资产时，应将之前计入其他综合收益的累计公允价值变动额转入投资收益。(　　)

②其他债权投资与交易性金融资产重分类

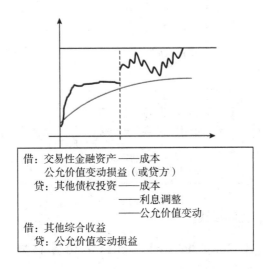

```
借：交易性金融资产——成本
    公允价值变动损益（或贷方）
  贷：其他债权投资——成本
              ——利息调整
              ——公允价值变动
借：其他综合收益
  贷：公允价值变动损益
```

【经典例题·计算分析题】甲公司提供季报。2020 年 10 月 15 日，甲公司以面值 500 000 元购入一项债券投资，将其分类为以公允价值计量且其变动计入其他综合收益的金融资产。2021 年 10 月 15 日，甲公司决定将该债券从以公允价值计量且其变动计入其他综合收益的金融资产重分类为以公允价值计量且其变动计入当期损益的金融资产。2021 年 12 月 31 日，该债券的公允价值为 509 000 元，2022 年 1 月 1 日，该债券的公允价值为 510 000 元。

要求：编制甲公司 2021 年 12 月 31 日和重分类日的会计处理的相关分录。

【答案】

2021 年 12 月 31 日

借：其他债权投资——公允价值变动　　　　　　　9 000

　　贷：其他综合收益　　　　　　　　　　　　　　　9 000

2022 年 1 月 1 日

借：交易性金融资产——成本　　　　　　　　　510 000

　　贷：其他债权投资——成本　　　　　　　　　　500 000

　　　　　　　　　　——公允价值变动　　　　　　　9 000

　　公允价值变动损益　　　　　　　　　　　　　　1 000

借：其他综合收益   9 000

 贷：公允价值变动损益   9 000

（3）以公允价值计量且其变动计入当期损益的金融资产重分类

①交易性金融资产与债权投资重分类

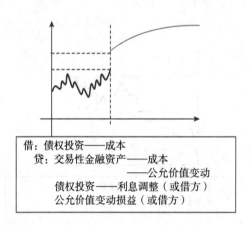

借：债权投资——成本
贷：交易性金融资产——成本
        ——公允价值变动
 债权投资——利息调整（或借方）
 公允价值变动损益（或借方）

考点锦囊 视同处置，先卖后买。

【经典例题·计算分析题】甲公司提供季报。2020 年 10 月 15 日，甲公司以面值 500 000 元购入一项债券投资，将其分类为以公允价值计量且其变动计入当期损益的金融资产。2021 年 10 月 15 日，甲公司决定将该债券从以公允价值计量且其变动计入当期损益的金融资产重分类为以摊余成本计量的金融资产。2022 年 1 月 1 日，该债券的公允价值为 510 000 元。

要求：编制甲公司重分类日的会计处理的相关分录。

【答案】

借：债权投资——成本   500 000

     ——利息调整   10 000

 贷：交易性金融资产——成本   500 000

   公允价值变动损益   10 000

②交易性金融资产与其他债权投资重分类

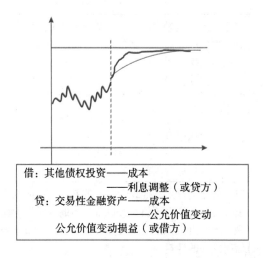

借：其他债权投资——成本
　　　　　　——利息调整（或贷方）
　　贷：交易性金融资产——成本
　　　　　　——公允价值变动
　　公允价值变动损益（或借方）

【经典例题·计算分析题】甲公司提供季报。2020 年 10 月 15 日，甲公司以面值 500 000 元购入一项债券投资，将其分类为以公允价值计量且其变动计入当期损益的金融资产。2021 年 10 月 15 日，甲公司决定将该债券从以公允价值计量且其变动计入当期损益的金融资产重分类为以公允价值计量且其变动计入其他综合收益的金融资产。2022 年 1 月 1 日，该债券的公允价值为 510 000 元。

要求：编制甲公司重分类日的会计处理的相关分录。

【答案】

借：其他债权投资——成本　　　　　　　　　500 000

　　　　　　　　　——利息调整　　　　　　 10 000

　　贷：交易性金融资产——成本　　　　　　　500 000

　　　　公允价值变动损益　　　　　　　　　　 10 000

🔺【考点母题——万变不离其宗】金融资产重分类

下列关于金融资产重分类表述正确的有（　　）。		
项目	重分类	计量方法
债权投资	（1）交易性金融资产	应当按照该资产在重分类日的公允价值进行计量。原账面价值与公允价值之间的差额计入当期损益。 借：交易性金融资产——成本 　　公允价值变动损益（或贷方） 　　贷：债权投资——成本 　　　　——利息调整

债权投资	（2）其他债权投资	应当按照该金融资产在重分类日的公允价值进行计量。原账面价值与公允价值之间的差额计入其他综合收益。该金融资产重分类不影响其实际利率和预期信用损失的计量。 借：其他债权投资——成本 　　　　　　　　——利息调整 　　　　　　　　——公允价值变动 　　贷：债权投资——成本 　　　　　　　　——利息调整 　　　　其他综合收益（或借方）
其他债权投资	（1）债权投资	应当将之前计入其他综合收益的累计利得或损失转出，调整该金融资产在重分类日的公允价值，并以调整后的金额作为新的账面价值，即视同该金融资产一直以摊余成本计量。该金融资产重分类不影响其实际利率和预期信用损失的计量。 借：债权投资——成本 　　　　　　——利息调整 　　贷：其他债权投资——成本 　　　　　　　　　　——利息调整 借：其他综合收益（或贷方） 　　贷：其他债权投资——公允价值变动 **【考点锦囊】辛辛苦苦几十年，一夜回到解放前。**
	（2）交易性金融资产	应当继续以公允价值计量该金融资产。同时，企业应当将之前计入其他综合收益的累计利得或损失从其他综合收益转入当期损益。 借：交易性金融资产——成本 　　公允价值变动损益（或贷方） 　　贷：其他债权投资——成本 　　　　　　　　　　——利息调整 　　　　　　　　　　——公允价值变动 借：其他综合收益 　　贷：公允价值变动损益 **【考点锦囊】视同处置，先卖后买，他综转收益。**
交易性金融资产	（1）债权投资	应当以其在重分类日的公允价值作为新的账面余额。 借：债权投资——成本 　　贷：交易性金融资产——成本 　　　　　　　　　　　——公允价值变动 　　　　债权投资——利息调整（或借方） 　　　　公允价值变动损益（或借方） **【考点锦囊】视同处置，先卖后买。**
	（2）其他债权投资	应当继续以公允价值计量该金融资产。 借：其他债权投资——成本 　　　　　　　　　——利息调整（或贷方） 　　贷：交易性金融资产——成本 　　　　　　　　　　　——公允价值变动 　　　　公允价值变动损益（或借方） **【考点锦囊】视同处置，先卖后买。**

考点锦囊　嫁鸡随鸡，入乡随俗。

⚠️【考点子题——举一反三，真枪实练】

[30]【历年真题·多选题】下列各项中，应将之前计入其他综合收益的累计利得或损失从其他综合收益转入当期损益的有（　　）。

A. 出售以公允价值计量且其变动计入其他综合收益的债券投资

B. 出售指定为以公允价值计量且其变动计入其他综合收益的非交易性权益工具投资

C. 将以公允价值计量且其变动计入其他综合收益的债券投资重分类为以摊余成本计量的金融资产

D. 将以公允价值计量且其变动计入其他综合收益的债券投资重分类为以公允价值计量且其变动计入当期损益的金融资产

考点 10　金融负债的会计处理

1. 以公允价值计量的金融负债

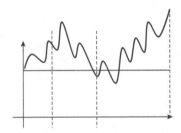

⚠️【考点母题——万变不离其宗】交易性金融负债

下列各项中，关于交易性金融负债的会计处理表述正确的有（　　）。	
1. 企业取得交易性金融负债的会计处理	借：银行存款（按实际收到的金额） 　　财务费用（发生的交易费用） 　　贷：交易性金融负债——成本（按公允价值）
2. 交易性金融负债持有期间的会计处理	借：财务费用 　　贷：应付利息
3. 资产负债表日的会计处理	（1）资产负债表日，交易性金融负债的公允价值低于其账面余额的差额 借：交易性金融负债——公允价值变动 　　贷：公允价值变动损益 （2）公允价值高于其账面余额的差额做相反的会计分录

4. 赎回交易性金融负债的会计处理	借：交易性金融负债——成本
	 ————公允价值变动（或贷方）
	     应付利息
	 贷：银行存款（应按实际支付的金额）
	     公允价值变动损益（差额，或借方）

【经典例题·计算分析题】2021年7月1日，甲公司经批准在全国银行间债券市场公开发行10亿元人民币短期融资券，期限为1年，票面年利率5.58%，每张面值为100元，到期一次还本付息。所募集资金主要用于公司购买生产经营所需的原材料及配套件等。公司将该短期融资券指定为以公允价值计量且其变动计入当期损益的金融负债。假定不考虑发行短期融资券相关的交易费用以及企业自身信用风险变动。

2021年12月31日，该短期融资券市场价格每张120元（不含利息）；2022年6月30日，该短期融资券到期兑付完成。

要求：编制甲公司相关会计分录。（分录中单位为万元）

【答案】

（1）2021年7月1日，发行短期融资券：

    借：银行存款   100 000

       贷：交易性金融负债   100 000

（2）2021年12月31日，年末确认公允价值变动和利息费用：

    借：公允价值变动损益   20 000

       贷：交易性金融负债   20 000

    借：财务费用   2 790（100 000×5.58%÷2）

       贷：应付利息   2 790

（3）2022年6月30日，短期融资券到期：

    借：财务费用   2 790

       贷：应付利息   2 790

    借：交易性金融负债   120 000

       应付利息   5 580

       贷：银行存款   105 580

          公允价值变动损益   20 000

2. 以摊余成本计量的金融负债

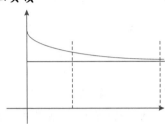

▲【考点母题——万变不离其宗】应付债券

下列各项中，关于应付债券的会计处理表述正确的有（　　）。	
1. 发行债券	借：银行存款 　贷：应付债券——面值（债券面值） 　　　　　　——利息调整（差额，或借方） 【注意】发行债券的发行费用应计入发行债券的初始成本，反映在"应付债券——利息调整"明细科目中。
2. 期末计提利息	借：在建工程、制造费用、财务费用等科目 　　应付债券——利息调整（或贷方） 　贷：应付利息（分期付息债券利息） 　　　应付债券——应计利息（到期一次还本付息债券利息）
3. 到期归还本金和利息	借：应付债券——面值 　　　　　——应计利息（到期一次还本付息债券利息） 　　应付利息（分期付息债券的最后一次利息） 　贷：银行存款

▲【考点子题——举一反三，真枪实练】

［31］【经典子题·计算分析题】2015 年 1 月 1 日，甲公司经批准发行 5 年期一次还本、分期付息的公司债券 60 000 000 元，债券利息在每年 12 月 31 日支付，票面利率为年利率 6%。假定债券发行时的市场利率为 5%。（P/F，5%，5）=0.7835；（P/A，5%，5）=4.3295。

要求：编制甲公司发行债券的相关分录。

第三节　金融资产和金融负债的终止确认

略

〔本章考点子题答案及解析〕

[1]【答案：ABC】管理金融资产的业务模式包括收取合同现金流量、出售金融资产以及两者兼有，选项 A、B 和 C 正确。

[2]【答案：√】

[3]【答案：×】现金股利与被投资单位业绩以及权益指数相关。

[4]【答案：C】甲银行管理该金融资产组合的业务模式以收取合同现金流量和出售金融资产为目标，选项 C 正确。

[5]【答案：D】金融资产同时满足以下条件的，应当分类为以摊余成本计量的金融资产：(1) 企业管理该金融资产的业务模式是以收取合同现金流量为目标；(2) 该金融资产合同条款规定，在特定日期产生的现金流量仅为对本金和以未偿付本金金额为基础的利息的支付。

[6]【答案：A】管理该贷款的业务模式是以收取合同现金流量为目标，且合同现金流量符合本金加利息现金流量特征，应当分类为以摊余成本计量的金融资产，选项 A 正确。

[7]【答案：B】企业管理该应收账款的业务模式是既以收取合同现金流量为目标又以出售该金融资产为目标，分类为以公允价值计量且其变动计入其他综合收益的金融资产，选项 B 正确。

[8]【答案：×】必须在初始确认时指定。

[9]【答案：×】初始确认时指定后，一经指定，不得撤销。

[10]【答案：×】企业持有特定金融资产的意图改变不属于业务模式变更。

[11]【答案：×】企业改变其管理金融资产的业务模式时，应当对相关金融资产进行重分类。

[12]【答案：×】权益工具投资不得进行重分类。

[13]【答案：D】重分类日是导致企业对金融资产进行重分类的业务模式发生变更后的首个报告期间的第一天，选项 D 正确。

[14]【答案：ABC】交易性金融负债按公允价值进行后续计量，选项 D 错误。

[15]【答案：×】金融负债的分类一经确定，不得变更。

[16]【答案：BD】选项 A、C 按照历史成本计量。

[17]【答案：C】

借：债权投资——成本　　　　　　　　2 000

　　贷：债权投资——利息调整　　　　　　　53

　　　　银行存款　　　　　　　　　　　1 947

借：应收利息　　　　　　　　　　　100（2 000×5%）

　　债权投资——利息调整　　　　　16.82

　　贷：投资收益　　　　　　　　　116.82（1 947×6%）

2×21 年 12 月 31 日，该债券投资的账面价值 =2 000−53+16.82=1 963.82（万元）。

[18]【答案】

（1）借：债权投资——成本　　　　　　2 000

　　　　　　　　——利息调整　　　　　30

　　　　贷：银行存款　　　　　　　　2 030

（2）甲公司 2015 年应确认的投资收益 =2 030×3.79%=76.94（万元）。

　　　　借：应收利息　　　　　　　　　84（2 000×4.2%）

　　　　　　贷：投资收益　　　　　　　　76.94

　　　　　　　　债权投资——利息调整　　　7.06

（3）借：银行存款　　　　　　　　　　84

　　　　贷：应收利息　　　　　　　　　　84

（4）2016 年应确认的投资收益 =（2 030-7.06）×3.79%=76.67（万元）。

　　　　借：应收利息　　　　　　　　　84

　　　　　　贷：投资收益　　　　　　　　76.67

　　　　　　　　债权投资——利息调整　　　7.33

（5）借：银行存款　　　　　　　　　　84

　　　　　　贷：应收利息　　　　　　　　　84

　　　　借：银行存款　　　　　　　　2 025

　　　　　　贷：债权投资——成本　　　2 000

　　　　　　　　　　——利息调整　　　15.61（30-7.06-7.33）

　　　　　　　　投资收益　　　　　　　9.39

[19]【答案】

（1）借：其他债权投资——成本　　　2 000

　　　　　　　　　　——利息调整　　　55.5

　　　　　　贷：银行存款　　　　　　　2 055.5

（2）甲公司 2×19 年 12 月 31 日应确认对乙公司债券投资的实际利息收入 =2 055.5×4%=82.22（万元）。

　　　　借：应收利息　　　　　　　　　100

　　　　　　贷：投资收益　　　　　　　　82.22

　　　　　　　　其他债权投资——利息调整　17.78

　　　　借：银行存款　　　　　　　　　100

　　　　　　贷：应收利息　　　　　　　　100

（3）借：其他综合收益　　　　　　　27.72

　　　　　　贷：其他债权投资——公允价值变动 27.72（2 000+55.5-17.78-2 010）

（4）借：信用减值损失　　　　　　　10

　　　　　　贷：其他综合收益——信用减值准备　10

[20]【答案】（1）2021 年 5 月 6 日，购入股票：

　　　借：其他权益工具投资——成本　　1 001

　　　　　应收股利　　　　　　　　　15

　　　　　贷：银行存款　　　　　　　　1 016

（2）2021 年 5 月 10 日，收到现金股利：

　　　借：银行存款　　　　　　　　　15

贷：应收股利　　　　　　　　　　　　15

（3）2021 年 6 月 30 日，确认股票价格变动：

借：其他权益工具投资——公允价值变动　39

　　贷：其他综合收益　　　　　　　　　39

（4）2021 年 12 月 31 日，确认股票价格变动：

借：其他综合收益　　　　　　　　　　40

　　贷：其他权益工具投资——公允价值变动　40

（5）2022 年 5 月 9 日，确认应收现金股利：

借：应收股利　　　　　　　　　　　　20

　　贷：投资收益　　　　　　　　　　　20

（6）2022 年 5 月 13 日，收到现金股利：

借：银行存款　　　　　　　　　　　　20

　　贷：应收股利　　　　　　　　　　　20

（7）2022 年 5 月 20 日，出售股票：

借：银行存款　　　　　　　　　　　　980

　　其他权益工具投资——公允价值变动　1

　　盈余公积　　　　　　　　　　　　　2

　　利润分配——未分配利润　　　　　　18

　　贷：其他权益工具投资——成本　　　1 001

借：盈余公积　　　　　　　　　　　　0.1

　　利润分配——未分配利润　　　　　　0.9

　　贷：其他综合收益　　　　　　　　　1

[21]【答案】（1）2018 年 10 月 10 日购入乙公司股票：

借：交易性金融资产——成本　　　　　600

　　贷：银行存款　　　　　　　　　　　600

（2）2018 年 12 月 31 日期末计量：

借：交易性金融资产——公允价值变动　60

　　贷：公允价值变动损益　　　　　　　60

（3）宣告分配现金股利：

借：应收股利　　　　　　　　　　　　60

　　贷：投资收益　　　　　　　　　　　60

（4）收到发放的现金股利：

借：银行存款　　　　　　　　　　　　60

　　贷：应收股利　　　　　　　　　　　60

（5）转让乙公司股股票：

借：银行存款　　　　　　　　　　　　648

　　投资收益　　　　　　　　　　　　　12

　　　　　　贷：交易性金融资产——成本　　　　　　600

　　　　　　　　　　　——公允价值变动　　60

[22]【答案】(1) 甲公司 2×19 年 1 月 1 日购入乙公司债券的会计分录：

　　借：交易性金融资产——成本　　　　5 000

　　　贷：银行存款　　　　　　　　　　5 000

(2) 甲公司 2×19 年 12 月 31 日对该债券确认利息收入的会计分录：

　　借：应收利息　　　　　　　　　　　300

　　　贷：投资收益　　　　　　　　　　300

甲公司 2×20 年 1 月 1 日收到利息的会计分录：

　　借：银行存款　　　　　　　　　　　300

　　　贷：应收利息　　　　　　　　　　300

(3) 甲公司 2×19 年 12 月 31 日对乙公司债券投资按公允价值计量的会计分录：

　　借：交易性金融资产——公允价值变动　　100

　　　贷：公允价值变动损益　　　　　　100

(4) 甲公司 2×20 年 5 月 10 日出售乙公司债券的会计分录：

　　借：银行存款　　　　　　　　　　5 150

　　　贷：交易性金融资产——成本　　　5 000

　　　　　　　　　　　——公允价值变动　　100

　　　投资收益　　　　　　　　　　　50

[23]【答案：ABD】取得交易性金融资产发生的相关交易费用应冲减投资收益，不计入其初始确认金额。

[24]【答案：D】甲公司出售所持乙公司股票对其 2×20 年度营业利润的影响金额 =747−700=47（万元），选项 D 正确。

[25]【答案：×】在预期信用损失法下，减值准备的计提不以减值的实际发生为前提，而是以未来可能的违约事件造成的损失的期望值来计量当前应当确认的减值准备。

[26]【答案：ABD】选项 C，采用可变现净值的方法计提减值准备。

[27]【答案：×】对于不含重大融资成本的应收账款，应当始终按照整个存续期内预期信用损失的金额计量损失准备。

[28]【答案：√】

[29]【答案：×】借：其他综合收益，贷：其他债权投资——公允价值变动，不影响投资收益。

[30]【答案：AD】选项 B，出售其他权益工具投资，应将确认的其他综合收益转入留存收益；选项 C，重分类时，应将之前计入其他综合收益的累计利得或损失冲回。

[31]【答案】甲公司该批债券实际发行价格为：

60 000 000×（P/F，5%，5）+60 000 000×6%×（P/A，5%，5）=60 000 000×0.7835+60 000 000×6%×4.3295=62 596 200（元）。

单位：元

日期	现金流出 （A=60 000 000×6%）	实际利息费用 （B= 期初摊余 成本 ×5%）	已偿还 的本金 （C=A-B）	摊余成本余额 （D= 期初 D-C）
2015 年 1 月 1 日	—	—	—	62 596 200
2015 年 12 月 31 日	3 600 000	3 129 810	470 190	62 126 010
2016 年 12 月 31 日	3 600 000	3 106 300.50	493 699.50	61 632 310.50
2017 年 12 月 31 日	3 600 000	3 081 615.53	518 384.47	61 113 926.03
2018 年 12 月 31 日	3 600 000	3 055 696.30	544 303.70	60 569 622.33
2019 年 12 月 31 日	3 600 000	3 030 377.67	569 622.33*	60 000 000

* 尾数调整：569 622.33=2 596 200-470 190-493 699.50-518 384.47-544 303.70，3 030 377.67=3 600 000-569 622.33

根据上表的资料，甲公司的账务处理如下：

（1）2015 年 1 月 1 日，发行债券时：

借：银行存款　　　　　　　　　62 596 200
　　贷：应付债券——面值　　　　　　60 000 000
　　　　　　　——利息调整　　　　　 2 596 200

（2）2015 年 12 月 31 日，计算利息费用时：

借：财务费用（或在建工程）　　3 129 810
　　应付债券——利息调整　　　　470 190
　　贷：应付利息　　　　　　　　　3 600 000

（3）2015 年 12 月 31 日，支付利息时：

借：应付利息　　　　　　　　　3 600 000
　　贷：银行存款　　　　　　　　　3 600 000

2016 年、2017 年、2018 年、2019 年确认利息费用的会计分录与 2015 年相同。

（4）2019 年 12 月 31 日，归还债券本金及最后——期利息费用：

借：财务费用（或在建工程）　　3 030 377.67
　　应付债券——利息调整　　　　569 622.33
　　贷：应付利息　　　　　　　　　3 600 000
借：应付债券——面值　　　　　60 000 000
　　应付利息　　　　　　　　　3 600 000
　　贷：银行存款　　　　　　　　　63 600 000

第 9 章　职工薪酬

本章主要介绍职工薪酬概述、短期薪酬的确认和计量、离职后福利以及辞退福利等。

本章思维导图

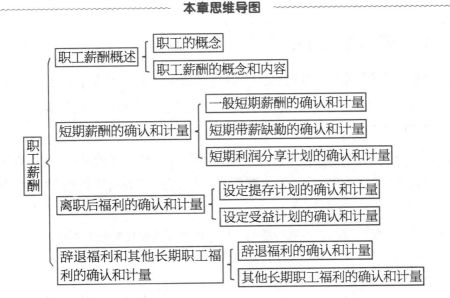

近三年真题考点分布

题 型	2020 年		2021 年		2022 年		考 点
	第一批	第二批	第一批	第二批	第一批	第二批	
单选题	—	—	—	—	—	—	应付职工薪酬的确认;非货币性福利;辞退福利
多选题	1	1	1	—	—	1	
判断题	1	—	1	1	1	—	
计算分析题	—	—	—	—	—	—	
综合题	—	—	—	—	—	—	

扫码畅听增值课

第一节 职工薪酬概述

考点 1 职工薪酬的内容

职工是指与企业订立劳动合同的所有人员，含全职、兼职和临时职工，也包括虽未与企业订立劳动合同但由企业正式任命的人员。如：独立董事、外部监事、通过企业与劳动中介公司签订用工合同而向企业提供服务的人员。

职工薪酬是指企业为获得职工提供的服务或解除劳动关系而给予的各种形式的报酬或补偿。企业提供给职工配偶、子女、受赡养人、已故员工遗属及其他受益人等的福利，也属于职工薪酬。

职工薪酬包括短期薪酬、离职后福利、辞退福利和其他长期职工福利。

⚜【考点藏宝图】

什么都涨，就是工资不涨。

工资 秘籍

会计故事会·伟大革命

会计上正式工、临时工、实习生、高管，只要是人都一视同仁，都属于职工的范围。职工薪酬的会计核算要有高度的政治责任感和使命感，职工薪酬每一类会计核算的内容的增加和改变都是一部血泪史和进步史，工人阶级的伟大革命就是从职工薪酬开始的。

🔺【考点母题——万变不离其宗】职工薪酬的内容

	下列各项中，应作为应付职工薪酬核算的有（　　）。	
短期薪酬	A. 职工工资、奖金、津贴和补贴	B. 职工福利费
	C. 社会保险费，包括医疗保险费、工伤保险费等社会保险费	
	D. 住房公积金	E. 工会经费和职工教育经费
	F. 短期带薪缺勤	G. 短期利润分享计划
	H. 非货币性福利	I. 其他短期薪酬

续表

离职后福利	A．设定提存计划　　　　B．设定受益计划		
辞退福利	A．因在职工劳动合同到期之前解除与职工的劳动关系，或者为鼓励职工自愿授受裁减而给予职工的补偿		
其他长期职工福利	A．长期带薪缺勤　　　B．长期残疾福利　　　C．长期利润分享计划等		

▲【考点子题——举一反三，真枪实练】

［1］【历年真题·多选题】下列各项中，企业应作为职工薪酬核算的有（　　）。

　　A．职工教育经费　　B．非货币性福利　　C．长期残疾福利　　D．累积带薪缺勤

［2］【历年真题·多选题】下列各项中，企业应作为短期薪酬进行会计处理的有（　　）。

　　A．由企业负担的职工医疗保险费　　　　B．由企业负担的职工住房公积金

　　C．向职工发放的工资　　　　　　　　　D．向职工发放的高温补贴

［3］【历年真题·多选题】下列各项中，企业应通过应付职工薪酬核算的有（　　）。

　　A．支付给职工的业绩奖金　　　　　　　B．作为福利发放给职工的自产产品

　　C．支付给职工的加班费　　　　　　　　D．支付给职工的辞退补偿

第二节　短期薪酬的确认和计量

考点 2　一般短期薪酬的确认和计量

按照受益对象计入当期损益或相关资产成本。

❀【考点藏宝图】

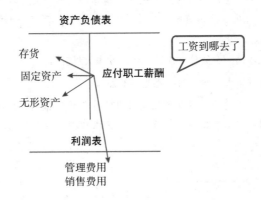

▲【考点母题——万变不离其宗】一般短期薪酬

	下列各项中，关于一般短期薪酬的确认和计量表述正确的有（　　）。
货币性短期薪酬	借：生产成本（生产工人）/ 制造费用（车间管理人员）/ 管理费用（行政管理人员）/ 销售费用（销售人员）/ 在建工程（基建人员）/ 研发支出（研发人员） 　　贷：应付职工薪酬——工资 / 职工福利 / 社会保险费 / 住房公积金 / 工会经费 / 职工教育经费等
以自产产品发放给职工作为福利	A. 决定发放非货币性福利： 　　借：生产成本 / 管理费用 / 在建工程 / 研发支出等 　　　贷：应付职工薪酬——非货币性福利（**公允价值 + 增值税**） B. 将自产产品实际发放时： 　　借：应付职工薪酬——非货币性福利（**公允价值 + 增值税**） 　　　贷：主营业务收入（公允价值） 　　　　　应交税费——应交增值税（销项税额） 　　借：主营业务成本 　　　贷：库存商品
以外购商品发放给职工作为福利	A. 购入时： 　　借：库存商品等 　　　　应交税费——应交增值税（进项税额） 　　　贷：银行存款 B. 决定发放非货币性福利时： 　　借：生产成本 / 管理费用 / 在建工程 / 研发支出等 　　　贷：应付职工薪酬——非货币性福利（**外购价格 + 增值税**） C. 发放时： 　　借：应付职工薪酬——非货币性福利（**外购价格 + 增值税**） 　　　贷：库存商品 　　　　　应交税费——应交增值税（进项税额转出）

 自产与外购，价税计入薪酬。

会计故事会·非货币性福利

　　岁末年终来临之际，手机生产公司总经理张总召集各部门负责人开会讨论利润考核问题。张总表情凝重，"受疫情影响，今年公司库存积压严重，利润考核指标还差一大截，大家看看有没有好的办法"。

　　销售部经理："我们可以搞一个降价大促销活动，亏本大甩卖"。

　　张总："想法挺好，但亏本大甩卖，利润还是上不去"。

　　财务部经理："我们可以把库存的手机发给员工作为非货币性福利。会计上以自产商品发放给员工的按照视同销售来处理，以公允价值确认收入。这样既增加了收入和利润，同时员工也得到了实惠，岂不是两全其美"。

　　财务部的建议可行吗？

【考点子题——举一反三，真枪实练】

[4]【历年真题·多选题】下列各项在职职工的薪酬中，企业应当根据受益对象分配计入有关资产成本或当期损益的有（　　）。

A. 职工工资　　　　B. 住房公积金　　　C. 职工福利费　　　D. 基本医疗保险费

[5]【经典子题·计算分析题】A 公司 2022 年 8 月有关职工薪酬业务如下：

（1）对工资总额进行分配，其中生产工人工资为 100 万元，车间管理人员工资为 20 万元，总部管理人员工资为 30 万元，专设销售部门人员工资为 10 万元，在建工程人员工资为 5 万元，内部研发人员工资为 35 万元（符合资本化条件）。

（2）按照工资总额的 10%、2% 和 10.5% 计提医疗保险费、失业保险费和住房公积金。

（3）按照工资总额的 4% 计提职工福利费。

（4）按照工资总额的 2% 和 2.5% 计提工会经费和职工教育经费。

要求：编制相关应付职工薪酬的相关会计分录。

[6]【历年真题·单选题】甲公司系增值税一般纳税人，其生产的 M 产品适用的增值税税率为 13%。2×21 年 6 月 30 日，甲公司将单位生产成本为 0.8 万元的 100 件 M 产品作为福利发放给职工，M 产品的公允价值和计税价格均为 1 万元／件。不考虑其他因素，2×21 年 6 月 30 日甲公司计入职工薪酬的金额为（　　）万元。

A. 113　　　　　B. 80　　　　　C. 100　　　　　D. 90.4

考点 3　短期带薪缺勤的确认和计量

带薪缺勤应当根据其性质及其职工享有的权利，分为累积带薪缺勤和非累积带薪缺勤两类。

【考点藏宝图】

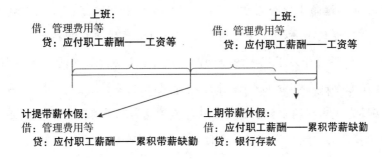

【考点母题——万变不离其宗】短期带薪缺勤

> 下列各项中，关于带薪缺勤的确认和计量表述正确的有（　　）。

续表

累积带薪缺勤	A. 带薪权利发生时： 借：生产成本（生产工人）/制造费用（车间管理人员）/管理费用（行政人员）/销售费用（销售人员）/在建工程（基建人员）/研发支出（研发人员） 　　贷：应付职工薪酬——累积带薪缺勤 B. 带薪缺勤时： 借：应付职工薪酬——累积带薪缺勤 　　贷：银行存款等
非累积带薪缺勤	【判断金句】通常情况下，与非累积带薪缺勤相关的职工薪酬已经包括在企业每期向职工发放的工资等薪酬中，**不必**额外作相应的账务处理。（　　）

▲【考点子题——举一反三，真枪实练】

[7]【经典子题·计算分析题】乙公司共有 1 000 名职工从 2021 年 1 月 1 日起，该公司实行累积带薪缺勤制度。2021 年 12 月 31 日，每个职工当年平均未使用带薪年休假为 2 天。该公司平均每名职工每个工作日工资为 500 元。该公司的带薪缺勤制度规定，职工累积未使用的带薪缺勤权利可以无限期结转，且可以于职工离开企业时以现金支付。乙公司 1 000 名职工中，50 名为总部各部门经理，100 名为总部各部门职员，800 名为直接生产工人，50 名工人正在建造一幢自用办公楼。

要求：编制累计带薪缺勤的相关会计分录。

考点 4　短期利润分享计划的确认和计量

短期利润分享计划是指因职工提供服务而与职工达成的基于利润或其他经营成果提供薪酬的协议。长期利润分享计划属于其他长期职工福利。

借：管理费用等 　贷：应付职工薪酬——利润分享计划

▲【考点子题——举一反三，真枪实练】

[8]【经典子题·单选题】甲公司于 2021 年年初制订和实施了一项短期利润分享计划，以对公司管理层进行激励。该计划规定，公司全年的净利润指标为 1 000 万元，如果在公司管理层的努力下完成的净利润超过 1 000 万元，公司管理层将可以分享超过 1 000 万元净利润部分的 10% 作为额外报酬。假定至 2021 年 12 月 31 日，甲公司全年实际完成净利润 1 500 万元。假定不考虑离职等其他因素，甲公司 2021 年 12 月 31 日应确认的利润分享计划的应付职工薪酬的金额是（　　）万元。

A. 150　　　　　　B. 0　　　　　　C. 100　　　　　　D. 50

[9]【经典子题·判断题】对总部管理层实施短期利润分享计划时，应将当期利润分享金额计入利润分配。（　　）

第三节　离职后福利的确认和计量

考点 5　设定提存计划的确认和计量

离职后福利计划分类为**设定提存计划**和**设定受益计划**。

> 借：管理费用等
> 　贷：应付职工薪酬——设定提存计划

【考点子题——举一反三，真枪实练】

[10]【经典子题·计算分析题】甲公司根据所在地政府规定，按照职工工资总额的12%计提基本养老保险费，缴存当地社会保险经办机构。2022年3月，甲公司缴存的基本养老保险费，应计入生产成本的金额为120万元，应计入制造费用的金额为20万元，应计入管理费用的金额为40万元。

要求：编制甲公司计提基本养老保险费的相关会计分录。

考点 6　设定受益计划的确认和计量

设定受益计划是指除设定提存计划以外的离职后福利计划。

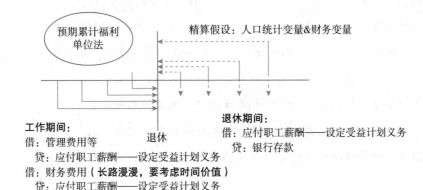

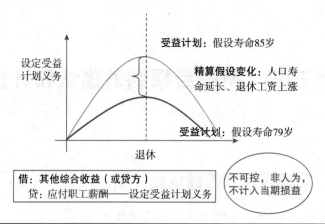

借：其他综合收益（或贷方）
　　贷：应付职工薪酬——设定受益计划义务

不可控，非人为，不计入当期损益

下列关于设定受益计划的确认的表述正确的有（　　）。	
计入当期损益 （资产成本）的金额	A．当期服务成本　　　B．过去服务成本　　　C．结算利得和损失 D．设定受益计划净负债或净资产的利息净额（资产上限影响的利息）
计入其他综合收益的金额	A．精算利得和损失 B．计划资产回报（扣除财务费用）（也叫重新计量，公允价值计量） C．资产上限影响的变动（扣除财务费用） 【注】设定受益计划的其他综合收益处置时直接转入留存收益（不能重分类进损益）。

考点锦囊 服结息计损益，精公限计其他。

【考点子题——举一反三，真枪实练】

［11］【经典子题·单选题】下列各项因设定受益计划产生的职工薪酬成本中，除非计入资产成本，应当计入其他综合收益的是（　　）。

　　A．精算利得和损失　　　　　　　　B．结算利得或损失

　　C．资产上限影响的利息　　　　　　D．计划资产的利息收益

［12］【经典子题·单选题】下列各项有关职工薪酬的会计处理中，正确的是（　　）。

　　A．与设定受益计划相关的当期服务成本应计入当期损益

　　B．与设定受益计划负债相关的利息费用应计入其他综合收益

　　C．与设定受益计划相关的过去服务成本应计入期初留存收益

　　D．因重新计量设定受益计划净负债产生的精算损失应计入当期损益

第四节 辞退福利和其他长期职工福利的确认和计量

考点7 辞退福利

企业向职工支付辞退福利，确认辞退福利产生的职工薪酬负债，并计入当期损益。职工内部退休计划属于辞退福利。

传说中的炒鱿鱼

借：管理费用
  贷：应付职工薪酬——辞退福利

考点锦囊 **炒鱿鱼，都是老板的错，补偿一次性计入管理费用。**

【考点子题——举一反三，真枪实练】

[13]【历年真题·判断题】对于职工没有选择权的辞退计划，企业应当根据计划条款规定拟解除劳动关系的职工数量、每一职位的辞退补偿等确认职工薪酬负债。（　　）

[14]【历年真题·判断题】实施职工内部退休计划的企业，应将支付给内退职工的工资在职工内退期间分期计入损益。（　　）

[15]【历年真题·多选题】下列各项关于企业职工薪酬会计处理的表述中，正确的有（　　）。

A. 产品生产工人的工资应计入生产成本

B. 生活困难职工的补助应当计入营业外支出

C. 内退职工的工资应当计入营业外支出

D. 营销人员的辞退补偿应当计入管理费用

[16]【历年真题·多选题】下列各项关于企业职工薪酬会计处理的表述中，正确的有（　　）。

A. 预期不会在年度报告期结束后 12 个月内支付的离职后福利应当以现值进行计量

B. 企业生产车间管理人员的工资，应直接计入当期损益

C. 企业解除与生产工人的劳动关系给予的补偿金，应计入当期损益

D. 企业拟支付给内退职工的工资，应当在内退后分期计入各期损益

【本章考点子题答案及解析】

[1]【答案：ABCD】

[2]【答案：ABCD】

[3]【答案：ABCD】

[4]【答案：ABCD】

[5]【答案】（1）计算各项职工薪酬：

计入生产成本的职工薪酬 =100+100×（10%+2%+10.5%+4%+2%+2.5%）=131（万元）；

计入制造费用的职工薪酬 =20+20×31%=26.20（万元）；

计入管理费用的职工薪酬 =30+30×31%=39.30（万元）；

计入销售费用的职工薪酬 =10+10×31%=13.10（万元）；

计入在建工程的职工薪酬 =5+5×31%=6.55（万元）；

计入研发支出的职工薪酬 =35+35×31%=45.85（万元）。

（2）编制会计分录：

借：生产成本　　　　　　　　　131
　　制造费用　　　　　　　　　26.20
　　管理费用　　　　　　　　　39.30
　　销售费用　　　　　　　　　13.10
　　在建工程　　　　　　　　　6.55
　　研发支出——资本化支出　　45.85
　　贷：应付职工薪酬——工资　　　　　　　200
　　　　　　　　　　——社会保险费　24（200×12%）
　　　　　　　　　　——住房公积金　21（200×10.5%）
　　　　　　　　　　——职工福利　　8（200×4%）
　　　　　　　　　　——工会经费　　4（200×2%）
　　　　　　　　　　——职工教育经费　5（200×2.5%）

[6]【答案：A】自产产品作为员工福利视同销售，产品销售价格加上相关税费计入应付职工薪酬，2×21 年 6 月 30 日甲公司计入职工薪酬的金额 =1×100×（1+13%）=113（万元），选项 A 正确。

[7]【答案】2021 年 12 月 31 日预计累积带薪年休假工资 1 000 000（1 000×2×500）元。

借：管理费用　　　　　　　　150 000（150×2×500）
　　生产成本　　　　　　　　800 000（800×2×500）

　　在建工程　　　　　　　　　　　　　50 000（50×2×500）

　　　贷：应付职工薪酬——累积带薪缺勤　　1 000 000

[8]【答案：D】甲公司管理层按照利润分享计划可以分享利润 50 万元 [（1 500 - 1 000）×10%] 作为其额外的薪酬。甲公司 2021 年 12 月 31 日的相关账务处理如下：

　　借：管理费用　　　　　　　　　　　　500 000

　　　贷：应付职工薪酬——利润分享计划　　500 000

[9]【答案：×】短期利润分享计划受益对象为管理层，应将其计入管理费用。

[10]【答案】

　　借：生产成本　　　　　　　　　　　　120

　　　制造费用　　　　　　　　　　　　20

　　　管理费用　　　　　　　　　　　　40

　　　贷：应付职工薪酬——设定提存计划　　180

[11]【答案：A】设定受益计划应计入其他综合收益的部分包括：（1）精算利得和损失；（2）计划资产回报，扣除包括在设定受益计划净负债或净资产的利息净额中的金额；（3）资产上限影响的变动，扣除包括在设定受益计划净负债或净资产的利息净额中的金额。选项 B、C 和 D 应计入当期损益。

[12]【答案：A】选项 B，应该计入当期损益；选项 C，应该计入当期成本或损益；选项 D，应该计入其他综合收益。

[13]【答案：√】

[14]【答案：×】实施职工内部退休计划的，应当一次性计入当期损益。

[15]【答案：AD】生活困难职工的补助应根据职工的受益对象计入当期损益或资产成本中，选项 B 错误；内退职工的工资应一次性记入管理费用中，选项 C 错误。

[16]【答案：AC】生产车间的管理人员工资，应当计入制造费用，选项 B 错误；企业拟支付给内退职工的工资应当一次性计入当期损益，不得分期计入各期损益，选项 D 错误。

第
9
章

第10章　借款费用

本章包括借款费用的确认和计量。借款费用可以与应付债券、固定资产等结合在主观题中考察。

---- 本章思维导图 ----

借款费用
- 借款费用的范围 —— 借款利息、折价或者溢价的摊销、辅助费用以及因外币借款而发生的汇总差额等
- 借款费用的确认
- 借款费用的计量
  - 借款利息资本化金额的确定
  - 借款辅助费用资本化金额的确定
  - 外币专门借款汇总差额资本化金额的确定

---- 近三年真题考点分布 ----

题　型	2020 年		2021 年		2022 年		考　点
	第一批	第二批	第一批	第二批	第一批	第二批	
单选题	1	—	1	1	1	1	
多选题	—	1	—	—	—	—	暂停资本化期间的判断；借款费用的计算
判断题	—	—	—	—	—	—	
计算分析题	—	—	—	—	—	—	
综合题	—	—	—	—	—	—	

扫码畅听增值课

第一节　借款费用的范围

考点 1　借款费用的范围

借款费用包括借款利息、折价或者溢价的摊销、辅助费用以及外币借款的汇兑差额等。

【考点藏宝图】

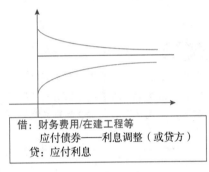

借：财务费用/在建工程等
　　应付债券——利息调整（或贷方）
贷：应付利息

【考点母题——万变不离其宗】借款费用的范围

下列项目中，属于借款费用的有（　　）。	
属于借款费用	A. 借入资金发生的利息 B. 发行企业债券发生的利息 C. 为购建或者生产符合资本化条件的资产而发生的带息债务所承担的利息（延期付款购买固定资产发生的未确认融资费用） D. 发行债券中的折价或者溢价的摊销 E. 企业在借款过程中发生的诸如手续费、佣金、印刷费等交易费用 F. 因外币借款而发生的汇兑差额
不属于借款费用	A. 发行公司股票佣金 B. 发行债券所发生的溢价或折价

【考点子题——举一反三，真枪实练】

[1]【历年真题·单选题】企业发生的下列各项融资费用中，不属于借款费用的是（　　）。

　　A. 股票发行费用　　　　　　　　B. 长期借款的手续费

　　C. 外币借款的汇兑差额　　　　　D. 溢价发行债券的利息调整

[2]【历年真题·多选题】下列各项中，属于借款费用的有（　　）。

A. 银行借款的利息

B. 债券溢价的摊销

C. 债券折价的摊销

D. 发行股票的手续费

第二节　借款费用的确认

考点 2　借款费用的确认

借款费用资本化期间符合资本化条件的，应当予以资本化，**计入符合资本化条件的资产成本**。不符合资本化条件的直接**计入当期损益**（财务费用）。

会计故事会·花园小别墅

老王借款 100 万元回家盖一个花园小别墅，建造周期在 1 年以上，建造期间的借款利息可以计入别墅（在建工程）的成本，完工后转入固定资产成本。转固后的借款费用就不能再计入固定资产成本了，因为固定资产不可能再开膛破肚，固定资产的成本初始确认后就不会变的，相关借款费用计入财务费用。

【考点藏宝图】

构建或生产符合资本化条件的资产

资本化的起点　▶　资本化的终点

⚠【考点母题——万变不离其宗】借款费用的确认

（1）下列各项中，属于借款费用确认表述正确的有（　　）。	
符合资本化条件的资产	A. 经过相当长时间（一年或一年以上）的购建或者生产活动才能达到预定可使用或者可销售状态的**固定资产、投资性房地产和存货**等资产
符合资本化的借款范围	A. 专门借款 B. 一般借款（实际占用）
借款费用资本化的期间	（1）借款费用开始资本化时点的确定（同时满足三个条件，孰晚）： A. 资产支出已经发生 B. 借款费用已经发生 C. 购建活动已经开始 （2）借款费用停止资本化时点的确定（达到预定可使用状态）

第10章

续表

借款费用应暂停资本化	A. **非正常中断**：①企业管理决策上的原因导致的中断；②因资金短缺而被迫发生施工中断；③因出现重大施工安全事故导致施工中断；④与施工方发生质量纠纷（如拖欠民工工资导致民工罢工）而停工；⑤工程、生产用料没有及时供应而停工；⑥发生了相关的劳动纠纷引起的施工中断
	B. 中断时间连续超过 3 个月
不管中断时间多长，都不影响资本化	A. **正常中断**：①项目建造过程中必须要经过的程序；②由于企业可以预计到的不可抗力的因素（如雨季的大雨、北方冬季冰冻、沿海台风等）导致的停工中断；③因工程监理部门进行工程质量检查而停工

考点锦囊　　起点孰晚，非常停、连三个月要暂停。

▲【考点子题——举一反三，真枪实练】

［3］【历年真题·单选题】企业专门借款利息开始资本化后发生的下列各项建造中断事项中，将导致其应暂停借款利息资本化的事项是（　　）。

　　A. 因可预见的冰冻季节造成建造中断连续超过 3 个月

　　B. 因工程质量纠纷造成建造多次中断累计 3 个月

　　C. 因发生安全事故造成建造中断连续超过 3 个月

　　D. 因劳务纠纷造成建造中断 2 个月

［4］【历年真题·单选题】2018 年 2 月 18 日，甲公司以自有资金支付了建造厂房的首期工程款，工程于 2018 年 3 月 2 日开始施工。2018 年 6 月 1 日，甲公司从银行借入于当日开始计息的专门借款，并于 2018 年 6 月 26 日使用该笔专门借款支付第二期工程款。该笔专门借款的利息开始资本化的时点为（　　）。

　　A. 2018 年 2 月 18 日　　　　　　　B. 2018 年 3 月 2 日

　　C. 2018 年 6 月 1 日　　　　　　　D. 2018 年 6 月 26 日

［5］【历年真题·单选题】2013 年 4 月 20 日，甲公司以当月 1 日自银行取得的专门借款支付了建造办公楼的首期工程物资款，5 月 10 日开始施工，5 月 20 日因发现文物需要发掘保护而暂停施工，7 月 15 日复工兴建。甲公司该笔借款费用开始资本化的时点为（　　）。

　　A. 2013 年 4 月 1 日　　　　　　　B. 2013 年 4 月 20 日

　　C. 2013 年 5 月 10 日　　　　　　　D. 2013 年 7 月 15 日

［6］【历年真题·多选题】在确定借款费用暂停资本化的期间时，应当区别正常中断和非正常中断。下列各项中，属于非正常中断的有（　　）。

A. 质量纠纷导致的中断   B. 安全事故导致的中断

C. 劳动纠纷导致的中断   D. 资金周转困难导致的中断

[7]【历年真题·单选题】2010 年 2 月 1 日，甲公司为建造一栋厂房向银行取得一笔专门借款。2010 年 3 月 5 日，以该借款支付前期订购的工程物资款。因征地拆迁发生纠纷，该厂房延迟至 2010 年 7 月 1 日才开工兴建，开始支付其他工程款。2011 年 2 月 28 日，该厂房建造完成，达到预定可使用状态。2011 年 4 月 30 日，甲公司办理工程竣工决算。不考虑其他因素，甲公司该笔借款费用的资本化期间为（   ）。

A. 2010 年 2 月 1 日至 2011 年 4 月 30 日

B. 2010 年 3 月 5 日至 2011 年 2 月 28 日

C. 2010 年 7 月 1 日至 2011 年 2 月 28 日

D. 2010 年 7 月 1 日至 2011 年 4 月 30 日

[8]【历年真题·单选题】2007 年 1 月 1 日，甲公司从银行取得 3 年期专门借款开工兴建一栋厂房。2009 年 6 月 30 日该厂房达到预定可使用状态并投入使用，7 月 31 日验收合格，8 月 5 日办理竣工决算，8 月 31 日完成资产移交手续。甲公司该专门借款费用在 2009 年停止资本化的时点为（   ）。

A. 6 月 30 日   B. 7 月 31 日   C. 8 月 5 日   D. 8 月 31 日

第三节　借款费用的计量

考点3　借款费用的计量

1. 借款利息资本化金额的确定

（1）专门借款

🌀【考点藏宝图】

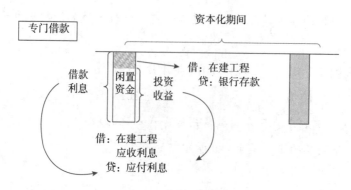

![考点锦囊] **专款用不用，全部利息减收益。**

▲【考点子题——举一反三，真枪实练】

[9]【经典子题·单选题】20×6 年 3 月 5 日，甲公司开工建设一栋办公大楼，工期预计为 1.5 年。为筹集办公大楼后续建设所需要的资金，甲公司于 20×7 年 1 月 1 日向银行专门借款 5 000 万元，借款期限为 2 年。年利率为 7%（与实际利率相同）。借款利息按年支付，20×7 年 4 月 1 日、20×7 年 6 月 1 日、20×7 年 9 月 1 日甲公司使用专门借款分别支付工程进度款 2 000 万元、1 500 万元、1 500 万元。借款资金闲置期间专门用于短期理财，共获得理财收益 60 万元。办公大楼于 20×7 年 10 月 1 日完工，达到预计可使用状态。不考虑其他因素，甲公司 20×7 年度应予以资本化的利息金额是（　　）万元。

A. 262.50　　　　B. 202.50　　　　C. 350.00　　　　D. 290.00

（2）一般借款

❀【考点藏宝图】

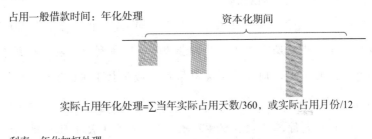

实际占用年化处理=∑当年实际占用天数/360，或实际占用月份/12

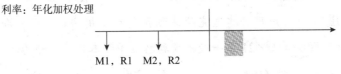

加权平均利率R=（M1×R1+M2×R2）/（M1+M2）

![考点锦囊] **专款用多少算多少，用多长时间算多长时间。**

▲【考点子题——举一反三，真枪实练】

[10]【经典子题·多选题】2022 年 3 月 10 日甲公司为筹集生产线建设资金，通过定向增发本公司股票募集资金 30 000 万元。生产线建造工程于 2022 年 4 月 1 日开工，至 2022 年 10 月 31 日，募集资金已全部投入。为补充资金缺口，11 月 1 日，甲公司以一般借款（甲公司仅有一笔年利率为 6% 的一般借款）补充生产线建设资金 3 000 万元。建造过程中，甲公司领用本公司原材料一批，成本为 1 000 万元。至 2022 年 12 月 31 日，该生产线建造工程仍在进行当中。不考虑税费及其他因素，下列各项甲公

司 2022 年所发生的支出中，应当资本化并计入所建造生产线成本的有（　　）。

A. 领用本公司原材料 1 000 万元

B. 使用募集资金支出 30 000 万元

C. 使用一般借款资金支出 3 000 万元

D. 2022 年 11 月 1 日至年底占用一般借款所发生的利息

（3）混合借款

既有专门借款，又有一般借款。

🌀【考点藏宝图】

专一（先专门借款，后一般借款）。

▲【考点子题——举一反三，真枪实练】

[11]【历年真题·单选题】2×20 年 1 月 1 日，甲公司取得专门借款 4 000 万元用于当日开工建造的厂房，借款期限为 2 年，该借款的合同年利率与实际年利率均为 5%，按年支付利息，到期还本。同日，甲公司借入一般借款 1 000 万元，借款期限为 5 年，该借款的合同年利率与实际年利率均为 6%，按年支付利息，到期还本。甲公司于 2×20 年 1 月 1 日支付工程款 3 600 万元。2×21 年 1 月 1 日支付工程款 800 万元。2×21 年 12 月 31 日，该厂房建造完毕达到预定可使用状态，并立即投入使用。不考虑其他因素，甲公司 2×21 年一般借款利息应予资本化的金额为（　　）万元。

A. 48 　　　　　 B. 60 　　　　　 C. 200 　　　　　 D. 24

[12]【经典子题·单选题】2022 年 1 月 1 日，甲公司为购建生产线借入 3 年期专门借款 3 000 万元，年利率为 6%。当年度发生与购建生产线相关的支出包括：1 月 1 日支付材料款 1 800 万元；3 月 1 日支付工程进度款 1 600 万元；9 月 1 日支付工程进度款 2 000 万元。甲公司将暂时未使用的专门借款用于货币市场投资，月利率为 0.5%。除专门借款外，甲公司尚有两笔流动资金借款：一笔为 2021 年 10 月借入的 2 年期借款 2 000 万元，年利率为 5.5%；另一笔为 2022 年 1 月 1 日借入的 1 年期借款 3 000 万元，年利率为 4.5%。假定上述借款的实际利率与名义利率相同，不考虑其他因素，甲公司 2022 年度应予资本化的一般借款利息金额是（　　）万元。

A. 45 　　　　　 B. 49 　　　　　 C. 60 　　　　　 D. 55

▲【考点母题——万变不离其宗】借款费用的计量

	下列各项中，属于借款费用计量表述正确的有（　　）。
专门借款	A. **专门借款资本化金额** = 资本化期间的实际的利息费用 – 资本化期间尚未动用的借款资金存入银行取得的利息收入或进行暂时性投资取得的投资收益后的金额
一般借款	A. **一般借款利息费用资本化金额** = 累计资产支出超过专门借款部分的资产支出加权平均数 × 所占用一般借款的资本化率 B. **所占用一般借款的资本化率** = 所占用一般借款加权平均利率 = **所占用一般借款当期实际发生的利息之和 / 所占用一般借款本金加权平均数** C. **所占用一般借款本金加权平均数** = Σ（所占用每笔一般借款本金 × 每笔一般借款在当期所占用的天数 / 当期天数）
限制条件	A. 每一会计期间的利息资本化金额，**不应当超过当期相关借款实际发生的利息金额**

考点锦囊 专款息减闲（全部利息减去闲置收益）、一般款金额年化利率加权、混合借款要专一。

▲【考点子题——举一反三，真枪实练】

[13]【历年真题·判断题】在确定借款利息资本化金额时，每一会计期间的利息资本化金额不应超过当期相关借款实际发生的利息金额。（　　）

[14]【历年真题·计算分析题】甲公司于 2016 年 1 月 1 日采用出包方式动工兴建一幢厂房，工期预计为 2 年，相关资料如下：

资料一：甲公司为建造厂房，经批准于 2016 年 1 月 1 日专门发行面值总额为 20 000 万元的 3 年期的分期付息、一次还本、不可提前赎回的公司债券，该债券的票面年利率为 7%（与实际年利率一致），发行所得 20 000 万元已收存银行。甲公司将尚未投入厂房建设的闲置资金用于固定收益投资，该投资的月收益率为 0.3%。

资料二：甲公司在建造厂房过程中还占用了两笔一般借款：（1）2016 年 1 月 1 日向银行借入长期借款 5 000 万元，期限为 3 年，年利率为 6%；（2）2017 年 1 月 1 日向银行借入长期借款 3 000 万元，期限为 5 年，年利率为 8%。

资料三：甲公司分别于 2016 年 1 月 1 日、2016 年 7 月 1 日、2017 年 1 月 1 日和 2017 年 7 月 1 日支付工程进度款 15 000 万元、5 000 万元、4 000 万元和 2 000 万元。

资料四：甲公司的该厂房于 2017 年 12 月 31 日达到预定可使用状态。甲公司所有借款均于每年年末计息并于次年 1 月 1 日支付。本题计息时，假定全年按 360 天计算，每月按 30 天计算，不考虑其他因素。

要求：

（1）编制甲公司 2016 年 1 月 1 日发行债券的会计分录。

（2）计算甲公司2016年建造厂房时应予资本化的借款利息金额并编制相关会计分录。

（3）分别计算甲公司2017年建造厂房时应予资本化的借款利息金额和费用化的借款利息金额，并编制相关会计分录。

（二）外币专门借款而发生的汇兑差额资本化金额的确定

在资本化期间内，**外币专门借款本金及其利息**的汇兑差额应当予以资本化，计入符合资本化条件的资产的成本。外币一般借款本金及其利息所产生的汇兑差额，应当作为财务费用计入当期损益。

⚠【考点子题——举一反三，真枪实练】

［15］【历年真题·判断题】在借款费用资本化期间，企业应将在建工程所占用外币一般借款的利息产生的汇兑差额予以资本化。（   ）

［本章考点子题答案及解析］

［1］【答案：A】借款费用包括借款利息、折价或者溢价的摊销、辅助费用以及因外币借款而发生的汇兑差额等，对于企业发生的权益性融资费用，不应包括在借款费用中。

［2］【答案：ABC】发行股票的手续费，是权益性融资费用，不属于借款费用。

［3］【答案：C】符合资本化条件的资产在建造或者生产过程中发生的非正常中断且中断时间连续超过3个月的，应当暂停借款费用的资本化。选项A，可预见的原因造成的停工不属于非正常中断，不应暂停资本化；选项B，中断的时间不是连续超过3个月，不应暂停资本化；选项C，安全事故属于非正常中断且中断时间连续超过3个月，应暂停资本化；选项D，中断时间没有连续超过3个月，不应暂停资本化。

［4］【答案：C】企业只有在三个条件同时满足的情况下，有关借款费用才可开始资本化，只要其中有一个条件没有满足，借款费用就不能开始资本化，选项C正确。

［5］【答案：C】借款费用开始资本化必须同时满足以下三个条件：①资产支出已经发生；②借款费用已经发生；③为使资产达到预定可使用或者可销售状态所必要的构建或者生产活动已经开始。所以开始资本化时点为2013年5月10日。

［6］【答案：ABCD】非正常中断，通常是由于企业管理决策上的原因或者其他不可预见的原因等所导致的中断。例如，企业因与施工方发生了质量纠纷、资金周转困难、发生安全事故、发生劳动纠纷等原因导致的中断。

［7］【答案：C】2010年7月1日满足资本化开始的条件，2011年2月28日所建造厂房达到预定可使用状态，应停止借款利息资本化，故借款费用资本化期间为2010年7月1日至2011年2月28日。

［8］【答案：A】购建或者生产符合资本化条件的资产达到预定可使用或者可销售状态时，借款费用应当停止资本化，即6月30日。

［9］【答案：B】甲公司20×7年度应予以资本化的利息金额 =5 000×7%×9/12 - 60=202.5（万元）。

［10］【答案：ABCD】选项A，领用本公司原材料，按照原材料账面价值结转成本；选项B，使用募集

资金支出 30 000 万元，计入资产的成本；选项 C，因建造生产线动用一般借款进行支付，应计入资产的成本；选项 D，2022 年 11 月 1 日至年底属于资本化期间，一般借款产生的利息计入资产的成本。

[11]【答案：D】甲公司 2×21 年一般借款利息资本化金额 =[（3 600+800）−4 000]×6%=24（万元），选项 D 正确。

[12]【答案：B】一般借款资本化率 =（2 000×5.5%+3 000×4.5%）/（2 000+3 000）×100%=4.9%，一般借款利息资本化金额 =（1 800+1 600−3 000）×10×4.9%/12+2 000×4×4.9%/12=49（万元）。

[13]【答案：√】

[14]【答案：】

（1）借：银行存款　　　　　　　　　　 20 000

　　　贷：应付债券——面值　　　　　　　　 20 000

（2）2016 年短期投资收益 =5000×0.3%×6=90（万元）；

甲公司 2016 年的利息资本化金额 =1 400−90=1 310（万元）。

　　借：在建工程　　　　　　　　　　 1 310

　　　　应收利息　　　　　　　　　　 90

　　　贷：应付利息　　　　　　　　　　　 1 400（20 000×7%）

（3）专门借款利息资本化金额 =20 000×7%=1 400（万元）；

一般借款资本化率（年）=（5 000×6%+3 000×8%）/（5 000+3 000）=6.75%；

2017 年累计资产支出加权平均数 =4 000×360/360+2 000×180/360=5 000（万元）；

2017 年为建造厂房的利息资本化金额 =5 000×6.75%=337.5（万元）；

2017 年实际发生的一般借款利息费用 =5 000×6%+3 000×8%=540（万元）；

2017 年费用化的借款金额 =540−337.5=202.5（万元）。

　　借：在建工程　　　　　　　　　 1 737.5（1 400+337.5）

　　　　财务费用　　　　　　　　　 202.5

　　　贷：应付利息　　　　　　　　　 1 940（1 400+540）

[15]【答案：×】外币一般借款本金及其利息所产生的汇兑差额，应当作为财务费用计入当期损益。

第 11 章　或有事项

本章主要介绍了或有负债，特别是预计负债的会计处理。

～～～～～～～～～～～～～～～ **本章思维导图** ～～～～～～～～～～～～～～～

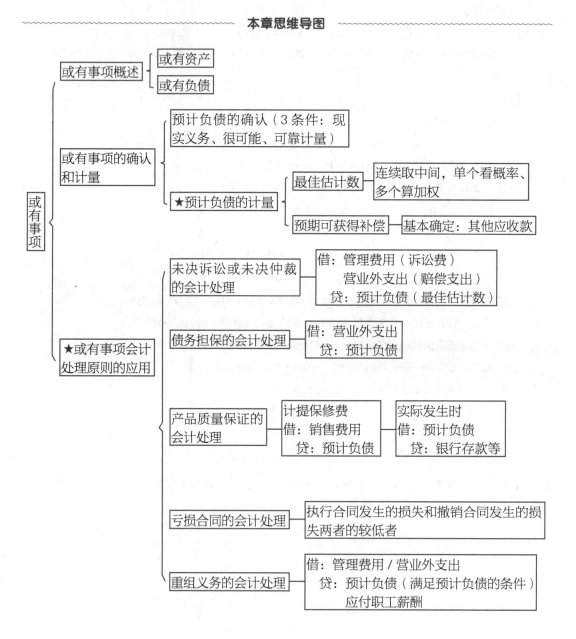

题　型	2020 年		2021 年		2022 年		考　点
	第一批	第二批	第一批	第二批	第一批	第二批	
单选题	—	1	—	—	—	1	未决诉讼的会计处理、产品质量保修费用确认的预计负债、待执行合同变为亏损合同
多选题	—	—	1	1	—	—	
判断题	—	1	—	—	—	—	
计算分析题	—	—	—	—	—	—	
综合题	—	—	—	—	1	—	

第一节 或有事项概述

考点1 或有事项概述

1. 或有事项的特征

或有事项是指过去的交易或者事项形成的，其结果须由某些未来事项的发生或不发生才能决定的不确定事项。

【考点藏宝图】

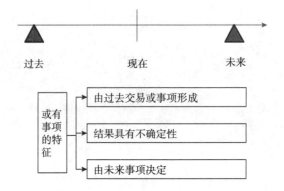

【考点母题——万变不离其宗】或有事项

下列各项中，属于或有事项的有（ ）。		
属于或有事项	A. 未决诉讼或仲裁 C. 产品质量保证（含产品安全保证） E. 重组义务 G. 环境污染整治	B. 债务担保 D. 亏损合同 F. 承诺

【考点子题——举一反三，真枪实练】

［1］【历年真题·多选题】下列各项中，属于或有事项的有（ ）。

  A. 产品质保期内的质量保证　　　　　B. 企业与管理人员签订利润分享计划

  C. 未决诉讼　　　　　　　　　　　　D. 重组义务

2.或有负债和或有资产

（1）或有负债

或有负债是指过去的交易或者事项形成的潜在义务。或过去的交易或者事项形成的现时义务，履行该义务不是很可能导致经济利益流出企业或该义务的金额不能可靠地计量。

极小可能	（0, 5%]
可能	（5%, 50%]
很可能	（50%, 95%]
基本确定	（95%, 100%）

❀【考点藏宝图】

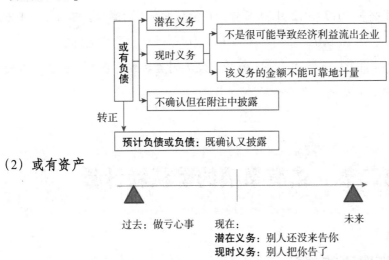

（2）或有资产

或有资产是指过去的交易或者事项形成的潜在资产，其存在须通过未来不确定事项的发生或不发生予以证实。

❀【考点藏宝图】

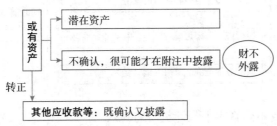

♦【考点母题——万变不离其宗】或有负债和或有资产

下列各项中，关于或有负债和或有资产表述正确的有（   ）。

续表

| 或有负债 | A. 或有负债无论涉及潜在义务还是现时义务，均不应在财务报表中确认，但应按相关规定在附注中披露（重要性原则） |
| 或有资产 | A. 很可能给企业带来经济利益的或有资产，应当在附注中披露
B. 可能给企业带来经济利益的或有资产，不在报表中确认也不在附注中披露 |

▲【考点子题——举一反三，真枪实练】

[2] 【历年真题·判断题】或有负债无论涉及潜在义务还是现时义务，均不应在财务报表中确认，但应按相关规定在附注中披露。（　　）

[3] 【历年真题·单选题】2017 年 12 月 31 日，甲公司有一项未决诉讼，预计在 2017 年度财务报告批准报出日后判决，胜诉的可能性为 60%。如甲公司胜诉，将获得 40 万元至 60 万元的赔款，且这个区间内每个金额发生的可能性相同。不考虑其他因素，该未决诉讼对甲公司 2017 年 12 月 31 日资产负债表中资产的影响金额为（　　）万元。

A. 0　　　　　　　B. 40　　　　　　　C. 60　　　　　　　D. 50

[4] 【历年真题·判断题】对于很可能给企业带来经济利益的或有资产，企业应当披露其形成的原因、预计产生的财务影响等。（　　）

第二节　或有事项的确认和计量

考点 2　或有事项的确认

与或有事项相关的义务同时满足相关条件应当确认为预计负债。

❀【考点藏宝图】

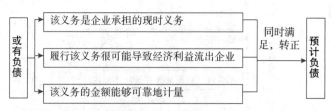

▲【考点母题——万变不离其宗】预计负债的确认

下列关于预计负债的确认同时满足的条件表述正确的有（　　）。	
（1）该义务是企业承担的现时义务	该义务有可能是法定的义务，也可能是推定的义务

（2）履行该义务很可能导致经济利益流出企业	可能性大于 50% 但小于或等于 95%
（3）该义务的金额能够可靠地计量	借：管理费用（预计的诉讼费） 　　营业外支出（预计的赔偿支出） 　　销售费用（产品质量保证） 贷：预计负债

【考点子题——举一反三，真枪实练】

［5］【历年真题·单选题】下列多项关于或有事项会计处理的表述中，正确的是（　　）。

　　A. 现时义务导致的预计负债，不能在资产负债表中列示为负债

　　B. 现时义务导致的预计负债，在资产负债表日无需复核

　　C. 或有事项形成的或有资产，应在资产负债表中列示为资产

　　D. 潜在义务导致的或有负债，不能在资产负债表中列示为负债

考点 3　或有事项的计量

　　或有事项的计量主要涉及两方面：一是最佳估计数的确定；二是预期可获得补偿的处理。

【考点藏宝图】

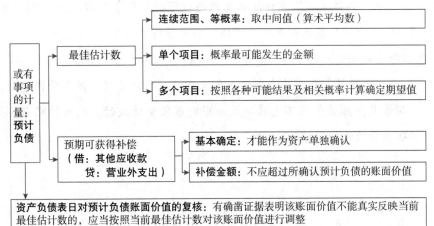

会计故事会·碰瓷

　　王婆在街上发生交通事故，预计将发生相关医疗费用 10 万元，预计将得到相关补偿 12 万元。由于这是一场意外事故，是坏消息，所以估计的补偿 12 万元超过预计负债 10 万元的金额 2 万元，不能提前确认为营业外收入，而是先按照 10 万元确认其他应收款，同时冲减预计负债对应的营业外支出，没有收益，不能把坏消息变好消息，要不然别人会以为你在碰瓷。

⚠【考点子题——举一反三，真枪实练】

[6]【历年真题·单选题】甲公司因违约被起诉，至 2011 年 12 月 31 日，人民法院尚未作出判决，经向公司法律顾问咨询，人民法院的最终判决很可能对本公司不利，预计赔偿额为 20 万元至 50 万元，而该区间内每个发生的金额大致相同。甲公司 2011 年 12 月 31 日由此应确认预计负债的金额为（　　）万元。

    A. 20　　　　　　B. 30　　　　　　C. 35　　　　　　D. 50

[7]【历年真题·多选题】下列关于企业或有事项会计处理的表述中，正确的有（　　）。

    A. 因或有事项承担的义务，符合负债定义且满足负债确认条件的，应确认预计负债

    B. 因或有事项承担的潜在义务，不应确认为预计负债

    C. 因或有事项形成的潜在资产，应单独确认为一项资产

    D. 因或有事项预期从第三方获得的补偿，补偿金额很可能收到的，应单独确认为一项资产

[8]【经典子题·计算分析题】2019 年 12 月 31 日，乙公司存在一项未决诉讼。根据类似案例的经验判断，该项诉讼败诉的可能性为 90%。如果败诉，乙公司将须赔偿对方 500 000 元；同时，乙公司因该或有事项基本确定可从甲保险公司获得 200 000 元的赔偿。

    要求：编制乙公司相关会计分录。

[9]【发散思维导题训练·第三方补偿的金额超过预计负债】假定上例中其他条件不变，乙公司因该或有事项基本确定可从甲保险公司获得 550 000 元的赔偿。

[10]【发散思维导题训练·支付赔偿 500 000 元时和实际收到 550 000 元的补偿】

[11]【历年真题·判断题】企业应当在资产负债表日对预计负债的账面价值进行复核，有确凿证据表明该账面价值不能真实反映当前最佳估计数时，应当按照当前最佳估计数对该账面价值进行调整。（　　）

第三节　或有事项会计处理原则的应用

 考点4 未决诉讼或未决仲裁的会计处理

🌀【考点藏宝图】

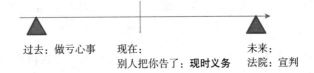

过去：做亏心事　　　现在：　　　　　　　　未来：
　　　　　　　　　　别人把你告了：现时义务　法院：宣判

▲【考点母题——万变不离其宗】未决诉讼或未决仲裁

下列各项中，关于未决诉讼或未决仲裁的会计处理正确的有（　）。	
预计负债	借：管理费用（诉讼费） 　　营业外支出（赔偿支出） 　贷：预计负债（最佳估计数）
预期可获得补偿	借：其他应收款 　贷：营业外支出 （基本确定，不超过预计负债账面价值）

▲【考点子题——举一反三，真枪实练】

[12]【历年真题·单选题】2015年12月31日，甲公司涉及一项未决诉讼，预计很可能败诉，甲公司若败诉，需承担诉讼费10万元并支付赔款300万元，但基本确定可从保险公司获得60万元的补偿。2015年12月31日，甲公司因该诉讼应确认预计负债的金额为（　）万元。

　　A. 240　　　　　B. 250　　　　　C. 300　　　　　D. 310

[13]【历年真题·单选题】2018年12月31日，甲公司涉及的一项产品质量未决诉讼案，败诉的可能性为80%。如果胜诉，不需支付任何费用；如果败诉，需支付赔偿金及诉讼费共计60万元，同时基本确定可从保险公司获得45万元的赔偿。当日，甲公司应确认预计负债的金额为（　）万元。

　　A. 15　　　　　B. 60　　　　　C. 0　　　　　D. 48

考点 5 债务担保的会计处理

人民法院尚未判决的，如果败诉的可能性大于胜诉的可能性，并且损失金额能够合理估计的，应当在资产负债表日预计担保损失金额，确认为预计负债。

借：营业外支出

　　贷：预计负债

▲【考点子题——举一反三，真枪实练】

[14]【历年真题·多选题】2×19 年 12 月 31 日，因乙公司的银行借款到期不能偿还，银行起诉其担保人甲公司，甲公司的律师认为败诉的可能性为 90%，一旦败诉，甲公司需向银行偿还借款本息共计 1 200 万元，不考虑其他因素，下列对该事项的会计处理中，正确的有（　　）。

A. 确认营业外支出 1 200 万元

B. 在附注中披露该或有事项的有关信息

C. 确认预计负债 1 200 万元

D. 确认其他应付款 1 080 万元

[15]【历年真题·多选题】桂江公司为甲公司、乙公司、丙公司和丁公司提供了银行借款担保，下列各项中，桂江公司不应确认预计负债的有（　　）。

A. 甲公司运营良好，桂江公司极小可能承担连带还款责任

B. 乙公司发生暂时财务困难，桂江公司可能承担连带还款责任

C. 丙公司发生财务困难，桂江公司很可能承担连带还款责任

D. 丁公司发生严重财务困难，桂江公司基本确定承担还款责任

考点 6 产品质量保证的会计处理

产品质量保证是在约定期内（质保期）对售出商品提供修理等售后服务。

❀【考点藏宝图】

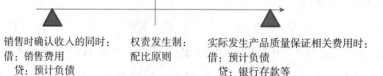

销售时确认收入的同时：
借：销售费用
　　贷：预计负债

权责发生制：
配比原则

实际发生产品质量保证相关费用时：
借：预计负债
　　贷：银行存款等

▲【考点母题——万变不离其宗】产品质量保证

下列各项中，关于产品质量保证的会计处理正确的有（　　）。

续表

预计负债计提和发生	A. 计提保修费： 　借：销售费用 　　贷：预计负债（按照各种可能结果及相关概率计算确定期望值） B. 实际发生时： 　借：预计负债 　　贷：银行存款等
预计负债的后续处理	A. 如果发现保证费用的实际发生额与预计数相差较大，应及时对预计比例进行调整 B. 如果企业针对特定批次产品确认预计负债，则在保修期结束时，应将"预计负债——产品质量保证"余额冲销，同时冲销销售费用 C. 已对其确认预计负债的产品，如企业不再生产应在相应的产品质量保证期满后，将"预计负债——产品质量保证"余额冲销，同时冲销销售费用

🔺【考点子题——举一反三，真枪实练】

[16]【历年真题·单选题】甲公司于2014年1月1日成立，承诺产品售后3年内向消费者免费提供维修服务，预计保修期内将发生的保修费在销售收入的3%至5%之间，且这个区间内每个金额发生的可能性相同。当年甲公司实现的销售收入为1 000万元，实际发生的保修费为15万元。不考虑其他因素，甲公司2014年12月31日资产负债表预计负债项目的期末余额为（　　）万元。

A. 15　　　　　　B. 25　　　　　　C. 35　　　　　　D. 40

[17]【历年真题（改编）·综合题】2018年12月31日，甲公司根据产品质量保证条款，对其2018年第四季度销售的D产品计提保修费。根据所售D产品的80%不会发生质量问题；15%将发生较小质量问题，其修理费为销售收入的3%；5%将发生较大质量问题，其修理费为销售收入的6%，2018年第四季度，甲公司D产品的销售收入为1 500万元。本题不考虑增值税相关税费及其他因素。

要求：根据资料，计算甲公司2018年第四季度应确认的保修费金额，并编制相关会计分录。

[18]【经典子题·判断题】已停产产品的质量保证期届满后，企业应将为该批产品质量保证提取预计负债的余额转入营业外收入。（　　）

考点7　亏损合同的会计处理

　　亏损合同产生的义务满足预计负债确认条件的，应当确认为预计负债。其中亏损合同是指履行合同义务不可避免会发生的成本超过预期经济利益的合同。

🌀【考点藏宝图】

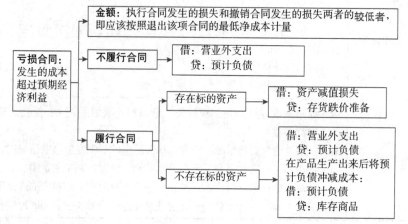

△【考点子题——举一反三，真枪实练】

[19]【历年真题·多选题】2015年6月1日，甲公司与乙公司签订一份不可撤销合同，约定2016年3月10日向乙公司销售一台价值100万元的专用设备，如果违约将按合同价款的20%支付违约金，2015年12月31日，甲公司尚未开始备料生产，因原材料市场价格上涨，预计该设备的生产成本涨到106万元，不考虑相关税费及其他因素，2015年12月31日，甲公司进行的下列会计处理，正确的有（　　）。

A. 确认预计负债6万元　　　　　　B. 确认其他应付款20万元

C. 确认营业外支出6万元　　　　　D. 确认资产减值损失20万元

[20]【经典子题·计算分析题】甲公司与乙公司于2018年11月签订不可撤销合同，甲公司向乙公司销售A设备50台，合同价格每台1 000 000元（不含税）。该批设备在2019年1月25日交货，如果违约将按合同价款的10%支付违约金。至2018年末甲公司已生产40台A设备，由于原材料价格上涨，单位成本达到1 020 000元，每销售一台A设备亏损20 000元，因此这项合同已成为亏损合同。预计其余未生产的10台A设备的单位成本与已生产的A设备的单位成本相同。假定不考虑其他因素。

要求：编制甲公司亏损合同相关的会计分录。

[21]【历年真题·多选题】下列各项关于企业亏损合同会计处理的表述中，正确的有（　　）。

A. 与亏损合同相关的义务可以无偿撤销的，不应确认预计负债

B. 无标的资产的亏损合同相关义务满足预计负债确认条件时，应确认预计负债

C. 有标的资产的亏损合同，应对标的资产进行减值测试并按减值金额确认预计负债

D. 因亏损合同确认的预计负债，应以履行该合同的成本与未能履行该合同而发生的补偿或处罚之中的较高者来计量

[22]【历年真题·判断题】企业因亏损合同确认的预计负债，应当按照退出该合同的最高

净成本进行计量。(　　)

[23]【历年真题·判断题】企业待执行合同变为亏损合同时，合同存在标的资产的，应先对标的资产进行减值测试，并按规定确认资产减值损失，再将预计亏损超过该减值损失的部分确认为预计负债。(　　)

考点8　重组义务的会计处理

重组是指企业制定和控制的，将显著改变企业组织形式、经营范围或经营方式的计划实施行为。

会计故事会·重组义务

小王开的包子铺最近生意不兴隆，准备换一个场所改行卖水果，这就是会计上所谓的重组，需要提前计提相关辞退员工的赔偿、撤销房屋租赁的撤消费等，这是重组义务需要计入预计负债、应付职工薪酬等。

🌀【考点藏宝图】

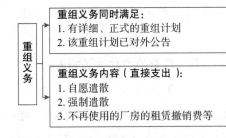

重组义务	重组义务同时满足： 1. 有详细、正式的重组计划 2. 该重组计划已对外公告	借：管理费用/营业外支出 　贷：预计负债（满足预计负债的条件） 　　　应付职工薪酬/其他应付款
	重组义务内容（直接支出）： 1. 自愿遣散 2. 强制遣散 3. 不再使用的厂房的租赁撤销费等	

🔺【考点母题——万变不离其宗】重组义务

下列各项中，属于重组义务的有（　　）。

支出项目	包括	不包括	会计分录或不包括的原因
①自愿遣散	√		借：管理费用 　贷：应付职工薪酬（基本确定或确定）/预计负债（很可能）
②强制遣散（如果自愿遣散目标未满足）	√		借：管理费用 　贷：应付职工薪酬（基本确定或确定）/预计负债（很可能）
③不再使用的厂房的租赁撤销费	√		借：营业外支出 　贷：其他应付款（基本确定或确定）/预计负债（很可能）

续表

④将职工和设备从拟关闭的工厂转移到继续使用的工厂	√	支出与继续进行的活动相关（不用处理，下同）
⑤剩余职工的再培训	√	支出与继续进行的活动相关
⑥新经理的招聘成本	√	支出与继续进行的活动相关
⑦推广公司新形象的营销成本	√	支出与继续进行的活动相关
⑧对新营销网络的投资	√	支出与继续进行的活动相关
⑨重组的未来可辨认经营损失（最新预计值）	√	支出与继续进行的活动相关
⑩固定资产的减值损失	√	借：资产减值损失等 贷：固定资产减值准备等

考点锦囊 人去楼空（遣散的人，撤销厂房租赁的房子）。

△【考点子题——举一反三，真枪实练】

[24]【历年真题•单选题】2×19年12月10日，甲公司董事会决定关闭一个事业部，2×19年12月25日，该重组计划获得批准并正式对外公告，该重组义务很可能导致经济利益流出且金额能够可靠计量。下列与该重组有关的各项支出中，甲公司应当确认为预计负债的是（　　）。

A. 推广公司新形象的营销支出　　　B. 设备的预计处置损失

C. 留用员工的岗前培训费　　　　　D. 不再使用厂房的租赁撤销费

[25]【历年真题•单选题】2×20年12月31日，经相关部门批准，甲公司对外公告将于2×21年1月1日起关闭W工厂，甲公司预计将在3个月内发生以下支出，辞退职工补偿金2 000万元，转岗职工培训费50万元，提前终止厂房租赁合同的违约金300万元。不考虑其他因素，甲公司决议关闭W工厂将导致其2×20年12月31日负债增加的金额为（　　）万元。

A. 2 350　　　　B. 2 300　　　　C. 2 050　　　　D. 2 000

[本章考点子题答案及解析]

[1]【答案：ACD】或有事项包括：未决诉讼、未决仲裁、债务担保、产品质量保证（含产品安全保证）、亏损合同、重组义务、承诺、环境污染整治等。

[2]【答案：√】

[3]【答案：A】或有资产不在报表确认，在附注中披露即可，选项A正确。

[4]【答案：√】

[5]【答案：D】或有资产、或有负债不满足资产、负债确认条件，不应在资产负债表中列示，选项C错

误，选项 D 正确；预计负债属于负债，应在资产负债表中列示，选项 A 错误；企业应当在资产负债表日对预计负债的账面价值进行复核，选项 B 错误。

[6]【答案：C】预计负债应确认的金额 =（20+50）/2=35（万元），选项 C 正确。

[7]【答案：AB】选项 C，因或有事项形成的潜在资产，不符合资产的确认条件，不应确认为一项资产；选项 D，因或有事项预期从第三方获得的补偿，补偿金额基本确定收到的，应单独确认为一项资产。

[8]【答案】

借：营业外支出——赔偿支出	500 000	
贷：预计负债		500 000
借：其他应收款	200 000	
贷：营业外支出		200 000

[9]【答案】确认的补偿金额不应超过预计负债金额，因此，应确认的资产金额为 500 000 元。账务处理为：

借：其他应收款	500 000	
贷：营业外支出		500 000

[10]【答案】

借：预计负债	500 000	
贷：银行存款		500 000
借：银行存款	550 000	
贷：其他应收款		500 000
营业外收入		50 000

[11]【答案：√】

[12]【答案：D】应确认预计负债的金额 =10+300=310（万元），基本确定可从保险公司获得的 60 万元补偿，应通过其他应收款核算，不能冲减预计负债的账面价值。

[13]【答案：B】或有事项满足预计负债确认条件应该按照最可能发生金额确认预计负债，对于补偿应该在基本确定能够收到时相应的确认其他应收款。

[14]【答案：ABC】甲公司预计承担担保责任的可能性为 90%，且金额能够可靠计量，则满足预计负债确认条件，应确认预计负债和营业外支出 1 200 万元，选项 D 错误。

甲公司的账务处理为：

借：营业外支出	1 200	
贷：预计负债		1 200

[15]【答案：ABD】对或有事项确认预计负债应同时满足的三个条件是：（1）该义务是企业承担的现时义务；（2）履行该义务很可能导致经济利益流出企业；（3）该义务的金额能够可靠的计量。选项 A、B 不满足第（2）个条件，不应确认为预计负债；选项 D 基本确定，应当确认为其他应付款，不是预计负债。

[16]【答案：B】当年计提预计负债 =1 000×（3%+5%）/2=40（万元），当年实际发生保修费冲减预计负债 15 万元，所以 2014 年年末资产负债表中预计负债的期末余额 =40-15=25（万元）。

[17]【答案】保修费 =80%×0×1 500+15%×3%×1 500+5%×6%×1 500=11.25（万元）。

　　　借：销售费用　　　　　　　　　　　　11.25

　　　　贷：预计负债　　　　　　　　　　　　11.25

[18]【答案：×】预计负债的余额冲减销售费用。

[19]【答案：AC】执行合同损失 =106-100=6（万元），不执行合同损失 =100×20%=20（万元），所以选择执行合同，因为不存在标的资产，所以要确认预计负债。

[20]【答案】执行合同损失 =50×（1 020 000-1 000 000）=100（万元），不执行合同损失 =50×1 000 000×10%=500（万元），所以选择执行合同。

　　（1）甲公司应对有标的 40 台 A 设备计提存货跌价准备，有关财务处理如下：

　　　借：资产减值损失　　　　　　　　　　800 000

　　　　贷：存货跌价准备　　　　　　　　　800 000（40×20 000）

　　（2）无标的部分，合同为亏损合同，确认为预计负债，账务处理如下：

　　　借：营业外支出　　　　　　　　　　　200 000

　　　　贷：预计负债　　　　　　　　　　　200 000（10×20 000）

　　在产品生产出来后，将预计负债冲减成本。

　　　借：预计负债　　　　　　　　　　　　200 000

　　　　贷：库存商品　　　　　　　　　　　200 000

[21]【答案：AB】预计亏损超过减值损失，应将超过部分确认为预计负债，选项 C 错误；预计负债的计量应当反映退出该合同的最低净成本（即履行该合同的成本与未能履行该合同而发生的补偿或处罚两者之中的较低者），选项 D 错误。

[22]【答案：×】亏损合同确认的预计负债应该按照退出该项合同的最低净成本计量。

[23]【答案：√】

[24]【答案：D】选项 D，不再使用的厂房租赁撤销费属于与重组相关的直接支出，确认为预计负债。

[25]【答案：B】辞退职工补偿金 2 000 万元应确认预计负债，终止厂房租赁合同的违约金 300 万元应确认预计负债，因此甲公司关闭 W 工厂将导致 2×20 年 12 月 31 日负债增加的金额 =2 000+300=2 300（万元），选项 B 正确。

第 12 章 收 入

本章是近几年考试的热点、重点也是难点，主要在主观题中进行考察。本章的关键是要学会乾坤大挪移。

.... **本章思维导图** ....

- ★收入
  - 收入概述
    - 反映向客户转让商品的模式，金额反映预期有权收取的对价金额（羊毛出在狗身上猪来买单）
    - 控制权转移的判断（3 个）
  - 收入的确认和计量（五步法）
    - 识别与客户签订的合同 ── 5 个条件
    - 识别合同中的单项履约义务
      - 可明确区分商品的承诺
      - 一系列实质相同且转让模式相同的、可明确区分的商品
    - 确定交易价格 ── 可变对价、合同中存在的重大融资成分、非现金对价、应付客户对价
    - 将交易价格分摊至各单项履约义务 ── 可观察的单独售价、市场调整法、成本加成法、余值法、分摊合同折扣、分摊可变对价
    - 履行各单项履约义务时确认收入
      - 某一时段内履约
      - 某一时点履约
  - 合同成本
    - 合同取得成本
    - 合同履约成本
  - 关于特定交易的会计处理
    - 附有销售退回条款销售的会计处理
    - 附有质量保证条款销售的会计处理
    - 主要责任人和代理人的会计处理
    - 附有客户额外购买选择权销售的会计处理
    - 授予知识产权许可的会计处理
    - 售后回购的会计处理
    - 客户未行使的权利的会计处理
    - 无须退回初始费的会计处理

题　型	2020 年		2021 年		2022 年		考　点
	第一批	第二批	第一批	第二批	第一批	第二批	
单选题	—	—	—	—	—	—	1 个理念，5 个步骤，8 种特定交易的会计处理
多选题	—	—	—	—	—	—	
判断题	—	1	1	—	—	—	
计算分析题	—	—	—	—	1	—	
综合题	1	1	1	1	—	1	

第一节　收入概述

考点1　收入的概念和确认原则

收入是指企业在日常活动中形成的、会导致所有者权益增加的、与所有者投入资本无关的经济利益的总流入。

> 企业确认收入的方式应当反映其向客户**转让商品的模式**，收入金额应当反映企业因转让这些商品而**预期有权收取的对价金额**。

会计故事会·羊毛出在羊身上

小张看到电线杆上的广告"某著名旅游城市双飞三天两晚五星级酒店只要1000元，没错后面只有3个0"。心动不如行动，小张兴高采烈地踏上了魔幻之旅。旅途之处游山玩水既兴奋又激动，不知不觉进入了传说中的购物环节，购物环节果然名不虚传，一个普通手镯10 000元，没错后面4个0。这就是所谓的"低价揽客、高价强行购物"的商业模式，通过低价提供旅游服务把游客吸引过来，再通过高价销售旅游商品的方式实现盈利，典型的羊毛出在羊身上。在收入确认上，如果按照低价确认提供旅游服务的收入，高价确认销售商品的收入，这样提供的信息只反映了收入的表面形式，没有反映实质，会误导报表使用者。比如报表使用者会认为既然销售旅游商品这么暴利，干脆改行专门销售旅游商品得了，殊不知没有前面的低价也就没有后面的高价。新收入准则要求还原提供旅游服务和销售旅游商品的经济实质，通过乾坤大挪移重新分配收入金额来反映旅游服务和销售商品各自真实的收入金额，这就是所谓的收入金额要反映其向客户转让商品的模式。

第12章

▲【考点藏宝图】

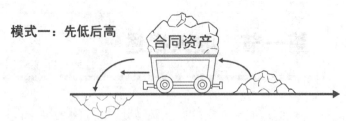

模式一：先低后高

第一件商品100万（市场价120万）：
借：银行存款　　　　100
　　合同资产　　　　 20
　　贷：主营业务收入　120

第二件商品200万（市场价格180万）：
借：银行存款　　　　200
　　贷：主营业务收入 180
　　　　合同资产　　　 20

模式二：先高后低

第一件商品120万（市场价100万）：
借：银行存款　　　　120
　　贷：主营业务收入　100
　　　　合同负债　　　 20

第二件商品180万（市场价格200万）：
借：银行存款　　　　180
　　　合同负债　　　　 20
　　贷：主营业务收入 200

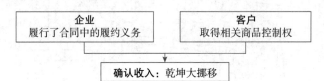

▲【考点母题——万变不离其宗】收入的概念和确认原则

	下列关于收入确认原则的表述，正确的有（　　）。
收入确认原则	A. 企业确认收入的方式应当反映其向客户转让商品的模式 B. 收入金额应当反映企业因转让这些商品而预期有权收取的对价金额 C. 企业应当在履行了合同中的履约义务，即在客户取得相关商品控制权时确认收入

▲【考点子题——举一反三，真枪实练】

[1]【经典子题·多选题】下列关于收入确认原则的表述，正确的有（　　）。

A. 企业确认收入的方式应当反映其向客户转让商品的模式

B. 收入金额应当反映企业因转让这些商品而预期有权收取的对价金额

C. 企业应当在履行了合同中的履约义务，即在客户取得相关商品控制权时确认收入

D. 商品控制权都是在某一时点转移

第二节 收入的确认和计量

考点2 收入确认和计量的五步法

🌀【考点藏宝图】

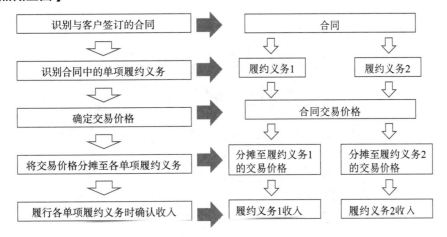

会计故事会·乾坤大挪移的招式

甲公司销售一款财务软件，采取低价销售软件，高价收取升级维护费的销售策略。假设甲公司将该财务软件以100万元的价格销售给乙公司，同时约定1年期收取20万元的升级维护费。该软件的单独售价为110万元，每年的升级维护服务的单独售价为10万元。第一步，需要识别合同。只有将销售软件和提供升级维护服务合在一起才能反映甲公司的商业模式（先低后高），这叫合同合并；第二步，识别合同中的单项履约义务。合并后的合同包含销售软件和提供升级维护服务两项单项履约义务；第三步，确定交易价格。交易价格为120万元（100+20）；第四步，将交易价格分摊至各单项履约义务。按照单独售价的权重进行分配，销售软件=120×110/（110+10）=110（万元），升级维护服务=120×10/（110+10）=10（万元）。（关键的乾坤大挪移，还原两项交易的庐山真面目）；第五步，履行各单项履约义务时确认收入。交付软件时确认销售软件的收入，提供升级维护服务时确认升级维护服务的收入。这就是乾坤大挪移的核心，重新分配交易价格，即收入金额。

一、识别与客户订立的合同

😌【考点藏宝图】

（一）合同识别

合同是指双方或多方之间订立有法律约束力的权利义务的协议，包括书面形式、口头形式以及其他形式。

😌【考点藏宝图】

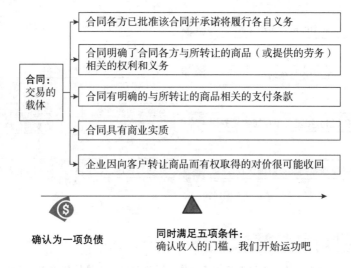

会计故事会·非常3+2

什么是合同，合同就是交易的载体。首先合同都有甲方和乙方，合同条款包括甲方的权利和义务，乙方的权利和义务，而且甲方的权利对应乙方的义务，乙方的权利对应甲方的义务。这些权利和义务简单的说就是一个交付商品，一个支付货款。最重要的，合同最后都要甲方和乙方签字盖章。签字盖章后就是一份正式的合同了，即满足了合同识别的前三个条件。会计上又加了2个条件，一是商业实质，防止关联方之间通过内部交易调节利润，因此不具有商业实质的交易不能确认收入；二是对价很可能收回，没有现金流的销售都是要流氓，也不能确认收入。

📜 **考点锦囊** 非常3+2。

▲【考点母题——万变不离其宗】合同识别

	下列关于企业与客户之间合同识别的表述正确的有（　　）。
合同识别的五个条件	A. 合同各方已批准该合同并承诺将履行各自义务 B. 合同明确了合同各方与所转让的商品（或提供的劳务）相关的权利和义务 C. 合同有明确的与所转让的商品相关的支付条款 D. 合同具有商业实质 E. 企业因向客户转让商品而有权取得的对价很可能收回
合同开始日不满足条件	A. 在后续期间对其进行持续评估，以判断其能否满足条件，企业只有在不再负有向客户转让商品的剩余义务，且已向客户收取的对价无需退回时才能确认收入
开始满足之后不满足	A. 在合同开始日满足收入确认的五个条件，企业在后续期间**无须**对其进行重新评估，除非有迹象表明相关事实和情况有重大变化

▲【考点子题——举一反三，真枪实练】

[2]【经典子题·判断题】收入确认时企业与客户之间的合同必须是书面合同。（　　）

[3]【经典子题·多选题】下列各项中，企业与客户之间识别收入确认的合同应当同时满足的条件有（　　）。

A. 合同各方已批准该合同并承诺将履行各自义务

B. 合同必须是书面合同

C. 合同具有商业实质

D. 企业因向客户转让商品而有权取得的对价很可能收回

[4]【经典子题·判断题】不能同时满足收入确认五个条件的合同，企业只有在不再负有向客户转让商品的剩余义务，且已向客户收取的对价无需退回时才能确认收入。（　　）

[5]【经典子题·判断题】在合同开始日满足收入确认的五个条件，企业在后续期间需要持续对其进行重新评估。（　　）

（二）合同合并

与同一客户签订的两份或多份合同在满足一定条件时可以合并为一份合同进行会计处理。

🌀【考点藏宝图】

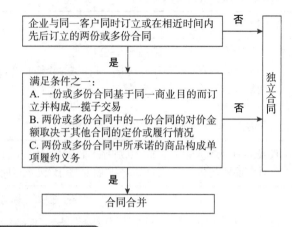

![会计故事会·庐山真面目]

会计故事会·庐山真面目

　　合同合并为收入金额乾坤大挪移提供了基础，将多份合同合起来的目的就是为了打通各合同的价格，进行重新分配相关的收入金额，把羊毛回归到羊身上，还原各合同收入价格的庐山真面目。合同合并是新收入准则中的神来之笔，把相关合同串起来才能看出具体的商业模式，所以该合并的合同，千万不能遗漏，要不然就看不透，看不懂。

🔺【考点子题——举一反三，真枪实练】

［6］【历年真题·判断题】企业与同一客户同时订立两份合同，如果一份合同的违约将会影响另一份合同的对价，企业应将两份合同合并为一份合同进行会计处理。（　　）

［7］【经典子题·判断题】企业与同一客户同时订立或在相近时间内先后订立的两份或多份合同在满足一定条件时可以合并为一份合同进行会计处理。（　　）

（三）合同变更

　　合同变更是指经合同各方批准对原合同范围或价格作出的变更。

🌀【考点藏宝图】

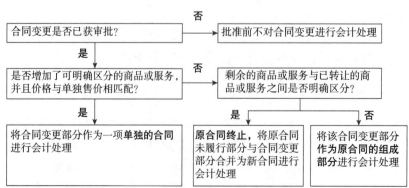

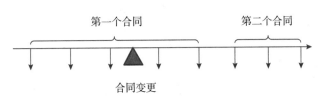

第一个合同　　　　第二个合同

合同变更

考点锦囊 合同要变更，记住三个圈。

会计故事会·韭菜炒鸡蛋

去饭店吃饭，点了四菜一汤，这就构成收入准则上的合同，有五个履约义务。上了一道菜，刚才没点啤酒，加一瓶啤酒，这就是合同变更，增加了一项履约义务。如果啤酒的价格没有打折，增加的啤酒就是一个单独的合同，两个合同不用打通，交易价格不用重新分配，这就是第一种合同变更的情形。如果你说"老板，点了这么多菜，免费送一瓶啤酒吧"，如果老板同意了，这就属于第二种类型的合同变更，合同变更增加了可明确区分的商品或服务（即啤酒是单独的），但啤酒是免费送的不用付钱，为什么免费送你啤酒，是因为你前面消费了，跟前面的消费有关，因此，需要将啤酒与原来合同剩下的未履约义务合起来作为一个新合同来处理（已经履行的单项履约义务就不管了，木已成舟了），在新合同中分配包括啤酒在内的各单项履约义务的交易价格。如果去饭店吃饭，点了一个炒韭菜，价格20元。上菜时，你说"服务员，帮我在这份炒韭菜中加个鸡蛋，来一个韭菜炒鸡蛋"，服务员说加鸡蛋要另外加5元，这就是第三种情况的合同变更，因为韭菜炒鸡蛋构成一项履约义务（一个菜），该合同变更部分作为原合同的组成部分合在一起来进行会计处理，即视同刚开始就按照韭菜炒鸡蛋的金额来确认收入。

【考点母题——万变不离其宗】合同变更

下列关于合同变更的表述正确的有（　　）。	
（1）合同变更部分作为单独合同的情形	A. 合同变更增加了可明确区分的商品及合同价款，且新增合同价款反映了新增商品单独售价的，应当将合同变更作为一份单独的合同进行会计处理
（2）合同变更作为原合同终止及新合同订立的情形	B. 合同不属于上述（1）情形，且在合同变更日已转让商品与未转让商品之间可明确区分的，应当视为原合同终止。同时，将原合同未履行部分与合同变更部分合并为新合同进行会计处理 新合同交易价格＝原合同未确认收入部分＋合同变更中的承诺对价金额
（3）合同变更部分作为原合同组成部分的情形	C. 合同不属于上述（1）情形，且在合同变更日已转让商品与未转让商品之间不可明确区分。在合同变更日重新计算履约进度，并调整当期收入和相应成本

【考点子题——举一反三，真枪实练】

［8］【经典子题·单选题】甲公司承诺向某客户销售120件产品，每件产品售价100元。该批产品彼此之间可明确区分，且未来6个月内陆续转让给该客户。甲公司将其中的60件产品转让给该客户后，双方对合同进行了变更，甲公司承诺向该客户额外销售30件相同的产品，这30件商品与原合同中的产品可明确区分，其售价为每件95

元，该售价反映了合同变更日该产品的单独售价。甲公司关于该合同变更的会计表述正确的是（　　）。

A. 合同变更部分作为单独合同的情形

B. 合同变更作为原合同终止及新合同订立的情形

C. 合同变更部分作为原合同组成部分的情形

D. 合同变更部分作为会计差错处理

[9]【经典子题·单选题】甲公司承诺向某客户销售 120 件产品，每件产品售价 100 元。该批产品彼此之间可明确区分，且未来 6 个月内陆续转让给该客户。甲公司将其中的 60 件产品转让给该客户后，双方对合同进行了变更，甲公司承诺向该客户额外销售 30 件相同的产品，这 30 件商品与原合同中的产品可明确区分，其售价为每件 90 元，合同变更日该产品的单独售价为每件 95 元。甲公司关于该合同变更的会计表述正确的是（　　）。

A. 合同变更部分作为单独合同的情形

B. 合同变更作为原合同终止及新合同订立的情形

C. 合同变更部分作为原合同组成部分的情形

D. 合同变更部分作为会计差错处理

[10]【经典子题·单选题】2018 年 1 月 15 日，乙建筑公司和客户签订了一项总金额为 1 000 万元的固定造价合同，在客户自有土地上建造一栋办公楼，预计合同总成本为 700 万元。假定该建造服务属于某一时间段内履行的履约义务，并根据累计发生的合同成本占合同预计总成本的比例确定履约进度，截至 2018 年末，乙公司累计已发生成本 420 万元。2019 年初，合同双方同意更改该办公楼屋顶的设计，合同价格和预计总成本分别增加 200 万元和 120 万元。乙公司关于该合同变更的会计表述正确的是（　　）。

A. 合同变更部分作为单独合同的情形

B. 合同变更作为原合同终止及新合同订立的情形

C. 合同变更部分作为原合同组成部分的情形

D. 合同变更部分作为会计差错处理

[11]【历年真题·判断题】企业销售合同的变更增加了可明确区分的商品及合同价款，且新增合同价款反映了新增商品单独售价的，应当视为原合同终止，同时将原合同未履约部分与合同变更部分合并为新合同进行会计处理。（　　）

二、识别合同中的单项履约义务

履约义务是指合同中企业向客户转让可明确区分商品的承诺。

会计故事会·吃大餐

客人在饭店点了10道菜，对饭店来说客人点的每一道菜都是可明确区分商品的承诺，少上一个菜都不行，因此，属于10个单项履约义务。如果客户点了一份北京烤鸭，饭店直接上来一只没有烤的鸭子，客户没法吃，即客户不能够从商品本身或者从商品与其他易于获得的资源一起使用中受益，所以这不是单项履约义务。饭店必须继续履行义务，把鸭子拿去烤熟了再端上桌来。

❀【考点藏宝图】

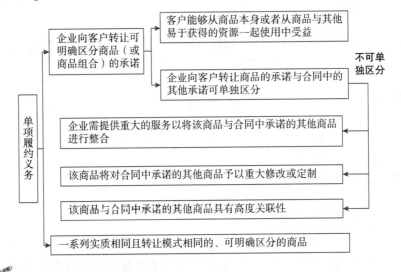

会计故事会·买房子送家具

2008年央视春晚蔡明和郭达表演的小品《梦幻家园》让观众开怀大笑。咱们感受一下：

郭达（购房者）：你们上面写着买房子送家具，你们送了吗？

蔡明（售楼员）：您买了吗？

郭达：什么叫我买了吗？

蔡明：您没买我们怎么送啊？

郭达：不，你们怎么个送法啊？

蔡明：就是您在家具店买了我们给您送家去。

如果开发商承诺买房子送家具，当然不是"你买家具我负责送"，是赠送家具。这里面开发商有两个履约义务，一个是将房子提供给购房者，第二个履约义务是赠送的家具。两个履约义务一个都不能少。

⚠【考点子题——举一反三，真枪实练】

[12]【经典子题·多选题】下列表明企业向客户转让商品的承诺与合同中的其他承诺不可明确区分的有（　　）。

A. 企业需提供重大的服务以将该商品与合同中承诺的其他商品进行整合

B. 该商品将对合同中承诺的其他商品予以重大修改或定制

C. 该商品与合同中承诺的其他商品具有高度关联性

D. 客户能够从商品本身或者从商品与其他易于获得的资源一起使用中受益

［13］【经典子题·判断题】企业应当将实质相同且转让模式相同的一系列商品作为单项履约义务，即使这些商品可明确区分。（　　）

［14］【经典子题·判断题】商品控制权转移给客户之前发生的运输活动不构成单项履约义务。（　　）

三、确定交易价格

交易价格是企业因向客户转让商品而预期有权收取的对价金额。（实际到手的价格）

（一）可变对价

交易价格可能包括可变的或需要根据未来事项结果而定的对价，包括但不限于折扣、退款、返利、激励、绩效奖金等。

会计故事会·可变对价

甲公司与客户订立一项建造定制资产的合同，客户已承诺的对价为250万元，但视资产完工的时间，该金额有可能会减少或增加。若资产于2020年3月31日仍未完工，则每推迟一天完成，已承诺的对价将减少1万元；若资产在2020年3月31日前完工，则每提前一天完成，已承诺的对价将增加1万元。此外，在资产完工后，将由第三方评估师对资产实施检查并给予评级，如果资产达到特定评级，甲公司有权获得奖励款15万元。这就是可变对价，不知道最后到手的金额是多少。

【考点藏宝图】

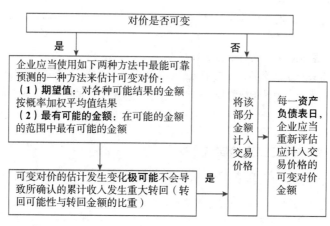

【考点子题——举一反三，真枪实练】

[15]【经典子题·多选题】下列各项中，影响可变对价的因素有（　　）。

　　A. 折扣　　　　　　B. 价格折让　　　　C. 奖励积分　　　　D. 退款

[16]【经典子题·多选题】下列属于可变对价最佳估计数的确定方法的有（　　）。

　　A. 期望值　　　　　B. 最可能发生金额　C. 最大金额　　　　D. 金额的均值

[17]【经典子题·判断题】如果企业拥有大量具有类似特征的合同，并估计可能产生多个结果时，通常按照最可能发生金额估计可变对价金额。（　　）

[18]【经典子题·判断题】包含可变对价的交易价格，应当不超过在相关不确定性消除时，累计已确认的收入极可能不会发生重大转回的金额。（　　）

[19]【经典子题·判断题】可变对价确定后，后续不需要重新估计可变对价金额。（　　）

[20]【历年真题·单选题】2×21年9月1日，甲公司与客户签订一项厂房建造合同。合同约定的工程价款为200万元，如果厂房自合同签订之日起6个月内完工，甲公司将额外获得10万元奖金。根据经验，甲公司认为极可能获得该奖金。该厂房建造属于在某一时段内履行的履约义务。2×21年12月31日，该建造合同的履约进度为90%。不考虑其他因素，甲公司2×21年度应确认的收入金额为（　　）万元。

　　A. 180　　　　　　　B. 189　　　　　　　C. 200　　　　　　　D. 210

（二）合同中存在的重大融资成分

企业将商品控制权转移给客户的时间与客户实际付款的时间不一致，存在销售和融资两项业务。企业应当按照假定客户在取得商品控制权时即以现金支付的应付金额（即现销价格）确定交易价格。

【考点藏宝图】

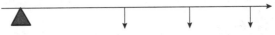

【经典例题·计算分析题】2016年1月1日，甲公司采用分期收款方式向乙公司销售一套大型设备，合同约定的销售价格为20 000 000元，分5次于每年12月31日等额收取。该大型设备成本为15 600 000元。在现销方式下，该大型设备的销售价格为16 000 000元。上述价格均不包含增值税，且假定不考虑相关税费影响，实际利率为7.93%。

要求：编制甲公司相关会计分录。

【答案】

单位：元

日期	收现总额 A	财务费用 B= D×7.93%	已收本金 C= A−B	未收本金 D= D−C
2016 年 1 月 1 日				16 000 000
2016 年 12 月 31 日	4 000 000	1 268 800	2 731 200	13 268 800
2017 年 12 月 31 日	4 000 000	1 052 215.84	2 947 784.16	10 321 015.84
2018 年 12 月 31 日	4 000 000	818 456.56	3 181 543.44	7 139 472.40
2019 年 12 月 31 日	4 000 000	566 160.16	3 433 839.84	3 705 632.56
2020 年 12 月 31 日	4 000 000	294 367.44*	3 705 632.56	0
总额	20 000 000	4 000 000	16 000 000	—

* 尾数调整 4 000 000−3 705 632.56=294 367.44

（1）2016 年 1 月 1 日，相关分录如下：

　　借：长期应收款　　　　　　　　　　　　　20 000 000

　　　贷：主营业务收入　　　　　　　　　　　　　16 000 000

　　　　　未实现融资收益　　　　　　　　　　　　 4 000 000

　　借：主营业务成本　　　　　　　　　　　　15 600 000

　　　贷：库存商品　　　　　　　　　　　　　　　15 600 000

（2）2016 年 12 月 31 日，相关分录如下：

　　借：未实现融资收益　　　　　　　　　　　 1 268 800

　　　贷：财务费用　　　　　　　　　　　　　　　 1 268 800

　　借：银行存款　　　　　　　　　　　　　　 4 000 000

　　　贷：长期应收款　　　　　　　　　　　　　　 4 000 000

其他年度会计分录略。

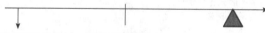

客户向企业提供融资：

提前收到商品款：	资产负债表日：	商品控制权转移：
借：银行存款	借：财务费用	借：合同负债
未确认融资费用	贷：未确认融资费用	贷：主营业务收入（现销价格）
贷：合同负债		

⚠ 【考点子题——举一反三，真枪实练】

[21]【经典子题·计算分析题】2020 年 1 月 1 日，甲公司与乙公司签订合同，向其销售

一批产品。合同约定，该批产品将于2年之后交货。合同中包含两种可供选择的付款方式，即乙公司可以在2年后交付产品时支付4 494 400元，或者在合同签订时支付4 000 000元。乙公司选择在合同签订时支付货款。该批产品的控制权在交货时转移。甲公司于2020年1月1日收到乙公司支付的货款。上述价格均不包含增值税，且假定不考虑相关税费影响，实际利率为6%。

要求：编制甲公司相关会计分录。

【考点母题——万变不离其宗】合同中存在重大融资成分

下列关于合同中存在的重大融资成分的表述正确的有（　　）。	
企业向客户提供融资（先发货后收钱）	A. 商品控制权转移： 借：长期应收款 　贷：主营业务收入（现销价格） 　　　未实现融资收益 B. 每期收钱： 借：未实现融资收益 　贷：财务费用 借：银行存款 　贷：长期应收款
客户向企业提供融资（先收钱后发货）	A. 提前收到商品款： 借：银行存款 　　　未确认融资费用 　贷：合同负债 B. 资产负债表日： 借：财务费用 　贷：未确认融资费用 C. 商品控制权转移： 借：合同负债 　贷：主营业务收入（现销价格）

【考点子题——举一反三，真枪实练】

[22]【历年真题·综合题（节选）】2×20年至2×22年，甲公司发生的与销售相关的交易或事项如下：

资料一：2×20年12月31日，甲公司与丁公司签订合同，向其销售一批C产品。合同约定，该批C产品将于两年后交货。合同中包含两种可供选择的付款方式，即丁公司可以在两年后交付C产品时支付330.75万元，或者在合同签订时支付300万元。丁公司选择在合同签订时支付货款。当日，甲公司收到丁公司支付的货款300万元并存入银行。该合同包含重大融资成分，按照上述两种付款方式计算的内含年

227

利率为 5%，该融资费用不符合借款费用资本化条件。

资料二：2×22 年 12 月 31 日，甲公司按照合同约定将 C 产品的控制权转移给丁公司，满足收入确认条件。

本题不考虑增值税等相关税费及其他因素。

要求：

（1）分别编制甲公司 2×20 年 12 月 31 日收到丁公司货款和 2×21 年 12 月 31 日摊销未确认融资费用的相关会计分录。

（2）分别编制甲公司 2×22 年 12 月 31 日摊销未确认融资费用和确认 C 产品销售收入的相关会计分录。

（三）非现金对价

企业应当按照非现金对价在合同开始日的公允价值确定交易价格。

▲【考点子题——举一反三，真枪实练】

[23]【经典子题·判断题】企业应当按照非现金对价在合同开始日的账面价值确定交易价格。（　　）

（四）应付客户对价

企业存在应付客户对价的，应当将该应付对价冲减交易价格，但应付客户对价是为了自客户取得其他可明确区分商品的除外。

会计故事会·有奖销售

有奖销售是指企业销售商品或提供服务时，附带性地向客户提供物品、金钱或者其他经济利益的促销方式，比如饮料销售中的"开瓶有奖"、白酒销售中的"包装盒中放美元"。收入准则中将企业在向客户转让商品时向其支付的对价称为"应付客户对价"。根据收入准则的规定，应付客户对价除为了自客户取得其他可明确区分的商品的款项外应当冲减销售合同的交易价格。如某白酒企业一箱白酒销售价格 100 元，每箱白酒中随机放入 1 美元（1 美元 =6.5 人民币）进行促销，其会计处理如下：

借：库存现金　　　　　　　　　　　　　100
　　贷：主营业务收入　　　　　　　　　　93.5
　　　　库存现金　　　　　　　　　　　　6.5

▲【考点子题——举一反三，真枪实练】

[24]【经典子题·判断题】企业存在应付客户对价的，应当将该应付对价冲减交易价格，

但应付客户对价是为了自客户取得其他可明确区分商品的除外。（　　）

四、将交易价格分摊至各单项履约义务

当合同中包含两项或多项履约义务时，企业应当在合同开始日，按照各单项履约义务所承诺商品的单独售价的相对比例，将交易价格分摊至各单项履约义务。

🌀【考点藏宝图】

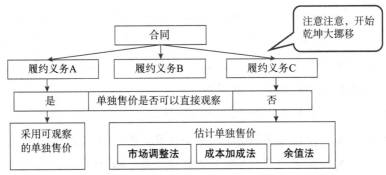

🔺【考点子题——举一反三，真枪实练】

[25]【经典子题·多选题】甲公司与客户签订合同，向其销售甲、乙、丙三件产品，合同价款为 10 000 元，甲、乙、丙产品的单独售价分为 5 000 元，2 500 元和 7 500 元，合计 15 000 元。下列关于交易价格分摊的金额正确的有（　　）。

A. 甲产品分摊 3 333 元

B. 乙产品分摊 1 667 元

C. 丙产品分摊 5 000 元

D. 丙产品分摊 7 500 元

[26]【经典子题·多选题】甲公司与客户签订合同，向其销售 M、N、P 三件产品，合同价款为 120 万元，这三种商品构成三项单项履约义务。企业经常以 50 万元单独出售 M 产品，其单独售价可直接观察；N 和 P 产品的单独售价不可直接观察，企业采用市场调整法估计 N 产品单独售价为 25 万元，采用成本加成法估计 P 产品独立售价为 75 万元。甲公司通常以 50 万元的价格单独销售 M 产品，并将 N 产品和 P 产品组合在一起以 70 万元的价格销售。下列关于交易价格分摊的金额正确的有（　　）。

A. M 产品分摊 40 万元

B. N 产品分摊 17.5 万元

C. P 产品分摊 52.5 万元

D. M 产品分摊 50 万元

[27]【经典子题·多选题】A 公司与客户签订合同，向其销售甲、乙、丙、丁四件产品，合同价款为 160 万元，这四种商品构成四项单项履约义务。企业经常以 50 万元单独出售甲产品，其单独售价可直接观察；乙和丙产品的单独售价不可直接观察，企业采用市场调整法估计乙产品单独售价为 25 万元，采用成本加成法估计丙产品独立售价为 75 万元。A 公司通常以 50 万元的价格单独销售甲产品，并将乙产品和丙产品组合在一起以

70 万元的价格销售。丁产品的价格波动巨大，单独售价在 20 万元—60 万元之间。丁产品采用余值法估计其单独售价。下列关于交易价格分摊的金额正确的有（　　）。

A. 甲产品分摊 50 万元
B. 乙产品分摊 17.5 万元

C. 丙产品分摊 52.5 万元
D. 丁产品分摊 40 万元

[28]【经典子题•多选题】甲公司与乙公司签订合同，将其拥有的两项专利技术 X 和 Y 授权给乙公司使用。假定两项专利技术分别构成单项履约义务，且都属于在某一时点履行的履约义务。合同约定，授权使用专利技术 X 的价格为 80 万元，授权使用专利技术 Y 的价格为乙公司使用该专利技术所产生的产品销售额的 3%。专利技术的单独售价分别为 80 万元和 100 万元。甲公司估计其就授权使用专利技术 Y 而有权收取的特许权使用费为 100 万元。下列关于可变对价分摊表述正确的有（　　）。

A. 专利技术 X 分摊固定价格 80 万元

B. 专利技术 Y 分摊全部可变对价 100 万元

C. 专利技术 X 和 Y 按照单独售价权重分摊固定价格 80 万元

D. 专利技术 X 和 Y 按照单独售价权重分摊可变价格 100 万元

五、履行每一单项履约义务时确认收入

企业应当在履行了合同中的履约义务，即客户取得相关商品控制权时确认收入。

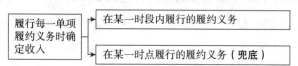

♦【考点子题——举一反三，真枪实练】

[29]【经典子题•判断题】企业应当根据实际情况，首先判断履约义务是否满足在某一时段内履行的条件，如不满足，则该履约义务属于在某一时点履行的履约义务。（　　）

（一）在某一时段内履行的履约义务

1. 在某一时段内履行履约义务的条件

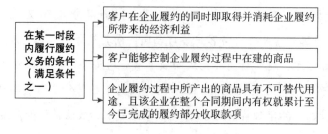

▲【考点子题——举一反三，真枪实练】

[30]【经典子题·多选题】下列各项中，符合在某一时段内履行的履约义务的收入确认条件的有（　　）。

　　A. 客户在企业履约的同时即取得并消耗企业履约所带来的经济利益

　　B. 客户能够控制企业履约过程中在建的商品

　　C. 企业履约过程中所产出的商品具有不可替代用途，且该企业在整个合同期间内有权就累计至今已完成的履约部分收取款项

　　D. 企业向客户销售商品

2. 在某一时段内履行的履约义务的收入确认

对于在某一时段内履行的履约义务，企业应当在该段时间内按照履约进度确认收入，但是履约进度不能合理确定的除外。

当期收入 = 资产负债表日按照合同的交易价格总额 × 履约进度 - 以前期间累计已确认的收入

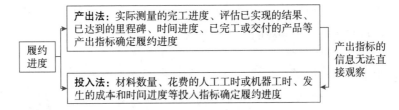

▲【考点子题——举一反三，真枪实练】

[31]【历年真题·判断题】对于在某一时期内履行的履约义务，只有当其履约进度能够合理确定时，才能按照履约进度确认收入。（　　）

[32]【经典子题·多选题】下列属于确定在某一时段内履行的履约义务进度中产出法的有（　　）。

　　A. 实际测量的完工进度　　　　　　B. 评估已实现的结果

　　C. 已达到的里程碑　　　　　　　　D. 时间进度

[33]【经典子题·判断题】产出法下有关产出指标的信息无法直接观察获得，需要采用投入法来确定履约进度。（　　）

[34]【经典子题·多选题】下列属于确定在某一时段内履行的履约义务进度中投入法的有（　　）。

　　A. 实际测量的完工进度　　　　　　B. 花费的人工工时

　　C. 发生的成本　　　　　　　　　　D. 花费的机器工时

[35]【经典子题·判断题】对于类似情况下的类似履约义务，企业应当采用相同的方法确定履约进度。（　　）

[36]【经典子题·判断题】履约进度不能合理确定时，企业已经发生的成本预计能够得到补偿的，应当按照已经发生的成本金额确认收入。（　　）

[37]【历年真题·综合题（节选）】2×20年度，甲公司发生的与销售相关的交易或事项如下：2×20年11月1日，甲公司与乙公司签订一项设备安装合同，安装期为4个月，合同总价款为200万元。当日，甲公司预收合同款120万元。至2×20年12月31日，甲公司实际发生安装费用96万元，估计还将发生安装费用64万元。甲公司向乙公司提供的设备安装服务属于在某一时段内履行的履约义务。甲公司按实际发生的成本占估计总成本的比例确定履约进度。本题不考虑增值税等相关税费及其他因素。

要求：计算甲公司2×20年提供设备安装服务应确认收入的金额，并编制确认收入的会计分录。

（二）在某一时点履行的履约义务

对于不属于在某一时段内履行的履约义务，应当属于在某一时点履行的履约义务，企业应当在客户取得相关商品控制权时点确认收入。

🐉【考点藏宝图】

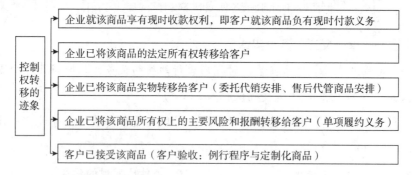

🔺【考点子题——举一反三，真枪实练】

[38]【经典子题·多选题】对于在某一时点履行的履约义务，在判断客户是否已取得商品控制权时应当考虑的迹象有（　　）。

A. 企业就该商品享有现时收款权利，即客户就该商品负有现时付款义务

B. 企业已将该商品的法定所有权转移给客户

C. 企业已将该商品实物转移给客户

D. 企业已将该商品所有权上的主要风险和报酬转移给客户

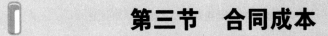

第三节　合同成本

考点 3　合同成本

合同成本 = 合同取得成本 + 合同履约成本

【考点藏宝图】

一、合同取得成本

【考点藏宝图】

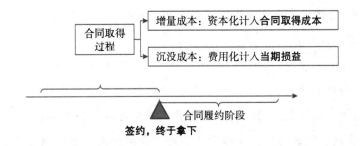

会计故事会·合同取得成本

　　小王是一家咨询公司的业务员，其通过竞标赢得一个新客户，为取得与该客户的合同，公司聘请外部律师进行尽职调查支付相关费用为 15 000 元，小王为投标而发生的差旅费为 10 000 元，合同中标公司奖励小王 5 000 元。公司因签订该客户合同而向小王支付的奖励属于为取得合同发生的增量成本，应当将其作为合同取得成本确认为合同取得成本。另外，公司聘请外部律师进行尽职调查发生的支出、为投标发生的差旅费，无论是否取得合同都会发生，不属于增量成本，应当于发生时直接计入当期损益。

【考点母题——万变不离其宗】合同取得成本

下列关于合同取得成本的表述正确的有（　　　）。

合同取得成本的条件	A. 为取得合同发生的、预期能够收回的增量成本
属于合同取得成本	A. 销售佣金 B. 合同续约或发生合同变更需要支付的额外佣金 C. 借：合同取得成本 　　贷：应付职工薪酬、银行存款等 D. 摊销期间不超过一年的，可以在发生时计入当期损益
不属于合同取得成本	A. 差旅费　　　B. 投标费　　　C. 准备投标资料的费用
摊销	A. 按照收入确认相同的基础摊销： 借：销售费用 　　贷：合同取得成本
列报	A. 不超过一年或一个营业周期的在其他流动资产列示 B. 一年或一个营业周期以上的在其他非流动资产列示

▲【考点子题——举一反三，真枪实练】

[39]【经典子题•判断题】合同取得成本是一项资产。（　　）

[40]【经典子题•单选题】下列与合同取得相关的支出中，属于合同取得成本的是（　　）。

A. 销售佣金

B. 差旅费

C. 投标费

D. 准备投标资料的费用

[41]【历年真题•多选题】企业为取得合同而发生的由企业负担的下列支出，应当在发生时计入当期损益的有（　　）。

A. 投标活动交通费

B. 尽职调查发生的费用

C. 招标文件购买费

D. 投标文件制作费

[42]【经典子题•多选题】2×21年12月1日，甲公司与乙公司签订一项安装服务合同，为取得该合同，甲公司发生差旅费1万元。合同约定，安装期为2个月，合同总价款为60万元，甲公司在安装服务完成、检验合格后才能从乙公司收取全部价款。2×21年12月31日，甲公司累计发生安装成本24万元，预计还将发生安装成本16万元。该安装服务属于在某一时段内履行的履约义务，甲公司按实际发生的成本占预计总成本的比例计算履约进度。不考虑其他因素，下列各项关于甲公司2×21年度对该安装服务会计处理的表述中，正确的有（　　）。

A. 确认合同资产36万元

B. 确认营业收入36万元

C. 确认营业成本24万元

D. 确认合同取得成本1万元

二、合同履约成本

企业为履行合同可能会发生的各种成本。

🌀【考点藏宝图】

▲【考点母题——万变不离其宗】合同履约成本

	下列关于合同履约成本的表述正确的有（ ）。
会计分录	A. 借：合同履约成本 　　贷：应付职工薪酬、银行存款等
摊销	A. 按照收入确认相同的基础摊销： 　　借：主营业务成本 　　　贷：合同履约成本
减值	A. 借：资产减值损失 　　贷：合同履约成本减值准备 B. 计提的资产减值准备可以转回
列报	A. 不超过一年或一个营业周期的在存货项目列示 B. 一年或一个营业周期以上的在其他非流动资产列示

▲【考点子题——举一反三，真枪实练】

[43]【历年真题·综合题】2×20年至2×22年，甲公司发生的与销售相关的交易或事项如下：

资料一：2×20年11月10日，甲公司与丙公司签订合同，约定以950万元的价格向丙公司销售其生产的B设备，并负责安装调试。甲公司转移B设备的控制权与对其安装调试是两个可明确区分的承诺。合同开始日，B设备的销售与安装的单独售价分别为900万元和100万元。2×20年11月30日，甲公司将B设备运抵丙公司指定地点。当日，丙公司以银行存款向甲公司支付全部价款并取得B设备的控制权。

资料二：2×20年12月1日，甲公司开始为丙公司安装B设备，预计2×21年1月20日完工。截至2×20年12月31日，甲公司已发生安装费63万元（全部为人工薪酬），预计尚需发生安装费27万元。甲公司向丙公司提供的B设备安装服务属于在某一时段内履行的履约义务，甲公司按实际发生的成本占预计总成本的比例确定履约进度。本题不考虑增值税等相关税费及其他因素。

要求：

第12章

（1）判断甲公司2×20年11月10日与丙公司签订销售并安装B设备的合同中包含几个单项履约义务；如果包含两个或两个以上单项履约义务，分别计算各单项履约义务应分摊的交易价格。

（2）编制甲公司2×20年11月30日将B设备运抵丙公司指定地点并收取全部价款的相关会计分录。

（3）编制甲公司2×20年12月31日应确认B设备安装收入的会计分录。

三、建造合同

建造合同属于在某一时段内履行履约义务。

▲【考点母题——万变不离其宗】建造合同

下列关于建造合同的表述正确的有（　　）。	
归集建造成本	借：合同履约成本 　　贷：原材料、应付职工薪酬等
确认收入结转成本	借：合同结算——收入结转 　　贷：主营业务收入 借：主营业务成本 　　贷：合同履约成本
实际结算	借：应收账款 　　贷：合同结算——价款结算 　　　　应交税费——应交增值税（销项税额） 借：银行存款 　　贷：应收账款
列报	"合同结算"科目贷方余额应在资产负债表中作为合同负债列示，借方余额在合同资产列示。非流动资产和负债的，在"其他非流动资产"和"其他非流动负债"项目列示

方点锦囊 合同结算一肩挑。

【考点子题——举一反三，真枪实练】

[44]【经典子题·计算分析题】2018年1月1日，甲建筑公司与乙公司签订一项大型设备建造合同，根据双方合同，该工程的造价为6 300万元，工程期限为1年半，预计2019年6月30日竣工；预计可能发生的总成本为4 000万元。甲公司负责工程的施工和全面管理，乙公司按照第三方工程监理公司确认的工程完工量，每半年与甲公司结算一次；假定该建造工程整体构成单项履约义务，并属于在某一时段履行的履约义务，甲公司采用已发生成本占预计总成本比例计算履约进度，不考虑其他相关因素。

2018年6月30日，工程累计实际发生成本1 500万元，甲公司与乙公司结算合同价款2 500万元，甲公司实际收到价款2 000万元；2018年12月31日，工程累计实际发生成本3 000万元，甲公司与乙公司结算工程价款1 100万元，甲公司实际收到价款1 000万元；2019年6月30日，工程累计实际发生成本4 100万元，乙公司与甲公司结算了合同竣工价款2 700万元，并支付剩余工程款3 300万元。

要求：编制甲公司与大型设备建造相关的会计分录。

【考点母题——万变不离其宗】建造合同减值

下列关于建造合同减值的表述中，正确的有（　　）。	
预计合同损失	借：合同结算——收入结转 　　贷：主营业务收入 借：主营业务成本 　　贷：合同履约成本 借：主营业务成本 　　贷：预计负债（预计总损失 – 已经在主营业务收入和成本中反映的部分）（转回在借方）

【考点子题——举一反三，真枪实练】

【经典例题·计算分析题】甲建筑公司与其客户签订一项总金额为580万元的固定造价合同，该合同不可撤销。甲公司负责工程的施工及全面管理，客户按照第三方工程监理公司确认的工程完工量，每年与甲公司结算一次；该工程已于2×18年2月开工，预计2×21年6月完工；预计可能发生的工程总成本为550万元。到2×19年底，由于材料价格上涨等因素，甲公司将预计工程总成本调整为600万元。2×20年末根据工程最新情况将预计工程总成本调整为610万元。假定该建造工程整体构成单项履约义务，并属于在某一时段内履行的履约义务，该公司采用成本法确定履约进度，不考虑其他相关因素。该合同的其他有关资料如表所示。

单位：万元

项目	2×18年	2×19年	2×20年	2×21年	2×22年
年末累计实际发生成本	154	300	488	610	—
年末预计完成合同尚需发生成本	396	300	122	—	—
本期结算合同价款	174	196	180	30	—
本期实际收到价款	170	190	190	—	30

按照合同约定，工程质保金30万元需等到客户于2×22年底保证期结束且未发生重大质量问题方能收款。上述价款均为不含税价款，不考虑相关税费的影响。

要求：编制甲公司相关会计分录。

【答案】1. 2×18年账务处理如下：

（1）实际发生合同成本：

借：合同履约成本　　　　　　　　　　　　　　154

　　贷：原材料、应付职工薪酬等　　　　　　　　154

（2）确认计量当年的收入并结转成本：

履约进度 =154÷（154+396）×100%=28%；

合同收入 =580×28%=162.4（万元）。

借：合同结算——收入结转　　　　　　　　162.4

　　贷：主营业务收入　　　　　　　　　　　162.4

借：主营业务成本　　　　　　　　　　　　154

　　贷：合同履约成本　　　　　　　　　　　154

（3）结算合同价款：

借：应收账款　　　　　　　　　　　　　　174

　　贷：合同结算——价款结算　　　　　　　174

（4）实际收到合同价款：

借：银行存款　　　　　　　　　　　　　　170

　　贷：应收账款　　　　　　　　　　　　　170

2018年12月31日，"合同结算"科目的余额为贷方11.6万元（174 - 162.4），表明甲公司已经与客户结算但尚未履行履约义务的金额为11.6万元，由于甲公司预计该部分履约义务将在2×19年内完成，因此，应在资产负债表中作为合同负债列示。

2. 2×19 年的账务处理如下：

（1）实际发生合同成本：

借：合同履约成本   146

贷：原材料、应付职工薪酬等   146

（2）确认计量当年的收入并结转成本，同时，确认合同预计损失：

履约进度 $=300\div(300+300)\times100\%=50\%$ ；

合同收入 $=580\times50\%-162.4=127.6$（万元）。

借：合同结算——收入结转   127.6

贷：主营业务收入   127.6

借：主营业务成本   146

贷：合同履约成本   146

合同预计损失 $=(300+300-580)\times(1-50\%)=10$（万元）。

借：主营业务成本   10

贷：预计负债   10

（3）结算合同价款：

借：应收账款   196

贷：合同结算——价款结算   196

（4）实际收到合同价款：

借：银行存款   190

贷：应收账款   190

2×19 年 12 月 31 日，"合同结算"科目的余额为贷方 80 万元（11.6+196-127.6），表明甲公司已经与客户结算但尚未履行履约义务的金额为 80 万元，由于甲公司预计该部分履约义务将在 2×20 年内完成，因此，应在资产负债表中作为合同负债列示。

3. 2×20 年的账务处理如下：

（1）实际发生的合同成本：

借：合同履约成本   188

贷：原材料、应付职工薪酬等   188

（2）确认计量当年的合同收入并结转成本，同时调整合同预计损失。

履约进度 $=488\div(488+122)\times100\%=80\%$ ；

合同收入 $=580\times80\%-162.4-127.6=174$（万元）；

合同预计损失 $=(488+122-580)\times(1-80\%)-10=-4$（万元）。

借：合同结算——收入结转   174

贷：主营业务收入　　　　　　　　　　　174

借：主营业务成本　　　　　　　　　　188

贷：合同履约成本　　　　　　　　　188

借：预计负债　　　　　　　　　　　4

贷：主营业务成本　　　　　　　　　4

（3）结算合同价款：

借：应收账款　　　　　　　　　　　180

贷：合同结算——价款结算　　　　　180

（4）实际收到合同价款：

借：银行存款　　　　　　　　　　　190

贷：应收账款　　　　　　　　　　190

2×20年12月31日，"合同结算"科目的余额为贷方86万元（80+180-174），表明甲公司已经与客户结算但尚未履行履约义务的金额为86万元，由于该部分履约义务将在2×21年6月底前完成，因此，应在资产负债表中作为合同负债列示。

4. 2×21年1-6月的账务处理如下：

（1）实际发生合同成本：

借：合同履约成本　　　　　　　　　122

贷：原材料、应付职工薪酬等　　　　122

（2）确认计量当期的合同收入并结转成本及已计提的合同损失：

2×21年1-6月确认的合同收入＝合同总金额－截至目前累计已确认的收入=580-162.4-127.6-174=116（万元）：

借：合同结算——收入结转　　　　　116

贷：主营业务收入　　　　　　　　116

借：主营业务成本　　　　　　　　　122

贷：合同履约成本　　　　　　　　122

借：预计负债　　　　　　　　　　　6

贷：主营业务成本　　　　　　　　6

2×21年6月30日，"合同结算"科目的余额为借方30（86-116）万元，是工程质保金，需等到客户于2×22年底保质期结束且未发生重大质量问题后方能收款，应当资产负债表中作为合同资产列示。

5. 2×22年的账务处理：

（1）保质期结束且未发生重大质量问题：

借：应收账款　　　　　　　　　　　　　30

　　贷：合同结算　　　　　　　　　　　　30

（2）实际收到合同价款：

借：银行存款　　　　　　　　　　　　　30

　　贷：应收账款　　　　　　　　　　　　30

第四节　关于特定交易的会计处理

考点4　附有销售退回条款销售的会计处理

【考点藏宝图】

有权退货期间

销售时点：
借：应收账款
　　贷：主营业务收入
　　　　预计负债——应付退货款
　　　　应交税费——应交增值税
　　　　（销项税额）
借：主营业务成本
　　应收退货成本
　　贷：库存商品

资产负债表日：
借：主营业务收入（或贷方）
　　贷：预计负债——应付退货款
借：应收退货成本（或贷方）
　　贷：主营业务成本

退货期满：
借：预计负债—应付退货款
　　主营业务收入（差额）
　　应交税费——应交增值税
　　（销项税额）
　　贷：银行存款/应收账款等
借：库存商品
　　贷：主营业务成本（差额）
　　　　应收退货成本

预计负债

主营业务收入

应收退货成本

主营业务成本

【考点锦囊】销退回，分蛋糕，要调整。

【考点母题——万变不离其宗】附有销售退回条款的销售

下列关于附有销售退回条款的销售的会计处理正确的有（　　）。

销售时	借：应收账款等 　贷：主营业务收入 　　预计负债——应付退货款 　　应交税费——应交增值税（销项税额） 借：主营业务成本 　应收退货成本 　贷：库存商品
资产负债表日	A. 估计实际退货率比预期要多： 　借：主营业务收入 　　贷：预计负债——应付退货款 　借：应收退货成本 　　贷：主营业务成本 B. 估计实际退货率比预期要少： 　借：预计负债——应付退货款 　　贷：主营业务收入 　借：主营业务成本 　　贷：应收退货成本
退货期满	A. 实际退货比估计的多： 　借：预计负债——应付退货款 　　主营业务收入（差额） 　　应交税费——应交增值税（销项税额） 　　贷：银行存款/应收账款等 　借：库存商品 　　贷：主营业务成本（差额） 　　应收退货成本 B. 实际退货比估计的少： 　借：预计负债——应付退货款 　　应交税费——应交增值税（销项税额） 　　贷：银行存款/应收账款等 　　主营业务收入（差额） 　借：库存商品 　　主营业务成本（差额） 　　贷：应收退货成本

考点锦囊 退货期满两分录，预计负债先清零，差额收入来弥补，税金就是捣蛋鬼。

▲【考点子题——举一反三，真枪实练】

[45]【经典子题·计算分析题】甲公司是一家健身器材销售公司。2020年10月1日，甲公司向乙公司销售5 000件健身器材，单位销售价格为500元，单位成本为400元。开出的增值税专用发票上注明的销售价格为250万元，增值税税额为32.5万元。健身器材已经发出，但款项尚未收到。根据协议约定，乙公司应于2020年12月1日之前支付货款，在2021年3月31日之前有权退还健身器材。甲公司根据过去的经

验，估计该批健身器材的退货率约为20%。在2020年12月31日，甲公司对退货率进行了重新评估，认为只有10%的健身器材会被退回。甲公司为增值税一般纳税人，健身器材发出时纳税义务已经发生，实际发生退回时取得税务机关开具的红字增值税专用发票。假定健身器材发出时控制权转移给乙公司。不考虑其他因素。

要求：编制甲公司的会计分录。

[46]【经典子题·实际退货量500件】2021年3月31日发生销售退回，假定实际退货量为500件，退货款项已经支付。

[47]【经典子题·实际退货量400件】2021年3月31日发生销售退回，假定实际退货量为400件，退货款项已经支付。

[48]【经典子题·实际退货量600件】2021年3月31日发生销售退回，假定实际退货量为600件，退货款项已经支付。

[49]【历年真题（改编）·综合题】2018年9月1日，甲公司向乙公司销售2 000件A产品，单位销售价格为0.4万元，单位成本为0.3万元，销售货款已收存银行，根据销售合同约定，乙公司在2018年10月31日之前有权退还A产品，2018年9月1日，甲公司根据以往经验估计该批A产品的退货率为10%，2018年9月30日，甲公司对该批A产品的退货率重新评估为5%，2018年10月31日，甲公司收到退回的120件A产品，并以银行存款退还相应的销售款。A产品转移给客户，控制权随之转移。本题不考虑增值税相关税费及其他因素。

要求：分别编制甲公司2018年9月1日确认A产品销售收入并结转销售成本，9月30日重新评估A产品退货率，10月31日实际发生A产品销售退回时的相关会计分录。

考点5 附有质量保证条款销售的会计处理

企业在向客户销售商品时，根据合同约定、法律规定或本企业以往的习惯做法等，可能会为所销售的商品提供质量保证。

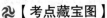【考点藏宝图】

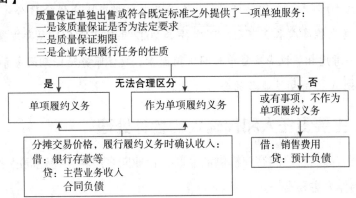

▲【考点母题——万变不离其宗】附有质量保证条款的销售

下列关于附有质量保证条款的销售的会计处理正确的有（ ）。	
构成单项履约义务	A. 确认销售商品收入时： 　借：银行存款等 　　贷：主营业务收入 　　　　合同负债 B. 发生质量保证相关成本： 　借：合同履约成本 　　贷：银行存款等 C. 确认质量保证收入： 　借：合同负债等 　　贷：主营业务收入 　借：主营业务成本 　　贷：合同履约成本
不作为单项履约义务	A. 计提质量保证费用时： 　借：销售费用 　　贷：预计负债 B. 实际发生维修费用： 　借：预计负债 　　贷：银行存款等
无法合理区分	【判断金句】企业提供的质量保证无法区分单项履约义务和不能作为单项履约义务的质量保证，应当将这两类质量保证一起作为单项履约义务处理。（ ）

考点锦囊 单独售价分分分。

▲【考点子题——举一反三，真枪实练】

[50]【经典子题·计算分析题】2019年末，A公司销售给B公司一批电脑，售价为75万元。其中电脑的价格为70万元，两年延保服务价格为5万元。A公司承诺2020年为法定免费保修期。A公司估计在法定保修期内将发生的保修费用为2万元。该批设备的成本为50万元。合同签订当日，A公司将该批电脑交付给B公司，款项已收到。2020年，发生维修成本2万元，2021年和2022年延保服务期每年发生维修费用2万元。假定不考虑相关税费及货币时间价值因素，延保服务延保期间每年确认2.5万元。

要求：编制A公司相关业务的会计分录。

考点6 主要责任人和代理人的会计处理

当存在第三方参与企业向客户提供商品时，企业向客户转让特定商品之前能够控制该商品，从而应当作为主要责任人。

🌀【考点藏宝图】

```
向客户转让商品          是    主要责任人  →  按照已收或应收对价总额
前是否拥有对该                              确认收入
商品的控制权            否    代理人      →  按照预期有权收取的佣金
                                           或手续费的金额确认收入
```

会计故事会·主要责任人

　　老张开了一家旅行社，从航空公司购买了一定数量的折扣机票，并对外销售。老张向旅客销售机票时，可自己决定机票的价格，未售出的机票不能退还给航空公司，这时老王就是主要责任人，向客户转让机票前拥有对机票的控制权，价格自己可以控制。如果老王销售机票只是按照航空公司的价格销售，按照销售金额从中收取手续费，这就是代理人。代理人按照不包含机票的金额仅仅将收取的手续费作为收入核算，主要责任人按照出售机票的金额作为收入，取得机票的金额作为成本，即总额法核算收入。

⛰【考点母题——万变不离其宗】主要责任人

	下列企业作为主要责任人情况表述正确的有（　　）。
主要责任人	A．企业自第三方取得商品或其他资产控制权后，再转让给客户 B．企业能够主导第三方代表本企业向客户提供服务 C．企业自第三方取得商品控制权后，通过提供重大的服务将该商品与其他商品整合成合同约定的某组合产出转让给客户
企业向客户转让特定商品之前是否已经拥有控制权的判断	D．转让商品的主要责任是企业还是第三方 E．该商品的存货风险在商品转让前后由企业还是第三方承担 F．所交易商品的价格由企业还是第三方决定
收入确认	【判断金句】 1．企业无论是主要责任人还是代理人均应当在履约义务履行时确认收入。（　　） 2．企业为主要责任人的，应当按照其自行向客户提供商品而有权收取的对价总额确认收入。（　　） 3．企业为代理人的，应当按照净额确认收入。（　　）

⛰【考点子题——举一反三，真枪实练】

[51]*历年真题·多选题* 下列各项交易或事项中，甲公司的身份是主要责任人的有（　　）。

A．甲公司在其经营的购物网站上销售由丙公司生产、定价、发货及提供售后服务的商品

B．甲公司从航空公司购买机票并自行定价向旅客出售，未售出的机票不能退还

C．甲公司委托乙公司按其约定的价格销售商品，乙公司未售出商品将退还给甲

D．为履行与戊公司签署的安保服务协议，甲公司委托丁公司代表其向戊公司提供的服务内容均需甲公司同意

[52]【经典子题·判断题】企业未在将特定商品转让给客户之前控制该商品的，企业为主要责任人。（　）

[53]【经典子题·判断题】企业为主要责任人的，应当按照其自行向客户提供商品而有权收取的对价扣除支付给第三方价款后的净额确认收入。（　）

[54]【历年真题·计算分析题】甲公司2018年12月发生的与收入相关的交易或事项如下：

资料一：2018年12月1日，甲公司与客户乙公司签订一项销售并安装设备的合同，合同期限为2个月，交易价格为270万元。合同约定，当甲公司合同履约完毕时，才能从乙公司收取全部合同金额，甲公司对设备质量和安装质量承担责任。该设备单独售价为200万元，安装劳务的单独售价为100万元。2018年12月5日，甲公司以银行存款170万元从丙公司购入并取得该设备的控制权，于当日按照合同约定直接运抵乙公司指定地点开始安装，乙公司对该设备进行验收并取得其控制权。此时，甲公司向乙公司销售设备的履约义务已经完成。

资料二：至2018年12月31日，甲公司实际发生安装费用48万元（均为甲公司员工的薪酬），估计还将发生安装费用32万元。甲公司向乙公司提供设备安装劳务属于在一个时段内履行的履约义务，按实际发生的成本占估计总成本的比例确定履约进度。本题不考虑增值税等相关税费及其他因素。

要求：

（1）判断甲公司向乙公司销售设备时的身份是主要责任人还是代理人，并说明理由。

（2）计算甲公司将交易价格分摊至设备销售与设备安装的金额。

（3）编制甲公司2018年12月5日销售设备时确认销售收入并结转销售成本的会计分录。

（4）编制甲公司2018年12月发生设备安装费用的会计分录。

（5）分别计算甲公司2018年12月31日设备安装的履约进度和应确认设备安装收入的金额，并编制确认设备安装收入和结转设备安装成本的会计分录。

考点 7　附有客户额外购买选择权销售的会计处理

额外购买选择权的情况包括销售激励、客户奖励积分、未来购买商品的折扣券以及合同续约选择权等。比如吃饭送代金券，超市买东西积分，坐飞机里程积分。

【考点藏宝图】

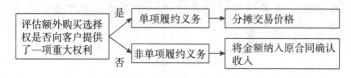

⚠ 【考点母题——万变不离其宗】附有客户额外购买选择权的销售

下列企业附有客户额外购买选择权的销售表述正确的有（　　）。	
作为单项履约义务	A. 确认商品或服务收入时： 借：银行存款 　　贷：主营业务收入 　　　　合同负债 B. 附有客户额外购买选择权确认收入时： 借：合同负债 　　贷：主营业务收入
不构成单项履约义务	A. 借：银行存款 　　贷：主营业务收入

⚠ 【考点子题——举一反三，真枪实练】

[55] 【经典子题·计算分析题】2018 年 1 月 1 日，甲公司开始推行一项奖励积分计划。根据该计划，客户在甲公司每消费 10 元可获得 1 个积分，每个积分从次月开始在购物时可以抵减 1 元。截止 2018 年 1 月 31 日，客户共消费 100 000 元，可获得 10 000 个积分，根据历史经验，甲公司估计该积分的兑换率为 95%。本题不考虑增值税等相关税费及其他因素。

要求：编制甲公司相关业务的会计分录。

[56] 【承上题·兑换积分】承上例，截至 2018 年 12 月 31 日，客户共兑换了 4 500 个积分，甲公司对该积分的兑换率进行了重新估计，仍然预计客户总共将会兑换 9 500 个积分。

要求：编制甲公司相关业务的会计分录。

[57] 【承上题·兑换积分发生变化】承上例，截至 2019 年 12 月 31 日，客户累计兑换了 8 500 个积分。甲公司对该积分的兑换率进行了重新估计，预计客户总共将会兑换 9 700 个积分。

要求：编制甲公司相关业务的会计分录。

[58] 【历年真题·综合题（节选）】2×20 年度，甲公司发生的与销售相关的交易或事项如下：2×20 年 10 月 1 日，甲公司推出一项 7 天节日促销活动。截至 2×20 年 10 月 7 日，甲公司因现销 410 万元的商品共发放了面值为 100 万元的消费券，消费券于次月 1 日开始可以使用。有效期为三个月。根据历史经验，甲公司估计消费券的使用率为 90%。本题不考虑增值税等相关税费及其他因素。

要求：计算甲公司 2×20 年 10 月的促销活动中销售 410 万元商品时应确认收入的金额，并编制相关会计分录。

考点 8 授予知识产权许可的会计处理

企业向客户授予的知识产权，常见的包括软件和技术、影视和音乐等的版权、特许经营权以及专利权、商标权和其他版权等。

【考点藏宝图】

会计故事会 · 范冰冰代言

一部手机中有成千上万个知识产权，但这些知识产权不构成单项履约义务，我们要的不是知识产权而是能用的手机，这种知识产权与销售商品一起作为单项履约义务。

范冰冰代言产品，代言就构成单项履约义务了，假设代言费是1000万元。如果在代言期间时不时弄点绯闻以扩大知名度，这种情况就属于某一时段履行的履约义务，因为绯闻也很辛苦，1000万元代言费按照履约的时间分摊计入收入。如果不搞绯闻，收了代言费就不管了，那收到1000万元可以一次性确认为收入，这种情况代言就是某一时点履行的履约义务。

【考点母题——万变不离其宗】授予知识产权许可

下列关于授予知识产权许可表述正确的有（　　）。	
授予知识产权许可不构成单项履约义务的情形包括	A. 该知识产权许可构成有形商品的组成部分并且对于该商品的正常使用不可或缺 B. 客户只有将该知识产权许可和相关服务一起使用才能够从中获益
某一时段内履行的履约义务（同时满足）	A. 合同要求或客户能够合理预期企业将从事对该项知识产权有重大影响的活动 B. 该活动对客户将产生有利或不利影响 C. 该活动不会导致向客户转让商品
某一时点履行的履约义务	A. 在客户能够使用某项知识产权许可并开始从中获益之前，企业不能对此类知识产权许可确认收入
基于销售或使用情况收取特许权使用费	A. 应当在下列两项孰晚的时点确认收入： （1）客户后续销售或使用行为实际发生； （2）企业履行相关履约义务。

【考点子题——举一反三，真枪实练】

[59]【经典子题·判断题】授予知识产权许可不构成单项履约义务的，企业应当将该知识产权许可和所售商品一起作为单项履约义务进行会计处理。（　　）

[60]【经典子题·多选题】下列关于授予客户知识产权许可构成单项履约义务的，企业应

当在某一时段履行的履约义务需要满足的条件有（　　）。

A. 合同要求或客户能够合理预期企业将从事对该项知识产权有重大影响的活动

B. 该活动对客户将产生不利或有利影响

C. 该活动不会导致向客户转让某项商品

D. 客户在一段时期内使用该知识产权许可

[61]【经典子题·判断题】企业向客户授予知识产权许可，并约定按客户实际销售或使用情况收取特许权使用费的，应当在客户后续销售或使用行为实际发生与企业履行相关履约义务二者孰晚的时点确认收入。（　　）

[62]【经典子题·计算分析题】甲公司是一家生产通信设备的公司。2022 年 1 月 1 日，甲公司与乙公司签订专利许可合同，许可乙公司在 5 年内使用自己的专利技术生产 A 产品。根据合同的约定，甲公司每年向乙公司收取由两部分金额组成的专利技术许可费，一是固定金额 200 万元，于每年末收取；二是按照乙公司 A 产品销售额的 2% 计算的提成，于第二年初收取。根据以往年度的经验和做法，甲公司可合理预期不会实施对该专利技术产生重大影响的活动。

2022 年 12 月 31 日，甲公司收到乙公司支付的固定金额专利技术许可费 200 万元。2022 年度，乙公司销售 A 产品 80 000 万元。不考虑税费及其他因素。

要求：

（1）判断甲公司授予知识产权许可属于在某一时段内履行履约义务还是属于某一时点履行履约义务，并说明理由。

（2）说明甲公司按照乙公司 A 产品销售额的 2% 收取的提成应于何时确认收入。

（2）编制甲公司 2022 年度与收入确认相关的会计分录。

考点 9　售后回购的会计处理

售后回购是指企业销售商品的同时承诺或有权选择日后再将该商品（包括相同或几乎相同的商品，或以该商品作为组成部分的商品）购回的销售方式。

【考点藏宝图】

【考点母题——万变不离其宗】售后回购

下列企业因存在与客户的远期安排而负有回购义务的售后回购表述正确的有（　　）。	
回购价格不低于原价	A. 发出商品时： 　借：银行存款 　　贷：应交税费——应交增值税（销项税额） 　　　　其他应付款 　借：发出商品 　　贷：库存商品 B. 每期确认财务费用： 　借：财务费用 　　贷：其他应付款 C. 回购商品时： 　借：其他应付款 　　　应交税费——应交增值税（进项税额） 　　贷：银行存款 　借：库存商品 　　贷：发出商品
回购价格低于原价	D. 出售商品时： 　借：银行存款 　　贷：预收账款 　　　　应交税费——应交增值税（销项税额） 　借：固定资产 　　贷：库存商品 E. 每期确认收入： 　借：预收账款 　　贷：其他业务收入 　借：其他业务成本 　　贷：累计折旧 F. 回购商品时： 　借：预收账款 　　　应交税费——应交增值税（进项税额） 　　贷：银行存款
下列关于负有应客户要求回购商品义务的售后回购表述正确的有（　　）。	
客户具有行使该要求权重大经济动因的	租赁交易或融资交易
客户不具有行使该要求权重大经济动因的	附有销售退回条款的销售交易

考点锦囊 高融低租，收入拜拜。

【考点子题——举一反三，真枪实练】

[63]【经典子题·计算分析题】甲公司在2020年7月1日与乙公司签订一项销售合同，根据合同向乙公司销售一批商品，开出的增值税专用发票上注明的销售价格为100

万元，增值税税额为 13 万元。商品尚未发出，款项已收到。该批商品的成本为 80 万元。7 月 1 日，签订的补充合同约定，甲公司应于同年 12 月 31 日将所售商品购回，回购价为 110 万元，增值税税额 14.3 万元。乙公司在 2020 年行使了回购的权力。不考虑其他因素。

要求：甲公司 2020 年度售后回购的会计处理。

[64]【经典子题·计算分析题】甲公司在 2020 年 7 月 1 日与乙公司签订一项销售合同，根据合同向乙公司销售一批商品，开出的增值税专用发票上注明的销售价格为 100 万元，增值税税额为 13 万元。商品尚未发出，款项已收到。该批商品的成本为 80 万元。7 月 1 日，签订的补充合同约定，甲公司应于同年 12 月 31 日将所售商品购回，回购价为 80 万元（不含增值税）。

乙公司在 2020 年行使了回购的权力，甲公司按约定支付回购价款 90.4 万元（含增值税），计提折旧费用 4 万元，并取得增值税专用发票。甲公司收回后准备出租使用，不考虑其他因素。

要求：甲公司 2020 年度售后回购的会计处理。

[65]【经典子题·判断题】客户不具有行使该要求权的重大经济动因的，企业应当将该售后回购作为附有销售退回条款的销售交易进行相应的会计处理。（　　）

考点 10　客户未行使的权利的会计处理

当企业预收款项无需退回，且客户可能会放弃其全部或部分合同权利时，按照客户行使合同权利的模式按比例将上述金额确认为收入。

会计故事会·理发店的会员卡

小王在理发店办理了一张 1000 元的会员卡，消费了其中的 800 元后由于搬家，理发店离家较远后来也就没再去消费了，直至 200 元到期作废，这 200 元对理发店来说就是客户未行使权利。

【考点母题——万变不离其宗】客户未行使的权利

下列关于客户未行使的权利表述正确的有（　　）。	
收到预收款项时	借：库存现金等 　贷：合同负债
企业预期将有权获得与客户所放弃的合同权利相关的金额的，应当按照客户行使合同权利的模式按比例将上述金额确认为收入	借：合同负债 　贷：主营业务收入

⚛【考点子题——举一反三，真枪实练】

[66]【经典子题·计算分析题】甲公司经营连锁面包店。2018年甲公司向客户销售了5 000张储值卡，每张卡的面值为200元，总额为100万元。客户可在甲公司经营的任何一家门店使用该储值卡进行消费。根据历史经验，甲公司预期客户购买的储值卡中将有大约相当于储值卡面值金额5%（即50 000元）的部分不会被消费。截至2018年12月31日，客户使用该储值卡消费的金额为400 000元。假定不考虑增值税。

要求：编制甲公司相关会计分录。

[67]【经典子题·判断题】企业预期将有权获得与客户所放弃的合同权利相关的金额的，应当按照客户行使合同权利的模式按比例将其确认为收入。（　　）

考点 11 无须退回初始费的会计处理

企业在合同开始日向客户收取的无需退回的初始费包括入会费、接驳费、初装费等。

🌀【考点藏宝图】

会计故事会·无需退回的初始费

杨老师会计培训班，收费2 888元，假设额外收取100元费用，对于这100元，有三种情况。第一种情况：学员注册登记费；第二种情况：教材费；第三种情况：答疑费；第一种情况，收100元作为学员注册登记费，这不构成履约义务，因为站在合同双方角度，履行的是培训的约定，学员注册登记不构成履行约定的授课义务。这种情况下初始费100元应当作为未来提供培训服务的预收款，在未来提供培训服务过程中确认为收入；第二种情况，提供教材构成单项履约义务。教材和培训两项履约义务，按照收入确认计量五步法，确定总的交易价格为2 988元（2 888+100），然后按照"教材"和"培训服务"两项单独履约义务单独售价分配2 988元收入；第三种情况，答疑费与培训密切相关，答疑本身不构成单项履约义务。这种情况下只有一项履约义务，按照收入确认计量五步法，交易价格2 988元，按照履约进度在培训期间按照培训进程分摊2 988元即可。

⚛【考点母题——万变不离其宗】无需退回的初始费

下列关于无需退回的初始费的会计处理表述正确的有（　　　）。

> A. 初始费用构成单项履约义务的，企业应当按照分摊至该商品的交易价格确认收入
>
> B. 初始费用不构成单项履约义务且与向客户转让已承诺商品相关的，企业应当在包含该商品的单项履约义务履行时，按照分摊至该单项履约义务的交易价格确认收入
>
> C. 初始费用不构成单项履约义务且与向客户转让已承诺商品不相关的，该初始费用应当作为未来转让商品的预收款

⟁【考点子题——举一反三，真枪实练】

[68]【经典子题·判断题】初始费用与向客户转让已承诺的商品相关，且该商品构成单项履约义务的，企业应当在转让商品时按照分摊该商品的交易价格确认收入。（　　）

〔本章考点子题答案及解析〕

[1]【答案：ABC】选项 D，控制权转移包括某一点和某一时段。

[2]【答案：×】企业与客户之间的合同可以是书面的，也可以是口头形式以及其他形式的。

[3]【答案：ACD】

[4]【答案：√】

[5]【答案：×】在合同开始日满足收入确认的五个条件，企业在后续期间无须对其进行重新评估，除非有迹象表明相关事实和情况有重大变化。

[6]【答案：√】

[7]【答案：√】

[8]【答案：A】合同变更增加了可明确区分的商品及合同价款，且新增合同价款反映了新增商品单独售价的，应当将合同变更作为 份单独的合同进行会计处理，选项 A 正确。

[9]【答案：B】合同变更日已转让商品与未转让商品之间可明确区分，但没有反映新增商品的单独售价的，应当作为原合同终止及新合同订立的情形，选项 B 正确。

[10]【答案：C】合同变更日已转让商品与未转让商品之间不可明确区分，合同变更部分作为原合同组成部分的情形，选项 C 正确。

[11]【答案：×】合同变更增加了可明确区分的商品，且新增合同价款反映新增商品单独售价，应将该合同变更部分作为单独合同进行会计处理。

[12]【答案：ABC】客户能够从商品本身或者从商品与其他易于获得的资源一起使用中受益表明转让的商品可以明确区分。

[13]【答案：√】

[14]【答案：√】

[15]【答案：ABCD】企业与客户的合同中约定的对价金额可能会因折扣、价格折让、返利、退款、奖励积分、激励措施、业绩奖金、索赔等因素而变化，选项 ABCD 正确。

[16]【答案：AB】企业应当按照期望值或最可能发生金额确定可变对价的最佳估计数，选项 A、B 正确。

[17]【答案：×】如果企业拥有大量具有类似特征的合同，并估计可能产生多个结果时，通常按照期望值估计可变对价金额。

[18]【答案：√】

[19]【答案：×】每一资产负债表日，企业应当重新估计可变现对价金额，包括估计是否受到限制。

[20]【答案：B】甲公司 2×21 年度应确认的收入金额 =（200+10）×90%=189（万元）。

[21]【答案】（1）2020 年 1 月 1 日收到货款：

借：银行存款　　　　　　　　　　4 000 000

　　未确认融资费用　　　　　　　　　494 400

　　贷：合同负债　　　　　　　　　　　4 494 400

（2）2020 年 12 月 31 日确认融资成分的影响：

借：财务费用　　　　　　　　　240 000（4 000 000×6%）

　　贷：未确认融资费用　　　　　　　240 000

（3）2021 年 12 月 31 日交付产品：

借：财务费用　　　　　　　254 400 [（4 000 000+240 000）×6%）]

　　贷：未确认融资费用　　　　　　　254 400

借：合同负债　　　　　　　　4 494 400

　　贷：主营业务收入　　　　　　　　4 494 400

[22]【答案】（1）2×20 年 12 月 31 日

借：银行存款　　　　　　　　　　300

　　未确认融资费用　　　　　　　30.75

　　贷：合同负债　　　　　　　　　　330.75

2×21 年 12 月 31 日

借：财务费用　　　　　　　　　15

　　贷：未确认融资费用　　　　　15（300×5%）

（2）2×22 年 12 月 31 日

借：财务费用　　　　　　　　15.75

　　贷：未确认融资费用　　　　15.75（30.75−15）

借：合同负债　　　　　　　　330.75

　　贷：主营业务收入　　　　　　330.75

[23]【答案：×】企业应当按照非现金对价在合同开始日的公允价值确定交易价格。

[24]【答案：√】

[25]【答案：ABC】甲产品 =10 000×5 000/15 000=3 333（元）；乙产品 =10 000×2 500/15 000=1 667（元）；丙产品 =10 000×7 500/15 000=5 000（元），选项 A、B 和 C 正确。

[26]【答案：BCD】M 产品 =50（万元）；N 产品 =70×25/100=17.5（万元）；P 产品 =70×75/100=52.5（万元），选项 B、C 和 D 正确。

[27]【答案：ABCD】甲产品 =50（万元）；乙产品 =70×25/100=17.5（万元）；丙产品 =70×75/100=52.5（万元）；丁产品 =160−120=40（万元），选项 ABCD 均正确。

[28]【答案：AB】该合同中包含固定对价和可变对价。专利技术 X 的价格为固定对价，且与其单独售价一致。授予专利技术 Y 的价格为乙公司使用该专利技术所生产的产品销售额的 3%，属于可变对价。甲公司基于实际销售情况估计收取的特许权使用费的金额接近 Y 的单独售价。因此，甲公

将可变对价部分的特许权使用费金额全部由 Y 承担，选项 A、B 正确。

[29]【答案：√】

[30]【答案：ABC】符合在某一时段内履行的履约义务的收入确认条件有三个，选项 A、B 和 C 正确。

[31]【答案：√】

[32]【答案：ABCD】产出法主要包括按照实际测量的完工进度、评估已实现的结果、已达到的里程碑、时间进度、已完工或交付的产品等确定履约进度的方法，选项 ABCD 均正确。

[33]【答案：√】

[34]【答案：BCD】投入法主要包括以投入的材料数量、花费的人工工时或机器工时、发生的成本和时间进度等投入指标确定履约进度，选项 B、C 和 D 均正确，选项 A 属于产出法。

[35]【答案：√】

[36]【答案：√】

[37]【答案】2×20 年 11 月 1 日

　　借：银行存款　　　　　　　　　　　　120
　　　贷：合同负债　　　　　　　　　　　　120

2×20 年 12 月 31 日

合同履约进度 =96/（96+64）×100%=60%；

提供设备安装服务应确认收入的金额 =200×60%=120（万元）。

　　借：合同负债　　　　　　　　　　　　120
　　　贷：主营业务收入　　　　　　　　　　120

[38]【答案：ABCD】在判断客户是否已取得商品控制权时应当考虑的迹象除选项 ABCD 外，还包括客户已接受该商品。

[39]【答案：√】

[40]【答案：A】取得合同支付的差旅费、投标费、准备投标资料的费用发生时计入当期损益，选项 B、C 和 D 错误。

[41]【答案：ABCD】企业为取得合同发生的增量成本，预期能够收回的，应当确认为资产（合同取得成本）。无论是否取得合同均会发生的差旅费、投标费、律师尽职调查费、为准备投标资料发生的相关费用等，应当在发生时计入当期损益，选项 ABCD 均正确。

[42]【答案：ABC】履约进度 =24/（24+16）=60%；收入确认金额 =60×60%=36（万元）。差旅费直接计入当期损益，不属于合同取得成本。

[43]【答案】（1）甲公司 2×20 年 11 月 10 日与丙公司签订销售并安装 B 设备的合同中包含两个单项履约义务。

销售 B 设备分摊的交易价格 =950×900/（900+100）=855（万元）；

提供安装调试服务分摊的交易价格 =950×100/（900+100）=95（万元）。

（2）借：银行存款　　　　　　　　　　　950
　　　贷：主营业务收入　　　　　　　　　855
　　　　　合同负债　　　　　　　　　　　95

（3）2×20 年履约进度 =63/（63+27）×100%=70%；2×20 年 12 月 31 日应确认 B 设备安装收入的

金额 =95×70%=66.5（万元）。

  借：合同履约成本   63

    贷：应付职工薪酬   63

  借：合同负债   66.5

    贷：主营业务收入   66.5

  借：主营业务成本   63

    贷：合同履约成本   63

[44]【答案】（1）2018 年 1 月 1 日至 6 月 30 日实际发生工程成本时：

  借：合同履约成本   1 500

    贷：原材料、应付职工薪酬等 1 500

（2）2018 年 6 月 30 日

履约进度 =1 500÷4 000=37.5%，合同收入 =6 300×37.5%= 2 362.5（万元）。

  借：合同结算——收入结转   2 362.5

    贷：主营业务收入   2 362.5

  借：主营业务成本   1 500

    贷：合同履约成本   1 500

  借：应收账款   2 500

    贷：合同结算——价款结算 2 500

  借：银行存款   2 000

    贷：应收账款   2 000

当日，"合同结算"科目的余额为贷方137.5 万元（2 500-2 362.5），表明甲公司已经与客户结算但尚未履行履约义务的金额为 137.5 万元，由于甲公司预计该部分履约义务将在 2018 年内完成，因此，应在资产负债表中作为合同负债列示。

（3）2018 年 7 月 1 日至 12 月 31 日实际发生工程成本时：

  借：合同履约成本   1 500

    贷：原材料、应付职工薪酬等 1 500

（4）2018 年 12 月 31 日

履约进度 =3 000÷4 000=75%，合同收入 =6 300×75%-2 362.5=2 362.5（万元）。

  借：合同结算——收入结转   2 362.5

    贷：主营业务收入   2 362.5

  借：主营业务成本   1 500

    贷：合同履约成本   1 500

  借：应收账款   1 100

    贷：合同结算——价款结算 1 100

  借：银行存款   1 000

    贷：应收账款   1 000

当日，"合同结算"科目的余额为借方 1 125（2 362.5-1 100-137.5）万元，表明甲公司已经履行履约义务但尚未与客户结算的金额为 1 125 万元，由于该部分金额将在 2019 年内结算，因此，应在资产负债表中作为合同资产列示。

（5）2019 年 1 月 1 日至 6 月 30 日实际发生工程成本时：

借：合同履约成本　　　　　　　　　　1 100

　　贷：原材料、应付职工薪酬等　　　　　　1 100

（6）2019 年 6 月 30 日

由于当日该工程已经竣工决算，其履约进度为 100%，合同收入 =6 300-2 362.5-2 362.5 =1 575（万元）。

借：合同结算——收入结转　　　　　　1 575

　　贷：主营业务收入　　　　　　　　　　　1 575

借：主营业务成本　　　　　　　　　　1 100

　　贷：合同履约成本　　　　　　　　　　　1 100

借：应收账款　　　　　　　　　　　　2 700

　　贷：合同结算——价款结算　　　　　　　2 700

借：银行存款　　　　　　　　　　　　3 300

　　贷：应收账款　　　　　　　　　　　　　3 300

当日，"合同结算"科目的余额为零（1 125+1 575-2 700）。

[45]【答案】（1）2020 年 10 月 1 日发出健身器材：

借：应收账款　　　　　　　　　　　　2 825 000

　　贷：主营业务收入　　　　　　　　　2 000 000（5 000×500×80%）

　　　　预计负债——应付退货款　　　　　500 000（5 000×500×20%）

　　　　应交税费——应交增值税（销项税额）　325 000

借：主营业务成本　　　　　　　　　　1 600 000（5 000×400×80%）

　　应收退货成本　　　　　　　　　　400 000（5 000×400×20%）

　　贷：库存商品　　　　　　　　　　　2 000 000（5 000×400）

（2）2020 年 12 月 1 日前收到货款：

借：银行存款　　　　　　　　　　　　2 825 000

　　贷：应收账款　　　　　　　　　　　　　2 825 000

（3）2020 年 12 月 31 日，甲公司对退货率进行重新评估：

借：预计负债——应付退货款　　　　　250 000[5 000×500×（20%-10%）]

　　贷：主营业务收入　　　　　　　　　　　250 000

借：主营业务成本　　　　　　　　　　200 000

　　贷：应收退货成本　　　　　　　　　200 000[5 000×400×（20%-10%）]

[46]【答案】

借：应交税费——应交增值税（销项税额）　　32 500

　　预计负债——应付退货款　　　　　250 000（500 000-250 000）

　　贷：银行存款　　　　　　　　　　282 500[500×500×（1+13%）]

借：库存商品   200 000（500×400）
  贷：应收退货成本   200 000（400 000−200 000）

[47]【答案】

借：应交税费——应交增值税（销项税额） 26 000
  预计负债——应付退货款   250 000（500 000−250 000）
  贷：主营业务收入   50 000（100×500）
   银行存款   226 000［400×500×（1+13%）］
借：库存商品   160 000（400×400）
  主营业务成本   40 000（100×400）
  贷：应收退货成本   200 000（400 000−200 000）

[48]【答案】

借：应交税费——应交增值税（销项税额） 39 000
  预计负债——应付退货款   250 000（500 000−250 000）
  主营业务收入   50 000（100×500）
  贷：银行存款   339 000［600×500×（1+13%）］
借：库存商品   240 000（600×400）
  贷：应收退货成本   200 000（400 000−200 000）
   主营业务成本   40 000（100×400）

[49]【答案】（1）9月1日

借：银行存款   800
  贷：主营业务收入   720（2 000×0.4×90%）
   预计负债——应付退货款   80（2 000×0.4×10%）
借：主营业务成本   540（2 000×0.3×90%）
  应收退货成本   60（2 000×0.3×10%）
  贷：库存商品   600

（2）9月30日

借：预计负债——应付退货款   40［2 000×0.4×（10%−5%）］
  贷：主营业务收入   40
借：主营业务成本   30［2 000×0.3×（10%−5%）］
  贷：应收退货成本   30

（3）10月31日

借：预计负债——应付退货款   40（80−40）
  主营业务收入   8
  贷：银行存款   48（120×0.4）
借：库存商品   36（120×0.3）
  贷：主营业务成本   6
   应收退货成本   30（60−30）

[50]【答案】（1）2019 年 A 公司的会计处理如下：

借：银行存款   75

  贷：主营业务收入   70

    合同负债   5

借：主营业务成本   50

  贷：库存商品   50

借：销售费用   2

  贷：预计负债   2

（2）2020 年发生维修成本 2 万元：

借：预计负债   2

  贷：银行存款   2

（3）2021 年延保期：

借：合同履约成本   2

  贷：银行存款   2

借：合同负债   2.5

  贷：主营业务收入   2.5

借：主营业务成本   2

  贷：合同履约成本   2

（4）2022 年延保期：

借：合同履约成本   2

  贷：银行存款   2

借：合同负债   2.5

  贷：主营业务收入   2.5

借：主营业务成本   2

  贷：合同履约成本   2

[51]【答案：BCD】选项 A，丙公司负责商品的生产、定价、发货及售后服务，则甲公司并未控制商品，甲公司的履约义务是安排丙公司向消费者提供相关商品，而非自行提供这些商品，甲公司是代理人。

[52]【答案：√】

[53]【答案：×】企业为主要责任人的，应当按照对价总额确认收入。

[54]【答案】（1）甲公司对乙公司销售设备时的身份是主要责任人。

理由：本题甲公司从丙公司购入设备，取得了设备的控制权，且甲公司对设备质量承担责任，然后转让给乙公司。所以本题中甲公司为主要责任人。

（2）设备销售分摊的交易价格 = 270×200÷（200+ 100）=180（万元），设备安装分摊的交易价格 =270×100/（200+100）=90（万元）。

（3）借：合同资产   180

  贷：主营业务收入   180

|借：主营业务成本|170||
|贷：库存商品|170||

（4）借：合同履约成本　　　　　　　　48

　　　　贷：应付职工薪酬　　　　　　　　　　48

（5）2018年12月31日设备安装的履约进度 =48/（48+32）×100%=60%；

应确认设备安装收入的金额 = 90×60%=54（万元）。

借：合同资产　　　　　　　　　　54

　　贷：主营业务收入　　　　　　　　　54

借：主营业务成本　　　　　　　　48

　　贷：合同履约成本　　　　　　　　　48

[55]【答案】商品分摊的交易价格 = [100 000÷（100 000 +9 500）] ×100 000=91 324（元）；

积分分摊的交易价格 = [9 500÷（100 000+9 500）] ×100 000=8 676（元）。

借：银行存款　　　　　　　　　　100 000

　　贷：主营业务收入　　　　　　　　　91 324

　　　　合同负债　　　　　　　　　　　8 676

[56]【答案】甲公司以客户兑换的积分数占预期将兑换的积分总数的比例为基础确认收入。积分当年应

当确认的收入为 4 110 元（4 500÷9 500×8 676）；剩余未兑换的积分为 4 566 元（8 676-4 110），

仍然作为合同负债。

借：合同负债　　　　　　　　　　4 110

　　贷：主营业务收入　　　　　　　　　4 110

[57]【答案】积分当年应当确认的收入为 3 493 元（8 500÷9 700×8 676-4 110）；剩余未兑换的积分为

1 073 元（8 676-4 110 –3 493），仍然作为合同负债。

借：合同负债　　　　　　　　　　3 493

　　贷：主营业务收入　　　　　　　　　3 493

[58]【答案】消费券的公允价值 =100×90%=90（万元）；

销售商品应确认的收入金额 =410×410/（410+90）=336.2（万元）；

消费券应分摊的交易价格 =410×90/（410+90）=73.8（万元）。

相关会计分录如下：

借：银行存款　　　　　　　　　　410

　　贷：主营业务收入　　　　　　　　　336.2

　　　　合同负债　　　　　　　　　　　73.8

[59]【答案：√】

[60]【答案：ABC】企业应当在某一时段履行的履约义务需要同时满足三个条件：合同要求或客户能够

合理预期企业将从事对该项知识产权有重大影响的活动、该活动对客户将产生不利或有利影响和该

活动不会导致向客户转让某项商品，选项A、B和C正确。

[61]【答案：√】

[62]【答案】（1）甲公司授予知识产权许可属于在某一时点履行履约义务。

理由：甲公司可合理预期不会实施对该专利技术产生重大影响的活动，应当作为在某一时点履行的履约义务。

（2）企业向客户授予知识产权许可，并约定按客户实际销售或使用情况收取特许权使用费的，应当在下列两项孰晚的时点确认收入：第一，客户后续销售或使用行为实际发生；第二，企业履行相关履约义务。即甲公司按照乙公司 A 产品销售额的 2% 收取的提成应于 2022 年 12 月 31 日确认收入。

（3）2022 年 1 月 1 日

借：长期应收款　　　　　　　　　　　1 000（200×5）

　　贷：主营业务收入　　　　　　　　　　1 000

2022 年 12 月 31 日

借：银行存款　　　　　　　　　　　　200

　　贷：长期应收款　　　　　　　　　　　200

借：应收账款　　　　　　　　　　　　1 600（80 000×2%）

　　贷：主营业务收入　　　　　　　　　　1 600

[63]【答案】（1）2020 年 7 月 1 日，收到货款：

借：银行存款　　　　　　　　　　　　　　　　113

　　贷：应交税费——应交增值税（销项税额）　　13

　　　　其他应付款　　　　　　　　　　　　　　100

借：发出商品　　　　　　　　　　　　　　　　80

　　贷：库存商品　　　　　　　　　　　　　　　80

（2）回购价格大于原售价的差额，应在回购期间计提利息，计入财务费用：

借：财务费用——售后回购融资利息　　　　　　10

　　贷：其他应付款　　　　　　　　　　　　　　10

（3）12 月 31 日回购商品时，收到的增值税专用发票并支付回购价款：

借：应交税费——应交增值税（进项税额）　　　14.3

　　其他应付款　　　　　　　　　　　　　　　110

　　贷：银行存款　　　　　　　　　　　　　　　124.3

借：库存商品　　　　　　　　　　　　　　　　80

　　贷：发出商品　　　　　　　　　　　　　　　80

[64]【答案】（1）2020 年 7 月 1 日，收到货款：

借：银行存款　　　　　　　　　　　　　　　　113

　　贷：预收账款　　　　　　　　　　　　　　　100

　　　　应交税费——应交增值税（销项税额）　　13

借：固定资产　　　　　　　　　　　　　　　　80

　　贷：库存商品　　　　　　　　　　　　　　　80

（2）回购价格小于原售价的差额，应在回购期间作为租赁收入：

借：预收账款　　　　　　　　　　　　　　　　20

　　贷：其他业务收入　　　　　　　　　　　　　20

  借：其他业务成本   4

   贷：累计折旧   4

  （3）12月31日回购商品时，收到的增值税专用发票并支付回购价款：

  借：预收账款   80

   应交税费——应交增值税（进项税额）   10.4

   贷：银行存款   90.4

[65]【答案：√】

[66]【答案】甲公司预期将有权获得与客户未行使的合同权利相关的金额为 50 000 元，该金额应当按照客户行使合同权利的模式按比例确认为收入。

  因此，甲公司在 2018 年销售的储值卡应当确认的收入金额为 421 053 元 [（400 000 + 50 000 × 400 000 ÷ 950 000）]。甲公司的账务处理为：

  （1）销售储值卡：

  借：库存现金   1 000 000

   贷：合同负债   1 000 000

  （2）根据储值卡的消费金额确认收入：

  借：合同负债   421 053

   贷：主营业务收入   421 053

[67]【答案：√】

[68]【答案：√】

第 13 章　政府补助

本章介绍了政府补助的 2 种分类、2 种处理方法和 2 种影响，考试以客观题为主，主要考察政府补助的判断。

本章思维导图

```
                ┌─ ★政府补助概述 ──── 财政拨款、财政贴息、税收返还、无
                │                       偿划拨非货币性资产
  政府                                                     ┌─ 总额法：喜形于色
  补助 ─┤                     ★政府补助的会计处理方法 ──┤
                │                                          └─ 净额法：深藏不露
                │
                └─ 政府补助的会计处理 ─┬─ ★与资产相关政府补助的会计处理
                                       ├─ ★与收益相关政府补助的会计处理
                                       ├─ 综合性项目政府补助的会计处理
                                       └─ 政府补助退回的会计处理
```

近三年真题考点分布

题　型	2020 年		2021 年		2022 年		考　点
	第一批	第二批	第一批	第二批	第一批	第二批	
单选题	—	1	—	1	1	—	
多选题	—	—	—	1	1	1	政府补助的形式、政府补
判断题	—	—	—	1	—	—	助的会计处理
计算分析题	—	—	1	—	—	—	
综合题	1	—	—	—	—	—	

扫码畅听增值课

第13章

第一节 政府补助概述

考点1 政府补助概述

政府补助是指企业从政府无偿取得货币性资产或非货币性资产。

📖【考点藏宝图】

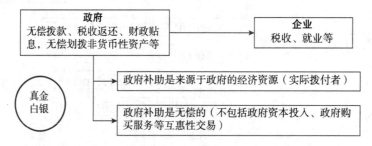

🔺【考点母题——万变不离其宗】政府补助的概念

	下列各项中，关于政府补助表述正确的有（　　）。
属于政府补助	A. 财政拨款（安置职工就业等各种奖励） B. 财政贴息（直接支付给受益企业或直接拨付贷款银行） C. 税收返还（包括先征后返的所得税、先征后退、即征即退的流转税） D. 无偿划拨非货币性资产（行政无偿划拨的土地使用权、天然起源的天然林）
不属于政府补助	A. 直接减征的税款 B. 增值税出口退税 C. 直接减征、免征、增加计税抵扣额、抵免部分税额 D. 政府采用资本金投入的资金 E. 政府购买服务等互惠性交易（家电下乡补贴、新能源汽车财政补贴）
政府补助的分类	A. 与资产相关的政府补助（用于购建或以其他方式形成长期资产的政府补助） B. 与收益相关的政府补助（除与资产相关的政府补助之外的政府补助）

🎒考点锦囊 **先征后退是补助，直接减免是优惠，出口退税很特别。**

🔺【考点子题——举一反三，真枪实练】

[1]【历年真题·单选题】下列各项中，企业应当作为政府补助进行会计处理的是（　　）。

    A. 政府以出资者身份向企业投入资本 　　B. 对企业直接减征企业所得税

C. 企业收到增值税出口退税　　　　D. 企业收到即征即退的增值税

[2]【历年真题·单选题】下列各项中，不属于企业获得的政府补助的是（　　）。

A. 政府部门对企业银行贷款利息给予的补贴

B. 政府部门无偿拨付给企业进行技术改造的专项资金

C. 政府部门作为企业所有者投入的资本

D. 政府部门先征后返的增值税

[3]【历年真题·单选题】下列各项中，应作为政府补助核算的是（　　）。

A. 增值税直接减免　B. 增值税即征即退　C. 增值税出口退税　D. 所得税加计抵扣

[4]【历年真题·单选题】2×19年12月，甲公司取得政府无偿拨付的技术改造资金100万元，增值税出口退税30万元，财政贴息50万元。不考虑其他因素，甲公司2×19年12月获得的政府补助金额为（　　）万元。

A. 180　　　　　　B. 150　　　　　　C. 100　　　　　　D.130

第二节　政府补助的会计处理

考点2　与资产相关政府补助的会计处理

与资产相关的政府补助是指企业取得的、用于购建或以其他方式形成长期资产的政府补助。

【考点藏宝图】

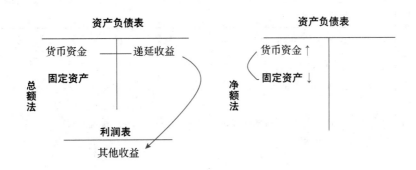

总额法喜形于色，净额法深藏不露。

会计故事会·政府补助

　　企业收到政府补助有两种处理方式，第一种方法是深藏不露，将政府补助确认为对相关资产账面价值或者所补偿成本费用等的扣减。这种处理方式神不知鬼不觉，偷偷摸摸的，省的别人说闲话，会计上把这种方法叫净额法。第二种方法是喜形于色，将收到的政府补助确认为收益。收到政府补助以抑制激动的心情，单独作为一项收益来处理，在报表上单独列报，一目了然，会计上把这种方法叫总额法。

【考点母题——万变不离其宗】与资产相关政府补助

下列各项中，与资产相关政府补助的会计处理方法表述正确的有（　　）。	
总额法	A. 企业收到补助资金时： 　借：银行存款 　　贷：递延收益 B. 在相关资产使用寿命内按合理系统的方法分期计入损益（剩余使用寿命内）： 　借：递延收益 　　贷：其他收益 C. 相关资产在使用寿命结束时或结束前被处置（出售、转让、报废等），尚未分摊的递延收益余额应当一次性转入资产处置当期损益，不再予以递延： 　借：递延收益 　　贷：固定资产清理
净额法	A. 企业收到补助资金时： 　借：银行存款 　　贷：递延收益 B. 购入、建造相关资产： 　借：固定资产、无形资产 　　贷：银行存款 同时在相关资产达到预定可使用状态或预定用途时，将补助冲减资产的账面价值： 　借：递延收益 　　贷：固定资产、无形资产 C. 企业按照扣减了政府补助后的资产价值对相关资产计提折旧或进行摊销
方法选择	A. 企业对某项经济业务，选择总额或净额法后，应当对该业务一贯的运用该方法，不得随意变更
收到非货币性资产	A. 对无偿给予的非货币性资产，企业应当按照公允价值或名义金额对类似补助进行计量 （1）收到非货币性资产时： 　借：相关资产科目 　　贷：递延收益 （2）在相关资产使用寿命内按合理系统的方法分期计入损益： 　借：递延收益 　　贷：其他收益 B. 公允价值不能可靠取得的，以名义金额1元计量，取得时计入当期损益

【考点子题——举一反三，真枪实练】

［5］【历年真题·判断题】企业取得的与资产相关的政府补助，在总额法下应当在购进资

产时冲减相关资产账面价值。（　　）

［6］【历年真题·计算分析题】甲公司对政府补助采用总额法进行会计处理，其与政府补助相关的资料如下：

资料一：2017 年 4 月 1 日，根据国家相关政策，甲公司向政府有关部门提交了购置 A 环保设备的补贴申请。2017 年 5 月 20 日，甲公司收到了政府补贴款 12 万元并存入银行。

资料二：2017 年 6 月 20 日，甲公司以银行存款 60 万元购入 A 环保设备并立即投入使用，预计使用年限为 5 年，预计净残值为零，采用年限平均法计提折旧。

资料三：2018 年 6 月 30 日，因自然灾害导致甲公司的 A 环保设备报废且无残值，相关政府补助无需退回。本题不考虑增值税等相关税费及其他因素。

要求：

（1）编制甲公司 2017 年 5 月 20 日收到政府补贴款的会计分录。

（2）编制甲公司 2017 年 6 月 20 日购入 A 环保设备的会计分录。

（3）计算甲公司 2017 年 7 月对 A 环保设备应计提的折旧金额，并编制相关会计分录。

（4）计算甲公司 2017 年 7 月政府补贴款应分摊计入当期损益的金额，并编制相关会计分录。

（5）编制甲公司 2018 年 6 月 30 日 A 环保设备报废的相关会计分录。

［7］【历年真题（改编）·计算分析题】甲公司对政府补助采用净额法进行会计处理，其与政府补助相关的资料如下：

资料一：2017 年 4 月 1 日，根据国家相关政策，甲公司向政府有关部门提交了购置 A 环保设备的补贴申请。2017 年 5 月 20 日，甲公司收到了政府补贴款 12 万元并存入银行。

资料二：2017 年 6 月 20 日，甲公司以银行存款 60 万元购入 A 环保设备并立即投入使用，预计使用年限为 5 年，预计净残值为零，采用年限平均法计提折旧。

资料三：2018 年 6 月 30 日，因自然灾害导致甲公司的 A 环保设备报废且无残值，相关政府补助无需退回。本题不考虑增值税等相关税费及其他因素。

要求：

（1）编制甲公司 2017 年 5 月 20 日收到政府补贴款的会计分录。

（2）编制甲公司 2017 年 6 月 20 日购入 A 环保设备的会计分录。

（3）计算甲公司 2017 年 7 月对 A 环保设备应计提的折旧金额，并编制相关会计分录。

（4）编制甲公司 2018 年 6 月 30 日 A 环保设备报废的相关会计分录。

［8］【历年真题（改编）·单选题】2015 年 1 月 10 日，甲公司收到专项财政拨款 60 万元，用以购买研发部门使用的某特种仪器。2015 年 6 月 20 日，甲公司购入该仪器

后立即投入使用。该仪器预计使用年限为 10 年，预计净残值为零，采用年限平均法计提折旧。不考虑其他因素，甲公司采用总额法核算政府补助，2015 年度甲公司应确认的其他收益为（   ）万元。

A. 3   B. 3.5   C. 5.5   D. 6

[9]【历年真题·判断题】企业收到政府无偿划拨的公允价值不能可靠取得的非货币性长期资产，应当按照名义金额"1元"计量。（   ）

[10]【经典子题·判断题】收到以名义金额计量的非货币性资产政府补助，应计入当期损益。（   ）

[11]【历年真题·判断题】企业采用净额法核算与固定资产相关的政府补助时，应当按照扣除政府补助前的资产价值对固定资产计提折旧。（   ）

考点3 与收益相关政府补助的会计处理

除与资产相关的政府补助之外的政府补助。

🌀【考点藏宝图】

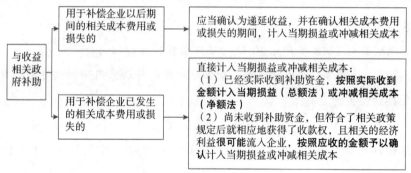

▲【考点母题——万变不离其宗】与收益相关政府补助

下列各项中，与收益相关政府补助的会计处理方法表述正确的有（ ）。	
用于补偿企业以后期间的相关成本费用或损失	A. 收到时： 　　借：银行存款等 　　　　贷：递延收益 B. 总额法： 　　借：递延收益 　　　　贷：其他收益 C. 净额法： 　　借：递延收益 　　　　贷：管理费用/生产成本等
用于补偿企业已发生的相关成本费用或损失	在收到时应直接计入当期损益或冲减相关成本 即征即退的增值税按照总额法处理，计入其他收益

【考点子题——举一反三，真枪实练】

[12]【经典子题·计算分析题】甲企业于 2017 年 3 月 15 日与其所在地地方政府签订合作协议，根据协议约定，当地政府将向甲企业提供 1 000 万元奖励资金，用于企业的人才激励和人才引进奖励，甲企业必须按年向当地政府报送详细的资金使用计划并按规定用途使用资金。甲企业于 2017 年 4 月 10 日收到 1 000 万元补助资金，分别在 2017 年 12 月、2018 年 12 月、2019 年 12 月使用了 400 万元、300 万元和 300 万元，用于发放给总裁级高管年度奖金。本题中不考虑相关税费等其他因素。

要求：

（1）假定甲企业选择净额法，要求编制相关会计分录。

（2）假定甲企业选择总额法，要求编制相关会计分录。

[13]【历年真题·多选题】下列各项关于企业政府补助会计处理的表述中，正确的有（　　）。

    A. 收到的用于未来购买环保设备的补贴款应确认为递延收益

    B. 收到的即征即退增值税应确认为其他收益

    C. 净额法下收到的人才引进奖励金应确认为营业外收入

    D. 总额法下收到的自然灾害损失补贴款应确认为营业外收入

[14]【历年真题·判断题】与收益相关的政府补助用于补偿企业以后期间的相关成本费用或损失直接计入当期损益。（　　）

考点 4　综合性项目政府补助的会计处理

综合性项目政府补助包含与资产相关的政府补助和与收益相关的政府补助，企业需要将其进行分解，并分别进行会计处理。

难以区分的，应当将其整体归类为与收益相关的政府补助进行处理。

【考点藏宝图】

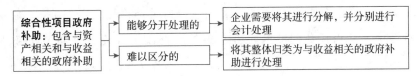

【考点子题——举一反三，真枪实练】

[15]【经典子题·计算分析题】2017 年 6 月 15 日，某市科技创新委员会与甲企业签订了科技计划项目合同书，拟对甲企业的新药临床研究项目提供研究补助资金。该项目

总预算为 600 万元，其中，市科技创新委员会资助 200 万元，甲企业自筹 400 万元。市科技创新委员会资助的 200 万元用于补助设备费 60 万元，材料费 15 万元，测试化验加工费 95 万元，会议费 30 万元，假定除设备费外的其他各项费用都属于研究支出。市科技创新委员会应当在合同签订之日起 30 日内将资金拨付给甲企业。甲企业于 2017 年 7 月 10 日收到补助资金，在项目期内按照合同约定的用途使用了补助资金。甲企业于 2017 年 7 月 25 日按项目合同书的约定购置了相关设备，设备成本 150 万元，其中使用补助资金 60 万元，该设备使用年限为 10 年，采用直线法计提折旧（不考虑净残值）。假设甲企业对收到的与资产相关的政府补助选择净额法进行会计处理，不考虑相关税费等其他因素。

要求：编制甲企业相关政府补助的会计分录。

考点5 政府补助退回的会计处理

已计入损益的政府补助需要退回，应当分情况进行会计处理。

▲▲▲【考点母题——万变不离其宗】政府补助退回

下列各项中，与政府补助退回的会计处理方法表述正确的有（ ）。	
初始确认时冲减相关资产成本的，应当调整资产账面价值（净额法）	借：固定资产 　　**制造费用等** 贷：银行存款 　　累计折旧
存在尚未摊销的递延收益的，冲减相关递延收益账面余额，超出部分计入当期损益	借：递延收益（账面余额） 　　其他收益等（**差额部分**） 贷：银行存款
属于其他情况的，直接计入当期损益	借：其他收益等 贷：银行存款

▲▲▲【考点子题——举一反三，真枪实练】

[16]【经典子题·计算分析题】按照国家有关政策，企业购置环保设备可以申请补贴以补偿其环保支出。丁企业于 2018 年 1 月向政府有关部门提交了 210 万元的补贴申请，作为对其购置环保设备的补贴。2018 年 3 月 15 日，丁企业收到了政府补贴款 210 万元。2018 年 4 月 20 日，丁公司购入不需要安装环保设备，实际成本为 480 万元，使用寿命 10 年，采用直线法计提折旧（不考虑净残值）。2026 年 4 月，丁企业的这台设备因自然灾害发生毁损。本题中不考虑相关税费。

要求：编制丁企业政府补助分别采用总额法和净额法的相关会计分录。

[17]【历年真题·计算分析题】2×21年6月，甲公司发生的与政府补贴相关的交易或事项如下：

资料一：2×21年6月10日，甲公司收到即征即退的增值税税款20万元，已收存银行。

资料二：2×21年6月15日，甲公司与某市科技局签订科技研发项目合同书，该科技研发项目总预算为800万元，其中甲公司自筹500万元，市科技局资助300万元。市科技局资助的300万元用于补贴研发设备的购买，研发成果归甲公司所有。2×21年6月20日，甲公司收到市科技局拨付的300万元补贴资金，款项已收存银行。2×21年6月25日，甲公司以银行存款400万元购入研发设备，并立即投入使用。

资料三：2×21年6月30日，甲公司作为政府推广使用的A产品的中标企业，以90万元的中标价格将一批生产成本为95万元的A产品出售给消费者，该批A产品的市场价格为100万元。当日，A产品的控制权已转移，满足收入确认条件。2×21年6月30日，甲公司收到销售该批A产品的财政补贴资金10万元并存入银行。

甲公司对政府补助采用总额法去进行会计处理。本题不考虑增值税、企业所得税及其他因素。

要求：

（1）判断甲公司2×21年6月10日收到即征即退的增值税税款是否属于政府补助，并编制收到该款项的会计分录。

（2）判断甲公司2×21年6月20日收到市科技局拨付的补贴资金是否属于政府补助，并编制收到该款项的会计分录。

（3）编制甲公司2×21年6月25日购入研发设备的会计分录。

（4）判断甲公司2×21年6月30日收到销售A产品的财政补贴资金是否属于政府补助，并编制收到该款项的会计分录。

[本章考点子题答案及解析]

[1]【答案：D】政府以投资者身份向企业投入资本，享有相应的所有权权益，属于互惠性交易，不属于政府补助，选项A错误；直接减征的企业所得税不涉及资产直接转移的经济资源，不属于政府补助，选项B错误；增值税出口退税不属于政府补助，选项C错误。

[2]【答案：C】选项C，政府与企业之间的关系是投资者与被投资者之间的关系，属于互惠交易，不属于政府补助。

[3]【答案：B】增值税即征即退属于政府补助，选项B正确。

[4]【答案：B】增值税出口退税不属于政府补助，增值税出口退税实际上是政府退回企业事先垫付的增值税进项税，不属于政府补助。甲公司2×19年12月获得的政府补助金额=100+50=150（万元），选项B正确。

[5]【答案：×】企业取得的与资产相关的政府补助，在净额法下应当在购进资产时冲减相关资产账面价值。

[6]【答案】

（1）借：银行存款   12

    贷：递延收益   12

（2）借：固定资产   60

    贷：银行存款   60

（3）甲公司 2017 年 7 月对 A 环保设备应计提的折旧金额 =60/（5×12）=1（万元）。

    借：管理费用   1

    贷：累计折旧   1

（4）甲公司 2017 年 7 月政府补贴款应分摊计入当期损益的金额 =12/（5×12）=0.2（万元）。

    借：递延收益   0.2

    贷：其他收益   0.2

（5）借：固定资产清理   48

      累计折旧   12

    贷：固定资产   60

    借：递延收益   9.6

    贷：固定资产清理   9.6

    借：营业外支出   38.4

    贷：固定资产清理   38.4（48-9.6）

[7]【答案】

（1）借：银行存款   12

    贷：递延收益   12

（2）借：固定资产   60

    贷：银行存款   60

    借：递延收益   12

    贷：固定资产   12

（3）甲公司 2017 年 7 月对 A 环保设备应计提的折旧金额 =（60-12）/（5×12）=0.8（万元）。

    借：管理费用   0.8

    贷：累计折旧   0.8

（4）借：固定资产清理   38.4

      累计折旧   9.6

    贷：固定资产   48

    借：营业外支出   38.4

    贷：固定资产清理   38.4

[8]【答案：A】与资产相关的政府补助应在价款收到时先确认为递延收益，然后在资产使用寿命内分期摊销确认其他收益，所以 2015 年度甲公司应确认的其他收益 =60/10×6/12=3（万元）。

[9]【答案：√】

[10]【答案：√】

[11]【答案：×】企业采用净额法核算与固定资产相关的政府补助时，应当按照扣除政府补助后的资产价值对固定资产计提折旧。

[12]【答案】（1）假定甲企业选择净额法对此类补助进行会计处理，其账务处理如下：

2017 年 4 月 10 日甲企业实际收到补助资金：

借：银行存款　　　　　　　　　1 000

　　贷：递延收益　　　　　　　　　　　1 000

2017 年 12 月、2018 年 12 月、2019 年 12 月甲企业将补助资金发放高管奖金：

① 2017 年 12 月

借：递延收益　　　　　　　　　400

　　贷：管理费用　　　　　　　　　　　400

② 2018 年 12 月

借：递延收益　　　　　　　　　300

　　贷：管理费用　　　　　　　　　　　300

③ 2019 年 12 月

借：递延收益　　　　　　　　　300

　　贷：管理费用　　　　　　　　　　　300

（2）如果甲企业选择按总额法对此类政府补助进行会计处理，则应当在确认相关管理费用的期间，借记"递延收益"科目，贷记"其他收益"科目。

2017 年 4 月 10 日甲企业实际收到补助资金：

借：银行存款　　　　　　　　　1 000

　　贷：递延收益　　　　　　　　　　　1 000

2017 年 12 月、2018 年 12 月、2019 年 12 月甲企业将补助资金发放高管奖金：

① 2017 年 12 月

借：递延收益　　　　　　　　　400

　　贷：其他收益　　　　　　　　　　　400

② 2018 年 12 月

借：递延收益　　　　　　　　　300

　　贷：其他收益　　　　　　　　　　　300

③ 2019 年 12 月

借：递延收益　　　　　　　　　300

　　贷：其他收益　　　　　　　　　　　300

[13]【答案：ABD】选项C，净额法下收到的人才引进奖励金冲减管理费用。

[14]【答案：×】与收益相关的政府补助用于补偿企业以后期间的相关成本费用或损失，应当确认为递延收益，并在确认相关费用或损失的期间，计入当期损益或冲减相关成本。

[15]【答案】甲企业收到的政府补助是综合性项目政府补助，需要区分与资产相关的政府补助和与收益相关的政府补助并分别进行处理。

（1）2017年7月10日甲企业实际收到补贴资金：

借：银行存款　　　　　　　　　　　200

　　贷：递延收益　　　　　　　　　　　　200

（2）2017年7月25日购入设备：

借：固定资产　　　　　　　　　　　150

　　贷：银行存款　　　　　　　　　　　　150

借：递延收益　　　　　　　　　　　60

　　贷：固定资产　　　　　　　　　　　　60

（3）自2017年8月起每个资产负债表日（月末）计提折旧，折旧费用计入研发支出：

借：研发支出　　　　　　　　　　　0.75

　　贷：累计折旧　　　　　　　　　　　　0.75

（4）对其他与收益相关的政府补助，甲企业按规定用途，实际使用补助资金时计入损益（总额法），或者在实际使用的当期期末根据当期累计使用的资金额计入损益（净额法）。

借：递延收益

　　贷：其他收益（总额法）、管理费用等损益类科目（净额法）

[16]【答案】1. 假设丁企业选择总额法进行会计处理。

（1）2018年3月15日实际收到财政拨款，确认递延收益：

借：银行存款　　　　　　　　　　　210

　　贷：递延收益　　　　　　　　　　　　210

（2）2018年4月20日购入设备：

借：固定资产　　　　　　　　　　　480

　　贷：银行存款　　　　　　　　　　　　480

（3）自2018年5月起每个资产负债表日（月末）计提折旧，同时分摊递延收益：

①计提折旧（假设该设备用于污染物排放测试，折旧费用计入制造费用）：

借：制造费用　　　　　　　　　　　4［480/（10×12）］

　　贷：累计折旧　　　　　　　　　　　　4

②分摊递延收益（月末）：

借：递延收益　　　　　　　　　　　1.75［210/（10×12）］

　　贷：其他收益　　　　　　　　　　　　1.75

（4）2026年4月设备毁损，同时转销递延收益余额：

借：固定资产清理　　　　　　　　　　96

　　累计折旧　　　　　　　　　　　384（4×8×12）

　　贷：固定资产　　　　　　　　　　480

借：递延收益　　　　　　　　　　　42（210−1.75×8×12）

　　贷：固定资产清理　　　　　　　　42

借：营业外支出　　　　　　　　　　54

　　贷：固定资产清理　　　　　　　　54（96−42）

2. 假设丁企业选择净额法进行会计处理。

（1）2018年3月15日实际收到财政拨款：

借：银行存款　　　　　　　　　　　210

　　贷：递延收益　　　　　　　　　　210

（2）2018年4月20日购入设备：

借：固定资产　　　　　　　　　　　480

　　贷：银行存款　　　　　　　　　　480

借：递延收益　　　　　　　　　　　210

　　贷：固定资产　　　　　　　　　　210

（3）自2018年5月起每个资产负债表日（月末）计提折旧：

借：制造费用　　　　　　　　　　　2.25［（480−210）/（10×12）］

　　贷：累计折旧　　　　　　　　　　2.25

（4）2026年4月设备毁损：

借：固定资产清理　　　　　　　　　54

　　累计折旧　　　　　　　　　　　216（2.25×8×12）

　　贷：固定资产　　　　　　　　　　270

借：营业外支出　　　　　　　　　　54

　　贷：固定资产清理　　　　　　　　54

3. 假设2019年5月，有关部门在对丁企业的检查中发现，丁企业不符合申请补助的条件，要求丁企业退回补助款，丁企业于当月退回了补助款210万元。

（1）丁企业选择总额法进行会计处理：

2019年5月丁企业退回补助款时：

借：递延收益　　　　　　　　　　　189

　　其他收益　　　　　　　　　　　21（210/10）

　　贷：银行存款　　　　　　　　　　210

（2）丁企业选择净额法进行会计处理：

2019年5月份丁企业退回补助款时：

借：固定资产　　　　　　　　　　　210

制造费用	21（210/10）
贷：银行存款	210
累计折旧	21

[17]【答案】（1）收到的即征即退的增值税税款属于政府补助。相关会计分录：

借：银行存款	20
贷：其他收益	20

（2）收到的补贴资金属于政府补助。相关会计分录：

借：银行存款	300
贷：递延收益	300

（3）相关会计分录：

借：固定资产	400
贷：银行存款	400

（4）收到销售 A 产品的财政补贴资金不属于政府补助。相关会计分录：

借：银行存款	10
贷：主营业务收入	10

第 14 章　非货币性资产交换

本章属于 2022 年新增内容，学习时要穿越到原始社会，体验以物易物，等价交换的场景。本章的核心内容是非货币性资产交换的判断以及会计处理。

本章思维导图

非货币性资产交换

- ★非货币性资产交换的概念
  - 非货币性资产：未来现金流入的金额不确定
  - 非货币性资产交换：以物易物（货币性资产 ×25%）
- 非货币性资产交换的确认和计量 —— 商业实质：真交换，不是调剂利润
- ★非货币性资产交换的会计处理
  - 公允价值计量：以物易物，等价交换，相信自己
  - 账面价值计量：账面对账面，交换没利润
  - 涉及多项非货币性资产交换：先确定换入资产总成本，再将换入资产总成本在换入的各项资产之间进行分配

近三年真题考点分布

题　型	2022 年		考　点
	第一批	第二批	
单选题	1	1	非货币性资产交换的判断，公允价值计量的会计处理
多选题	—	—	
判断题	—	1	
计算分析题	—	—	
综合题	—	1	

扫码畅听增值课

第14章

第一节　非货币性资产交换的认定

 非货币性资产的概念

货币性资产是指企业持有的货币资金和收取固定或可确定的金额的货币资金的权利，包括库存现金、银行存款、应收账款和应收票据以及债权投资等。非货币性资产是指货币性资产以外的资产。

会计故事会·货币性资产

会计上区分货币性资产和非货币性资产的意义在于货币性资产的金额是固定的或可确定的，货币性资产的价值是实际的价值，可以用来定价。非货币性资产虽然账面上也有一个账面价值，但这个账面价值不是实际价值，可能发生变化（比如交易性金融资产），也可能是历史成本（比如固定资产）。

【考点母题——万变不离其宗】非货币性资产

（1）下列各项中，属于货币性资产的有（　　）。			
货币性资产	A. 现金 D. 应收账款	B. 银行存款 E. 应收票据	C. 其他货币资金 F. 债权投资
（2）下列各项中，属于非货币性资产的有（　　）。			
非货币性资产	A. 交易性金融资产 D. 其他债权投资 G. 固定资产 J. 投资性房地产	B. 存货 E. 其他权益工具投资 H. 无形资产	C. 预付账款 F. 长期股权投资 I. 在建工程

【注意】
1.预付账款为什么属于非货币性资产？预付账款是购买原材料支付的订金，所以未来收取的资产是原材料，原材料未来能够产生多少现金流是不确定的，所以预付账款属于非货币性资产。
2.注意区分货币性负债与货币性资产。

【考点子题——举一反三，真枪实练】

[1]【历年真题·多选题】下列各项资产中，属于货币性资产的有（　　）。

　　A. 银行存款　　　　B. 预付款项　　　　C. 交易性金融资产　D. 应收票据

[2]【历年真题·多选题】下列各项中，属于非货币性资产的有（　　）。

　　A. 应收账款　　　　B. 无形资产　　　　C. 在建工程　　　　D. 长期股权投资

考点**2** 非货币性资产交换的认定

交易双方以非货币性资产与非货币性资产进行交换。如果涉及少量货币性资产的，补价（货币性资产）占整个资产交换金额的比例低于 25%（不含），也可以认定为非货币性资产交换。

【考点藏宝图】

以物易物，等价交换

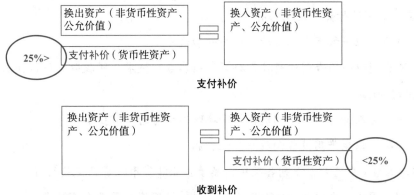

支付补价

收到补价

【注意】分子和分母，均不含增值税。

【考点母题——万变不离其宗】非货币性资产交换

下列关于非货币性资产交换的表述中，正确的有（　　）。	
属于非货币性资产交换	A. 换入和换出资产均为非货币性资产
	B. 不涉及或只涉及少量的货币性资产（<25%）
不属于非货币性资产交换（非互惠性质）	A. 企业以存货换取客户的非货币性资产（收入准则，换入存货可以）
	B. 企业与所有者或所有者以外方面的非货币性资产非互惠转让（以非货币性资产作为股利发放给股东、以非货币性资产向职工发放福利等）
	C. 关联方之间发生的非货币性资产交换
	D. 企业合并涉及的非货币性资产交换（合并准则）
	E. 权益性交易（以发行股票形式取得机器设备）
【判断金句】投资方以一项固定资产出资取得对被投资方的权益性投资，对于投资方来说属于非货币性资产交换；对于被投资方来说，则属于接受权益性投资，不属于非货币性资产交换。（　　）	

考点锦囊 存合权，非交换。

▲【考点子题——举一反三，真枪实练】

[3]【经典子题·单选题】下列交易或事项中，甲公司应按非货币性资产交换进行会计处理的是（　　）。

A. 以持有的应收账款换取乙公司的产品

B. 以持有的应收票据换取乙公司的电子设备

C. 以持有的土地使用权换取乙公司的产品作为固定资产使用

D. 以债权投资换取乙公司 25% 股权投资

[4]【经典子题·单选题】在不涉及补价的情况下，下列各项交易事项中，属于非货币性资产交换的是（　　）。

A. 开出商业承兑汇票购买原材料　　　　B. 以发行股票形式取得机器设备

C. 以拥有的长期股权投资换入专利技术　D. 以应收账款换入对联营企业投资

[5]【经典子题·多选题】下列各项关于甲公司发生的交易或事项中，不适用非货币性资产交换准则进行会计处理的有（　　）。

A. 甲公司以一批产成品交换乙公司一台汽车

B. 甲公司以一项专利权交换乙公司一项非专利技术，所收取补价占换出专利权公允价值的 30%

C. 甲公司以持有的 5 年期债权投资换取丙公司的专有技术

D. 甲公司以生产用设备向股东分配利润

[6]【历年真题·多选题】下列各项中，属于企业非货币性资产交换的有（　　）。

A. 甲公司以公允价值为 150 万元的原材料换入乙公司的专有技术

B. 甲公司以公允价值为 300 万元的商标权换入乙公司持有的某上市公司的股票，同时收到补价 60 万元

C. 甲公司以公允价值为 800 万元的机床换入乙公司的专利权

D. 甲公司以公允价值为 105 万元的设备换入乙公司的小轿车，同时支付补价 45 万元

第二节　非货币性资产交换的确认和计量

考点3　商业实质的判断

非货币性资产交换是业务需要，不是调剂利润的需要（实质重于形式）。

> **会计故事会·神奇的交换**
>
> 　　甲公司利润考核指标还差10万元。甲公司与乙公司协商用甲公司一辆作为固定资产核算的小汽车与乙公司类似的一辆小汽车进行交换。对甲公司来说换出小汽车与换入了一辆类似的小汽车，没有实质经济意义。但在报表上却发生了神奇的变化，根据会计准则规定固定资产按照历史成本核算，假设该固定资产交换前账面价值20万元，公允价值为30万元，通过非货币性资产交换，涉及两项交易，一是固定资产按照公允价值处置，产生10万元的利润；二是假设出售资产收到的30万元购入另一项资产，入账成本30万元。交换后与原来相比，通过交换资产增加10万元，利润增加10万元。由于交换前后资产没有本质差异，这种交换没有实际经济含义，会计上叫不具有商业实质，纯粹是玩过家家，目的不纯，具有调节利润的嫌疑。如果不具有商业实质，会计要按照实质重于形式的原则来进行处理，不能让其目的得逞。

【考点藏宝图】

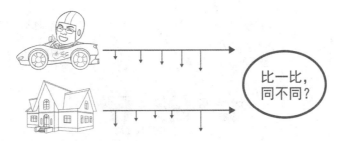

比一比，
同不同？

【考点母题——万变不离其宗】商业实质

下列关于非货币性资产交换的表述中，正确的有（　　）。	
满足条件之一	A. 使用换入资产所产生的预计未来现金流量现值与继续使用换出资产不同 B. 未来现金流量总额相同，但换入资产的未来现金流量在风险、时间分布或金额方面与换出资产显著不同
会计处理	A. 公允价值计量模式：具有商业实质且换出或换入资产公允价值能够可靠计量 B. 账面价值计量模式：不具有商业实质或虽具有商业实质但换出和换入资产公允价值都不能可靠计量

第14章

前几天下班打车回家，出租车司机跟我聊天，说他爱人是一名护士，跟别人握手时总是习惯性地看对方手臂上的血管，看看血管粗不粗，好不好扎针，可能这就是职业病。同样，会计人眼中的资产，也是习惯性地关注资产的未来现金流量及其分布，会计上可以通过比较两个资产的未来现金流量来判断其是不是同一个资产。

考点4 以公允价值计量的非货币性资产交换的会计处理

换入资产的成本＝换出资产公允价值和应支付的换入资产的相关税费等。换出资产公允价值与账面价值的差额应当记入当期损益。

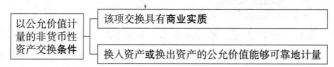

1. 不涉及补价的会计处理

🌀【考点藏宝图】

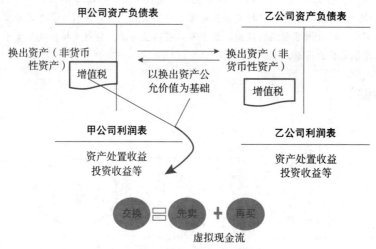

⚜️【考点母题——万变不离其宗】公允价值计量·不涉及补价

下列各项中，关于不涉及补价公允价值计量的非货币性资产交换表述正确的有（ ）。	
换入资产成本	**A. 换出资产公允价值更可靠** 【换入资产成本】＝换出资产公允价值＋换出资产增值税销项税额－换入资产可抵扣的增值税进项税额＋支付的应计入换入资产成本的相关税费 **B. 换入资产公允价值更可靠** 【换入资产成本】＝换入资产公允价值＋支付的应计入换入资产成本的相关税费

换出资产	固定资产 （无形资产）	C.　借：固定资产清理 　　　　累计折旧 　　　　固定资产减值准备 　　　　贷：固定资产——原价 　　借：【换入资产】（看换出资产的脸色） 　　　　应交税费——应交增值税（进项税额） 　　　　贷：固定资产清理 　　　　　　应交税费——应交增值税（销项税额） 　　　　　　资产处置损益（差额或借方）
	投资性房地产	D.　成本模式： 　　借：【换入资产】（看换出资产的脸色） 　　　　应交税费——应交增值税（进项税额） 　　　　贷：其他业务收入（公允价值） 　　　　　　应交税费——应交增值税（销项税额） 　　借：其他业务成本 　　　　投资性房地产累计折旧/（摊销） 　　　　投资性房地产减值准备 　　　　贷：投资性房地产 　　公允价值模式： 　　借：【换入资产】（看换出资产的脸色） 　　　　应交税费——应交增值税（进项税额） 　　　　贷：其他业务收入（公允价值） 　　　　　　应交税费——应交增值税（销项税额） 　　借：其他业务成本 　　　　公允价值变动损益 　　　　其他综合收益 　　　　贷：投资性房地产——成本 　　　　　　　　　　——公允价值变动
	长期股权投资	E.　权益法： 　　借：【换入资产】（看换出资产的脸色） 　　　　应交税费——应交增值税（进项税额） 　　　　贷：长期股权投资——投资成本 　　　　　　　　　　——损益调整 　　　　　　　　　　——其他综合收益 　　　　　　　　　　——其他权益变动 　　　　　　投资收益（差额或借方） 　　借：其他综合收益 　　　　资本公积——其他资本公积 　　　　贷：投资收益
支付的换入资产成本的相关税费		借：【换入资产】 　　贷：银行存款等

续表

支付的换出资产的相关税费	与换出资产有关的相关税费和出售资产相关税费的会计处理相同,如换出固定资产支付的清理费用计入资产处置损益,换出应税消费品应交的消费税计入税金及附加等

考点锦囊 以物易物,等价交换,相信自己。

🔺【考点子题——举一反三,真枪实练】

[7]【历年真题·多选题】下列关于以公允价值计量的企业非货币性资产交换会计处理的表述中,正确的有( )。

A. 换出资产为长期股权投资的,应将换出资产公允价值与其账面价值的差额计入投资收益

B. 换出资产为投资性房地产的,按换出资产公允价值或换入资产公允价值确认其他业务收入,按换出资产账面价值结转其他业务成本

C. 换出资产为无形资产的,应将换出资产公允价值与其账面价值的差额计入营业外收入

D. 换出资产为固定资产的,应将换出资产公允价值小于其账面价值的差额计入其他综合收益

2. 涉及补价的会计处理

(1) 支付补价

🌀【考点藏宝图】

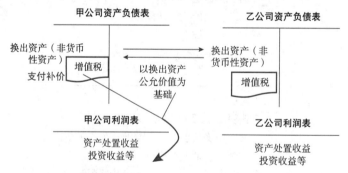

🔺【考点母题——万变不离其宗】公允价值计量·支付补价

下列各项中,关于支付补价公允价值计量的非货币性资产交换表述正确的有( )。	
换入资产成本	**A. 换出资产公允价值更可靠** 【换入资产成本】=换出资产公允价值+换出资产增值税销项税额+支付的补价-换入资产可抵扣的增值税进项税额+支付的应计入换入资产成本的相关税费 **B. 换入资产公允价值更可靠** 换入资产成本=换入资产公允价值+支付的应计入换入资产成本的相关税费

换出资产	固定资产 （无形资产）	C.　借：固定资产清理 　　　　累计折旧 　　　　固定资产减值准备 　　　　贷：固定资产——原价 　　**借：【换入资产】（看换出资产的脸色）** 　　　　应交税费——应交增值税（进项税额） 　　　　贷：固定资产清理 　　　　　　资产处置损益（差额或借方） 　　　　　　应交税费——应交增值税（销项税额） 　　　　　　**银行存款（支付的补价）**
	投资性房地产	D.　**成本模式：** 　　**借：【换入资产】（看换出资产的脸色）** 　　　　应交税费——应交增值税（进项税额） 　　　　贷：其他业务收入（公允价值） 　　　　　　应交税费——应交增值税（销项税额） 　　　　　　**银行存款（支付的补价）** 　　借：其他业务成本 　　　　投资性房地产累计折旧 /（摊销） 　　　　投资性房地产减值准备 　　　　贷：投资性房地产 　　**公允价值模式：** 　　**借：【换入资产】（看换出资产的脸色）** 　　　　应交税费——应交增值税（进项税额） 　　　　贷：其他业务收入（公允价值） 　　　　　　应交税费——应交增值税（销项税额） 　　　　　　**银行存款（支付的补价）** 　　借：其他业务成本 　　　　公允价值变动损益 　　　　其他综合收益 　　　　贷：投资性房地产——成本 　　　　　　　　　　——公允价值变动
	长期股权投资	E.　**权益法：** 　　**借：【换入资产】（看换出资产的脸色）** 　　　　应交税费——应交增值税（进项税额） 　　　　贷：长期股权投资——投资成本 　　　　　　　　　　　——损益调整 　　　　　　　　　　　——其他综合收益 　　　　　　　　　　　——其他权益变动 　　　　　　**银行存款（支付的补价）** 　　　　　　投资收益（差额或借方） 　　借：其他综合收益 　　　　资本公积——其他资本公积 　　　　贷：投资收益
支付的应计入换入资产成本的 相关税费		**借：【换入资产】** 　　贷：银行存款等

🔺【考点子题——举一反三，真枪实练】

[8]【*历年真题·单选题*】甲公司以 M 设备换入乙公司 N 设备，另向乙公司支付补价 5 万元，该项交易具有商业实质。交换日，M 设备账面原价为 66 万元，已计提折旧 9 万元，已计提减值准备 8 万元，公允价值无法合理确定；N 设备公允价值为 72 万元。假定不考虑其他因素，该项交换对甲公司当期损益的影响金额为（　）万元。

    A. 0　　　　　　B. 6　　　　　　C. 11　　　　　　D. 18

[9]【*历年真题·多选题*】2015 年 7 月 10 日，甲公司以其拥有的一辆作为固定资产核算的轿车换入乙公司一项非专利技术，并支付补价 5 万元，当日，甲公司该轿车原价为 80 万元，累计折旧为 16 万元，公允价值为 60 万元，乙公司该项非专利技术的公允价值为 65 万元，该项交换具有商业实质，不考虑相关税费及其他因素，甲公司进行的下列会计处理中，正确的有（　）。

    A. 按 5 万元确定资产处置损益　　　　B. 按 65 万元确定换入非专利技术的成本

    C. 按 4 万元确定资产处置损益　　　　D. 按 1 万元确定资产处置损益

（2）收到补价

🌀【考点藏宝图】

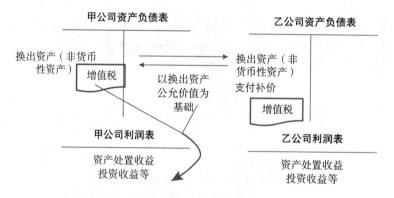

🔺【考点母题——万变不离其宗】公允价值计量·收到补价

换入资产成本	**A. 换出资产公允价值更可靠** 【换入资产成本】=换出资产公允价值+换出资产增值税销项税额 – 换入资产可抵扣的增值税进项税额 – **收到的补价** + 支付的应计入换入资产成本的相关税费 **B. 换入资产公允价值更可靠** 【换入资产成本】=换入资产公允价值+支付的应计入换入资产成本的相关税费

换入资产	固定资产（无形资产）	C.　借：固定资产清理 　　　　累计折旧 　　　　固定资产减值准备 　　　贷：固定资产——原价 　　**借：【换入资产】（看换出资产的脸色）** 　　　　应交税费——应交增值税（进项税额） 　　　　**银行存款（收到的补价）** 　　　贷：固定资产清理 　　　　　应交税费——应交增值税（销项税额） 　　　　　资产处置损益（差额或借方）
	投资性房地产	D.　**成本模式：** 　　借:【换入资产】（看换出资产的脸色） 　　　　应交税费——应交增值税（进项税额） 　　　　**银行存款（收到的补价）** 　　　贷：其他业务收入（公允价值） 　　　　　应交税费——应交增值税（销项税额） 　　借：其他业务成本 　　　　投资性房地产累计折旧／（摊销） 　　　　投资性房地产减值准备 　　　贷：投资性房地产 　　**公允价值模式：** 　　借:【换入资产】（看换出资产的脸色） 　　　　应交税费——应交增值税（进项税额） 　　　　**银行存款（收到的补价）** 　　　贷：其他业务收入（公允价值） 　　　　　应交税费——应交增值税（销项税额） 　　借：其他业务成本 　　　　公允价值变动损益 　　　　其他综合收益 　　　贷：投资性房地产——成本 　　　　　　　　　　——公允价值变动
	长期股权投资	E.　权益法： 　　借:【换入资产】（看换出资产的脸色） 　　　　应交税费——应交增值税（进项税额） 　　　　**银行存款（收到的补价）** 　　　贷：长期股权投资——投资成本 　　　　　　　　　　——损益调整 　　　　　　　　　　——其他综合收益 　　　　　　　　　　——其他权益变动 　　　　　投资收益（差额或借方） 　　借：其他综合收益 　　　　资本公积——其他资本公积 　　　贷：投资收益
支付的应计入换入资产成本的相关税费		借:【换入资产】 　　贷：银行存款等

支付补价加加加，收到补价减减减。

【考点子题——举一反三，真枪实练】

[10]【历年真题·单选题】甲公司为增值税一般纳税人，于2019年12月5日用一项固定资产换入乙公司的一项非专利技术，该交换具有商业实质。甲公司换出固定资产的账面价值为80万元，不含增值税的公允价值为100万元，增值税税额为13万元；另收到乙公司补价10万元。甲公司换入非专利技术的原账面价值为60万元，公允价值无法可靠计量（不考虑增值税）。假定不考虑其他因素，甲公司换入该非专利技术的入账价值为（　　）万元。

A. 50　　　　　　B. 70　　　　　　C. 90　　　　　　D. 103

考点 5 以账面价值计量的非货币性资产交换的会计处理

不具有商业实质或交换涉及资产的公允价值均不能可靠计量的非货币性资产交换，应当按照换出资产的账面价值和应支付的相关税费，作为换入资产的成本，无论是否支付补价，均不确认损益。

1. 不涉及补价的会计处理

【考点藏宝图】

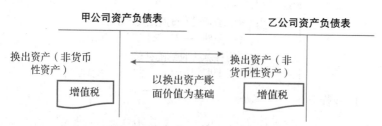

【考点母题——万变不离其宗】账面价值计量·不涉及补价

下列各项中，关于不涉及补价账面价值计量的非货币性资产交换表述正确的有（　　）。	
换入资产成本	A.【换入资产成本】=换出资产账面价值 + 换出资产增值税销项税额 – 换入资产增值税进项税额 + 支付的应计入换入资产成本的相关税费

续表

换出资产	固定资产 （无形资产）	B．借：固定资产清理 　　累计折旧 　　固定资产减值准备 　　　贷：固定资产——原价 　　借：【换入资产】 　　　应交税费——应交增值税（进项税额） 　　　贷：固定资产清理 　　　应交税费——应交增值税（销项税额）
支付的应计入换入资产成本的相关税费		C．借：【换入资产】 　　　贷：银行存款等

考点锦囊 **账面对账面，交换没利润。**

🔺【考点子题——举一反三，真枪实练】

[11]【历年真题·判断题】对于不具有商业实质的非货币性资产交换，企业应以换出资产的公允价值为基础确定换入资产的成本。（　　）

[12]【历年真题·多选题】不具有商品实质、不涉及补价的非货币性资产交换中，影响换入资产入账价值的因素有（　　）。

A．换出资产的账面余额　　　　　　　B．换出资产的公允价值

C．换入资产的公允价值　　　　　　　D．换出资产已计提的减值准备

2．涉及补价的会计处理

🔺【考点母题——万变不离其宗】账面价值计量·涉及补价

下列各项中，关于涉及补价账面价值计量的非货币性资产交换表述正确的有（　　）。		
换入资产成本		A．换入资产成本＝换出资产账面价值＋换出资产增值税销项税额－换入资产可抵扣的增值税进项税额＋支付的应计入换入资产成本的相关税费＋**支付的补价－收到的补价**
换出资产	固定资产 （无形资产）	B．借：固定资产清理 　　累计折旧 　　固定资产减值准备 　　　贷：固定资产——原价 　**借：【换入资产】** 　　　应交税费——应交增值税（进项税额） 　　**银行存款（收到的补价）** 　　　贷：固定资产清理 　　　应交税费——应交增值税（销项税额） 　　**银行存款（支付的补价）**
支付的应计入换入资产成本的相关税费		C．借：【换入资产】 　　　贷：银行存款等

考点锦囊 支付补价加加加，收到补价减减减。

【考点子题——举一反三，真枪实练】

[13]【*历年真题·判断题*】非货币性资产交换不具有商业实质的，支付补价方应以换出资产的账面价值加上支付的补价和应支付的相关税费作为换入资产的成本，不确认损益。（ ）

[14]【*历年真题·单选题*】下列关于不具有商业实质的企业非货币性资产交换的会计处理表述中，不正确的是（ ）。

A. 收到补价的，应以换出资产的账面价值减去收到的补价，加上应支付的相关税费，作为换入资产的成本

B. 支付补价的，应以换出资产的账面价值加上支付的补价和应支付的相关税费，作为换入资产的成本

C. 涉及补价的，应当确认损益

D. 不涉及补价的，不应确认损益

考点6　涉及多项非货币性资产交换的会计处理

非货币性资产交换同时换入多项资产的，在确定各项资产的成本时，按以下步骤处理：

1. 先确定换入资产总成本。（公允价值计量模式 VS 账面价值计量模式）

2. 将换入资产总成本在换入的各项资产之间进行分配。（换入资产公允价值权重 VS 换入账面价值权重）

【考点藏宝图】

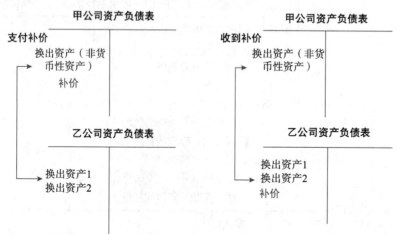

⚠【考点链接·涉及多项非货币性资产交换的会计处理】

具体情况	换入资产的总成本	分配标准	计算
非货币性资产交换具有商业实质且各项换出资产和换入资产的公允价值均能够可靠计量的	按换出资产的公允价值为基础确定	按照各项换入资产的公允价值占换入资产公允价值总额的比例	某项换入资产的成本＝换入资产的成本总额×某项换入资产公允价值/各项换入资产公允价值总额
非货币性资产交换具有商业实质、且换入资产的公允价值能够可靠计量、换出资产的公允价值不能可靠计量的	按换入资产的公允价值为基础确定		
非货币性资产交换具有商业实质、换出资产的公允价值能够可靠计量、但换入资产的公允价值不能可靠计量的	按换出资产的公允价值为基础确定	按照各项换入资产的原账面价值占换入资产原账面价值总额的比例	某项换入资产的成本＝换入资产的成本总额×某项换入资产原账面价值/各项换入资产原账面价值总额
非货币性资产交换不具有商业实质、或换入资产和换出资产的公允价值均不能可靠计量的	按换出资产的账面价值总额为基础确定		

▲【考点子题——举一反三，真枪实练】

[15]【历年真题·单选题】2021年3月2日，甲公司以账面价值为350万元的厂房和150万元的专利权，换入乙公司账面价值为300万元的在建房屋和100万元的长期股权投资，不涉及补价。上述资产的公允价值均无法获得。不考虑其他因素，甲公司换入在建房屋的入账价值为（　　）万元。

A. 280　　　　　B. 300　　　　　C. 350　　　　　D. 375

【经典例题·计算分析题】甲公司和乙公司均为增值税一般纳税人，适用的增值税税率均为13%。20×9年8月，为适应业务发展的需要，经协商，甲公司决定以生产经营过程中使用的机器设备和专用货车换入乙公司生产经营过程中使用的小汽车和客运汽车。甲公司设备的账面原价为1 800万元，在交换日的累计折旧为300万元，公允价值为1 350万元；货车的账面原价为600万元，在交换日的累计折旧为480万元，公允价值为100万元。乙公司小汽车的账面原价为1 300万元，在交换日的累计折旧为690万元，公允价值为709.5万元；客运汽车的账面原价为1 300万元，在交换日的累计折旧为680万元，公允价值为700万元。乙公司另外向甲公司支付银行存款45.765万元（包括由于换出和换入资产公允价值不同而支付的补价40.5万元）。

假定甲公司和乙公司都没有为换出资产计提减值准备；甲公司换入乙公司的小汽车、

客运汽车作为固定资产使用和管理；乙公司换入甲公司的设备、货车作为固定资产使用和管理。假定甲公司和乙公司上述交易涉及的增值税进项税额按照税法规定可抵扣且已得到认证；不考虑其他相关税费。

要求：分别编制甲公司和乙公司相关的会计处理。

【答案】甲公司收到的货币性资产占甲公司换出资产公允价值总额的比例 =40.5÷（1 350+100）=2.79%<25%，可以认定这一涉及多项资产的交换行为属于非货币性资产交换。甲公司的账务处理如下：

（1）根据税法的有关规定：

换出设备的增值税销项税额 =1 350×13%=175.5（万元）；

换出货车的增值税销项税额 =100×13%=13（万元）；

换入小汽车、客运汽车的增值税进项税额 =（709.5+700）×13%=183.235（万元）。

（2）计算换入资产、换出资产公允价值总额：

换出资产公允价值总额 =1 350+100=1 450（万元）；

换入资产公允价值总额 =709.5+700=1 409.5（万元）。

（3）计算换入资产总成本：

换入资产总成本 = 换出资产公允价值 + 换出资产增值税销项税额 − 换入资产可抵扣的增值税进项税额 + 支付的应计入换入资产成本的相关税费 − 收到的补价 =1 450+（175.5+13）−183.235−45.765=1 409.5（万元）。

（4）计算确定换入各项资产的公允价值占换入资产公允价值总额的比例：

小汽车公允价值占换入资产公允价值总额的比例 =709.5÷1 409.5×100%=50.34%；

客运汽车公允价值占换入资产公允价值总额的比例 =700÷1 409.5×100%=49.66%。

（5）计算确定换入各项资产的成本：

小汽车的成本 =1 409.5×50.34%=709.5（万元）；

客运汽车的成本 =1 409.5×49.66%=700（万元）。

（6）会计分录：

借：固定资产清理	16 200 000
累计折旧	7 800 000
贷：固定资产——设备	18 000 000
——货车	6 000 000
借：固定资产——小汽车	7 095 000
——客运汽车	7 000 000
应交税费——应交增值税（进项税额）	1 832 350

银行存款	457 650
资产处置损益	1 700 000
贷：固定资产清理	16 200 000
应交税费——应交增值税（销项税额）	1 885 000

乙公司的账务处理如下：

（1）根据税法的有关规定：

换入货车的增值税进项税额 =100×13%=13（万元）；

换入设备的增值税进项税额 =1 350×13%=175.5（万元）；

换出小汽车、客运汽车的增值税销项税额 =（709.5+700）×13%=183.235（万元）。

（2）计算换入资产、换出资产公允价值总额：

换入资产公允价值总额 =1 350+100=1 450（万元）；

换出资产公允价值总额 =709.5+700=1 409.5（万元）。

（3）确定换入资产总成本：

换入资产总成本 = 换出资产公允价值 + 换出资产增值税销项税额 − 换入资产可抵扣的增值税进项税额 + 支付的应计入换入资产成本的相关税费 + 支付的补价 =1 409.5+183.235−（175.5+13）+45.765=1 450（万元）。

（4）计算确定换入各项资产的公允价值占换入资产公允价值总额的比例：

设备公允价值占换入资产公允价值总额的比例 =1 350÷1 450×100%=93.10%；

货车公允价值占换入资产公允价值总额的比例 =100÷1 450×100%=6.90%。

（5）计算确定换入各项资产的成本：

设备的成本 =1 450×93.10%=1 350（万元）；

货车的成本 =1 450×6.90%=100（万元）。

（6）会计分录：

借：固定资产清理	12 300 000
累计折旧	13 700 000
贷：固定资产——小汽车	13 000 000
——客运汽车	13 000 000
借：固定资产——设备	13 500 000
——货车	1 000 000
应交税费——应交增值税（进项税额）	1 885 000
贷：固定资产清理	12 300 000
应交税费——应交增值税（销项税额）	1 832 350

银行存款	457 650
资产处置损益	1 795 000

（14 095 000－12 300 000）

【经典例题·计算分析题】20×9年5月，甲公司因经营战略发生较大转变，产品结构发生较大调整，原生产其产品的专有设备、生产该产品的专利技术等已不符合生产新产品的需要，经与乙公司协商，将其专用设备连同专利技术与乙公司正在建造过程中的一幢建筑物、对丙公司的长期股权投资进行交换。甲公司换出专有设备的账面原价为1 200万元，已计提折旧750万元；专利技术账面原价为450万元，已摊销金额为270万元。乙公司在建工程截止到交换日的成本为525万元，对丙公司的长期股权投资账面余额为150万元。由于甲公司持有的专有设备和专利技术市场上已不多见。因此，公允价值不能可靠计量。

乙公司的在建工程因完工程度难以合理确定，其公允价值不能可靠计量，乙公司对丙公司长期股权投资的公允价值也不能可靠计量。假定甲、乙公司均未对上述资产计提减值准备，假定不考虑相关税费等因素。

要求：分别编制甲公司和乙公司相关的会计处理。

【答案】由于换入资产、换出资产的公允价值均不能可靠计量，按照账面价值进行会计处理。

甲公司的账务处理如下：

（1）计算换入资产、换出资产账面价值总额：

换入资产账面价值总额＝525+150=675（万元）；

换出资产账面价值总额＝（1 200－750）＋（450－270）=630（万元）。

（2）确定换入资产总成本：换入资产总成本＝630（万元）。

（3）计算各项换入资产账面价值占换入资产账面价值总额的比例：

在建工程占换入资产账面价值总额的比例＝525÷675×100%=77.8%；

长期股权投资占换入资产账面价值总额的比例＝150÷675×100%=22.2%。

（4）确定各项换入资产成本：

在建工程成本＝630×77.8%=490.14（万元）；

长期股权投资成本＝630×22.2%=139.86（万元）。

（5）会计分录：

借：固定资产清理	4 500 000
累计折旧	7 500 000
贷：固定资产——专有设备	12 000 000

借：在建工程	4 901 400

借：在建工程　　　　　　　　　　　　　　　　4 901 400
　　长期股权投资　　　　　　　　　　　　　　1 398 600
　　累计摊销　　　　　　　　　　　　　　　　2 700 000
　　贷：固定资产清理　　　　　　　　　　　　　4 500 000
　　　　无形资产——专利技术　　　　　　　　　4 500 000

乙公司的账务处理如下：

（1）计算换入资产、换出资产账面价值总额：

换入资产账面价值总额＝（1 200－750）＋（450－270）＝630（万元）；

换出资产账面价值总额＝525+150=675（万元）。

（2）确定换入资产总成本：换入资产总成本＝675（万元）。

（3）计算各项换入资产账面价值占换入资产账面价值总额的比例：

专有设备占换入资产账面价值总额的比例＝450÷630×100%=71.4%；

专利技术占换入资产账面价值总额的比例＝180÷630×100%=28.6%。

（4）确定各项换入资产成本：

专有设备成本＝675×71.4%=481.95（万元）；

专利技术成本＝675×28.6%=193.05（万元）。

（5）会计分录：

借：固定资产——专有设备　　　　　　　　　　4 819 500
　　无形资产——专利技术　　　　　　　　　　1 930 500
　　贷：在建工程　　　　　　　　　　　　　　5 250 000
　　　　长期股权投资　　　　　　　　　　　　1 500 000

〔本章考点子题答案及解析〕

[1]　【答案：AD】选项 B、C，属于非货币性资产。

[2]　【答案：BCD】非货币性资产，指货币性资产以外的资产，将来为企业带来的经济利益不固定或不可确定，包括存货、固定资产、无形资产、长期股权投资等，选项 B、C 和 D 正确。

[3]　【答案：C】选项 A、B 和 D 中，甲公司换出的资产均属于货币性资产，因此不应按非货币性资产交换进行会计处理。

[4]　【答案：C】选项 A，应付票据属于结算方式，属于负债，不是资产；选项 B，以发行股票形式取得机器设备，属于权益性交易；选项 D 中的应收账款都是货币性资产。

[5]　【答案：ABCD】选项 A，企业以存货换取其他企业固定资产、无形资产等，换出存货的企业适用《企业会计准则第 14 号——收入》的规定进行会计处理；选项 B，交换的资产均属于非货币性资产，但涉及到的补价比例超过 25%；选项 C，5 年期债权投资属于货币性资产；选项 D，属于企业与所有者非货币性资产非互惠转让。

[6]【答案：BC】选项 A，企业以存货换取其他企业固定资产、无形资产等，换出存货的企业适用《企业会计准则第 14 号——收入》的规定进行会计处理；选项 B，补价比例 =60/300×100%=20% ＜ 25%，属于非货币性资产交换；选项 D，补价比例 =45/（45+105）×100%=30% ＞ 25%，不属于非货币性资产交换。

[7]【答案：AB】选项 C，换出资产为无形资产的，应将换出资产公允价值与其账面价值的差额计入资产处置损益；选项 D，换出资产为固定资产的，应将换出资产公允价值小于账面价值的差额计入资产处置损益。

[8]【答案：D】本题中的非货币性资产交换业务具有商业实质，且换入资产公允价值能够可靠计量，因此应按公允价值为基础进行计量，甲公司会计处理如下：

借：固定资产清理　　　　　　　49
　　累计折旧　　　　　　　　　 9
　　固定资产减值准备　　　　　 8
　　贷：固定资产——M 设备　　　　　　66
借：固定资产——N 设备　　　　72
　　贷：固定资产清理　　　　　　　　 49
　　　　银行存款　　　　　　　　　　 5
　　　　资产处置损益　　　　　　　　 18

[9]【答案：BC】以公允价值计量的非货币性资产交换，甲公司换出固定资产的处置损益 = 换出资产的公允价值 – 换出资产的账面价值 =60-（80-16）=-4（万元），选项 C 正确，选项 A、D 错误；甲公司换入非专利技术的成本为该非专利技术的公允价值 65 万元，选项 B 正确。

[10]【答案：D】换入资产的入账价值 = 换出资产的公允价值 100- 收到的补价 10+ 换出资产的增值税销项税税额 13=103（万元）。

[11]【答案：×】不具有商业实质的非货币性资产交换，应以账面价值计量，以换出资产的账面价值为基础确定换入资产的成本。

[12]【答案：AD】非货币性资产交换不具有商业实质，应当以换出资产的账面价值和应支付的相关税费作为换入资产的成本，与换入资产的公允价值和换出资产的公允价值均无关，选项 B、C 错误；换出固定资产的账面价值 = 换出固定资产账面余额 – 换出固定资产的累计折旧 – 换出固定资产已计提的减值准备，选项 A、D 正确。

[13]【答案：√】

[14]【答案：C】选项 C，不具有商业实质的非货币性资产交换，按照账面价值计量，无论是否涉及补价，均不确认损益。

[15]【答案：D】因为换入资产和换出资产的公允价值不能够可靠计量，所以换入资产的入账价值为换出资产的账面价值。所以甲公司换入资产的入账价值金额 = 350+150=500（万元），甲公司换入在建房屋的入账价值 = 500×300/（100+300）=375（万元）。

第 15 章　债务重组

扫码畅听增值课

本章是 2022 年新增章节，介绍了债务重组的方式和具体会计处理。

━━━━━━━━━━━━━━━━━━━ 本章思维导图 ━━━━━━━━━━━━━━━━━━━

债务重组
- 债务重组的定义和方式
  - 债务重组：债务人经与债权人协定或法院裁定，就清偿债务的时间、金额或方式等重新达成协议
  - 债务重组方式：以资产清偿债务、将债务转为权益工具、修改其他条款、组合方式
- 债务重组的会计处理
  - 以资产清偿债务
    - 非金融资产：债权人；弃公与账面，差额计投收；债务人：账面对账面，差额计他收
    - 金融资产：债权人；自公与账面，差额计投收；债务人：账面对账面，差额计投收
  - 将债务转为权益工具
    - 债务人：按照权益工具的公允价值计量。所清偿债务账面价值与权益工具确认金额之间的差额，记入"投资收益"科目，相关税费冲资本公积
    - 债权人：企业合并取得长投、其他方式取得长投，金融资产等
  - 修改其他条款：债转债，重计量差额计投收
  - 组合方式债务重组：债权人：先金后非，非要分摊；债务人：权公他账差额计他收
- 债务重组的相关披露

～～～～～～～～～～ 近三年真题考点分布 ～～～～～～～～～～

题 型	2022 年		考 点
	第一批	第二批	
单选题	—	—	以资产清偿债务的会计处理；债转股的会计处理
多选题	—	1	
判断题	—	—	
计算分析题	—	—	
综合题	1	—	

第一节 债务重组概述

考点1 债务重组方式

债务重组是指在不改变交易对手方的情况下，经债权人和债务人协定或法院裁定，就清偿债务的时间、金额或方式等重新达成协议的交易。

🌀【考点藏宝图】

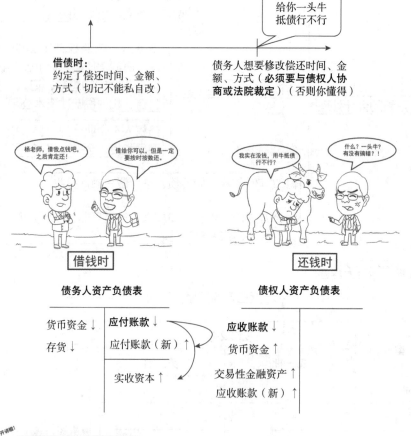

小花向同学借了100元，说好3个月后偿还100元现金。1个月后，小花评估到期还不了这100元钱了。即使这样小花也不能私自将100元的负债改成0元，如果让同学看到了轻则挨骂，重则挨打。有困难一定要跟债权人商量，债权人同意了才能更改债务，否则后果很严重。

【考点母题——万变不离其宗】债务重组概述

下列关于债务重组的会计处理表述中，正确的有（　　）。	
债务重组的方式	A. 以资产清偿债务 B. 将债务转为权益工具 C. 修改其他条款 D. 组合方式
不适用债务重组准则	A. 通过债务重组形成企业合并的，适用《企业会计准则第 20 号—企业合并》 B. 母子公司之间的债务重组属于权益交易的，如母公司在子公司有偿债能力的情况下豁免子公司全部或部分的债务，不适用债务重组准则。不属于权益性交易的部分仍然应当确认债务重组相关损益，比如与其他债权人按相同比例豁免的部分，可确认债务重组相关损益，超过的部分不确认债务重组相关损益

考点锦囊 **母爱泛滥，超额不算（母公司豁免子公司债务，超过其他债权人豁免的比例不确认重组损益）。**

【考点子题——举一反三，真枪实练】

[1]【经典子题·单选题】甲公司是乙公司的股东。20×9 年 7 月 31 日，甲公司应收乙公司账款 4 000 万元，采用摊余成本进行后续计量。为解决乙公司的资金周转困难，甲公司、乙公司的其他债权人共同决定对乙公司的债务进行重组，并于 20×9 年 8 月 1 日与乙公司签订了债务重组合同。根据债务重组合同的约定，甲公司免除 80% 应收乙公司账款的还款义务，乙公司其他债权人免除 40% 应收乙公司账款的还款义务，豁免的债务在合同签订当日解除，对于其余未免除的债务，乙公司应于 20×9 年 8 月底前偿还。20×9 年 8 月 23 日，甲公司收到乙公司支付的账款 800 万元。不考虑其他因素，甲公司 20×9 年因上述交易或事项应当确认的损失金额是（　　）万元。

A. 0　　　　　　B. 800　　　　　　C. 3 200　　　　　　D. 1 600

[2]【经典子题·多选题】2021 年 7 月 31 日，甲公司应付乙公司的款项 420 万元到期，因经营陷于困境，预计短期内无法偿还。当日，甲公司就该债务与乙公司达成的下列偿债协议中，属于债务重组有（　　）。

A. 甲公司以公允价值为 410 万元的固定资产清偿

B. 甲公司以公允价值为 420 万元的长期股权投资清偿

C. 减免甲公司 220 万元债务，剩余部分甲公司延期两年偿还

D. 减免甲公司 220 万元债务，剩余部分甲公司现金偿还

第15章

第二节 债务重组的会计处理

考点2 以资产清偿债务的会计处理

1. 债务人以非金融资产清偿债务

债务人以存货、固定资产、无形资产、投资性房地产等非金融资产清偿债务。

【考点藏宝图】

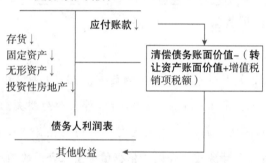

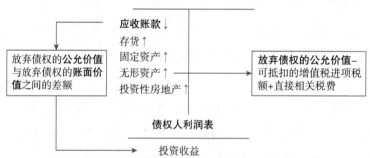

【考点母题——万变不离其宗】非金融资产清偿债务

	关于债务人以非金融资产清偿债务方式进行债务重组的会计处理表述中，正确的有（ ）。
债权人	借：库存商品/无形资产/固定资产等（**放弃债权的公允价值** - 可抵扣的增值税进项税额 + 直接相关税费） 　　应交税费——应交增值税（进项税额） 　　坏账准备 　　**投资收益（倒挤，或贷方）** 　贷：应收账款等（重组债权） 　　　银行存款等（支付的直接相关税费等）

续表

债务人	借：应付账款等（重组债务的账面价值） 　　贷：库存商品 / 固定资产清理等 　　　　应交税费——应交增值税（销项税额） 　　　　**其他收益——债务重组收益（倒挤，或借方）**

考点锦囊 债权人：**弃公与账面，差额计投资收益；**债务人：**账面对账面，差额计其他收益。**

⚛ 【考点子题——举一反三，真枪实练】

[3]【经典子题·单选题】下列各项以非金融资产清偿全部债务的债务重组中，属于债务人债务重组利得的是（　　）。

A. 非金融资产账面价值小于其公允价值的差额

B. 非金融资产账面价值大于其公允价值的差额

C. 非金融资产公允价值小于重组债务账面价值的差额

D. 非金融资产账面价值小于重组债务账面价值的差额

[4]【经典子题·单选题】对于以非金融资产清偿债务的债务重组，下列各项中，债权人应确认债务重组损失的是（　　）。

A. 收到的非金融资产公允价值小于该资产原账面价值的差额

B. 收到的非金融资产公允价值大于该资产原账面价值的差额

C. 收到的非金融资产公允价值小于重组债权账面价值的差额

D. 放弃债权的公允价值与放弃债权的账面价值之间的差额

[5]【经典子题·计算分析题】乙公司应收甲公司 10 500 万元，甲公司到期无力支付款项，乙公司同意甲公司将其投资性房地产抵偿全部债务。甲公司投资性房地产采用成本模式进行后续计量。原值为 9 000 万元，折旧为 1 500 万元；公允价值为 8 000 万元。乙公司收到甲公司的资产仍然作为投资性房地产核算，投资性房地产后续计量采用公允价值模式。乙公司计提坏账准备 100 万元，应收甲公司债权的公允价值为 7 000 万元。不考虑相关税费。

要求：根据上述资料，分别编制债权人、债务人债务重组的相关会计处理。

[6]【经典子题·单选题】2021 年 3 月 1 日，乙公司应付甲公司账款 105 000 元，甲公司已为该债权计提了坏账准备 1 000 元。由于乙公司发生严重财务困难，经与甲公司协商达成债务重组协议。乙公司以账面价值为 70 000 元、公允价值为 80 000 元的存货抵偿了全部债务。不考虑相关税费及其他因素，乙公司应确认的债务重组利得为（　　）元。

A. 24 000   B. 25 000   C. 34 000   D. 35 000

[7]【经典子题·多选题】2021 年 7 月 1 日，甲公司因财务困难以其生产的一批产品偿付了应付乙公司账款 1 200 万元，该批产品的实际成本为 700 万元，未计提存货跌价准备，公允价值为 1 000 万元，增值税销项税额 130 万元由甲公司承担，不考虑其它因素，甲公司进行的下述会计处理中，正确的有（　　）。

A. 确认债务重组利得 370 万元   B. 确认主营业务成本 700 万元

C. 确认主营业务收入 1 000 万元   D. 终止确认应付乙公司账款 1 200 万元

2. 债务人以金融资产清偿债务

债务人以银行存款、债权投资、其他债权投资、交易性金融资产等金融资产清偿债务。

🌀【考点藏宝图】

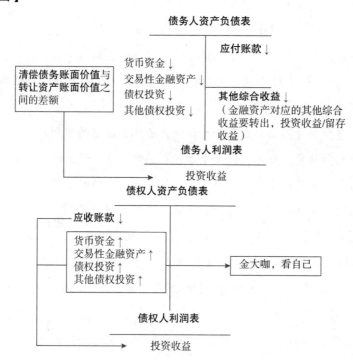

⛰【考点母题——万变不离其宗】金融资产清偿债务（不含股权性质的金额资产）

下列关于债务人以金融资产清偿债务方式进行债务重组的会计处理表述中，正确的有（　　）。	
债权人	A. 借：银行存款、交易性金融资产（公允价值）、其他债权投资（公允价值＋交易费用）、债权投资（公允价值＋交易费用）等 　　　坏账准备 　　　投资收益（差额，或贷方） 　　贷：应收账款（重组债权的账面余额）

续表

债务人	B. 借：应付账款（账面余额） 　　贷：银行存款、其他债权投资、债权投资、交易性金融资产等（账面余额） 　　　　投资收益（差额，或借方） 借：其他综合收益 　贷：投资收益 　　　盈余公积 　　　利润分配——未分配利润

考点锦囊 **债权人：金大咖看自己，差额计投资收益；债务人：账面对账面，差额计投资收益。**

【考点子题——举一反三，真枪实练】

[8]【经典子题·多选题】2021 年 4 月 15 日，甲公司就乙公司所欠货款 550 万元与其签订债务重组协议，减免其债务 200 万元，剩余债务立即用现金清偿。当日，甲公司收到乙公司偿还的 350 万元存入银行。此前，甲公司已计提坏账准备 230 万元。下列关于甲公司债务重组的会计处理表述中，正确的有（　　）。

A. 增加投资收益 30 万元　　　　　　　B. 增加营业外收入 30 万元

C. 减少应收账款余额 550 万元　　　　　D. 减少信用减值损失 30 万元

[9]【经典子题·计算分析题】乙公司于 2019 年 7 月 1 日销售给甲公司一批产品，价款 500 000 元，按购销合同约定，甲公司应于 2019 年 10 月 1 日前支付价款。至 2019 年 10 月 20 日，甲公司尚未支付。由于甲公司发生财务困难，短期内无法偿还债务。经过协商，乙公司同意甲公司以其所持有作为交易性金融资产核算的某公司债券抵偿债务。交易性金融资产账面余额为 440 000 元（成本为 420 000 元，公允价值变动 20 000 元），公允价值为 450 000 元。乙公司为该项应收账款提取了坏账准备 25 000 元。用于抵债的债券已于 2019 年 10 月 25 日办理了相关转让手续；乙公司将取得的债券作为交易性金融资产核算。假定不考虑相关税费和其他因素。

要求：编制甲公司和乙公司债务重组的相关会计分录。

3. 多项资产（处置组）清偿债务

债务人以多项非金融资产，或者包括金融资产、非金融资产在内的多项资产清偿债务。

第15章

🌀【考点藏宝图】

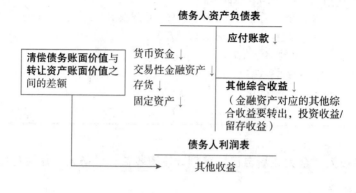

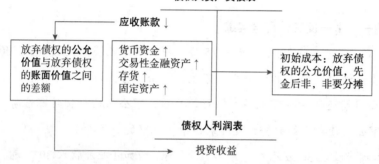

▲【考点母题——万变不离其宗】债权人受让多项资产（处置组）

	下列关于债务人以多项资产清偿债务方式进行债务重组的会计处理表述中，正确的有（　　）。
债权人	A. 借：交易性金融资产（按公允价值直接确认） 　　　固定资产、库存商品等（按照受让的金融资产以外的各项资产在债务重组**合同生效日**的公允价值比例，分配确认） 　　　坏账准备 　　　投资收益（差额） 　　贷：应收账款
债务人	B. 借：应付账款（账面余额） 　　贷：银行存款、交易性金融资产、存货、固定资产等（账面余额） 　　　其他收益（差额，或借方） 　　借：其他综合收益 　　贷：投资收益 　　　盈余公积 　　　利润分配——未分配利润

📜 **考点锦囊** 债权人：先金后非，非要分摊；债务人：账面对账面，差额计其他收益。

【考点子题——举一反三，真枪实练】

［10］【经典子题·计算分析题】2×17 年 12 月乙公司赊销给甲公司一批商品，含税价款是 1 500 万元。2×18 年 7 月 10 日，现因甲企业财务困难，无法支付货款，乙公司与甲公司协商进行债务重组。债务重组协议约定：甲企业以一项金融资产和一批存货抵偿所欠债务，用于抵债的存货账面价值 400 万元，已计提存货跌价准备 50 万元，公允价值 360 万元；用于抵债的金融资产，甲公司将其分类为以公允价值计量且其变动计入其他综合收益的金融资产，账面价值是 1 000 万元（初始取得时成本是 920 万元，公允价值变动金额是 80 万元），公允价值 950 万元。当日办理完毕资产转移手续。

乙公司将该债权分类为以摊余成本计量的金融资产，债务重组前已计提减值准备 498.6 万元，2×18 年 7 月 10 日该债权的公允价值是 1 398.6 万元。乙公司取得用于抵债的商品后作为存货处理，取得金融资产后，根据管理该投资的业务模式以及其现金流量特征，将其划分为以摊余成本计量的金融资产。甲公司将该应付账款分类为以摊余成本计量的金融负债。甲公司用于抵债的库存商品适用的增值税税率是 13%，不考虑金融资产的增值税。

要求：

（1）判断乙公司取得抵债资产的入账的时间。

（2）计算甲、乙公司确认债务重组损益的金额并编制甲、乙公司的会计分录。

考点3　将债务转为权益工具的会计处理

债务人将债务转为权益工具，债务人应当按照权益工具的公允价值计量。所清偿债务账面价值与权益工具确认金额之间的差额，记入"投资收益"科目，相关税费冲资本公积。

【考点藏宝图】

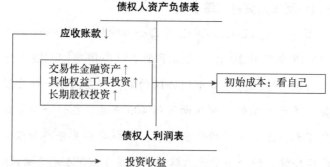

⚠️【考点母题——万变不离其宗】将债务转为权益工具

项目	债权人	债务人
	关于债务人将债务转为权益工具清偿债务进行债务重组的会计处理表述中，正确的有（　　）。	
作为长期股权投资核算	A. 借：长期股权投资（放弃债权的公允价值＋直接相关税费） 　　　坏账准备 　　贷：应收账款等 　　　　银行存款等（支付的直接相关税费等） 　　　　投资收益（差额，或借方）	A. 将债务转为权益工具（自己发行的股票） 　借：应付账款等 　　贷：股本 　　　　资本公积——股本溢价 　　　　投资收益（所清偿债务账面价值－权益工具公允价值）（可借可贷） 【注意】股本与资本公积——股本溢价之和是股权的公允价值总额。
作为交易性金融资产核算	B. 借：交易性金融资产（公允价值） 　　　投资收益（交易费用） 　　　坏账准备 　　贷：应收账款等 　　　　银行存款等（支付的交易费用） 　　　　投资收益（差额，或借方）	
作为其他权益工具投资核算	C. 借：其他权益工具投资（公允价值＋交易费用） 　　　坏账准备 　　贷：应收账款等 　　　　银行存款等（支付的交易费用） 　　　　投资收益（倒挤，可借可贷）	

考点锦囊 债转股要公允。

⚠️【考点子题——举一反三，真枪实练】

[11]【经典子题·单选题】下列关于债务重组会计处理的表述中，正确的是（　　）。

　　A. 债务人以债转股方式抵偿债务的，债务人将重组债务的账面价值大于相关股份公允价值的差额计入投资收益

　　B. 债务人以债转股方式抵偿债务的，债权人将重组债权的账面价值大于相关股权公允价值的差额计入营业外支出

　　C. 债务人以非现金资产抵偿债务的，债权人将重组债权的账面价值大于受让非现金资产公允价值的差额计入信用减值损失

　　D. 债务人以非现金资产抵偿债务的，债务人将重组债务的账面价值大于转让非现

金资产公允价值的差额计入其他业务收入

[12]【经典子题·计算分析题】2021 年 2 月 10 日，乙公司销售一批材料给甲公司，价款 200 000 元（包括应收取的增值税税额），合同约定 6 个月后结清款项。6 个月后，由于甲公司发生财务困难，无法支付该价款，与乙公司协商进行债务重组。经双方协议，乙公司同意甲公司将该债务转为甲公司的股份。乙公司对该项应收账款计提了坏账准备 10 000 元，转股后甲公司注册资本为 5 000 000 元，抵债股权占甲公司注册资本的 2%。债务重组日，抵债股权的公允价值为 152 000 元，乙公司将其划分为交易性金融资产。2021 年 8 月 10 日，相关手续办理完毕。假定不考虑其他相关税费。

要求：编制甲公司和乙公司债务重组相关会计分录。

考点 4　修改其他条款的会计处理

通过调整债务本金、改变债务利息、变更还款期限等修改合同条款方式进行债务重组。

【考点藏宝图】

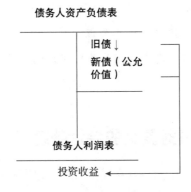

债务人资产负债表

旧债↓

新债（公允价值）

债务人利润表

投资收益

债权人资产负债表

原债权↓

新债权（公允价值）

债权人利润表

投资收益

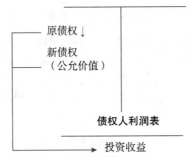

【考点母题——万变不离其宗】修改其他条款

下列关于修改其他条款清偿债务方式进行债务重组的会计处理表述中，正确的有（　　）。

续表

债权人	债务人
借：应收账款等（新债，公允价值） 　　坏账准备 　贷：应收账款等（旧债） 　　　投资收益（差额，或借方）	借：应付账款等（旧债） 　贷：应付账款等（新债，公允价值） 　　　投资收益（差额，或借方）

考点锦囊 债转债，公来公去。

【考点子题——举一反三，真枪实练】

[13]【经典子题·计算分析题】2020年12月31日，甲公司应付乙公司货款110万元到期，因发生财务困难，短期内无法支付。当日，甲公司与乙公司签订债务重组协议，约定减免甲公司债务的30万元，剩余款项延期两年支付，年利率为5%（等于实际利率），利息按年支付。

要求：分别编制甲公司和乙公司的有关会计分录。

[14]【经典子题·单选题】2021年3月31日甲公司应付某金融机构一笔贷款100万元到期，因发生财务困难，短期内无法支付，当日，甲公司与金融机构签订债务重组协议，约定减免甲公司债务的20%，其余部分延期两年支付，年利率为5%（相当于实际利率）利息按年支付。金融机构已为该项贷款计提了10万元坏账准备，假定不考虑其他因素，甲公司在该项债务重组业务中确认的债务重组利得为（　　）万元。

A. 10　　　　　B. 12　　　　　C. 16　　　　　D. 20

考点5　组合方式债务重组的会计处理

债务人以资产（含金融资产）、发行自身权益工具以及修改其他条款组合的方式清偿债务。

【考点藏宝图】

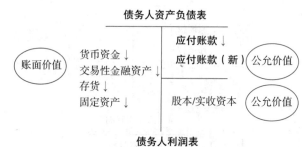

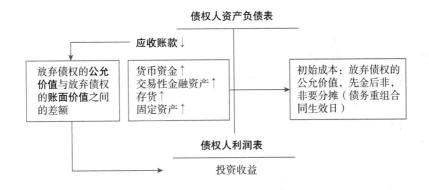

【考点母题——万变不离其宗】组合方式债务重组

	下列关于债务人以组合方式清偿债务进行债务重组的会计处理表述中,正确的有( )。
债权人	A. 以公允价值初始计量新的金融资产和受让的新金融资产,**按照受让的金融资产以外的各**项资产在债务重组合同生效日的公允价值比例,对放弃债权在合同生效日的公允价值扣除受让金融资产和重组债权当日公允价值后的净额进行分配,并以此为基础分别确定各项资产的成本。放弃债权的公允价值与账面价值之间的差额,记入"投资收益"科目
债务人	B. 所清偿债务的账面价值与转让资产的账面价值以及权益工具(公允价值)和重组债务(重新计量)的确认金额之和的差额,记入"其他收益——债务重组收益"或"投资收益"(仅涉及金融工具时)科目

考点锦囊 债权人:先金后非,非要分摊;债务人:新债发股计量要公允。

【考点子题——举一反三,真枪实练】

[15]【经典子题·多选题】甲公司应收乙公司货款 1 000 万元,已计提坏账准备 50 万元。甲乙双方签订的债务重组协议约定:(1)乙公司以账面价值 480 万元商品抵偿债务 500 万元;(2)乙公司向甲公司增发股票 200 万股(每股面值 1 元),用于抵偿债务 500 万元;重组日,甲公司债权的公允价值为 940 万元,乙公司股票的公允价值为 2.5 元 / 股。不考虑其他因素,下列各项关于甲公司和乙公司债务重组相关处理的表述中,正确的有( )。

A. 甲公司确认存货 440 万元　　　　　B. 甲公司确认投资收益 -10 万元

C. 乙公司确认资本公积 300 万元　　　D. 乙公司确认其他收益 320 万元

[本章考点子题答案及解析]

[1]【答案:D】甲公司应将其豁免债务人的 1 600 万元确认为损失(4 000 万元 ×40%),即甲公司 20×9 年因上述交易或事项应当确认的损失金额为 1 600 万元。

[2]【答案:ABCD】债务重组是指在不改变交易对手方的情况下,经债权人和债务人协定或法院裁定,就清偿债务的时间、金额或方式等重新达成协议的交易,债权人不一定要作出让步。以上选项均为

债务重组。

［3］【答案：D】债务人以非金融资产清偿债务的，应将重组债务的账面价值和转让非金融资产的账面之间的差额计入其他收益，选项 D 正确。

［4］【答案：D】放弃债权的公允价值与放弃债权的账面价值之间的差额确认为投资收益，选项 D 正确。

［5］【答案】（1）甲公司的账务处理：

借：应付账款——乙公司 10 500

  投资性房地产累计折旧（摊销） 1 500

 贷：投资性房地产 9 000

   其他收益——债务重组利得 3 000

（2）乙公司的账务处理：

借：投资性房地产——成本 7 000（放弃债权的公允价值）

  坏账准备 100

  投资收益——债务重组损失 3 400

 贷：应收账款——甲公司 10 500

［6］【答案：D】乙公司应确认的债务重组利得为 105 000-70 000=35 000（元）。

［7］【答案：AD】甲公司确认债务重组利得 =1 200-（700+130）=370（万元），选项 A 正确；甲公司用于偿债的存货不能视同销售处理。具体会计分录如下：

借：应付账款 1 200

 贷：库存商品 700

  应交税费——应交增值税（销项税额）130

  其他收益——债务重组收益 370

［8］【答案：AC】会计分录如下：

借：银行存款 350

  坏账准备 230

 贷：应收账款 550

  投资收益 30

［9］【答案】（1）甲公司的账务处理：

借：应付账款——乙公司 500 000

 贷：交易性金融资产——成本 420 000

      ——公允价值变动 20 000

  投资收益 60 000

（2）乙公司的账务处理：

借：交易性金融资产——成本 450 000

  坏账准备 25 000

  投资收益——债务重组损失 25 000

 贷：应收账款——甲公司 500 000

［10］【答案】（1）乙公司取得抵债资产的入账的时间：2×18 年 7 月 10 日。

理由：当日双方办理完成了资产转移手续，乙公司可以控制取得的抵债资产。

（2）甲公司确认的重组损益＝应付账款的账面价值－抵债资产的账面价值－抵债资产的销项税额＝1 500－（400+1 000+360×13%）=53.2（万元）。

乙公司确认的债务重组损益＝放弃债权的公允价值－放弃债权的账面价值＝1 398.6－（1 500－498.6）=397.2（万元）。

甲公司的会计处理：

借：应付账款　　　　　　　　　　　　　1 500

　　存货跌价准备　　　　　　　　　　　　50

　　贷：库存商品　　　　　　　　　　　　450

　　　　其他债权投资　　　　　　　　　1 000

　　　　应交税费——应交增值税（销项税额）46.8（360×13%）

　　　　其他收益　　　　　　　　　　　53.2

借：其他综合收益　　　　　　　　　　　　80

　　贷：投资收益　　　　　　　　　　　　80

乙公司的会计处理：

借：库存商品　　　　　　　　401.8（1 398.6－950－46.8）

　　债权投资　　　　　　　　　　　　　950

　　应交税费——应交增值税（进项税额）46.8

　　坏账准备　　　　　　　　　　　　498.6

　　贷：应收账款　　　　　　　　　　1 500

　　　　投资收益　　　　　　　　　　397.2

[11]【答案：A】选项 B，债权人需要区分股权投资的具体类型；选项 C、D，都太笼统，需要具体区分非现金资产的类型。

[12]【答案】（1）甲公司的账务处理：

借：应付账款——乙公司　　　　　　200 000

　　贷：实收资本——乙公司　　　　　100 000

　　　　资本公积——资本溢价　　　　52 000

　　　　投资收益——债务重组利得　　48 000

（2）乙公司的账务处理：

借：交易性金融资产　　　　　　　　152 000

　　坏账准备　　　　　　　　　　　　10 000

　　投资收益——债务重组损失　　　　38 000

　　贷：应收账款——甲公司　　　　　200 000

[13]【答案】（1）甲公司债务重组的会计分录如下：

2020 年 12 月 31 日

借：应付账款——乙公司　　　　　　　110

　　贷：应付账款——债务重组——乙公司　　80

投资收益——债务重组利得　　　　　　30

2021 年 12 月 31 日

借：财务费用　　　　　　　　　　4（80×5%）

贷：银行存款（或应付利息）　　　　4

2022 年 12 月 31 日

借：应付账款——债务重组——乙公司　80

财务费用　　　　　　　　　　4

贷：银行存款　　　　　　　　　84

（2）乙公司债务重组的会计分录如下：

2020 年 12 月 31 日

借：应收账款——债务重组——甲公司　80

投资收益——债务重组损失　　30

贷：应收账款——甲公司　　　　110

2021 年 12 月 31 日

借：银行存款　　　　　　　　　4

贷：财务费用　　　　　　　　　4（80×5%）

2022 年 12 月 31 日

借：银行存款　　　　　　　　　84

贷：应收账款——债务重组——甲公司　80

财务费用　　　　　　　　　4

[14]【答案：D】甲公司的分录为：

借：长期借款　　　　　　　　　100

贷：长期借款——债务重组　　　80

投资收益——债务重组利得　　20

[15]【答案：ABC】甲公司债务重组分录：

借：其他权益工具投资　　　　　500

库存商品　　　　　　　　　440

坏账准备　　　　　　　　　50

投资收益　　　　　　　　　10

贷：应收账款　　　　　　　　　1 000

乙公司债务重组会计分录：

借：应付账款　　　　　　　　　1 000

贷：库存商品　　　　　　　　　480

股本　　　　　　　　　　200

资本公积　　　　　　　　　300

其他收益　　　　　　　　　20

扫码畅听增值课

第 16 章　所得税

　　本章主要考察递延所得税资产和递延所得税负债的确认和计量，以及所得税费用的会计处理。本章核心是理解暂时性差异的跷跷板原理，站在现在看未来。

本章思维导图

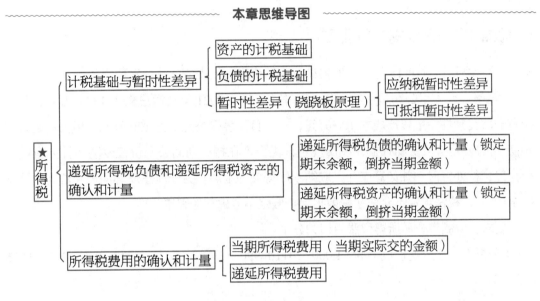

近三年真题考点分布

题　型	2020 年		2021 年		2022 年		考　点
	第一批	第二批	第一批	第二批	第一批	第二批	
单选题	1	1	1	1	1	—	资产、负债的计税基础，暂时性差异的确定，递延所得税、所得税费用及应交所得税的确认与计量
多选题	—	—	1	1	—	—	
判断题	—	1	1	1	1	—	
计算分析题	—	—	—	—	—	—	
综合题	1	—	1	—	—	1	

第一节　计税基础与暂时性差异

考点1　所得税会计概述

《企业会计准则第18号——所得税》采用资产负债表债务法核算所得税。

【案例导入】甲公司适用的所得税税率为25%。2021年利润总额为1 000万元，其中持有一项交易性金融资产成本100万元，资产负债表日公允价值120万元。甲公司确认了20万元的公允价值变动损益，税法规定该类资产在持有期间公允价值变动不计入应纳税所得额，待处置时一并计算应计入应纳税所得额的金额。另一项违反环保相关法规罚款支出10万元，税法规定不允许在税前扣除。假定不考虑其他因素。

要求：编制甲公司所得税费用相关分录。

【分析】当年应纳税所得额=1 000−20+10=990（万元），应交所得税=990×25%=247.5（万元）。

应付税款法：

①借：所得税费用 247.5

　　贷：应交税费——应交所得税 247.5

资产负债表债务法：

②借：所得税费用 5

　　贷：递延所得税负债 5

资产负债表债务法计算的流程如下图所示：

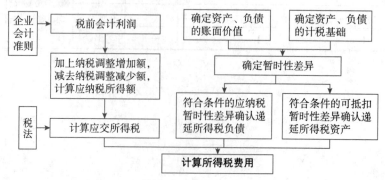

考点2 资产的计税基础

资产的计税基础是指在企业收回资产账面价值的过程中，计算应纳税所得额时按照税法规定可以自应税经济利益中抵扣的金额，即某一项资产在未来期间计税时可以税前扣除的金额。

【考点藏宝图】

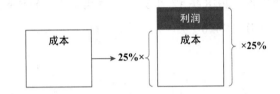

（一）固定资产

账面价值 = 实际成本 - 会计累计折旧 - 固定资产减值准备

计税基础 = 实际成本 - 税法累计折旧

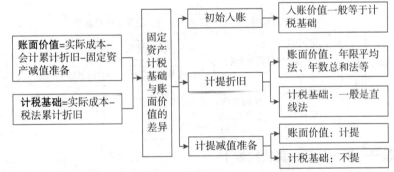

【考点子题——举一反三，真枪实练】

[1]【历年真题（改编）·计算分析题】甲公司系增值税一般纳税人，使用的增值税税率为13%，所得税税率为25%，预计未来期间能够取得足够的应纳税所得额用以抵减可抵扣暂时性差异。2012年12月31日购入一台不需要安装的设备，成本500万元。甲公司预计该设备可使用10年，预计净残值为20万元，采用双倍余额递减法计提折旧；税法上采用年限平均法计提折旧，预计使用寿命和净残值与会计上的相关估计相同。该设备取得时的成本与计税基础一致。不考虑其他因素。

要求：计算各期固定资产计税基础和账面价值。

[2]【历年真题·多选题】企业对固定资产进行后续计量时，账面价值与计税基础不一致的原因有（　　）。

A. 会计确定的净残值与税法允许税前扣除的期间和金额不同

B. 会计确定的净残值与税法认定的净残值不同

C. 会计确定的折旧方法与税法认定的折旧方法不同

D. 会计确定的折旧年限与税法认定的折旧年限不同

[3]【经典子题·单选题】甲公司 2016 年 12 月 31 日取得的某项机器设备，原价为 2 000 万元，预计使用年限为 10 年，会计处理时按照年限平均法计提折旧，税收处理允许加速折旧，甲公司在计税时对该项资产按双倍余额递减法计提折旧，预计净残值为零。计提了两年的折旧后，2018 年 12 月 31 日，甲公司对该项固定资产计提了 160 万元的固定资产减值准备。2018 年 12 月 31 日，该固定资产的计税基础为（　　）万元。

A. 0 　　　　　　B. 1 440 　　　　　　C. 160 　　　　　　D. 1 280

（二）无形资产

税法规定企业为开发新技术、新产品、新工艺发生的研究开发费用，未形成无形资产计入当期损益的，在按照规定据实扣除的基础上，按照研究开发费用的 200%（加计 100%）扣除；形成无形资产的，按照无形资产成本的 200% 摊销。

🐚【考点藏宝图】

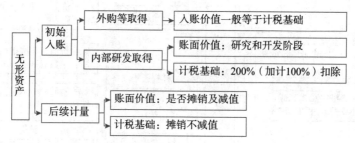

🔺【考点子题——举一反三，真枪实练】

[4]【经典子题·计算分析题】A 企业当期为开发新技术发生研究开发支共计 2 000 万元，其中研究阶段支出 400 万元，开发阶段符合资本化条件前发生的支出为 400 万元，符合资本化条件后至达到预定用途前发生的支出为 1 200 万元。税法规定，企业为开发新技术、新产品、新工艺发生的研究开发费用，未形成无形资产计入当期损益的，按照研究开发费用的 100% 加计扣除；形成无形资产的，按照无形资产成本的 200% 摊销。假定开发形成的无形资产在当期期末已达到预定用途（尚未开始摊销）。

要求：分析开发支出的计税基础。

（三）以公允价值计量且其变动计入当期损益的金融资产

税法规定企业以公允价值计量的金融资产，持有期间公允价值的变动不计入应纳税所得额，在实际处置或结算时，处置取得的价款扣除其历史成本后的差额应计入处置或结算期间的应纳税所得额。即计税基础为其取得时的历史成本，账面价值为资产负债表日的公允价值。

【考点藏宝图】

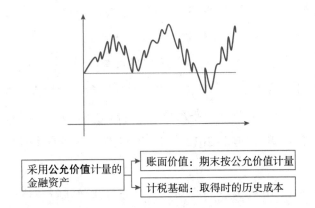

【考点子题——举一反三，真枪实练】

[5]【历年真题（改编）·单选题】2015 年 12 月 20 日，甲公司以每股 4 元的价格从股票市场购入 100 万股乙公司普通股股票，将其作为交易性金融资产，2015 年 12 月 31 日，甲公司持有乙公司普通股股票的公允价值为每股 6 元，不考虑其他因素，2015 年 12 月 31 日，甲公司该金融资产的计税基础为（　　）万元。

A．0　　　　　　B．600　　　　　　C．400　　　　　　D．200

（四）其他资产

1．计提资产减值准备的各项资产

有关资产计提了减值准备以后，其账面价值会随之下降，而按照税法规定，资产的减值在转化为实质性损失之前不允许税前扣除，即其计税基础不会因减值准备的提取而发生变化，从而造成资产的账面价值与其计税基础之间的差异。

2．采用公允价值模式进行后续计量的投资性房地产

账面价值：期末按公允价值计量

计税基础：以历史成本为基础确定（与固定资产或无形资产相同）

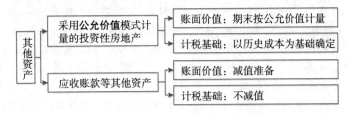

△【考点子题——举一反三，真枪实练】

[6]【历年真题·综合题（节选）】甲公司适用的所得税税率为25%。相关资料如下：

资料一：2010年12月31日，甲公司以银行存款44 000万元购入一栋达到预定可使用状态的写字楼，立即以经营租赁方式对外出租，租期为2年，并办妥相关手续。该写字楼的预计可使用寿命为22年，取得时成本和计税基础一致。

资料二：甲公司对该写字楼采用公允价值模式进行后续计量。所得税纳税申报时，该写字楼在其预计使用寿命内每年允许税前扣除的金额均为2 000万元。

资料三：2011年12月31日和2012年12月31日，该写字楼的公允价值分别45 500万元和50 000万元。

材料四：2012年12月31日，租期届满，甲公司收回该写字楼，并供本公司行政管理部门使用。甲公司自2013年开始对写字楼按年限平均法计提折旧，预计使用寿命20年，在其预计使用寿命内每年允许税前扣除的金额均为2 000万元。

假定不考虑所得税外的税费及其他因素。

要求：

（1）甲公司2010年12月31日购入并立即出租该写字楼的相关会计分录。

（2）计算确定2011年12月31日投资性房地产账面价值、计税基础。

（3）计算确定2013年12月31日该写字楼的账面价值、计税基础。

考点3 负债的计税基础

负债的计税基础是指负债的账面价值减去未来期间计算应纳税所得额时按照税法规定可予抵扣的金额。

会计故事会·负债计税基础

世界上95%的负债是借款引起的（比如向银行借款形成短期借款），这部分负债跟利润没有关系，因此也不存在税前扣除的问题。世界上5%的负债是确认费用或支出引起的（比如确认商品未来保修费用增加的预计负债），这类负债的确认与利润相关，可能存在当期税法不确认费用（会计上确认费用了），但未来作为费用，即会计和税法确认费用的时间不同，产生未来可以税前扣除的问题。如果按照资产计税基础的定义（未来可以税前扣除的金额），95%的负债计税基础是0，即这部分负债账面价值与计税基础存在差异，但这个差异是烟雾弹，实际上税法和会计很和谐。只有当期会计确认了费用，税法未来才确认费用，这时会计和税法不和谐，才有产生暂时性差异。如果再套用资产计税基础的定义，这部分负债未来可抵扣的金额＝负债的账面价值，负债的计税基础＝负债的账面价值，传递的信号感觉会计和税法很和谐，实际上正好相反。所以会计上为了反映负债在会计和税法的差异，将负债的计税基础定义成：负债的账面价值－未来期间可税前扣除的金额，跟资产的计税基础正好相反，这样提供的信号就与会计和税法是否存在差异一致。

反手反脚（负债的计税基础与资产的相反），统一信号。

（一）预计负债

如果税法规定，与销售产品有关的支出应于发生时税前扣除，由于该类事项产生的预计负债在期末的计税基础为其账面价值与未来期间可税前扣除的金额之间的差额，因有关的支出实际发生时可全部税前扣除，其计税基础为 0。

如果税法规定预计负债无论是否实际发生均不允许税前扣除，即未来期间按照税法规定可予抵扣的金额为 0，则其账面价值与计税基础相同。

【考点藏宝图】

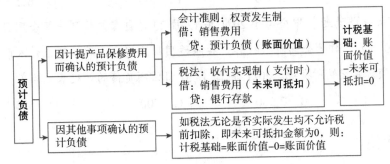

【考点子题——举一反三，真枪实练】

[7]【经典子题·单选题】假定税法规定，与产品售后服务相关的费用在实际发生时税前扣除。A 公司 2020 年 12 月 31 日"预计负债——产品质量保证费用"科目贷方余额为 300 万元，2021 年实际发生产品质量保证费用 160 万元，2021 年 12 月 31 日预提产品质量保证费用 150 万元，2021 年 12 月 31 日该项负债的计税基础为（　　）万元。

A. 0　　　　　　B. 290　　　　　　C. 160　　　　　　D. 150

[8]【历年真题（改编）·单选题】2018 年 10 月 5 日，甲公司因为乙公司银行借款提供担保，乙公司未如期偿还借款，而被银行提起诉讼，要求其履行担保责任；12 月 31 日，该案件尚未结案。甲公司预计很可能履行的担保责任为 300 万元。假定税法规定，企业为其他单位债务提供担保发生的损失不允许在税前扣除。2018 年 12 月 31 日该项负债的计税基础为（　　）万元。

A. 0　　　　　　B. 300　　　　　　C. 150　　　　　　D. 75

（二）合同负债

❀【考点藏宝图】

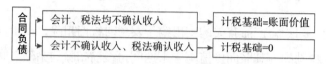

▲【考点子题——举一反三，真枪实练】

[9]【经典子题·单选题】甲公司于2021年12月20日自客户收到一笔合同预付款，金额为2 500万元，作为合同负债核算。按照适用税法规定，该款项应计入取得当期应纳税所得额计算交纳所得税。2021年12月31日该项负债的计税基础为（ ）万元。

A. 0   B. 2 500   C. 500   D. 625

[10]【经典子题·单选题】甲公司于2021年12月20日自客户收到一笔合同预付款，金额为2 500万元，作为合同负债核算。按照适用税法规定，该款项未计入取得当期应纳税所得额计算交纳所得税。2021年12月31日该项负债的计税基础为（ ）万元。

A. 0   B. 2 500   C. 500   D. 625

（三）其他负债

　　企业的其他负债项目，如企业应交的罚款和滞纳金、应付职工薪酬等，一般计税基础等于账面价值。

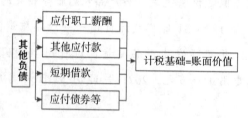

▲【考点子题——举一反三，真枪实练】

[11]【历年真题·单选题】下列各项负债中，其计税基础为零的是（ ）。

A. 因欠税产生的应交税款滞纳金   B. 因购入存货形成的应付账款

C. 因确认保修费用形成的预计负债   D. 为职工计提的应付养老保险金

[12]【经典子题·单选题】甲公司2021年12月计入成本费用的职工薪酬总额为1 000万元，至2021年12月31日尚未支付。按照适用税法规定，当期计入成本费用的1 000万元薪酬支出中，可予税前扣除的金额为900万元。该公司应付职工薪酬的计税基础为（ ）万元。

A. 900   B. 0   C. 100   D. 1 000

暂时性差异

暂时性差异是指资产、负债的账面价值与其计税基础不同产生的差额。

【考点藏宝图】

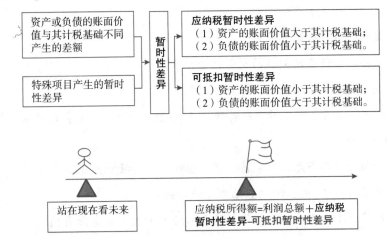

 应纳税坏消息，未来多交税；可抵扣好消息，未来少交税。多与少，跷跷板，当期多来未来少，当期少来未来多。

会计故事会·好消息与坏消息

一般资产入账时的账面价值与计税基础相同，也即资产未来可以抵税的总的金额相同，在使用过程中，会计和税法计入费用或成本的进度不一致，导致账面价值与计税基础产生差异，这个差异就是暂时性差异。资产的账面价值大于计税基础，说明税法上未来可抵扣的金额少，对企业来说是一个坏消息，需要多交税，我们把这个差异叫应纳税暂时性差异。相反，如果资产的账面价值小于计税基础，说明税法上未来可抵扣的金额多，对企业来说是好消息，可以少交税，我们把这个差异叫可抵扣暂时性差异。负债与资产正好相反，因为，负债计税基础 = 账面价值 – 未来可抵扣的金额，与资产相比未来可抵扣的金额前面多了一个负号，所以应纳税暂时性差异与可抵扣暂时性差异与资产相反。

```
特殊项目        可抵扣亏损及税款抵减产生的暂时性差异（5年
产生的暂        内可以税前扣除）
时性差异
                未作为资产、负债确认的项目产生的暂时性差
                异。如：超过抵扣标准的广告费和业务宣传费
                （当年销售收入的15%）
```

【考点子题——举一反三，真枪实练】

[13]【历年真题·多选题】下列各项中，能够产生应纳税暂时性差异的有（　　）。

  A. 账面价值大于其计税基础的资产

  B. 账面价值小于其计税基础的负债

C. 超过税法扣除标准的业务宣传费

D. 按税法规定可以结转以后年度的未弥补亏损

[14]【历年真题·多选题】下列各项资产和负债中，因账面价值与计税基础不一致形成暂时性差异的有（   ）。

A. 使用寿命不确定的无形资产

B. 已计提减值准备的固定资产

C. 已确认公允价值变动损益的交易性金融资产

D. 因违反税法规定应缴纳但尚未缴纳的滞纳金

[15]【历年真题·多选题】甲公司下列各项资产或负债在资产负债表日产生可抵扣暂时性差异的有（   ）。

A. 账面价值为 800 万元、计税基础为 1 200 万元的投资性房地产

B. 账面价值为 60 万元、计税基础为 0 的合同负债

C. 账面价值为 180 万元、计税基础为 200 万元的交易性金融负债

D. 账面价值为 100 万元、计税基础为 60 万元的交易性金融资产

[16]【历年真题·单选题】甲公司于 2×20 年 1 月 1 日开始对 N 设备计提折旧，N 设备的初始入账金额为 30 万元，预计使用年限为 5 年，预计净残值为零，采用双倍余额递减法计提折旧。2×20 年 12 月 31 日，该设备存在减值迹象，确定的可收回金额为 15 万元。根据税法规定，该设备在 2×20 年至 2×24 年每年准予在税前扣除的折旧费用均为 6 万元。2×20 年 12 月 31 日，N 设备的暂时性差异为（   ）万元。

A. 9　　　　　　　B. 18　　　　　　　C. 15　　　　　　　D. 12

[17]【历年真题·单选题】2×18 年 12 月 31 日，甲公司以银行存款 180 万元外购一台生产用设备并立即投入使用，预计使用年限为 5 年，预计净残值为 30 万元，采用年数总和法计提折旧。当日，该设备的初始入账金额与计税基础一致。根据税法规定，该设备在 2×19 年至 2×23 年每年可以税前扣除的折旧金额均为 36 万元。不考虑其他因素，2×19 年 12 月 31 日，该设备的账面价值与计税基础之间形成的暂时性差异为（   ）万元。

A. 36　　　　　　　B. 0　　　　　　　C. 24　　　　　　　D. 14

[18]【经典子题·单选题】A 公司 2021 年发生了 4 000 万元广告费支出，该广告费已支付并作为销售费用计入当期损益，A 公司 2021 年销售收入为 20 000 万元。税法规定，该类支出不超过当年销售收入 15% 的部分允许当期税前扣除，超过部分允许向以后年度结转税前扣除。该广告费用产生的暂时性差异为（   ）万元。

A. 2 000　　　　　　　B. 4 000　　　　　　　C. 1 000　　　　　　　D. 3 000

[19]【经典子题・单选题】甲公司2021年发生亏损500万元，假设可以由以后年度税前弥补，所得税税率为25%。假定不考虑其他因素，2021年12月31日产生的暂时性差异为（　　）万元。

A. 0   B. 500   C. 250   D. 100

第二节　递延所得税负债和递延所得税资产的确认和计量

考点5　递延所得税负债的确认和计量

（一）递延所得税负债的确认

递延所得税负债是由应纳税暂时性差异引起的，并按照资产负债表观进行计量。

🌀【考点藏宝图】

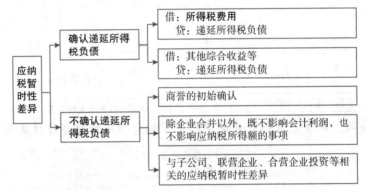

考点锦囊　打狗棒法：锁定期末余额，关门打狗。

1. 与当期损益相关的交易或事项的所得税

[20]【历年真题（改编）・计算分析题】甲公司系增值税一般纳税人，使用的增值税税率为13%，所得税税率为25%，预计未来期间能够取得足够的应纳税所得额用以抵减可抵扣暂时性差异。2012年12月31日购入一台不需要安装的设备，成本500万元。甲公司预计该设备可使用10年，预计净残值为20万元，采用年限平均法计提折旧；税法规定的双倍余额递减法计提折旧（使用10年，预计净残值为20万元）。该设备取得时的成本与计税基础一致。不考虑其他因素。

要求：计算各期递延所得税资产或负债。

2. 与直接计入所有者权益的交易或事项相关的所得税

[21]【经典子题·计算分析题】甲公司于2021年4月自公开市场以每股6元的价格取得
A公司普通股200万股，指定为其他权益工具投资，2021年12月31日，甲公司该
股票投资尚未出售，当日市价为每股9元。按照税法规定，资产在持有期间的公允
价值的变动不计入应纳税所得额，待处置时一并计算应计入应纳税所得额。甲公司
适用的所得税税率为25%，假定在未来期间不会发生变化，甲公司按照10%计提盈
余公积。

要求：编制甲公司期末相关会计处理。

3. 商誉的初始确认

非同一控制下企业合并中，企业合并成本大于合并中取得的被购买方可辨认净资产公
允价值份额的差额，确认为商誉。免税合并下商誉的计税基础是0，但不确认递延所得税
负债。

🌀【考点藏宝图】

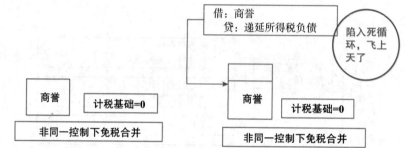

4. 与子公司、联营企业、合营企业投资等相关的应纳税暂时性差异

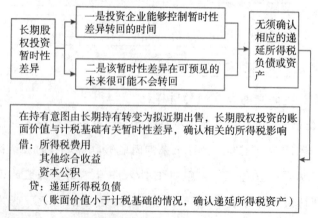

🔺【考点子题——举一反三，真枪实练】

[22]【经典子题·单选题】乙公司为丙公司和丁公司共同投资设立。2021年1月1日，乙
公司增资扩股，甲公司出资450万元取得乙公司30%股权并能够对其施加重大影

响。甲公司投资日，乙公司可辨认净资产的公允价值和账面价值均为1 600万元。2021年，乙公司实现净利润900万元，其他综合收益增加120万元。甲公司拟长期持有对乙公司的投资。甲公司适用的所得税税率为25%。不考虑其他因素，下列各项关于甲公司2021年对乙公司投资相关会计处理的表述中，正确的是（　　）。

A. 按照实际出资金额确定对乙公司投资的入账价值

B. 将按持股比例计算应享有乙公司其他综合收益变动的份额确认为投资收益

C. 投资时将实际出资金额与享有乙公司可辨认净资产份额之间的差额确认为其他综合收益

D. 对乙公司投资年末账面价值与计税基础不同产生的应纳税暂时性差异，不应确认递延所得税负债

（二）递延所得税负债的计量

递延所得税负债应以相关应纳税暂时性差异转回期间适用的所得税税率计量。

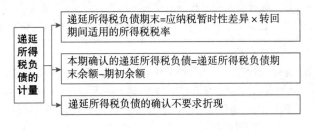

打狗棒法：锁定期末余额，关门打狗。

▲【考点子题——举一反三，真枪实练】

[23]【历年真题·多选题】下列各项关于企业递延所得税负债会计处理的表述中，正确的有（　　）。

A. 商誉初始确认时形成的应纳税暂时性差异应确认相应的递延所得税负债

B. 应纳税暂时性差异转回期间超过一年的，相应的递延所得税负债应以现值进行计量

C. 递延所得税负债应以相关应纳税暂时性差异转回期间适用的企业所得税税率计量

D. 与损益相关的应纳税暂时性差异所确认的递延所得税负债应计入所得税费用

[24]【经典子题·单选题】甲公司适用的所得税税率为25%。甲企业于2019年12月15日取得某项固定资产，原价为1 000万元，使用年限为10年，会计上采用年限平均法计提折旧，净残值为零。税法规定该类固定资产采用加速折旧法计提的折旧可予税前扣除，该企业在计税时采用双倍余额递减法计提折旧，净残值为零。2021年12月31日，企业估计该项固定资产的可收回金额为680万元，预计未来所得税税率为15%。假定不考虑其他因素，2021年年末"递延所得税负债"的余额为（　　）万元。

　A. 0　　　　　B. 10　　　　　C. 6　　　　　D. 19

♦♦【考点母题——万变不离其宗】递延所得税负债

下列关于递延所得税负债的表述正确的有（　　）。	
确认递延所得税负债	A. 一般应纳税暂时性差异应确认相关的递延所得税负债 B. 除直接计入所有者权益的交易（其他综合收益）或事项以及企业合并外（计入商誉、资本公积），在确认递延所得税负债的同时，确认所得税费用
不确认递延所得税负债	A. 商誉的初始确认 B. 除企业合并以外的其他交易或事项中，如果该项交易或事项发生时既不影响会计利润，也不影响应纳税所得额，则所产生的资产、负债的初始确认金额与其计税基础不同，形成应纳税暂时性差异的，交易或事项发生时不确认相应的递延所得税负债 C. 近期不出售的长期股权投资
递延所得税负债的计量	A. 因未来期间所得税税率发生变化的，企业应对已确认的递延所得税资产和递延所得税负债按照新的税率进行重新计量

♦♦【考点子题——举一反三，真枪实练】

[25]【历年真题·单选题】2×18年10月18日，甲公司以银行存款3 000万元购入乙公司的股票，分类为以公允价值计量且其变动计入当期损益的金融资产。2×18年12月31日，该股票投资的公允价值为3 200万元。2×19年12月31日，该股票投资的公允价值为3 250万元。甲公司适用的所得税税率为25%，2×19年12月31日，该股票投资的计税基础为3 000万元。不考虑其他因素，甲公司对该股票投资公允价值变动应确认递延所得税负债的金额为（　　）万元。

　A. 12.5　　　　　B. 62.5　　　　　C. 112.5　　　　　D. 50

[26]【历年真题·单选题】甲公司适用的企业所得税税率为25%。2×20年12月31日，甲公司一项以公允价值模式计量的投资性房地产的账面价值为600万元、计税基础为580万元；2×21年12月31日，该投资性房地产的账面价值为620万元、计税基

础为 500 万元。不考虑其他因素，2×21 年 12 月 31 日，甲公司递延所得税负债的期末余额为（　　）万元。

A. 5   B. 20   C. 25   D. 30

[27]【历年真题（节选）·计算分析题】甲公司适用的所得税税率为 25%，递延所得税负债、资产的期初余额均为 0；2012 年某项外购固定资产当年计提的折旧为 1 200 万元，未计提固定资产减值准备。该项固定资产系 2011 年 12 月 18 日安装调试完毕并投入使用，原价为 6 000 万元，预计使用年限为 5 年，预计净残值为零。采用年限平均法计提折旧，税法规定，类似固定资产采用年数总和法计提的折旧准予在计算应纳税所得额时扣除，企业在纳税申报时按照年数总和法将该折旧调整为 2 000 万元。不考虑其他因素。

要求：

（1）计算甲公司固定资产在 2012 年年末的账面价值、计税基础，及其相关的暂时性差异、递延所得税资产或递延所得税负债的余额。

（2）计算甲公司 2012 年年末应确认或转销递延所得税资产、递延所得税负债的金额。

（3）编制甲公司 2012 年度与确认所得税费用（或收益）相关的会计分录。

考点6　递延所得税资产的确认和计量

可抵扣暂时性差异，应确认相关的递延所得税资产。

【考点藏宝图】

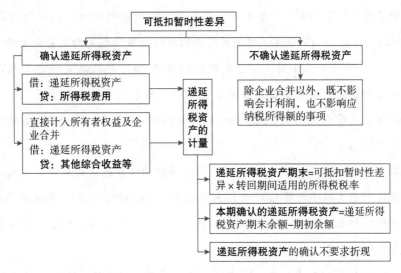

| 递延所得税资产的确认应以未来期间可能取得的应纳税所得额为限 | → | 在可抵扣暂时性差异转回的未来期间内，企业无法产生足够的应纳税所得额以抵减可抵扣暂时性差异的影响，该部分递延所得税资产不应确认 |
| | → | 企业有明确的证据表明其于可抵扣暂时性差异转回的未来期间能够产生足够的应纳税所得额，则应以可能取得的应纳税所得额为限，确认相关的递延所得税资产 |

1. 确认递延所得税资产

⚠【考点子题——举一反三，真枪实练】

[28]【历年真题（改编）·计算分析题】甲公司系增值税一般纳税人，使用的增值税税率为 13%，所得税税率为 25%，预计未来期间能够取得足够的应纳税所得额用以抵减可抵扣暂时性差异。2012 年 12 月 31 日购入一台不需要安装的设备，成本 500 万元。甲公司预计该设备可使用 10 年，预计净残值为 20 万元，采用双倍余额递减法计提折旧；税法上采用年限平均法计提折旧，预计使用寿命和净残值与会计上的相关估计相同。该设备取得时的成本与计税基础一致。不考虑其他因素。

要求：计算各期递延所得税资产。

[29]【经典子题·计算分析题】甲公司 2017 年年末亏损 500 万元，预计未来 5 年有足够的应纳税所得额，所得税税率为 25%。2018 年年末实现利润 120 万元，2019 年年末实现利润 150 万元，2020 年年末实现利润 400 万元。假定不考虑其他因素。

要求：编制甲公司递延所得税资产的相关分录。

[30]【历年真题·综合题】甲公司适用的企业所得税税率为 25%，预计未来期间适用的企业所得税税率不会发生变化，未来期间能够产生足够的应纳税所得额用以抵减可抵扣暂时性差异。2×19 年 1 月 1 日，甲公司递延所得税资产、递延所得税负债的年初余额均为零。2×19 年度，甲公司发生的与股权投资相关的交易或事项如下：

资料一：2×19 年 8 月 1 日，甲公司以银行存款 70 万元从非关联方购入乙公司的股票并将其分类为以公允价值计量且其变动计入当期损益的金融资产。当日，该金融资产的初始入账金额与计税基础一致，2×19 年 12 月 31 日，该股票投资的公允价值为 80 万元。

资料二：2×19 年 9 月 1 日，甲公司以银行存款 900 万元从非关联方购入丙公司的股票并将其指定为以公允价值计量且其变动计入其他综合收益的金融资产。当日，该金融资产的初始入账金额与计税基础一致。2×19 年 12 月 31 日，该股票投资的公允价值为 840 万元。

资料三：2×19 年 12 月 1 日，甲公司以银行存款 8 000 万元从非关联方取得丁公司 30% 的有表决权股份，对丁公司的财务和经营政策具有重大影响，采取权益法核算。

当日，丁公司所有者权益的账面价值为 25 000 万元。各项可辨认资产、负债的公允价值均与其账面价值相同。该股权投资的初始入账金额与计税基础一致。

丁公司 2×19 年 12 月实现的净利润为 200 万元，甲公司与丁公司未发生交易。甲公司的会计政策、会计期间与丁公司的相同。

根据税法规定，甲公司所持乙公司和丙公司股票的公允价值变动不计入当期应纳税所得税，待转让时将转让收入扣除初始投资成本的差额计入转让当期的应纳税所得额。

本题不考虑除企业所得税以外的税费及其他因素。

要求（"交易性金融资产"、"其他权益工具投资"、"长期股权投资"科目应写出必要的明细科目）：

（1）编制甲公司 2×19 年 8 月 1 日购入乙公司股票的会计分录。

（2）编制甲公司 2×19 年 12 月 31 日持有乙公司股票公允价值变动及递延所得税的会计分录。

（3）编制甲公司 2×19 年 9 月 1 日购入丙公司股票的会计分录。

（4）编制甲公司 2×19 年 12 月 31 日持有丙公司股票公允价值变动及递延所得税的会计分录。

（5）编制甲公司 2×19 年 12 月 1 日取得丁公司股权的会计分录。

（6）编制甲公司 2×19 年 12 月 31 日持有丁公司股权相关的会计分录。

[31]【历年真题·判断题】企业应当在资产负债表日对递延所得税资产的账面价值进行复核，如果未来期间很可能无法取得足够的应纳税所得额用以利用递延所得税资产的利益，应当减记递延所得税资产的账面价值。（　　）

2. 不确认递延所得税资产

除企业合并以外，既不影响会计利润，也不影响应纳税所得额的事项。

❀【考点藏宝图】

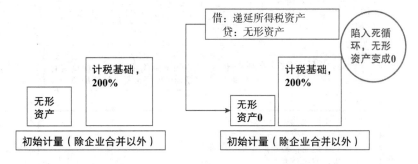

【考点子题——举一反三，真枪实练】

[32]【历年真题·多选题】2×20年1月1日，甲公司开始自行研发一项用于生产P产品的新技术，研究阶段的支出为400万元，开发阶段满足资本化条件的支出为600万元。2×20年7月1日，该新技术研发成功并立即用于P产品的生产。该新技术的预计使用年限为5年，预计净残值为零，采用直线法进行摊销。根据税法规定，该新技术在其预计使用年限5年内每年准予在税前扣除的摊销费用为210万元。甲公司适用的企业所得税税率为25%。不考虑其他因素，甲公司2×20年7月1日与该新技术有关的下列各项会计处理表述中，正确的有（　　）。

A. 该新技术的入账金额为1 000万元

B. 应确认与该新技术有关的递延所得税资产112.5万元

C. 该新技术的计税基础为1 050万元

D. 该新技术的可抵扣暂时性差异为450万元

第三节　所得税费用的确认和计量

考点7　所得税费用的确认和计量

所得税费用 = 当期所得税 + 递延所得税

【考点藏宝图】

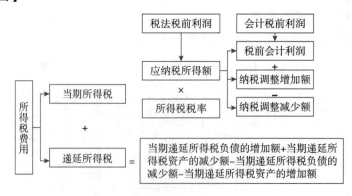

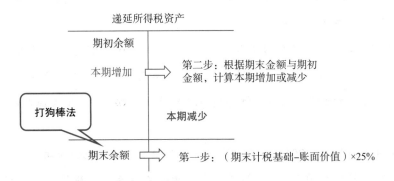

▲【考点子题——举一反三，真枪实练】

[33]【历年真题（改编）·单选题】2011年12月31日，甲公司因交易性金融资产和其他权益工具投资的公允价值变动，分别确认了10万元的递延所得税资产和20万元的递延所得税负债。甲公司当期应交所得税的金额为150万元。假定不考虑其他因素，该公司2011年度利润表"所得税费用"项目应列示的金额为（　　）万元

A. 120　　　　　B. 140　　　　　C. 160　　　　　D. 180

[34]【历年真题·单选题】2017年度，甲公司当期应交所得税为15 800万元，递延所得税资产本期净增加320万元（其中20万元相应增加了其他综合收益），递延所得税负债未发生变化。不考虑其他因素，甲公司2017年度利润表中应列示的所得税费用金额为（　　）万元。

A. 15 480　　　　B. 15 500　　　　C. 16 100　　　　D. 16 120

[35]【历年真题·计算分析题】甲公司2014年年初递延所得税负债的余额为零，递延所得税资产的余额为30万元（系2013年末应收账款的可抵扣暂时性差异产生），甲公司2014年度有关交易和事项的会计处理中，与税法规定存在差异的有：

资料一：2014年1月1日，购入一项非专利技术并立即用于生产A产品，成本为200万元，因无法合理预计其带来经济利益的期限，作为使用寿命不确定的无形资产核算，2014年12月31日，对该项无形资产进行减值测试后未发现减值，根据税法规定，企业在计税时，对该项无形资产按照10年的期限摊销，有关摊销额允许税前扣除。

资料二：2014年1月1日，按面值购入当日发行的三年期国债1 000万元，作为债权投资核算，该债券票面年利率为5%，每年年末付息一次，到期偿还面值，2014年12月31日，甲公司确认了50万元的利息收入，根据税法规定，国债利息收入免征企业所得税。

资料三：2014年12月31日，应收账款账面余额为10 000万元，减值测试前坏账准

备的余额为 200 万元，减值测试后补提坏账准备 100 万元，根据税法规定，提取的坏账准备不允许税前扣除。

资料四：2014 年度，甲公司实现的利润总额为 10 070 万元，适用的所得税税率为 15%，预计从 2015 年开始适用的所得税税率为 25%，且未来期间保持不变，假定未来期间能够产生足够的应纳税所得额用以抵扣暂时性差异，不考虑其他因素。

要求：

（1）分别计算甲公司 2014 年度应纳税所得额和应交所得税的金额。

（2）分别计算甲公司 2014 年年末资产负债表"递延所得税资产"、"递延所得税负债"项目"期末余额"栏应列示的金额。

（3）计算确定甲公司 2014 年度利润表"所得税费用"项目"本年金额"栏应列示的金额。

（4）编制甲公司与确认应交所得税、递延所得税资产、递延所得税负债和所得税费用相关的会计分录。

[本章考点子题答案及解析]

[1]【答案】计算各期固定资产计税基础和账面价值

时间	会计折旧 （a）= 期初 （b）× 20%	账面价值 （b）= 期初 （b）－（a）	税法折旧 （c）= （500－20） /10	计税基础 （d）= 期初 （d）－（c）	差额 （e）= （d）－（b）
2012 年 12 月 31 日		500		500	0
2013 年 12 月 31 日	100	400	48	452	52
2014 年 12 月 31 日	80	320	48	404	84
2015 年 12 月 31 日	64	256	48	356	100
2016 年 12 月 31 日	51.2	204.8	48	308	103.2
2017 年 12 月 31 日	40.96	163.84	48	260	96.16
2018 年 12 月 31 日	32.77	131.07	48	212	80.93
2019 年 12 月 31 日	26.21	104.86	48	164	59.14
2020 年 12 月 31 日	20.97	83.89	48	116	32.11
2021 年 12 月 31 日	31.94	51.94	48	68	16.06
2022 年 12 月 31 日	31.94	20	48	20	0

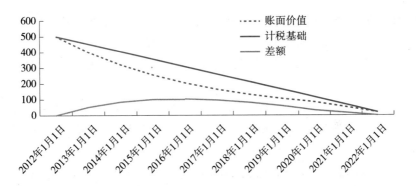

【2】【答案: ABCD 】

【3】【答案: D 】该项固定资产的计税基础 =2 000-2 000×20%-（2 000-2 000×20%）×20%=1 280（万元）。

【4】【答案: A 】企业当期发生的研究开发支出中，按照会计准则规定应予费用化的金额为 800 万元，形成无形资产的成本为 1 200 万元，即期末所形成无形资产的账面价值为 1 200 万元。A 企业当期发生的 2 000 万元研究开发支出，按照税法规定可在税前扣除的金额为 4 000 万元，其中费用化的 800 万元当期税前扣除 1 600 万元，所形成的无形资产在未来期间可予税前扣除的金额为 2 400 万元。资本化的研发支出会计上的账面价值为 1 200 万元，计税基础为 2 400 万元，形成暂时性差异 1 200 万元。

【5】【答案: C 】采用公允价值计量的金融资产计税基础以取得成本为基础确定，计税基础为 400 万元，选项 C 正确。

【6】【答案】

（1）借：投资性房地产——成本　　　44 000

　　　　贷：银行存款　　　　　　　　　44 000

（2）2011 年 12 月 31 日投资性房地产账面价值为 45 500 万元，计税基础 =44 000-2 000=42 000（万元）。

（3）2013 年 12 月 31 日该写字楼的账面价值 =50 000-50 000/20=47 500（万元），计税基础 =44 000-2 000×3=38 000（万元）。

【7】【答案: A 】2021 年 12 月 31 日该项负债的余额在未来期间计算应纳税所得额时按照税法规定可予抵扣，因此计税基础为 0。

【8】【答案:B 】2018 年 12 月 31 日，该项预计负债的账面价值为 300 万元，计税基础为 300 万元（300-0）。该项预计负债的账面价值等于计税基础，不产生暂时性差异，选项 B 正确。

【9】【答案: A 】2021 年 12 月 31 日，该项合同负债的账面价值为 2 500 万元，计税基础为 0 元（2 500-2 500），选项 A 正确。

【10】【答案: B 】2021 年 12 月 31 日，该项合同负债的账面价值为 2 500 万元，计税基础为 2 500 万元（2 500-0），选项 B 正确。

【11】【答案: C 】选项 C，企业因保修费用确认的预计负债，税法允许在以后实际发生时税前列支，即该预计负债的计税基础 = 其账面价值 - 税前列支的金额 =0。

【12】【答案: D 】其计税基础为账面价值减去未来期间计税时可予税前扣除的金额 0 之间的差额，即计税基础等于账面价值，选项 D 正确。

[13]【答案：AB】资产账面价值大于其计税基础、负债账面价值小于其计税基础，产生应纳税暂时性差异，选项 A、B 正确；选项 C、D 产生的均为可抵扣暂时性差异。

[14]【答案：ABC】选项 D，因违反税法规定应缴纳但尚未缴纳的滞纳金是企业的负债，税法不允许扣除，是永久性差异，不产生暂时性差异。

[15]【答案：AB】资产账面价值小于计税基础，负债账面价值大于计税基础，产生可抵扣暂时性差异，选项 A、B 正确；资产账面价值大于计税基础，负债账面价值小于计税基础，产生应纳税暂时性差异，选项 C、D 错误。

[16]【答案：A】2×20 年 12 月 31 日 N 设备减值前的账面价值 =30-30×2/5=18(万元)，可收回金额为 15 万元，应计提减值 3 万元，减值后的账面价值为 15 万元，N 设备的计税基础 =30-6=24(万元)，账面价值小于计税基础，产生可抵扣暂时性差异 9 万元，选项 A 正确。

[17]【答案：D】2×19 年 12 月 31 日，该设备的账面价值 =180-（180-30）×5/15=130（万元），计税基础 =180-36=144（万元），账面价值小于计税基础，产生可抵扣暂时性差异 =144-130=14（万元）。

[18]【答案：C】因按照税法规定，该类支出税前列支有一定的限制，根据当期 A 公司销售收入 15% 计算，当期可予税前扣除 3 000 万元（20 000×15%），当期未予税前扣除的 1 000 万元可以向以后年度结转，其计税基础为 1 000 万元。

[19]【答案：B】可抵扣亏损及税款抵减产生的暂时性差异，选项 B 正确。

[20]【答案】

各期递延所得税资产或负债

时间	会计折旧（c）=（500-20）/10	账面价值（d）=期初（d）-（c）	税法折旧（a）=期初（b）×20%	计税基础（b）=期初（b）-（a）	暂时性差异（e）=（d）-（b）	递延所得税负债余额（f）=（e）×25%	当期计提的递延所得税负债（g）=期末（f）-期初（f）
2012.12.31		500		500	0	0	0
2013.12.31	48	452	100	400	52	13	13
2014.12.31	48	404	80	320	84	21	8
2015.12.31	48	356	64	256	100	25	4
2016.12.31	48	308	51.2	204.8	103.2	25.8	0.8
2017.12.31	48	260	40.96	163.84	96.16	24.04	-1.76
2018.12.31	48	212	32.77	131.07	80.93	20.23	-3.81
2019.12.31	48	164	26.21	104.86	59.14	14.79	-5.44
2020.12.31	48	116	20.97	83.89	32.11	8.03	-6.76
2021.12.31	48	68	31.94	51.94	16.06	4.02	-4.01
2022.12.31	48	20	31.94	20	0	0	-4.02

2013 年 12 月 31 日会计分录：

借：所得税费用　　　　　　　　　　13（52×25%）

　　贷：递延所得税负债　　　　　　　13

2014 年 12 月 31 日 –2016 年 12 月 31 日，会计分录原理同上。

2017 年 12 月 31 日会计分录：

借：递延所得税负债　　　　　　　　1.76

　　贷：所得税费用　　　　　　　　　1.76

2018 年 12 月 31 日 –2022 年 12 月 31 日，会计分录原理同上。

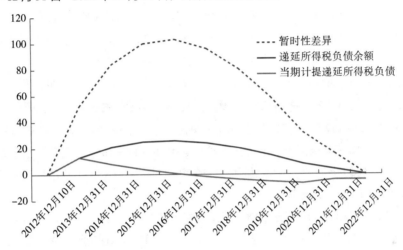

[21][答案]

借：其他权益工具投资——公允价值变动　　6 000 000

　　贷：其他综合收益　　　　　　　　　　6 000 000

借：其他综合收益　　　　　　　　　　1 500 000（6 000 000×25%）

　　贷：递延所得税负债　　　　　　　　1 500 000

假定甲公司以每股 10 元的价格将该股票于 2022 年对外出售，结转该股票出售损益时：

借：银行存款　　　　　　　　　　　20 000 000

　　贷：其他权益工具投资——成本　　　　12 000 000

　　　　　　　　　　　——公允价值变动　6 000 000

　　　盈余公积　　　　　　　　　　200 000（2 000 000×10%）

　　　利润分配——未分配利润　　　1 800 000

借：递延所得税负债　　　　　　　　1 500 000

　　其他综合收益　　　　　　　　　4 500 000

　　贷：盈余公积　　　　　　　　　　　600 000（6 000 000×10%）

　　　利润分配——未分配利润　　　5 400 000

[22][答案：D] 长期股权投资的初始投资成本为付出对价 450 万元，初始投资成本小于乙公司可辨认净
资产公允价值份额 480 万元（1 600×30%）的差额，调整初始投资成本记入"长期股权投资——投
资成本"科目，同时计入营业外收入，即甲公司该项长期股权投资初始投资成本为 450 万元，入账

价值为 480 万元，选项 A 错误；按持股比例计算其应享有乙公司其他综合收益的份额，应该确认为其他综合收益，选项 B 错误；投资时，实际出资额和应享有乙公司的可辨认净资产公允价值的份额之间的差额，计入营业外收入，选项 C 错误；因该长期股权投资拟长期持有，故不确认递延所得税，选项 D 正确。

[23]【答案：CD】选项 A，商誉初始确认时形成的应纳税暂时性差异不确认相应的递延所得税负债；选项 B，递延所得税负债不要求折现。

[24]【答案：C】2021 年 12 月 31 日，该项固定资产计提减值准备前的账面价值 = 1 000-100×2=800（万元），该账面价值大于其可收回金额 680 万元，两者之间的差额应计提 120 万元的固定资产减值准备。账面价值 =680（万元），计税基础 =1 000-1 000×20%-800×20%=640（万元），应纳税暂时性差异 40（万元），2021 年年末"递延所得税负债"的余额 =40×15%=6（万元）。递延所得税期初余额 =（900-800）×25%=25（万元），当期转回计提 =25-6=19（万元）。

[25]【答案：B】交易性金融资产的期末账面价值为 3 250 万元，计税基础为 3 000 万元，产生应纳税暂时性差异余额为 250 万元，应确认递延所得税负债的余额为 62.5 万元（250×25%）。

[26]【答案：D】2×21 年 12 月 31 日，递延所得税负债的期末余额 =（620-500）×25% =30（万元）。

[27]【答案】（1）2012 年年末固定资产的账面价值 =6 000-1 200=4 800（万元），计税基础 =6 000-6 000×5/15=4 000（万元），应纳税暂时性差异余额 =4 800-4 000=800（万元），递延所得税负债的余额 =800×25%=200（万元）。

（2）递延所得税负债的期末余额为 200 万元，期初余额为 0，所以本期应确认递延所得税负债 200 万元。（如果递延所得税负债期初余额为 150 万元，则本期应确认递延所得税负债 50 万元）。

（3）会计分录为：

借：所得税费用　　　　　　　　　　200
　　贷：递延所得税负债　　　　　　　　　200

[28]【答案】各期递延所得税资产

时间	会计折旧（a）= 期初（b）×20%	账面价值（b）= 期初（b）-（a）	税法折旧（c）=（500-20）/10	计税基础（d）= 期初（d）-（c）	可抵扣暂时性差异（e）=（d）-（b）	递延所得税资产余额（f）=（e）×25%	当期计提的递延所得税（g）= 期末（f）-期初（f）
2012 年 12 月 31 日		500		500	0		0.00
2013 年 12 月 31 日	100	400	48	452	52	13.00	13.00
2014 年 12 月 31 日	80	320	48	404	84	21.00	8.00
2015 年 12 月 31 日	64	256	48	356	100	25.00	4.00
2016 年 12 月 31 日	51.2	204.8	48	308	103.2	25.80	0.80
2017 年 12 月 31 日	40.96	163.84	48	260	96.16	24.04	-1.76

续表

2018 年 12 月 31 日	32.77	131.07	48	212	80.93	20.23	-3.81
2019 年 12 月 31 日	26.21	104.86	48	164	59.14	14.79	-5.44
2020 年 12 月 31 日	20.97	83.89	48	116	32.11	8.03	-6.76
2021 年 12 月 31 日	31.94	51.94	48	68	16.06	4.02	-4.01
2022 年 12 月 31 日	31.94	20	48	20	0	0.00	-4.02

2013 年 12 月 31 日会计分录：

借：递延所得税资产　　　　　　　13（52×25%）

　　贷：所得税费用　　　　　　　13

2014 年 12 月 31 日 −2016 年 12 月 31 日，会计分录原理同上。

2017 年 12 月 31 日会计分录：

借：所得税费用　　　　　　　1.76

　　贷：递延所得税资产　　　　　1.76

2018 年 12 月 31 日 −2022 年 12 月 31 日，会计分录原理同上。

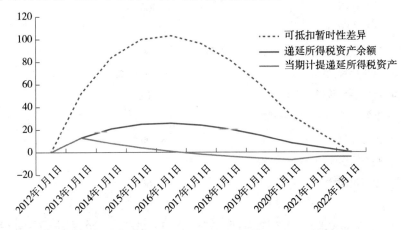

[29][答案] 2017 年 12 月 31 日

借：递延所得税资产　　　　　　　125（500×25%）

　　贷：所得税费用　　　　　　　125

2018 年 12 月 31 日

借：所得税费用　　　　　　　30

　　贷：递延所得税资产　　　　　30（120×25%）

2019 年 12 月 31 日

借：所得税费用　　　　　　　37.5

　　贷：递延所得税资产　　　　　37.5（150×25%）

2020 年 12 月 31 日

借：所得税费用　　　　　　　57.5

　　贷：递延所得税资产　　　　　57.5（125−30−37.5）

递延所得税资产

2017年年末 125（500×25%）	
	2018年　30（120×25%）
	2019年　37.5（150×25%）
	2020年　57.5（125-30-37.5）
0	

[30]【答案】

（1）借：交易性金融资产——成本　　　　　　　70

　　　　贷：银行存款　　　　　　　　　　　　　　70

（2）借：交易性金融资产——公允价值变动　　　10

　　　　贷：公允价值变动损益　　　　　　　　　　10

　　借：所得税费用　　　　　　　　　　　　　2.5

　　　　贷：递延所得税负债　　　　　　　　2.5（10×25%）

（3）借：其他权益工具投资——成本　　　　　　900

　　　　贷：银行存款　　　　　　　　　　　　　900

（4）借：其他综合收益　　　　　　　　　　　　60

　　　　贷：其他权益工具投资——公允价值变动　　60

　　借：递延所得税资产　　　　　　　　15（60×25%）

　　　　贷：其他综合收益　　　　　　　　　　　15

（5）借：长期股权投资——投资成本　　　　　8 000

　　　　贷：银行存款　　　　　　　　　　　　8 000

（6）借：长期股权投资——损益调整　　　　　　60

　　　　贷：投资收益　　　　　　　　　　　　　60

[31]【答案：√】

[32]【答案：CD】该项新技术的入账价值为 600 万元，选项 A 错误；2×20 年 7 月 1 日新技术的账面价值为 600 万元，计税基础 =210×5=1 050(万元)，资产计税基础大于账面价值，形成可抵扣暂时性差异 450 万元，选项 C、D 正确；由于新技术的确认不是产生于企业合并交易，同时在确认时既不影响会计利润也不影响应纳税所得额，按照所得税会计准则的规定，不确认该暂时性差异的所得税影响，选项 B 错误。

[33]【答案：B】本题相关会计分录如下：

借：所得税费用　　　　　　　　　140

　　递延所得税资产　　　　　　　　10

　　贷：应交税费——应交所得税　　　　　150

借：其他综合收益　　　　　　　　20

　　贷：递延所得税负债　　　　　　　　　20

[34]【答案：B】所得税费用 = 当期应交所得税 + 当期递延所得税负债的增加额 + 当期递延所得税资产的减少额 – 当期递延所得税负债的减少额 – 当期递延所得税资产的增加额 =15 800-300=15 500（万

元），选项 B 正确。

[35]【答案】（1）甲公司 2014 年度应纳税所得额 =10 070-200/10（税法上无形资产的摊销金额）-50（国债免税利息收入）+100（补提的坏账准备）=10 100（万元），甲公司 2014 年度应交所得税 =10 100×15%=1 515（万元）。

（2）资料一：2014 年末无形资产账面价值为 200 万元，税法上按照 10 年进行摊销，计税基础 =200-200/10=180（万元），产生应纳税暂时性差异 =200-180=20（万元），确认递延所得税负债 =20×25%=5（万元）。

资料二：该债权投资的账面价值与计税基础相等，不产生暂时性差异，不确认递延所得税。

资料三：2014 年 12 月 31 日，应收账款账面价值 =10 000-200-100=9 700（万元），应收账款的计税基础 =10 000 万元，产生可抵扣暂时性差异，确认递延所得税资产余额 =（10 000-9 700）×25%=75（万元）。

"递延所得税资产"项目期末余额 =75（万元），"递延所得税负债"项目期末余额 =5（万元）。

（3）本期确认的递延所得税负债 =5（万元），本期确认的递延所得税资产 =75-200×15%=45（万元）。发生的递延所得税费用 = 本期确认的递延所得税负债 - 本期确认的递延所得税资产 =5-45=-40（万元）。所得税费用本期发生额 =1 515-40=1 475（万元）。

（4）借：所得税费用　　　　　　　　1 475

　　　递延所得税资产　　　　　　　45

　　贷：应交税费——应交所得税　　　1 515

　　　递延所得税负债　　　　　　　　5

扫码畅听增值课

第 17 章　外币折算

　　本章包括外币交易和外币报表折算两部分内容。考试以客观题为主，属于比较简单的章节。

―――――――――――――――― **本章思维导图** ――――――――――――――――

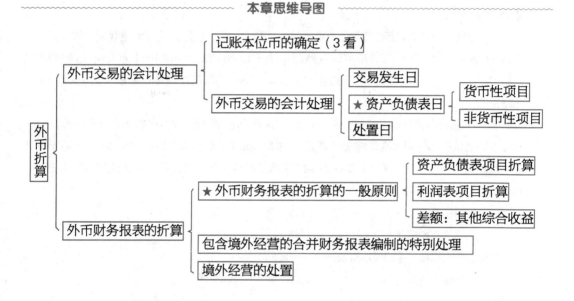

―――――――――――――――― **近三年真题考点分布** ――――――――――――――――

题　型	2020 年		2021 年		2022 年		考　　点
	第一批	第二批	第一批	第二批	第一批	第二批	
单选题	—	1	1	1	1	1	外币非货币性项目期末折算的处理、境外经营记账本位币的确定、外币交易的会计处理、外币资产负债表项目折算汇率的选择、外币报表折算差额
多选题	1	—	—	1	—	—	
判断题	1	1	1	1	1	—	
计算分析题	—	—	—	—	—	—	
综合题	—	—	—	—	—	—	

340

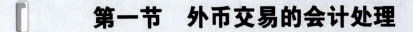

第一节　外币交易的会计处理

 记账本位币的确定

记账本位币是指企业经营所处的主要经济环境中的货币。我国《会计法》中规定，业务收支以人民币以外的货币为主的企业，可以选定其中一种货币作为记账本位币，但是编报的财务报表应当折算为人民币。

【考点藏宝图】

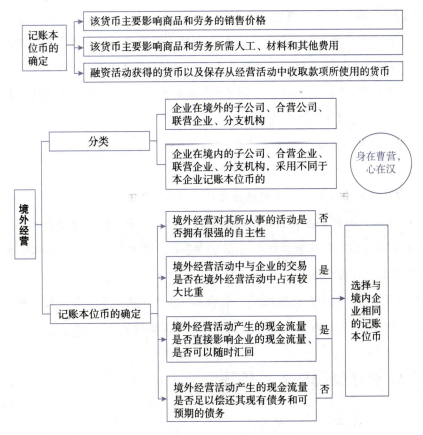

【考点母题——万变不离其宗】记账本位币的确定

下列各项中，关于记账本位币确定的表述正确的有（　　）。	
记账本位币	企业管理层根据实际情况只能确定一种货币作为记账本位币

续表

企业选定记账本位币，应当考虑下列因素	A. 收入。该货币主要影响商品和劳务的销售价格，通常以该货币进行商品和劳务的计价和结算 B. 支出。该货币主要影响商品和劳务所需人工、材料和其他费用，通常以该货币进行上述费用的计价和结算 C. 融资活动获得的资金以及保存从经营活动中收取款项所使用的货币（综合考虑收入和支出情况）
境外经营记账本位币需要考虑的因素	A. 境外经营对其所从事的活动是否拥有很强的自主性 B. 境外经营活动中与企业的交易是否在境外经营活动中占有较大比重 C. 境外经营活动产生的现金流量是否直接影响企业的现金流量、是否可以随时汇回 D. 境外经营活动产生的现金流量是否足以偿还其现有债务和可预期的债务
变更	企业因经营所处的主要经济环境发生重大变化，确需变更记账本位币的，应当采用变更当日的即期汇率将所有项目（报表项目）折算为变更后的记账本位币

考点锦囊 收支融存要独立。

▲ 【考点子题——举一反三，真枪实练】

[1]【历年真题·判断题】企业收支以人民币以外的货币为主的企业，可以选定其中一种货币作为记账本位币，但编制的财务报表应当折算为人民币金额。（　　）

[2]【历年真题·多选题】下列各项中，属于企业在确定记账本位币时应考虑的因素有（　　）。

　　A. 取得借款使用的主要计价货币

　　B. 确定商品生产成本使用的主要计价货币

　　C. 确定商品销售价格使用的主要计价货币

　　D. 从经营活动中收取货款使用的主要计价货币

[3]【历年真题·判断题】在企业不提供资金的情况下，境外经营活动产生的现金流量难以偿还其现有债务和正常情况下可预期债务的，境外经营应当选择与企业记账本位币相同的货币作为记账本位币。（　　）

[4]【历年真题·判断题】企业因经营所处的主要经济环境发生重大变化，确需变更记账本位币时，所有项目均应采用变更当日的即期汇率折算。（　　）

考点 2　外币交易的会计处理

（一）外币交易发生日的初始确认

外币交易应当在初始确认时，采用交易发生日的即期汇率将外币金额折算为记账本位币金额，也可以采用按照系统合理的方法确定的、与交易发生日即期汇率近似的汇率折算。

✿【考点藏宝图】

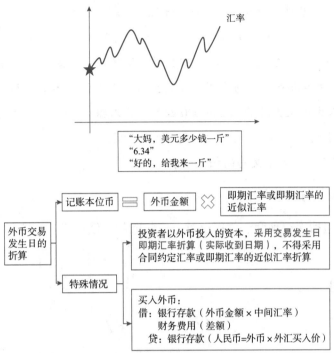

```
                                              汇率

               ★


                    "大妈，美元多少钱一斤"
                    "6.34"
                    "好的，给我来一斤"


              ┌─────────┐   ┌────────┐    ┌─────────────────┐
              │记账本位币│ ═ │外币金额 │ ✕  │即期汇率或即期汇率的│
              └─────────┘   └────────┘    │近似汇率          │
                                          └─────────────────┘
  ┌───────┐                ┌────────────────────────────────┐
  │外币交易│                │投资者以外币投入的资本，采用交易发生日│
  │发生日的│───┐            │即期汇率折算（实际收到日期），不得采用│
  │折算   │   │            │合同约定汇率或即期汇率的近似汇率折算  │
  └───────┘   │            └────────────────────────────────┘
              │  ┌────────┐
              └──│特殊情况 │
                 └────────┘ ┌────────────────────────────────┐
                            │买入外币：                       │
                            │借：银行存款（外币金额×中间汇率）  │
                            │   财务费用（差额）              │
                            │   贷：银行存款（人民币=外币×外汇买入价）│
                            └────────────────────────────────┘
```

考点锦囊 **外币出资要小心，不看协定看即期。**

⚠【考点子题——举一反三，真枪实练】

[5]【*经典子题·单选题*】甲公司的记账本位币为人民币，其外币交易采用交易日的即期汇率折算。2019 年 2 月 4 日，从银行借入 200 000 英镑，期限为 6 个月，年利率为 5%（等于实际利率），借入的英镑暂存银行。借入当日的即期汇率为 1 英镑 =9.83 人民币元。假定不考虑其他因素，甲公司确认的银行存款为（   ）人民币元。

    A. 205 000   B. 200 000   C. 1 966 000   D. 2 015 150

[6]【*历年真题·计算分析题（节选）*】甲公司系增值税一般纳税人，会计核算以人民币作为记账本位币，该公司 2011 年 12 月 20 日，因增资扩股收到境外投资者投入的 1 000 000 欧元，当日即期汇率为 1 欧元 =8.24 人民币元，其中，人民币 8 000 000 元作为注册资本入账。投资合同约定的汇率为 1 欧元 =8.78 人民币元。

    要求：编制甲公司外币交易的相关分录。

[7]【*历年真题·单选题*】甲公司以人民币作为记账本位币。2×20 年 3 月 1 日甲公司与境外投资者乙公司签订合同，乙公司将分两次向甲公司投入 3 000 万美元，合同约定的汇率为 1 美元 =6.85 人民币元。2×20 年 4 月 1 日，甲公司收到乙公司第一笔投资 2 000 万美元，当日即期汇率为 1 美元 =6.91 人民币元。2×20 年 6 月 1 日，甲公司收到乙公司第二笔投资 1 000 万美元，当日即期汇率为 1 美元 =6.88 人民币元。2×20 年

12月31日的即期汇率为1美元=6.86人民币元。不考虑其他因素，甲公司2×20年12月31日资产负债表中因乙公司投资计入所有者权益的金额为（   ）万人民币元。

A. 20 685　　　　　B. 20 550　　　　　C. 20 700　　　　　D. 20 580

[8]【历年真题·计算分析题（节选）】甲公司系增值税一般纳税人，会计核算以人民币作为记账本位币，外币交易采用交易发生日的即期汇率折算。该公司2011年12月16日，以人民币从银行购入200 000欧元并存入银行，当日欧元的卖出价为1欧元=8.30人民币元，中间价为1欧元=8.26人民币元。

要求：编制甲公司外币交易的相关分录。

（二）资产负债表日的会计处理

货币性项目包括库存现金、银行存款、应收账款、债权投资、应付账款、短期借款、应付债券等。

【考点藏宝图】

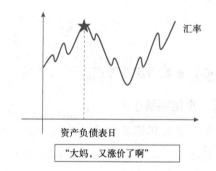

"大妈，又涨价了啊"

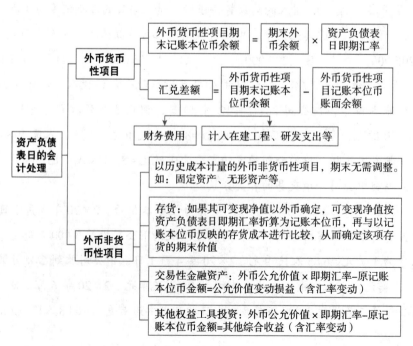

考点锦囊 货变非不变。

♦【考点子题——举一反三，真枪实练】

[9]【历年真题·判断题】外币货币性资产项目的汇兑差额，企业应当计入当期损益。（　　）

[10]【历年真题·多选题】下列各项涉及外币业务的账户中，企业因汇率变动需于资产负债表日对其记账本位币余额进行调整的有（　　）。

A. 固定资产　　　　B. 长期借款　　　　C. 应收账款　　　　D. 应付债券

[11]【历年真题·计算分析题（改编）】甲公司系增值税一般纳税人，会计核算以人民币作为记账本位币，外币交易采用交易发生日的即期汇率折算。

资料一：该公司 2018 年 12 月 14 日，向国外丙公司出口销售商品一批（不考虑增值税），货款 40 000 美元，当日即期汇率为 1 美元 =6.34 人民币元，商品已经发出，货款尚未收到，但满足收入确认条件。

资料二：2018 年 12 月 31 日，即期汇率为 1 美元 =6.74 人民币元。

要求：编制甲公司外币交易相关会计分录。

[12]【历年真题·单选题】甲公司以人民币作为记账本位币。2016 年 12 月 31 日，即期汇率为 1 美元 =6.94 人民币元，甲公司银行存款美元账户借方余额为 1 500 万美元，应付账款美元账户贷方余额为 100 万美元。两者在汇率变动调整前折算的人民币余额分别为 10 350 万元和 690 万元。不考虑其他因素，2016 年 12 月 31 日，因汇率变动对甲公司 2016 年 12 月营业利润的影响为（　　）。

A. 增加 56 万元　　B. 减少 64 万元　　C. 减少 60 万元　　D. 加 4 万元

[13]【历年真题·单选题】甲公司以人民币作为记账本位币，对期末存货按成本与可变现净值孰低计价。2015 年 5 月 1 日，甲公司进口一批商品，价款为 200 万美元，当日即期汇率为 1 美元 =6.1 人民币元。2015 年 12 月 31 日，甲公司该批商品中仍有 50% 尚未出售，可变现净值为 90 万美元，当日即期汇率为 1 美元 =6.2 人民币元。不考虑其他因素，2015 年 12 月 31 日，该批商品期末计价对甲公司利润总额的影响金额为（　　）万元人民币。

A. 减少 104　　　　B. 增加 104　　　　C. 增加 52　　　　D. 减少 52

[14]【历年真题·单选题】甲公司的记账本位币为人民币，其外币交易采用交易日的即期汇率折算，2018 年 12 月 8 日，甲公司按每股 5 欧元的价格以银行存款购入乙公司股票 100 000 股，分类为以公允价值计量且其变动计入当期损益的金融资产，当日即期汇率为 1 欧元 =7.85 人民币元。2018 年 12 月 31 日，乙公司股票的公允价值为每股 4 欧元，当日即期汇率为 1 欧元 =7.9 人民币元。该金融资产投资对甲公司 2018

年度营业利润的影响金额是（　　）。

A. 减少 76.5 万人民币元

B. 增加 2.5 万人民币元

C. 减少 78.5 万人民币元

D. 减少 79 万人民币元

［15］【历年真题·单选题】2014 年 12 月 1 日，甲公司以 300 万港元取得乙公司在香港联交所挂牌交易的 H 股 100 万股，作为其他权益工具投资核算，2014 年 12 月 31 日，上述股票的公允价值为 350 万港元。甲公司以人民币作为记账本位币，假定 2014 年 12 月 1 日和 31 日 1 港元即期汇率分别为 0.83 元人民币和 0.81 元人民币。不考虑其他因素，2014 年 12 月 31 日，甲公司因该资产计入所有者权益的金额为（　　）万元人民币。

A. 34.5　　　　B. 40　　　　C. 41　　　　D. 41.5

（三）结算日的会计处理

🌀【考点藏宝图】

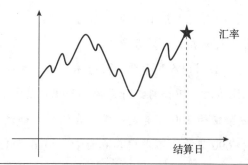

1. 结算外币货币性项目形成的汇兑差额应计入财务费用
2. 出售外币交易性金融资产、债权投资、其他债权投资形成的汇兑差额应计入投资收益
3. 出售其他权益工具投资形成的汇兑差额应计入留存收益

🔺【考点子题——举一反三，真枪实练】

［16］【历年真题·多选题】下列关于工商企业外币交易会计处理的表述中，正确的有（　　）。

A. 结算外币应收账款形成的汇兑差额应计入财务费用

B. 结算外币应付账款形成的汇兑差额应计入财务费用

C. 出售外币交易性金融资产形成的汇兑差额应计入投资收益

D. 出售外币其他权益工具投资形成的汇兑差额应计入其他综合收益

第二节　外币财务报表的折算

考点3　外币财务报表的折算的一般原则

【考点藏宝图】

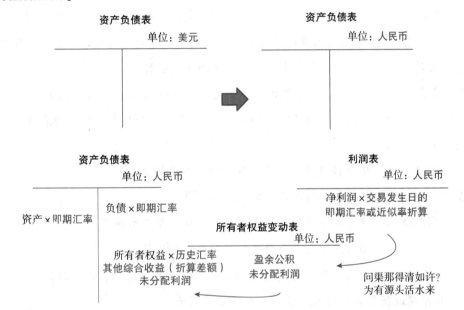

资产负债表　单位：美元

资产负债表　单位：人民币

资产负债表　单位：人民币

资产×即期汇率

负债×即期汇率

所有者权益×历史汇率
其他综合收益（折算差额）
未分配利润

利润表　单位：人民币

净利润×交易发生日的
即期汇率或近似率折算

所有者权益变动表　单位：人民币

盈余公积
未分配利润

问渠那得清如许？
为有源头活水来

【考点链接】

项　目			会计处理
资产负债表	资产和负债项目		采用资产负债表日即期汇率折算
	所有者权益项目	实收资本、资本公积、盈余公积	采用交易发生日的即期汇率折算
		未分配利润（倒挤）	来自所有者权益变动表 期末未分配利润 = 期初未分配利润 +（当期利润表折算净利润 − 本期计提盈余公积等对外分配的金额）
利润表	收入和费用项目		采用交易发生日的即期汇率或即期汇率的近似率折算
其他综合收益			外币报表折算差额

考点锦囊 未分配利润折算汇率啥也不是（说啥都是错）。

⚠️【考点子题——举一反三，真枪实练】

[17]【历年真题·多选题】关于外币报表折算差额的表述中，正确有（   ）。

 A. 实收资本采用交易发生日的即期汇率进行折算

 B. 固定资产采用资产负债表日的汇率进行折算

 C. 应付账款采用资产负债表日的汇率进行折算

 D. 应付债券按资产负债表日的即期汇率折算

[18]【历年真题·判断题】企业外币报表折算差额计入当期损益。（   ）

[19]【历年真题·单选题】企业对外币财务报表进行折算时，下列各项中应当采用交易发生日即期汇率折算的是（   ）。

 A. 固定资产　　　 B. 未分配利润　　　 C. 实收资本　　　 D. 应付账款

[20]【历年真题·多选题】企业将境外经营的财务报表折算为以企业记账本位币反映的财务报表时，应当采用资产负债表日即期汇率折算的项目有（   ）。

 A. 固定资产　　　 B. 应付账款　　　 C. 营业收入　　　 D. 未分配利润

[21]【历年真题·多选题】下列各项关于企业外币财务报表折算会计处理的表述中，正确的有（   ）。

 A. "货币资金"项目按照资产负债表日的即期汇率折算

 B. "长期借款"项目按照借款日的即期汇率折算

 C. "实收资本"项目按照收到投资者投资当日的即期汇率折算

 D. "营业收入"项目按照资产负债表日的即期汇率折算

[22]【历年真题·多选题】下列关于资产负债表外币折算的表述中，正确的有（   ）。

 A. 外币报表折算差额应在所有者权益项目下列示

 B. 采用历史成本计量的资产项目应按资产确认时的即期汇率折算

 C. 采用公允价值计量的资产项目应按资产负债表日即期汇率折算

 D. "未分配利润"项目以外的其他所有者权益项目应按发生时的即期汇率折算

[23]【历年真题·判断题】企业对外币资产负债表的未分配利润进行折算时，应当采用资产负债表日的即期汇率。（   ）

考点4　境外经营的处置

　　企业在处置境外经营时，应当将资产负债表中所有者权益项目下列示的、与该境外经营相关的其他综合收益，自所有者权益项目转入处置当期损益。

🌀 【考点藏宝图】

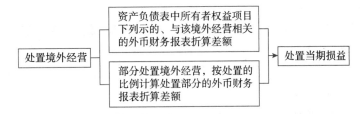

🔺 【考点子题——举一反三，真枪实练】

[24]【历年真题·判断题】企业将境外经营全部处置时，应将原计入所有者权益的外币财务报表折算差额全额转入当期损益。（　　）

[25]【历年真题·单选题】下列关于外币财务报表折算的表述中，不正确的是（　　）。

A. 资产和负债项目应当采用资产负债表日的即期汇率进行折算

B. 所有者权益项目，除"未分配利润"项目外，其他项目均应采用发生时的即期汇率进行折算

C. 利润表中的收入和费用项目，应当采用交易发生日的即期汇率折算，也可以采用与交易发生日即期汇率近似的汇率进行折算

D. 在部分处置境外经营时，应将资产负债表中所有者权益项目下列示的、与境外经营相关的全部其他综合收益转入当期损益

[本章考点子题答案及解析]

[1]【答案：√】

[2]【答案：ABCD】

[3]【答案：√】

[4]【答案：√】

[5]【答案：C】

　　借：银行存款——××银行（英镑）1 966 000（200 000×9.83）

　　　　贷：短期借款——××银行（英镑）1 966 000

[6]【答案】

　　借：银行存款——欧元户　　　　8 240 000（1 000 000×8.24）

　　　　贷：实收资本　　　　　　　8 000 000

　　　　　　资本公积——资本溢价　240 000

[7]【答案：C】甲公司2×20年12月31日资产负债表中因乙公司投资应计入所有者权益的金额

　　=2 000×6.91+1 000×6.88=20 700（万人民币元），选项C正确。

[8]【答案】

　　借：银行存款——欧元户　　　　1 652 000（200 000×8.26）

　　　　财务费用——汇兑差额　　　　8 000

贷：银行存款——人民币户　　　　　　　1 660 000（200 000×8.3）

[9]【答案：√】

[10]【答案：BCD】选项A，固定资产是以历史成本计量的非货币性资产，资产负债表日不需要调整其记账本位币金额。

[11]【答案】

2018年12月14日

借：应收账款——美元户　　　　253 600（40 000×6.34）

　　贷：主营业务收入　　　　　　　253 600

应收账款——美元户

253 600（40 000×6.34）

?16 000

269 600（40 000×6.74）

2018年12月31日

借：应收账款——美元户　　　　　16 000

　　贷：财务费用　　　　　　　　　16 000

[12]【答案：A】银行存款的汇兑差额＝1 500×6.94-10 350=60（万元）；应付账款的汇兑差额＝100×6.94-690=4（万元）；因汇率变动导致甲公司增加的营业利润＝60-4=56（万元）。

[13]【答案：D】期末结存商品可变现净值＝90×6.2=558（万元人民币），期末存货成本＝200×6.1×50%=610（万元人民币），期末存货确认资产减值损失＝610-558=52（万元人民币），减少利润总额52万元人民币，选项D正确。

[14]【答案：A】甲公司2018年度营业利润的影响金额＝100 000×4×7.9-100 000×5×7.85=-765 000（人民币元），选项A正确。

[15]【答案：A】对于外币可供出售权益工具，折算后的记账本位币金额与原记账本位币金额之间的差额应计入其他综合收益，所以因该资产计入所有者权益的金额＝350×0.81-300×0.83=34.5（万元人民币）。

[16]【答案：ABC】出售外币其他权益工具投资时形成的汇兑差额，应计入留存收益。

[17]【答案：ABCD】以上选项均正确。

[18]【答案：×】企业外币报表折算差额计入其他综合收益中，不应计入当期损益中。

[19]【答案：C】在对外币报表进行折算时，资产负债表中的资产和负债项目采用资产负债表日的即期汇率折算，选项A、D错误；所有者权益项目除未分配利润项目外，其他项目采用交易发生日的即期汇率折算，选项B错误，选项C正确。

[20]【答案：AB】对外币财务报表进行折算时，资产负债表中的资产和负债项目，采用资产负债表日的即期汇率折算，所有者权益项目除"未分配利润"项目外，其他项目采用交易发生时的即期汇率

折算，选项 A、B 正确，选项 D 错误；利润表中的收入和费用项目，采用交易发生日的即期汇率折算；也可以采用按照系统合理的方法确定的、与交易发生日即期汇率近似的汇率折算，选项 C 错误。

[21]【答案：AC】"长期借款"项目按照资产负债表日的即期汇率折算，选项 B 错误；"营业收入"项目按照发生时的即期汇率折算，选项 D 错误。

[22]【答案：ACD】资产负债表中的资产和负债项目，在外币报表进行折算时，采用资产负债表日的即期汇率折算，所有者权益项目除"未分配利润"项目外，其他项目采用发生时的即期汇率折算，选项 C、D 正确，选项 B 错误；外币报表折算差额在其他综合收益项目列示，选项 A 正确。

[23]【答案：×】未分配利润项目是根据上期末未分配利润 + 本期实现净利润 − 本期提取盈余公积计算出来的，不是折算的。

[24]【答案：√】

[25]【答案：D】选项 D，如果企业拥有某境外经营子公司，在上期资产负债表日将该子公司资产负债表各项目折算为本企业的记账本位币计量时，其差额计入资产负债表中所有者权益下"其他综合收益"项目。如果企业处置该境外经营，则这部分外币报表折算差额也要转出，计入当期损益。如果是部分处置的情况下，应该是按处置比例对应的"其他综合收益"转入当期损益。

第 18 章　租赁

本章是 2022 年新增内容。租赁是近几年考试的热点，同时也是难点。

～～～～～　**本章思维导图**　～～～～～

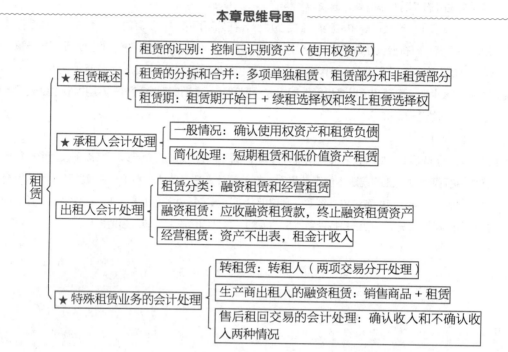

～～～～～　**近三年真题考点分布**　～～～～～

题　型	2022 年		考　点
	第一批	第二批	
单选题	—	1	承租人的会计处理，出租人的会计处理
多选题	—	1	
判断题	—	1	
计算分析题	1	—	
综合题	—	—	

第一节　租赁概述

 租赁概述

1. 租赁的识别

租赁是指在一定期间内出租人将资产的使用权让与承租人以获取对价的合同。

【考点藏宝图】

```
      ┌─ 存在已识别资产：对资产的指定/物理可区分（排除实质性替换权）
      │
      │  资产供应方向客户转移对已识别资产使用权的控制：
租赁 ─┤  （1）客户是否有权主导资产的使用
      │  （2）客户是否有权获得因使用资产所产生的几乎全部经济利益
      │
      └─ 存在一定期间：或已识别资产的使用量
```

 会计故事会·会计表哥租房

　　会计表哥毕业留京在单位附近租了一套房子，租的这套房子就是已识别的资产，已识别资产是指能够明确到底是哪个房子。如果会计表哥租的是共享公寓，合同约定保证会计表哥每天都有住的地方，但每天具体住哪里不确定，根据附近各公寓房间空闲情况就近安排，也就不存在已识别资产，不属于租赁。

 会计故事会·会计表哥租车

　　会计表哥准备五一外出旅游，可以选择坐高铁，也可以租车自驾游。坐高铁不能叫租高铁，因为不能控制高铁的发车时间，开车的速度以及运行的路线，这叫不能主导已识别资产在整个租赁期间的使用目的和使用方式。如果是租一辆车自驾游，会计表哥就可以控制租赁资产，按照自己的意愿使用车辆，这就是租赁。

【考点母题——万变不离其宗】租赁的识别

下列关于租赁识别的表述中，正确的有（　　）。	
存在已识别资产	A. 物理可区分（建筑物的一层 VS 一条光缆的部分容量） B. 对物理可区分资产的指定（明确指定 VS 隐性指定） C. 不拥有对指定资产的实质性替换权

续表

控制已识别资产使用权	A. 获得因使用资产所产生的几乎全部经济利益 B. 有权主导资产的使用（满足以下一个条件即可） （1）客户有权在整个使用期间主导已识别资产的使用目的和使用方式 （2）已识别资产的使用目的和使用方式在使用期间前已预先确定，并且客户有权在整个使用期间自行或主导他人按照其确定的方式运营该资产，或者客户设计了已识别资产并在设计时已预先确定了该资产在整个使用期间的使用目的和使用方式
存在一定期间	A. 一定期间也可以表述为已识别资产的使用量

【考点子题——举一反三，真枪实练】

[1]【经典子题·多选题】甲公司为一家生产石油化工产品的企业，与乙铁路局签订了使用乙铁路局10节火车车皮的5年期合同。合同要求乙铁路局在5年内按照约定的时间表使用指定型号的火车车皮为甲公司运输约定数量的化工产品。乙铁路局有大量类似的车皮可以满足合同要求。车皮不用于运输货物时存放在乙铁路局处。不考虑其他因素，关于甲公司租赁的10节火车车皮表述正确的有（　　）。

A. 不属于已识别资产　　　　　　　　B. 属于已识别资产

C. 属于对租赁资产的隐性指定　　　　D. 拥有对指定资产的实质性替换权

2. 租赁的分拆和合并

（1）租赁的分拆

合同中包含多项单独租赁的，承租人和出租人应当将合同予以分拆，并分别进行会计处理。

合同中包含租赁和非租赁部分的，承租人和出租人应当将租赁和非租赁部分进行分拆。

【考点藏宝图】

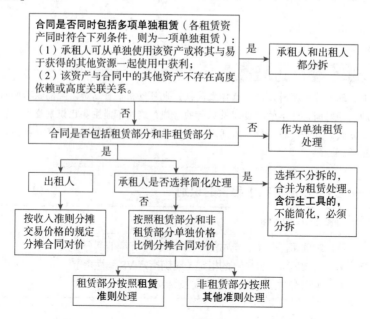

会计故事会 · 物业公告

一进单元门，会计表哥就看见门口物业公司贴了一张公告。主要内容如下："缴存 10 万元的小区业主，可以免 2021 年度物业费和停车位租金，缴存的资金将于 1 年后连本带息返还 10.2 万元"。从业主的角度看，该合同包含了三项业务：一是 10 万元投资；二是购买物业服务；三是租赁小区停车位。这就是包含租赁的合同，涉及金融工具、收入和租赁三个准则，需要分拆。

会计故事会 · 租电动车

会计表哥租的房子离地铁站步行有 20 分钟的路程，租房合同中包括房东提供一辆电动自行车供会计表哥自由使用。这个租赁合同中就存在两项可以单独识别的资产：房子和电动自行车，而且两项已识别资产可以单独使用，不存在高度依赖性。因此需要将租房和租车分拆成两个租赁，按照其各自的单独价格分摊租金。

【经典例题】甲公司为露天煤矿开采企业，从乙租赁公司租赁一台掘进机、一辆矿山重卡和一台长臂挖掘机用于采矿业务，租赁期为 4 年。乙公司同意在整个租赁期内维护各项设备。合同固定对价为 600 万元，按年分期支付，每年支付 150 万元。合同对价包含了各项设备的维护费用。甲公司未采用简化处理，而是将非租赁部分（维护服务）与租入的各项设备分别进行会计处理。甲公司易于租入或购买其他卡车或挖掘机用于其采矿业务。

市场上三项租入设备的维护服务存在可观察的单独价格，分别为 32 万元、16 万元和 56 万元。甲公司观察到乙公司在市场上单独出租租赁期为 4 年的掘进机、矿山重卡和长臂挖掘机的价格分别为 180 万元、116 万元和 350 万元。

要求：计算甲公司将合同固定对价 600 万元分摊至租赁和非租赁部分的金额。

【答案】甲公司将合同对价分摊至三个租赁部分和非租赁部分。

单位：万元

		掘进机	矿山重卡	长臂挖掘机	合计
可观察的单独价格	租赁	180	116	350	646
	非租赁	32	16	56	104
	合计				750
	固定对价总额				600
分摊率	分摊率（%）				600/750 = 80%

续表

分拆后租赁付款额（折现前）	租赁	180×80%=144	116×80%=92.8	350×80%=280	516.8
维护服务	非租赁	32×80%=25.6	16×80%=12.8	56×80%=44.8	83.2

（2）租赁的合并

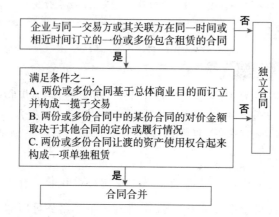

会计故事会·防不胜防

会计表哥所在公司由于业务发展需要租一处新的办公室，会计表哥具体负责此项工作。会计表哥经人介绍相中一处300平米的办公场所，租金是市场价格的80%，领导直夸会计表哥办事能力强。签完合同公司正式入驻，发现新办公室没有厕所，如果需要厕所要单独签一个租厕所的合同，厕所的租金是市场价的200%，这叫两份或多份合同让渡的资产使用权合起来构成一项单独租赁，会计上需要将租房和租厕所的合同合并处理。

3．租赁期

租赁期是指承租人有权使用租赁资产且不可撤销的期间。

【考点藏宝图】

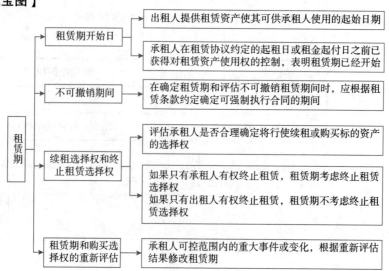

【考点子题——举一反三，真枪实练】

[2]【经典子题·单选题】在某商铺的租赁安排中，出租人于2×20年1月1日将房屋钥匙交付承租人，承租人在收到钥匙后，就可以自主安排对商铺的装修布置，并安排搬迁。合同约定有3个月的免租期，起租日为2×20年4月1日，承租人自起租日开始支付租金。该租赁合同的租赁期开始日是（　　）。

A. 2×20年1月1日　　　　　　　B. 2×20年1月31日

C. 2×20年4月1日　　　　　　　D. 2×20年3月31日

[3]【经典子题·单选题】承租人签订了一份建筑租赁合同，包括4年不可撤销期限和2年按照市价行使的续租选择权，租赁资产的预计使用寿命为10年。在搬入该建筑之前，承租人花费了大量资金对租赁建筑进行了改良，预计在4年结束时租赁资产改良仍将具有重大价值，且该价值仅可通过继续使用租赁资产实现。该租赁合同的租赁期是（　　）。

A. 4年　　　　　B. 6年　　　　　C. 2年　　　　　D. 10年

第18章

第二节　承租人会计处理

考点2　承租人的会计处理

（一）初始计量

在租赁期开始日，承租人应当对租赁确认使用权资产和租赁负债。

🌀【考点藏宝图】

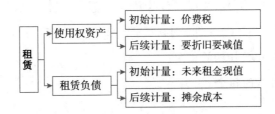

两条腿走路，资产跟着负债走。

▲【考点母题——万变不离其宗】承租人初始计量

	下列关于承租人初始计量的会计处理中，正确的有（　　）。
租赁付款额	A. 固定付款额及实质固定付款额，存在租赁激励的，扣除租赁激励相关金额。实质固定付款额包括： （1）付款额设定为可变租赁付款额，但该可变条款几乎不可能发生，没有真正的经济实质 （2）承租人有多套付款额方案，但其中仅有一套是可行的，或都可以选择的情况下选择支付金额最小的一种
	B. 取决于指数或比率的可变租赁付款额（与市场租金挂钩的指数，如物价指数、基准利率等），其他可变租赁付款额不纳入租赁负债的初始计量中 C. 购买选择权的行权价格（承租人合理确定将行使该选择权） D. 行使终止租赁选择权需支付的款项（承租人将行使终止租赁选择权） E. 承租人提供的担保余值预计应支付的款项（不是最大敞口）
折现率	A. 优先采用租赁内含利率 B. 无法确定租赁内含利率的，采用承租人增量借款利率
使用权资产	A. 租赁负债的初始计量金额 B. 在租赁期开始日或之前支付的租赁付款额。存在租赁激励的，应扣除已享受的租赁激励相关金额 C. 承租人发生的初始直接费用 D. 承租人为拆卸及移除租赁资产、复原租赁资产所在场地或将租赁资产恢复至租赁条款约定状态预计将发生的成本 E. 承租人发生的租赁资产改良支出不属于使用权资产，计入"长期待摊费用"

▲【考点子题——举一反三，真枪实练】

［4］【经典子题·单选题】甲公司是一家知名零售商，从乙公司处租入已成熟开发的零售场所开设一家商店。根据租赁合同，甲公司在正常工作时间内必须经营该商店，且甲公司不得将商店闲置或进行分租。合同中关于租赁付款额的条款为：如果甲公司开设的这家商店没有发生销售，则甲公司应付的年租金为100元；如果这家商店发生了任何销售，则甲公司应付的年租金为1 000 000元。不考虑其他因素，甲公司租赁付款额的表述正确的是（　　）。

A. 固定付款额　　　B. 实质固定付款额　C. 可变租赁付款额　D. 或有租赁付款额

［5］【经典子题·多选题】下列可变租赁付款额中，应当计入租赁负债的初始计量中的有（　　）。

A. 与消费者价格指数挂钩的租金

B. 与基准利率挂钩的租金

C. 与承租人营业收入挂钩的租金

D. 租赁资产超过特定使用量需要支付额外的租金

［6］【历年真题·判断题】纳入租赁负债初始计量的可变租赁付款额仅限于取决于指数或比率的可变租赁付款额。（ ）

［7］【历年真题·多选题】2×21 年 4 月 1 日，甲公司从乙公司租入一间房屋开设咖啡店。租赁合同约定，不可撤销租赁期为 5 年、年租金为 10 万元，甲公司拥有 3 年的续租选择权，年租金为 12 万元。在不可撤销租赁期内，如果甲公司咖啡店年营业额超过 200 万元，甲公司需在当年向乙公司额外支付 2 万元租金。租赁期开始日，甲公司评估后认为能合理确定将行使续租选择权。甲公司为装修咖啡店支出 30 万元。下列各项中，甲公司使用权资产初始计量应考虑的因素有（ ）。

A. 续租期支付的租金

B. 咖啡店的装修费用

C. 不可撤销租赁期支付的租金

D. 以营业额为基础额外支付的租金

［8］【经典子题·计算分析题】承租人甲公司就某栋建筑物的某一层楼与出租人乙公司签订了为期 10 年的租赁协议，并拥有 5 年的续租选择权。有关资料如下：（1）初始租赁期内的不含税租金为每年 50 000 元，续租期间为每年 55 000 元，所有款项应于每年年初支付；（2）为获得该项租赁，甲公司发生的初始直接费用为 20 000 元，其中，15 000 元为向该楼层前任租户支付的款项，5 000 元为向促成此租赁交易的房地产中介支付的佣金；（3）作为对甲公司的激励，乙公司同意补偿甲公司 5 000 元的佣金；（4）在租赁期开始日，甲公司评估后认为，不能合理确定将行使续租选择权；（5）甲公司无法确定租赁内含利率，其增量借款利率为每年 5%。假设不考虑相关税费影响。（P/A，5%，9）=7.1078。

要求：编制甲公司的相关会计分录。

（二）后续计量

承租人应当按照固定的周期性利率计算租赁负债在租赁期内各期间的利息费用。周期性利率[1]是指初始计量时所采用的折现率或修订后的折现率。

承租人应当采用成本模式对使用权资产进行后续计量，即以成本减累计折旧及累计减值损失计量使用权资产。

---

1 周期性利率＝名义利率/年计息次数。名义利率（r）、年计息次数（n）、实际利率（i）与周期利率（pi）的关系，$i=(1+r/n)^n-1=(1+pi)^n-1$。当 r=12%，年计息次数 n=1，周期利率 pi =12%，实际利率 =12%；当 r=12%，年计息次数 n=2，周期利率 pi=12%/2=6%，实际利率 =（1+12%/2）2-1=12.36%。

【考点藏宝图】

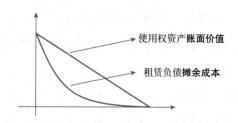

1. 租赁负债的后续计量

承租人按照固定的周期性利率计算租赁负债在租赁期内各期间的利息费用。未纳入租赁负债计量的可变租赁付款额，在实际发生时计入当期损益或计入相关资产成本。

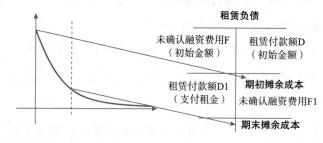

【经典例题】2021年1月1日，承租人甲公司与出租人乙公司签订了为期5年的商铺租赁合同。每年的租赁付款额为450 000元，在每年年末支付。除固定付款额外，合同还规定租赁期间甲公司商铺当年销售额超过1 000 000元的，当年应再支付按超过销售额的2%计算的租金，于当年年末支付，该租赁的第3年，该商铺的销售额为1 500 000元。甲公司无法确定租赁内含利率，其增量借款利率为5%。不考虑其他因素。（P/A，5%，5）=4.3295。

要求：编制甲公司租赁相关的会计分录。

【答案】租赁负债的现值=450 000×（P/A，5%，5）=450 000×4.3295=1 948 275（元）。

年份	租赁负债年初金额①	利息②=①×5%	租赁付款额③	租赁负债年末金额④=①−③+②
2021年12月31日	1 948 275.00	97 413.75	450 000.00	1 595 688.75
2022年12月31日	1 595 688.75	79 784.44	450 000.00	1 225 473.19
2023年12月31日	1 225 473.19	61 273.66	450 000.00	836 746.85
2024年12月31日	836 746.85	41 837.34	450 000.00	428 584.19
2025年12月31日	428 584.19	21 415.81★	450 000.00	（0.00）
合计		301 725.00	2 250 000.00	

★倒挤尾差，450 000−428 584.19=21 415.81（元）

2021 年 1 月 1 日

借：使用权资产　　　　　　　　　　　　　　1 948 275

　　租赁负债——未确认融资费用　　　　　　301 725

　　贷：租赁负债——租赁付款额　　　　　　2 250 000（450 000×5）

2021 年 12 月 31 日

借：租赁负债——租赁付款额　　　　　　　　450 000

　　贷：银行存款　　　　　　　　　　　　　450 000

借：财务费用　　　　　　　　　　　　　　　97 413.75

　　贷：租赁负债——未确认融资费用　　　　97 413.75

其他年度略。

甲公司第 3 年年末应支付的可变租赁付款额为 10 000 元（500 000×2%），在实际发生时计入销售费用。

借：销售费用　　　　　　　　　　　　　　　10 000

　　贷：银行存款等　　　　　　　　　　　　10 000

2. 使用权资产的后续计量

下列各项中，关于使用权资产表述正确的有（　　）。

A. 自租赁期开始日起当月对使用权资产计提折旧（折旧费用各找各妈，折旧方法有四种），借记"制造费用"等科目，贷记"使用权资产累计折旧"科目

B. 承租人能够合理确定租赁期届满时取得租赁资产所有权的，应当在租赁资产剩余使用寿命内计提折旧

C. 无法合理确定租赁期届满时能够取得租赁资产所有权的，应当在租赁期与租赁资产剩余使用寿命两者孰短的期间内计提折旧

D. 使用权资产发生减值的，按应减记的金额，借记"资产减值损失"科目，贷记"使用权资产减值准备"科目（不得转回）

考点锦囊 **使用权资产要折旧要减值（当月折旧，减值不得转回）。**

▲【考点子题——举一反三，真枪实练】

［9］【经典子题·单选题】2×19 年 6 月 30 日，甲公司乙公司签订租赁合同，从乙公司租入一栋办公楼。根据租赁合同的约定，该办公楼不可撤销的租赁期为 5 年，租赁期开始日为 2×19 年 7 月 1 日，月租金为 25 万元，于每月末支付，首 3 个月免付租金，在不可撤销的租赁期到期后，甲公司拥有 3 年按市场租金行使的续租选择权。从 2×19 年 7 月 1 日起算，该办公楼剩余使用寿命为 30 年。假定在不可撤销的租赁期结束甲公司将行使续租选择权。不考虑其他因素，甲公司对该办公楼使用权资产

计提折旧的年限是（   ）。

A. 5 年　　　　　B. 8 年　　　　　C. 30 年　　　　　D. 4.75 年

［10］【历年真题·计算分析题】2×21 年，甲公司发生的与租赁相关的交易或事项如下：

资料一：2×21 年 1 月 1 日，承租方甲公司与出租方乙公司签订一栋写字楼的租赁合同。双方约定该写字楼的年租金为 1 000 万元，于每年年末支付，不可撤销的租赁期限为 6 年，不存在续租选择权。租赁手续于当日完成，租赁期开始日为 2×21 年 1 月 1 日。甲公司无法确定租赁内含利率，其增量借款年利率为 5%。

资料二：甲公司于租赁期开始日将该写字楼作为行政管理大楼投入使用，当月开始采用直线法对使用权资产计提折旧，折旧年限与租赁期相同。

资料三：2×21 年 12 月 31 日，甲公司以银行存款支付租金 1 000 万元。已知（P/A，5%，6）=5.0757，本题不考虑相关税费及其他因素。

要求（"租赁负债"科目应写出必要的明细科目）：

（1）分别计算甲公司 2×21 年 1 月 1 日租赁负债和使用权资产的初始入账金额，并编制相关会计分录。

（2）计算甲公司 2×21 年度应计提的使用权资产折旧金额，并编制相关会计分录。

（3）计算甲公司 2×21 年度应确认的租赁负债利息费用，并编制相关会计分录。

（4）编制甲公司 2×21 年 12 月 31 日支付租金的会计分录。

考点 3　承租人对租赁变更的会计处理

租赁变更是指原合同条款之外的租赁范围、租赁对价、租赁期限的变更，包括增加或终止一项或多项租赁资产的使用权，延长或缩短合同规定的租赁期等。

【考点藏宝图】

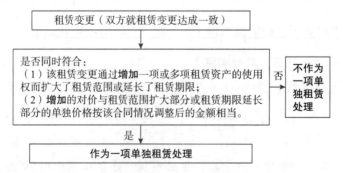

【考点母题——万变不离其宗】承租人对租赁变更的会计处理

下列关于承租人对租赁变更的会计处理中，正确的有（   ）。

续表

作为一项单独租赁处理	A. 借：使用权资产 　　　租赁负债——未确认融资费用 　　贷：租赁负债——租赁付款额
不作为一项单独租赁处理	A. 冲减变更减少资产对应的租赁负债和使用权资产的账面价值： 　　借：租赁负债——租赁付款额（减少的租金） 　　　使用权资产累计折旧 　　　使用权资产减值准备 　　贷：租赁负债——未确认融资费用 　　　使用权资产 　　　资产处置损益（或借方）

考点锦囊 减少同处置。

【考点子题——举一反三，真枪实练】

[11]【经典子题•计算分析题】甲公司与乙公司就 5 000 平方米的办公场所签订了一项为期 10 年的租赁合同。租赁期开始日为 2×20 年 1 月 1 日。在第 6 年年初，因业务发展的需要，甲公司和乙公司同意对原租赁合同进行变更，以扩租同一办公楼内 4 000 平方米的办公场所。每年租金 1 000 万，租金与当前市价相当，每年年末支付租金，租期为 5 年。承租人在第 6 年年初的增量借款利率为 5%。[已知（P/A，5%，5）=4.3295]。不考虑其他因素。

要求：

（1）判断该租赁是否作为一项独立的租赁进行会计处理，并说明理由。

（2）编制租赁变更日的相关会计分录。

[12]【经典子题•计算分析题】承租人甲公司与出租人乙公司就 5 000 平方米的办公场所签订了 10 年期的租赁合同。年租赁付款额为 100 000 元，在每年年末支付。甲公司无法确定租赁内含利率。在租赁期开始日，甲公司的增量借款利率为 6%，相应的租赁负债和使用权资产的初始确认金额均为 736 010 元 [100 000×（P/A，6%，10）]。在第 6 年年初，甲公司和乙公司同意对原租赁合同进行变更，即自第 6 年年初起，将原租赁场所缩减至 2 500 平方米，并减少相应的租金。承租人在第 6 年年初的增量借款利率为 5%。使用权资产采用年限平均法计提折旧，不考虑其他因素。[已知（P/A，5%，5）=4.3295，（P/A，6%，5）=4.2124，（P/A，6%，10）=7.3601]

要求：编制租赁变更日的会计分录。

考点 4 短期租赁和低价值资产租赁的简化处理

对于短期租赁和低价值资产租赁承租人可以选择不确认使用权资产和租赁负债。

✿【考点藏宝图】

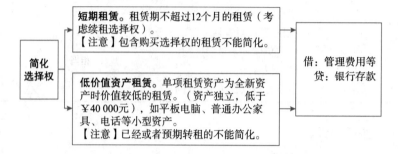

第 18 章

⚠️【考点子题——举一反三，真枪实练】

[13]【经典子题·单选题】承租人甲公司与出租人乙公司签订了一份租赁合同，约定不可撤销期间为 9 个月，且承租人甲公司拥有 5 个月的续租选择权，续租期的月租赁付款额明显低于市场价格。不考虑其他因素，甲公司关于该租赁的会计处理正确的是（　　）。

A. 属于短期租赁

B. 不确认使用权资产和租赁负债

C. 租赁期 14 个月

D. 租赁期 9 个月

第三节　出租人会计处理

考点 5 出租人的租赁分类

出租人应当在租赁开始日将租赁分为融资租赁和经营租赁。租赁开始日是指租赁合同签署日与租赁各方就主要租赁条款作出承诺日中的较早者。

【考点藏宝图】

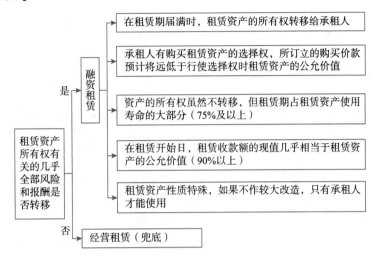

一项租赁存在下列一项或多项迹象的，也可能分类为融资租赁：

（1）若承租人撤销租赁，撤销租赁对出租人造成的损失由承租人承担；

（2）资产余值的公允价值波动所产生的利得或损失归属于承租人；

（3）承租人有能力以远低于市场水平的租金继续租赁至下一期间。

【考点子题——举一反三，真枪实练】

[14]【经典子题·多选题】甲公司某项租赁设备全新时可使用年限为10年，已经使用了3年，从第4年开始租出，租赁期为6年。不考虑其他因素，甲公司该租赁业务的会计处理表述正确的有（　　）。

　　A. 属于融资租赁　　B. 属于经营租赁　　C. 租赁期为6年　　D. 属于短期租赁

[15]【经典子题·多选题】甲公司某项租赁设备全新时可使用年限为10年，已经使用了8年，从第9年开始租出，租赁期为2年。不考虑其他因素，甲公司该租赁业务的会计处理表述正确的有（　　）。

　　A. 属于融资租赁　　B. 属于经营租赁　　C. 租赁期为2年　　D. 属于短期租赁

考点6　出租人对融资租赁的会计处理

1. 融资租赁的会计处理

在租赁期开始日出租人应当对融资租赁确认应收融资租赁款，并终止确认融资租赁资产。

🌀【考点藏宝图】

$$\boxed{\begin{array}{c}\text{租赁投资净额:}\\ \text{租赁资产公允价值+出}\\ \text{租人初始直接费用}\end{array}} = \sum \frac{\boxed{\text{租赁收款额}} + \boxed{\text{未担保余值}}}{(1+r)^n}$$

R=? 传说中的租赁内含利率

租赁收款额和租赁付款额大比拼:

承租人	出租人
租赁付款额,包括以下五项内容:	租赁收款额,包括以下五项内容:
(1) 固定付款额及实质固定付款额,存在租赁激励的,扣除租赁激励相关金额	(1) 承租人需支付的固定付款额及实质固定付款额。存在租赁激励的,扣除租赁激励相关金额 **与承租人相同**
(2) 取决于指数或比率的可变租赁付款额	(2) 取决于指数或比率的可变租赁付款额 **与承租人相同**
(3) 购买选择权的行权价格,前提是承租人合理确定将行使该选择权	(3) 购买选择权的行权价格,前提是合理确定承租人将行使该选择权 **与承租人相同**
(4) 行使终止租赁选择权需支付的款项,前提是租赁期反映出承租人将行使终止租赁选择权	(4) 承租人行使终止租赁选择权需支付的款项,前提是租赁期反映出承租人将行使终止租赁选择权 **与承租人相同**
(5) 根据承租人提供的担保余值预计应支付的款项	(5) 由承租人、与承租人有关的一方以及有经济能力履行担保义务的独立第三方向出租人提供的担保余值 **与承租人不相同,多了两个内容**
租赁负债 = "租赁负债——租赁付款额" - "租赁负债——未确认融资费用"	应收融资租赁款 = 租赁投资净额 = 未担保余值现值 + 租赁收款额现值 = 租赁资产公允价值 + 出租人初始直接费用 = "应收融资租赁款——租赁收款额" - "应收融资租赁款——未实现融资收益" + "应收融资租赁款——未担保余值"

🔺【考点母题——万变不离其宗】出租人对融资租赁的会计处理

下列关于出租人对融资租赁的会计处理中,正确的有( )。	
初始计量	A. 借:应收融资租赁款——租赁收款额 　　　　　　　　　　——未担保余值 　　　贷:融资租赁资产 　　　　　资产处置损益(公允价值 - 账面价值,或借方) 　　　　　应收融资租赁款——未实现融资收益 　　　　　银行存款(初始直接费用) 【注意】"应收融资租赁款"在"长期应收款"项目填列,注意升舱处理。

续表

后续计量	B. 借：银行存款 　　贷：应收融资租赁款——租赁收款额 　借：应收融资租赁款——未实现融资收益 　　贷：租赁收入（其他业务收入）
可变租赁收款额 （非取决于指数）	C. 借：银行存款（或应收账款） 　　贷：租赁收入（其他业务收入）
租赁结束行使购 买权	D. 借：银行存款 　　贷：应收融资租赁款——租赁收款额
租赁保证金	E. 出租人收到承租人交来的租赁保证金： 　　借：银行存款 　　　贷：其他应付款——租赁保证金 F. 承租人到期不交租金，以保证金抵作租金时： 　　借：其他应付款——租赁保证金 　　　贷：应收融资租赁款 G. 承租人违约，按租赁合同或协议规定没收保证金时： 　　借：其他应付款——租赁保证金 　　　贷：营业外收入

▲【考点子题——举一反三，真枪实练】

［16］【经典子题·计算分析题】2×19年12月1日，甲公司与乙公司签订了一份租赁合同，从乙公司租入塑钢机一台。租赁合同主要条款如下：

（1）租赁资产：全新塑钢机。

（2）租赁期开始日：2×20年1月1日。

（3）租赁期：2×20年1月1日–2×25年12月31日，共72个月。

（4）固定租金支付：自2×20年1月1日，每年年末支付租金160 000元。如果甲公司能够在每年年末的最后一天及时付款，则给予减少租金10 000元的奖励。

（5）取决于指数或比率的可变租赁付款额：租赁期限内，如遇中国人民银行贷款基准利率调整时，出租人将对租赁利率作出同方向、同幅度的调整。基准利率调整日之前各期和调整日当期租金不变，从下一期租金开始按调整后的租金金额收取。

（6）租赁开始日租赁资产的公允价值：该机器在2×19年12月31日的公允价值为700 000元，账面价值为600 000元。

（7）初始直接费用：签订租赁合同过程中乙公司发生可归属于租赁项目的手续费、佣金10 000元。

（8）承租人的购买选择权：租赁期届满时，甲公司享有优惠购买该机器的选择权，购买价为20 000元，估计该日租赁资产的公允价值为80 000元。

（9）取决于租赁资产绩效的可变租赁付款额：2×21年和2×22年两年，甲公司每年按该机器所生产的产品——塑钢窗户的年销售收入的 5% 向乙公司支付。2×21 年和 2×22 年，甲公司分别实现塑钢窗户年销售收入 1 000 000 元和 1 500 000 元。

（10）承租人的终止租赁选择权：甲公司享有终止租赁选择权。在租赁期间，如果甲公司终止租赁，需支付的款项为剩余租赁期间的固定租金支付金额。

（11）担保余值和未担保余值均为 0。

（12）全新塑钢机的使用寿命为 7 年。

（13）租赁期满承租人行使了购买权。

不考虑其他因素。[已知：(P/A，7%，6) =4.7665，(P/F，7%，6) =0.6663，(P/A，8%，6) =4.6229，(P/F，8%，6) =0.6302]

要求：

（1）判断乙公司租赁类型，并说明理由。

（2）计算租赁内含利率。

（3）编制出租人乙公司的相关会计分录。

2.融资租赁变更的会计处理

租赁变更是指原合同条款之外的租赁范围、租赁对价、租赁期限的变更，包括增加或终止一项或多项租赁资产的使用权，延长或缩短合同规定的租赁期等。

🌀【考点藏宝图】

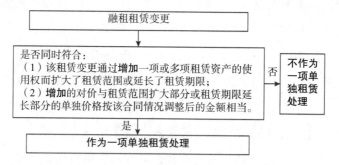

🔺【考点母题——万变不离其宗】出租人对租赁变更的会计处理

下列关于出租人对租赁变更的会计处理中，正确的有（　　）。	
作为一项单独租赁处理	A. 根据分类按照融资租赁或经营租赁进行会计处理
不作为一项单独租赁处理（被分类为融资租赁）	B. 假如变更在租赁开始日生效，该租赁会被分类为融资租赁条件的，出租人修改或重新议定租赁合同，重新计算该应收融资租赁款的账面余额，并将相关利得或损失计入当期损益 借：租赁收入 　　　应收融资租赁款——未实现融资收益 　　贷：应收融资租赁款——租赁收款额

【考点子题——举一反三，真枪实练】

[17] 【经典子题·单选题】承租人甲公司就 M 机器设备与出租人乙公司签订了一项为期 5 年的租赁合同，构成融资租赁。在第 2 年年初，承租人和出租人同意对原租赁进行修改，再增加 1 套 N 机器设备用于租赁，租赁期也为 5 年。租赁总对价的增加额与新增的该套机器设备的当前出租市价扣减相关折扣相当。其中，折扣反映了出租人节约的成本，即若将同样设备租赁给新租户出租人会发生的营销成本等。不考虑其他因素，关于出租人乙公司租赁变更的表述正确的是（   ）。

A. 出租 N 机器设备不作为一项单独租赁处理

B. 出租 N 机器设备作为一项单独租赁处理

C. 出租 M 和 N 机器设备合并处理

D. 出租 N 机器设备按照收入准则处理

[18] 【经典子题·计算分析题】2020 年 1 月 1 日，承租人甲公司就某套机器设备与出租人乙公司签订了一项为期 5 年的租赁合同，构成融资租赁。合同规定，每年末甲公司向乙公司支付租金 10 000 元，租赁期开始日，出租资产公允价值为 37 908 元。租赁内含利率 10%，租赁收款额为 50 000 元。在第 2 年年初，甲公司和乙公司因为设备适用性等原因同意对原租赁进行修改，从第二年开始，每年支付租金额变为 9 500 元。不考虑其他因素。［已知：(P/A，10%，5) =3.7908，(P/A，10%，4) =3.1699，(P/A，10%，3) =2.4869，(P/A，10%，2) =1.7355］。

要求：

（1）判断乙公司租赁变更是否作为一项单独租赁处理，并说明理由。

（2）编制乙公司变更日会计处理。

考点 7　出租人对经营租赁的会计处理

出租人经营租赁资产不出表，租金计收入。

【考点藏宝图】

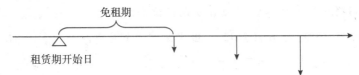

免租期

租赁期开始日

【考点母题——万变不离其宗】经营租赁的会计处理

下列关于出租人对经营租赁的会计处理的表述中，正确的有（   ）。

租金的处理	A. 在租赁期内各个期间，采用直线法或者其他系统合理的方法将经营租赁的租赁收款额确认为租金收入 借：银行存款 / 应收账款等 　　贷：租赁收入 / 其他业务收入等 　　　　预收账款
出租人对经营租赁 提供激励措施	A. 出租人提供免租期的，免租期内应当确认租金收入 B. 出租人承担了承租人某些费用的，按扣除后的租金收入余额在租赁期内进行分配 　　各期租金收入 =（租金总额 − 出租人承担的费用）÷ 整个租赁期
初始直接费用	A. 初始直接费用应当资本化至租赁标的资产的成本（长期待摊费用）
折旧和减值	A. 采用类似资产的折旧政策计提折旧 B. 对已识别的减值损失进行会计处理
可变租赁付款额	A. 与指数或比率挂钩的，应在租赁期开始日计入租赁收款额： 借：银行存款 / 应收账款等（各期分摊） 　　贷：租赁收入 / 其他业务收入等 　　　　预收账款 B. 除此之外的，应当在实际发生时计入当期损益 借：银行存款（应收账款） 　　贷：租赁收入
经营租赁的变更	A. 自变更生效日开始，将其作为一项新的租赁进行会计处理，与变更前租赁有关的预收或应收租赁收款额视为新租赁的收款额

▲【考点子题——举一反三，真枪实练】

[19]【经典子题·单选题】甲公司将一闲置设备以经营租赁方式出租给乙公司使用。租赁合同约定，租赁期开始日为20×3年7月1日，租赁期为4年，年租金为120万元，租金于每年7月1日支付，租赁期开始日起前3个月免租金，20×3年7月1日，甲公司收到乙公司支付的扣除免租期后的租金90万元。不考虑其他因素，甲公司20×3年确认的租金收入为（　　）万元。

A. 56.25　　　　　　B. 60.00　　　　　　C. 90.00　　　　　　D. 120.00

[20]【历年真题·单选题】2×21年7月1日，甲公司与乙公司签订了一项写字楼租赁合同，甲公司将该写字楼以经营租赁方式出租给乙公司。合同约定，租赁期为2×21年7月1日至2×22年6月30日，租赁期前2个月免收租金，后10个月每月收取租金15万元；此外，甲公司承担了本应由乙公司负担的电子灯牌制作安装费3万元。甲公司按直线法确认租金收入。不考虑其他因素，甲公司2×21年度应确认的租金收入为（　　）万元。

A. 49　　　　　　　　B. 60　　　　　　　　C. 73.5　　　　　　D. 75

第四节 特殊租赁业务的会计处理

略

[本章考点子题答案及解析]

[1]【答案：AD】车皮存放在乙铁路局处，乙铁路局拥有大量类似的车皮，乙铁路局拥有车皮的实质性替换权，合同中用于运输甲公司货物的车皮不属于已识别资产，选项 A、D 正确。

[2]【答案：A】由于承租人自 2×20 年 1 月 1 日起就已拥有对商铺使用权的控制，因此租赁期开始日为 2×20 年 1 月 1 日，即租赁期包含出租人给予承租人的免租期。

[3]【答案：B】承租人合理确定将行使续租选择权，因为如果在 4 年结束时放弃该租赁资产改良，将蒙受重大经济损失。因此，在租赁开始时，承租人确定租赁期为 6 年。

[4]【答案：B】因为甲公司是一家知名零售商，甲公司开设的这家商店不可能不发生销售，因此每年 1 000 000 元的实质固定付款额，选项 B 正确。

[5]【答案：AB】选项 A、B 属于取决于指数或比率的可变租赁付款额，计入租赁负债的初始计量。

[6]【答案：√】

[7]【答案：ABC】选项 D，属于可变租赁付款额，使用权资产初始计量不需要考虑。

[8]【答案】（1）租赁负债和使用权资产：

借：使用权资产　　　　　　　　　405 390

　　租赁负债——未确认融资费用　94 610［450 000−50 000×（P/A，5%，9）］

　　贷：租赁负债——租赁付款额　　　450 000（50 000×9）

　　　　银行存款　　　　　　　　　　50 000（第 1 年的租赁付款额）

（2）将初始直接费用计入使用权资产的初始成本：

借：使用权资产　　　　　　　　　20 000

　　贷：银行存款　　　　　　　　　　20 000

（3）已收的租赁激励从使用权资产入账价值中扣除：

借：银行存款　　　　　　　　　　5 000

　　贷：使用权资产　　　　　　　　　5 000

综上，甲公司使用权资产的初始成本为：405 390+20 000−5 000=420 390（元）。

[9]【答案：B】承租人有续租选择权，且合理确定将行使该选择权的，租赁期还应当包括续租选择权涵盖的期间。因为不可撤销的租赁期结束时，甲公司将行使续租选择权，所以甲公司应按 8 年（5+3）确认租赁期并按 8 年对该办公楼使用权资产计提折旧。

[10]【答案】（1）租赁付款额 =1 000×6=6 000（万元）；

未确认融资费用 =6 000−1 000×（P/A，5%，6）=924.3（万元）；

使用权资产的入账价值 =1 000×（P/A，5%，6）=1 000×5.0757=5 075.7（万元）。

2×21 年 1 月 1 日：

借：使用权资产　　　　　　　　　　5 075.7

　　租赁负债——未确认融资费用　　　924.3

　　贷：租赁负债——租赁付款额　　　　　6 000

（2）2×21 年使用权资产计提的折旧金额 =5 075.7/6=845.95（万元）。

借：管理费用　　　　　　　　　　　845.95

　　贷：使用权资产累计折旧　　　　　　845.95

（3）2×21 年末应确认的租赁负债利息费用 =（6 000 −924.3）×5%= 253.79（万元）。

借：财务费用　　　　　　　　　　　253.79

　　贷：租赁负债——未确认融资费用　　253.79

（4）2×21 年 12 月 31 日支付租金：

借：租赁负债——租赁付款额　　　　1 000

　　贷：银行存款　　　　　　　　　　　1 000

[11]【答案】（1）甲公司应当将该变更作为一项单独的租赁。

理由：该租赁变更通过增加 4 000 平方米办公场所的使用权而扩大了租赁范围，并且增加的租赁对价与新增使用权的单独价格按该合同情况调整后的金额相当。因此，甲公司应当将该变更作为一项单独的租赁。

（2）甲公司对原有 5 000 平方米办公场所租赁的会计处理不会因为该租赁变更而进行任何调整。新租 4 000 平方米的相关会计分录如下：

借：使用权资产　　　　　　　　　　4 330 [（1 000×（P/A，5%，5）]

　　租赁负债——未确认融资费用　　670（5 000−4 330）

　　贷：租赁负债——租赁付款额　　　　5 000（1 000×5）

[12]【答案】甲公司终止确认 50% 的原使用权资产和原租赁负债的账务处理为：

借：租赁负债——租赁付款额　　　　250 000（100 000×5÷2）

　　使用权资产累计折旧　　　　　　184 002.5（736 010×5/10÷2）

　　贷：租赁负债——未确认融资费用　　39 380 [100 000×5÷2−100 000×（P/A，6%，5）÷2]

　　　　使用权资产　　　　　　　　　368 005（736 010÷2）

　　　　资产处置损益　　　　　　　　26 617.5

[13]【答案：C】在租赁期开始日，承租人判断可以合理确定将行使续租选择权，承租人确定租赁期为 14 个月，超过 12 个月，不属于短期租赁，承租人不能选择简化会计处理。

[14]【答案：AC】租赁开始时该设备剩余使用寿命为 7 年，租赁期占使用寿命的 85.7%（6 年 /7 年），符合 75% 的标准，该项租赁应当归类为融资租赁。租赁期为 6 年，不属于短期租赁。

[15]【答案：BC】该设备剩余使用寿命为 2 年，虽然租赁期占使用寿命的 100%（2 年 /2 年），但由于在租赁前该设备的已使用年限超过了总的使用年限（10 年）的 75%（8 年 /10 年 =80% ＞ 75%），因此，不能采用这条标准来判断租赁的分类。

[16]【答案】（1）该租赁为融资租赁。

理由：存在优惠购买选择权，优惠购买价 20 000 元远低于行使选择权日租赁资产的公允价值 80 000 元，因此在 2×19 年 12 月 31 日就可合理确定甲公司将会行使这种选择权。另外，租赁期 6 年，占租赁开始日租赁资产使用寿命的 86%（占租赁资产使用寿命的大部分）。同时，乙公司综合考虑其他各种情形和迹象，认为该租赁实质上转移了与该项设备所有权有关的几乎全部风险和报酬，因此将这项租赁认定为融资租赁。

（2）（160 000–10 000）×（P/A，r，6）+20 000×（P/F，r，6）=700 000+10 000，计算得到租赁的内含利率为 7.82%（插值法，小神器）。

（3）2×20 年 1 月 1 日：

借：应收融资租赁款——租赁收款额　　　920 000 [（160 000–10 000）×6+20 000]

　　贷：融资租赁资产　　　　　　　　　600 000

　　　　资产处置损益　　　　　　　　　100 000

　　　　应收融资租赁款——未实现融资收益　210 000（920 000–700 000–10 000）

　　　　银行存款　　　　　　　　　　　10 000

租赁期内各期的利息收入（如下表所示）。　　　　　　　　　**单位：元**

日期①	租金②	确认的利息收入 ③＝期初④×7.82%	租赁投资净额余额期末 ④＝期初④－②＋③
2×20 年 1 月 1 日			710 000
2×20 年 12 月 31 日	150 000	55 522	615 522
2×21 年 12 月 31 日	150 000	48 134	513 656
2×22 年 12 月 31 日	150 000	40 168	403 824
2×23 年 12 月 31 日	150 000	31 579	285 403
2×24 年 12 月 31 日	150 000	22 319	157 722
2×25 年 12 月 31 日	150 000	12 278*	20 000
2×25 年 12 月 31 日	20 000		
合计	920 000	210 000	

注：* 作尾数调整 12 278=150 000+20 000–157 722。

2×20 年 12 月 31 日：

借：银行存款　　　　　　　　　　　　　150 000

　　贷：应收融资租赁款——租赁收款额　　　150 000

借：应收融资租赁款——未实现融资收益　　55 522

　　贷：租赁收入　　　　　　　　　　　　　55 522

2×21 年 12 月 31 日：

借：银行存款　　　　　　　　　　　　　150 000

　　贷：应收融资租赁款——租赁收款额　　　150 000

借：应收融资租赁款——未实现融资收益　　48 134

贷：租赁收入		48 134
借：银行存款		50 000（1 000 000×5%）
贷：租赁收入		50 000

2×22年12月31日：

借：银行存款		150 000
贷：应收融资租赁款——租赁收款额		150 000
借：应收融资租赁款——未实现融资收益		40 168
贷：租赁收入		40 168
借：银行存款		75 000（1 500 000×5%）
贷：租赁收入		75 000

2×23年－2×25年分录略。

2×25年12月31日承租人行使购买权的分录：

借：银行存款		20 000
贷：应收融资租赁款——租赁收款额		20 000

[17]【答案：B】该变更通过增加一项或多项租赁资产的使用权而扩大了租赁范围，增加的对价与租赁范围扩大部分的单独价格按该合同情况调整后的金额相当，应将该变更作为一项新的租赁，选项B正确。

[18]【答案】（1）不作为一项单独租赁处理，且变更后作为融资租赁处理。

理由：该租赁变更没有增加租赁资产的使用权。变更后的租赁期仍为5年，因此在租赁开始日生效，租赁类别仍被分类为融资租赁。

（2）2021年1月1日，"应收融资租赁款——租赁收款额"的账面余额＝50 000-10 000=40 000（元）。"应收融资租赁款——未实现融资收益"的账面余额＝12 092-3 791=8 301（元）。在租赁变更生效日—第2年年初，按10%原租赁内含利率重新计算"应收融资租赁款——租赁收款额"的金额＝9 500×4=38 000（元）。"应收融资租赁款——未实现融资收益"的金额＝38 000-9 500×（P/A，10%，4）=7 886（元）。因此，2021年1月1日会计分录如下：

借：租赁收入		1 585
应收融资租赁款——未实现融资收益		415（8 301-7 886）
贷：应收融资租赁款——租赁收款额		2 000（40 000-38 000）

[19]【答案：A】甲公司应收取的租金总额＝90+120×3=450（万元），甲公司20×3年应确认的租金收入＝450／（4×12）×6=56.25（万元）。

[20]【答案：C】甲公司2×21年度应确认的租金收入＝（15×10-3）×6/12=73.5（万元）。

第 19 章　持有待售的非流动资产、处置组和终止经营

本章属于 2022 年新增内容，涉及持有待售的非流动资产、处置组的计量和列报，终止经营的列报。

<hr>

本章思维导图

持有待售的非流动资产、处置组和终止经营
- ★持有待售的非流动资产和处置组
  - 持有待售类别的分类：可立即出售 & 出售极可能发生
  - 非流动资产持有待售的计量：不折旧不摊销要减值
  - 处置组持有待售的计量：流动资产和金融资产有特权
  - 持有待售类别的列报："持有待售资产"和"持有待售负债"
- 终止经营
  - ★终止经营净利润：能够单独区分、有一定规模、处置（主要业务终止）或者划分为持有待售
  - 持续经营净利润：净利润——终止经营净利润

<hr>

近三年真题考点分布

题 型	2022 年		考 点
	第一批	第二批	
单选题	—	—	持有待售的条件，持有待售的会计处理
多选题	1	—	
判断题	1	1	
计算分析题	—	—	
综合题	—	—	

扫码畅听增值课

第一节 持有待售的非流动资产、处置组

考点1 持有待售类别的分类原则

1. 持有待售的定义以及基本原则

企业主要通过出售而非持续使用一项非流动资产收回其账面价值的，应当将其划分为持有待售类别。

❀【考点藏宝图】

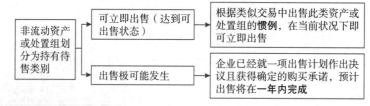

会计故事会·待嫁闺中

达到法定结婚年龄叫可立即出售，这样可以随时再结婚。可以随时结婚还要有心仪的对象，双方谈婚论嫁，约定好了良辰吉日喜结良缘，而且是1年内结婚，这才能叫出售极可能发生。同时符合这两个条件才能叫持有待售类别，即持有待嫁。

▲【考点母题——万变不离其宗】持有待售类别的分类

下列关于持有待售类别分类的会计表述中，正确的有（　　）。	
基本分类原则	A. 可立即出售（达到可出售状态） B. 出售极可能发生（已经获得批准、已经获得确定的购买承诺、一年内完成出售交易）
延长一年期限的例外条款	A. 意外设定条件。买方或是其他方提出一些意料之外的条件，且企业已经采取措施应对这些条件，预计能够自设定这些条件起一年内满足条件并完成出售（一定要是 Surprise！） B. 发生罕见情况。发生因不可抗力、宏观经济等不可控情况，且企业针对这些新情况在最初一年内已经采取必要措施，重新满足了持有待售类别的划分条件（谋事在人，成事在天）
拟结束使用而非出售的非流动资产或处置组（如期满报废）	A. 非流动资产或处置组结束使用，且企业并不会将其出售，或仅获取其残值，不应当将其划分为持有待售类别 B. 对于暂时停止使用的非流动资产，不应当认为其拟结束使用，也不应当将其划分为持有待售类别

第19章

考点锦囊 持有待售，不是持有待废。

【考点子题——举一反三，真枪实练】

[1]【经典子题·多选题】企业 E 计划将整套钢铁生产厂房和设备出售给企业 F，E 和 F 不存在关联关系，双方已于 2×17 年 9 月 16 日签订了转让合同。因该厂区的污水排放系统存在缺陷，对周边环境造成污染。不考虑其他因素，下列情况中符合划分为持有待售类别的有（   ）。

A．企业 E 不知晓土地污染情况，2×17 年 11 月 6 日，企业 F 在对生产厂房和设备进行检查过程中发现污染，并要求企业 E 进行补救。企业 E 立即着手采取措施，预计至 2×18 年 10 月底环境污染问题能够得到成功整治

B．企业 E 知晓土地污染情况，在转让合同中附带条款，承诺将自 2×17 年 10 月 1 日起开展污染清除工作，清除工作预计将持续 8 个月

C．企业 E 知晓土地污染情况，在协议中标明企业 E 不承担清除污染义务，并在确定转让价格时考虑了该污染因素，预计转让将于 9 个月内完成

D．企业 E 不知晓土地污染情况，2×17 年 11 月 6 日，企业 F 在对生产厂房和设备进行检查过程中发现污染，并要求企业 E 进行补救，企业 E 立即着手采取措施，预计至 2×18 年 12 月底环境污染问题能够得到成功整治

[2]【经典子题·多选题】甲公司拟将一栋原自用的写字楼转让，于 2×07 年 12 月 6 日与乙公司签订了房产转让协议，预计将于 10 个月内完成转让，假定该写字楼于签订协议当日符合划分为持有待售类别的条件。2×08 年发生全球金融危机，市场状况迅速恶化，房地产价格大跌，乙公司认为原协议价格过高，决定放弃购买，并于 2×08 年 9 月 21 日按照协议约定缴纳了违约金。甲公司决定在考虑市场状况变化的基础上降低写字楼售价，并积极开展市场营销，于 2×08 年 12 月 1 日与丙公司重新订了房产转让协议，预计将于 9 个月内完成转让，甲公司和乙公司不存在关联关系。关于该写字楼表述正确的有（   ）。

A．满足可立即出售的条件 　　　B．继续划分为持有待售类别

C．属于发生罕见情况 　　　　　D．不应当继续划分为持有待售类别

2．某些特定持有待售类别分类的具体应用

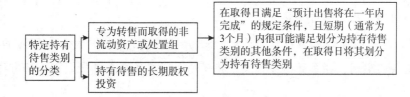

特定持有待售类别的分类 → 专为转售而取得的非流动资产或处置组 → 在取得日满足"预计出售将在一年内完成"的规定条件，且短期（通常为 3 个月）内很可能满足划分为持有待售类别的其他条件，在取得日将其划分为持有待售类别

特定持有待售类别的分类 → 持有待售的长期股权投资

▲【考点母题——万变不离其宗】持有待售的长期股权投资

下列关于持有待售的长期股权投资的会计处理中，正确的有（　　）。		
对子公司的股权投资	失控（丧失控制权）	A. 个别财务报表，将对子公司投资**整体划分为**持有待售类别 B. 合并财务报表，将子公司**所有资产和负债**划分为持有待售类别 C. 出售后剩余部分股权，从持有待售类别重分类为金融资产或权益法长期股权投资 【考点锦囊】失控全待售。
	不失控	A. 不应当将拟处置的部分股权划分为持有待售类别 【考点锦囊】可控不待售。
对联营企业或合营企业的投资	出售部分	A. 拟出售部分停止权益法核算，分类为持有待售
	剩余部分	A. 持有待售的那部分股权出售前继续采用权益法进行会计处理 B. 出售之后，权转权或权转金 【考点锦囊】权待售，分开算，剩余部分先权后金。

失控全待售，可控不待售；权待售，分开算。

【经典例题】企业集团 G 拟出售持有的部分长期股权投资，假设拟出售的股权符合持有待售类别的划分条件。

情形一：企业集团 G 拥有子公司 100% 的股权，拟出售全部股权。

【答案】企业集团 G 应当在母公司个别财务报表中将拥有的子公司全部股权划分为持有待售类别，在合并财务报表中将子公司所有资产和负债划分为持有待售类别。

情形二：企业集团 G 拥有子公司 100% 的股权，拟出售 55% 的股权，出售后将丧失对子公司的控制权，但对其具有重大影响。

【答案】企业集团 G 应当在母公司个别财务报表中将拥有的子公司全部股权划分为持有待售类别，在合并财务报表中将子公司所有资产和负债划分为持有待售类别。

情形三：企业集团 G 拥有子公司 100% 的股权，拟出售 25% 的股权，仍然拥有对子公司的控制权。

【答案】由于企业集团 G 仍然拥有对子公司的控制权，该长期股权投资并不是"主要通过出售而非持续使用收回其账面价值"的，因此不应当将拟处置的部分股权划分为持有待售类别。

情形四：企业集团 G 拥有子公司 55% 的股权，拟出售 6% 的股权，出售后将丧失对子公司的控制权，但对其具有重大影响。

【答案】企业集团 G 应当在母公司个别财务报表中将拥有的子公司 55% 的股权划分为持有待售类别，在合并财务报表中将子公司所有资产和负债划分为持有待售类别。

情形五：企业集团 G 拥有联营企业 35% 的股权，拟出售 30% 的股权，G 持有剩余的 5% 股权，且对被投资方不具有重大影响。

【答案】企业集团 G 应当将拟出售的 30% 股权划分为持有待售类别，不再按权益法核算，剩余 5% 的股权在前述 30% 的股权处置前，应当采用权益法进行会计处理，在前述 30% 的股权处置后，应当按照《企业会计准则第 22 号——金融工具确认和计量》有关规定进行会计处理。

情形六：企业集团 G 拥有合营企业 50% 的股权（不形成控制），拟出售 35% 的股权，G 持有剩余的 15% 股权，且对被投资方不具有共同控制或重大影响。

【答案】企业集团 G 应当将拟出售的 35% 股权划分为持有待售类别，不再按权益法核算，剩余 15% 的股权在前述 35% 的股权处置前，应当采用权益法进行会计处理，在前述 35% 的股权处置后，应当按照《企业会计准第 22 号——金融工具确认和计量》有关规定进行会计处理。

▲【考点子题——举一反三，真枪实练】

[3]【历年真题·判断题】企业计划出售对子公司的部分权益性投资且出售后仍拥有对子公司的控制权时，应将拟出售部分的投资划分为持有待售资产。（　　）

[4]【经典子题·计算分析题】2×18 年 12 月 31 日，甲公司经董事会批准，与丙公司签订出售其所持丁公司 20% 股权的协议。协议约定，出售价格为 3 500 万元，甲公司应于 2×19 年 4 月末办理完成股权转移手续。甲公司预计能够按照协议约定完成丁公司股权的出售，预计出售该股权发生的税费为 400 万元。甲公司持有丁公司 30% 股权并对其具有重大影响，截至 2×18 年 12 月 31 日，甲公司对丁公司股权投资的账面价值为 3 600 万元，其中投资成本为 2 400 万元，损益调整为 900 万元，其他综合收益为 300 万元。不考虑税费及其他因素。

要求：判断甲公司对拟出售的公司股权应当如何分类及计量，编制相关会计分录。说明甲公司保留所持丁公司 10% 股权投资在完成出售 20% 股权前的会计处理原则。

考点 2　持有待售类别的计量

　　非流动资产持有待售的计量包括划分为持有待售类别前、持有待售类别时、划分为持有待售类别后的计量以及不再继续划分为持有待售类别的计量和终止确认。

【考点藏宝图】

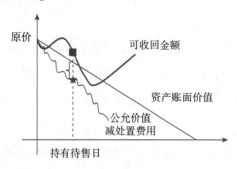

借：持有待售资产——固定资产
　　累计折旧
　　固定资产减值准备
　贷：固定资产——原值
借：资产减值损失
　贷：持有待售资产减值准备

会计故事会·缺条腿

　　固定资产可收回金额是两条腿走路抱大腿，而持有待售资产只有一条腿，缺了一条预计未来现金流量现值这条腿，所以转换日当预计未来现金流量现值＞账面价值，同时，账面价值＞（公允价值－处置费用），说明固定资产可收回金额大于账面价值，没有减值；但持有待售资产则发生减值了，需要计提持有待售资产减值准备。

【考点母题——万变不离其宗】非流动资产持有待售的计量

下列关于非流动资产持有待售的会计处理中，正确的有（　　）。	
划分为持有待售类别前（提足折旧）	A. 借：管理费用等 　　贷：累计折旧
划分为持有待售类别时	A. 如果账面价值高于其公允价值减去出售费用后的净额，计提持有待售资产减值准备 借：持有待售资产——固定资产 　　累计折旧 　　固定资产减值准备 　贷：固定资产——原值 借：资产减值损失 　贷：持有待售资产减值准备——固定资产
划分为持有待售类别后（非流动资产）	A. 持有待售的非流动资产不应计提折旧或摊销 B. 公允价值减去出售费用后的净额与转换前的账面价值比较，孰低（打狗棒法，减值可转回） 借：资产减值损失（或贷方） 　贷：持有待售资产减值准备——固定资产
不再继续划分为持有待售类别的计量	A. 借：固定资产——原值（假设其从未划分为持有待售类别情况下的账面价值，回到从前） 　　持有待售资产减值准备——固定资产 　贷：持有待售资产——固定资产 　　资产减值损失（差额，或借方）
终止确认	A. 借：银行存款 　　持有待售资产减值准备——固定资产 　贷：持有待售资产——固定资产 　　资产处置损益（或借方，长期股权投资差额计入**投资收益**）

持有待售不折旧不摊销要减值。

◆【考点子题——举一反三，真枪实练】

[5]【经典子题·多选题】甲公司拥有一座仓库，原价为 120 万元，采用年限平均法计提折旧，年折旧额为 12 万元，至 2×20 年 12 月 31 日已计提折旧 60 万元。2×21 年 1 月 31 日，甲公司与乙公司签署不动产转让协议，拟在 6 个月内将该仓库转让，假定该不动产满足划分为持有待售类别的其他条件，当日该仓库可收回金额为 70 万元，公允价值减去出售费用后的净额为 50 万元。不考虑其他因素，关于该仓库表述正确的有（　　）。

A. 划分为持有待售类别前的账面价值为 60 万元

B. 划分为持有待售类别前发生了资产减值

C. 划分为持有待售类别时计提资产减值损失 9 万元

D. 划分为持有待售类别后不应计提折旧

[6]【历年真题·多选题】2×16 年 12 月 10 日，甲公司的一台生产用设备达到预定可使用状态并投入使用，初始入账金额为 3 450 万元，预计使用年限为 20 年，预计净残值为 50 万元，采用年限平均法计提折旧。2×21 年 12 月 31 日，甲公司与乙公司签订一项不可撤销的销售合同，拟在 4 个月内将该设备转让给乙公司。合同约定的销售价格为 2 560 万元，预计的出售费用为 60 万元。该设备满足划分为持有待售资产的条件，不考虑其他因素，下列各项关于甲公司该设备会计处理的表述中，正确的有（　　）。

A. 2×21 年度，应计提折旧金额为 170 万元

B. 2×21 年 12 月 31 日，应确认的减值损失为 100 万元

C. 2×21 年 12 月 31 日，划分为持有待售类别前的账面价值为 2 560 万元

D. 2×21 年 12 月 31 日，在资产负债表持有待售资产项目中列报的金额为 2 500 万元

[7]【经典子题·单选题】2×17 年 3 月 1 日，公司 L 购入公司 M 全部股权，支付价款 1 600 万元，M 公司净资产账面价值为 1 500 万元。购入该股权之前，公司 L 的管理层已经做出决议，一旦购入公司 M，将在一年内将其出售给公司 N，公司 M 当前状况下即可立即出售。预计公司 L 还将为出售该子公司支付 12 万元的出售费用。公司 L 与公司 N 计划于 2×17 年 3 月 31 日签署股权转让合同。公司 L 尚未与公司 N 议定转让价格，购买日股权公允价值与支付价款一致。不考虑其他因素，长期股权投资作为持有待售资产的初始计量金额为（　　）万元。

A. 1 600　　　　B. 1 588　　　　C. 1 612　　　　D. 1 500

考点3 持有待售类别的列报

持有待售资产和负债不应当相互抵销。

🌀【考点藏宝图】

资产负债表

持有待售资产	持有待售负债

🔺【考点母题——万变不离其宗】持有待售类别的列报

下列关于持有待售类别的列报的会计表述中，正确的有（　　）。

A. "持有待售资产"和"持有待售负债"应当分别作为流动资产和流动负债列示，不应当相互抵销

B. 当期首次满足持有待售类别划分条件的非流动资产或划分为持有待售类别的处置组中的资产和负债，不调整可比会计期间资产负债表

第二节　终止经营

考点4 终止经营的会计处理

企业应当在利润表中分别列示持续经营损益和终止经营损益。

利润表

营业收入

......

净利润

（一）持续经营净利润
（二）**终止经营净利润**

会计故事会·天气预报

　　甲公司战略调整关闭一家分公司，关闭的这家分公司年初到关闭之前的利润计入正常的营业利润了，但这部分利润明年就没有了，需要特别提醒报表使用者注意，要不然明年突然少一大块利润，报表使用者措不及防。这就跟天气预报一样，提前预报，让大家提前知晓未来的天气变化。

▲▲▲【考点母题——万变不离其宗】终止经营

下列各项中，关于终止经营表述正确的有（　　）。	
终止经营	A. 企业满足下列条件之一的、能够单独区分的组成部分，且该组成部分已经处置或划分为持有待售类别： （1）该组成部分代表一项独立的主要业务或一个单独的主要经营地区 （2）该组成部分是拟对一项独立的主要业务或一个单独的主要经营地区进行处置的一项相关联计划的一部分 （3）该组成部分是专为转售而取得的子公司 【注意】判断终止经营的要点：（1）能够单独区分，经营活动和现金流量能够单独区分；（2）要有一定规模；（3）时点要求：处置（主要业务终止）或者划分为持有待售。
不符合终止经营定义的持有待售相关损益作为持续经营损益列报	A. 企业初始计量或在资产负债表日重新计量持有待售的非流动资产或处置组时，计提的资产减值损失 B. 资产负债表日持有待售的非流动资产或处置组因恢复以前减记的金额而转回的资产减值损失 C. 持有待售的非流动资产或处置组的处置损益
终止经营的相关损益应当作为终止经营损益列报	终止经营的相关损益应当作为终止经营损益列报，列报的终止经营损益应当包含整个报告期间，而不仅包含认定为终止经营后的报告期间。相关损益具体包括： A. 终止经营的经营活动损益，如销售商品相关成本和费用等 B. 企业初始计量或在资产负债表日重新计量持有待售的非流动资产或处置组时确认的资产减值损失 C. 资产负债表日持有待售的非流动资产或处置组因恢复以前减记的金额而转回的资产减值损失 D. 终止经营的处置损益 E. 终止经营处置损益的调整金额。可能引起调整的情形包括：与买方商定交易价格调整额和补偿金；确定卖方保留的环保义务或产品质量保证义务；履行与处置相关的职工薪酬支付义务等

▲▲▲【考点子题——举一反三，真枪实练】

［8］【经典子题·多选题】某快餐企业甲在全国拥有500家零售门店，甲企业决定将其位于M市的8家零售门店中的一家门店N出售，并于2×17年8月13日与企业乙正式签订了转让协议，假设该门店N符合持有待售类别的划分条件。不考虑其他因素，关于门店N的会计处理正确的有（　　）。

A. 构成终止经营　　　　　　　　　　B. 构成处置组

C. 门店N相关资产转入持有待售资产　　D. 门店N相关负债转入持有待售负债

［9］【经典子题·多选题】企业集团F决定出售其专门从事酒店管理的下属子公司R，酒店管理构成F的一项主要业务。子公司R管理一个酒店集团和一个连锁健身中心。为获取最大收益，F决定允许将酒店集团和连锁健身中心出售给不同买家，但酒店和健身中心的转让是相互关联的，即两者或者均出售，或者均不出售。F于2×17年12月6日与企业S就转让连锁健身中心正式签订了协议，假设此时连锁健身中

心符合了持有待售类别的划分条件，但酒店集团尚不符合持有待售类别的划分条件。不考虑其他因素，关于酒店集团和连锁健身中心的表述正确的有（   ）。

A. 连锁健身中心符合终止经营   B. 连锁健身中心作为持有待售核算

C. 酒店集团符合终止经营   D. 酒店集团不作为持有待售核算

[10]【经典子题·多选题】下列各项关于终止经营列报的表述中，错误的有（   ）。

A. 终止经营的处置损益以及调整金额作为终止经营损益列报

B. 终止经营的处置损益的调整金额作为终止经营损益列报

C. 终止经营的经营损益作为持续经营损益列报

D. 终止经营损益仅包含认定为终止经营后的报告期间

[本章考点子题答案及解析]

[1]【答案：AC】选项 A，在签订转让合同前，买卖双方并不知晓影响交易进度的环境污染问题，属于符合延长一年期限的例外事项，在 2×17 年 11 月 6 日发现延期事项后，企业 E 预计将在一年内消除延期因素，因此仍然可以将处置组划分为持有待售类别；选项 B，虽然买卖双方已经签订协议，但在污染得到整治前，该处置组在当前状态下不可立即出售，不符合划分为持有待售类别的条件；选项 C，由于卖方不承担清除污染义务，转让价格已将污染因素考虑在内，该处置组于协议签署日即符合划分为持有待售类别的条件；选项 D，自设定意外条件起超过 1 年时间，因此不符合划分为持有待售类别。

[2]【答案：ABC】甲公司与乙公司之间的房产转让交易未能在一年内完成，原因是发生市场恶化、买方违约的罕见事件。在将该写字楼划分为持有待售类别的最初一年内，甲公司已经重新签署转让协议，并预计将在 2×08 年 12 月 1 日开始的一年内完成，使写字楼重新符合了持有待售类别的划分条件。因此，甲公司仍然可以将该资产继续划分为持有待售类别。

[3]【答案：×】如果出售部分权益性投资后企业仍拥有对子公司的控制权，在拟出售阶段对此类投资仍应将其整体作为长期股权投资核算，不将拟出售的部分划分为持有待售类别。

[4]【答案】甲公司拟出售的丁公司 20% 股权应当划分为持有待售类别，不再按照权益法核算，会计处理如下：

借：持有待售资产——长期股权投资   2 400
    贷：长期股权投资——投资成本   1 600
                ——损益调整   600
                ——其他综合收益   200

对于未划分为持有待售资产的剩余 10% 权益性投资，应当在划分为持有待售的那部分权益性投资出售前继续采用权益法进行会计处理。

[5]【答案：CD】2×21 年 1 月 31 日，对该固定资产计提 1 月份折旧 1 万元。2×21 年 1 月 31 日，该仓库在划分为持有待售类别前的账面价值为 59 万元（120-60-12÷12），选项 A 错误；选项 B，划分为持有待售类别前账面价值为 59 万元，可收回金额为 70 万元，没有发生减值；选项 C，划分为持有待售类别时账面价值为 59 万元，公允价值减去出售费用后的净额为 50 万元，计提资产减值

损失 9 万元。

[6]【答案：ABD】选项 A，2×21 年度，应计提折旧 =（3 450-50）/20=170（万元）；选项 B，划分为
持有待售资产时，资产的公允价值减去出售费用后的净额 =2 560-60=2 500（万元），应确认的减值
损失 =2 600-2 500=100（万元）；选项 C，2×21 年 12 月 31 日，划分为持有待售类别前的账面价
值 =3 450-（3 450-50）×5/20=2 600（万元）；选项 D，2×21 年 12 月 31 日，在资产负债表持有
待售资产项目中列报的金额为 2 500 万元。

[7]【答案：B】公司 M 是专为转售而取得的子公司，其不划分为持有待售类别情况下的初始计量金额
为 1 600 万元，当日公允价值减去出售费用后的净额为 1 588 万元，按照二者孰低计量。

借：持有待售资产——长期股权投资　　　15 880 000

　　　资产减值损失　　　　　　　　　　　　120 000

　　贷：银行存款　　　　　　　　　　　　　　　16 000 000

[8]【答案：BCD】尽管门店 N 是一个处置组，也符合持有待售类别的划分条件，但由于它只是一个零
售点，不能代表一项独立的主要业务或一个单独的主要经营地区，也不构成拟对一项独立的主要业
务或一个单独的主要经营地区进行处置的一项相关联计划的一部分，因此该处置组并不构成企业的
终止经营，选项 A 错误。

[9]【答案：ABD】处置酒店集团和连锁健身中心构成一项相关联的计划，虽然酒店集团和连锁健身中
心可能出售给不同买家，但分别属于对一项独立的主要业务进行处置的一项相关联计划的一部分，
因此连锁健身中心符合终止经营的定义，酒店集团在未来符合持有待售类别划分条件时也符合终止
经营的定义。目前，酒店集团不符合持有待售也不符合终止经营的定义，选项 C 错误。

[10]【答案：CD】选项 C，应作为终止经营损益列报；选项 D，终止经营的相关损益应当作为终止经
营损益列报，列报的终止经营损益应当包含整个报告期间，而不仅包含认定为终止经营后的报告
期间。

第 20 章　企业合并

　　本章是 2022 年新增内容，主要介绍了企业合并的基本原理，重点是企业合并成本的确定、合并商誉的计算、或有对价以及反向购买的会计处理。

本章思维导图

企业合并

- 企业合并概述
  - 构成业务：投加产是业务，公计量，不分摊，有商誉
  - 不构成业务：价费税要分摊，没商誉
- 同一控制下企业合并的会计处理
  - 同一控制下企业合并的处理：同控用账面，合并没收益，留存要还原
  - ★企业合并涉及的或有对价：同控没收益，差额计公积
- 非同一控制下企业合并的会计处理
  - 非同一控制下企业合并的处理：非同控，新媳妇进门，重新计量
  - ★企业合并涉及的或有对价：12 月、要指定、公计量
  - 反向购买：合并成本 = 法律上子公司股票公允价格 ×（法律上子公司原股本 / 法律上子公司原股东占法律上母公司的持股比例 − 法律上子公司原股本）

近三年真题考点分布

题　型	2022 年		考　点
	第一批	第二批	
单选题	1	—	同一控制下合并的会计处理，非同一控制下合并的会计处理
多选题	—	1	
判断题	—	1	
计算分析题	—	—	
综合题	—	—	

第一节 企业合并概述

考点 1 企业合并概述

企业合并是将两个或两个以上单独的企业（主体）合并形成一个报告主体的交易或事项。

会计故事会·结婚

两人结婚就是企业合并，由原来的两个报告主体变成一个报告主体，收入要上交、支出要审批、跟朋友吃饭要报告。

🌀【考点藏宝图】

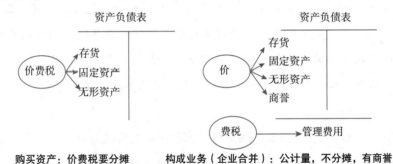

购买资产：价费税要分摊　　　构成业务（企业合并）：公计量，不分摊，有商誉

会计故事会·男女搭配干活不累

俗话说男女搭配干活不累，男男搭配或女女搭配为什么就没有感觉呢？男女搭配就像会计上的购买业务，相互吸引产生协同效应，能够产生1+1>2的效果。会计上购买业务和购买资产组处理不同，购买资产组虽然也由多项资产构成，但彼此之间比较麻木，没有触电的感觉，会计上不用考虑核算额外的"激情"，按照购买资产组的价款以及相关税费确定总成本，再将其按购入资产组中各资产的公允价值权重分配给各资产，实际上这种处理模式与购买单项资产的原理是一样的，都是价费税，只不过资产组多了一个分配的问题。如果购入的资产构成业务，构成业务的资产之间眉来眼去，激情澎湃，干活有劲，会产生额外的增量资产"商誉"。所以在会计核算时，构成业务的资产直接用公允价值计量，支付的合并对价与购入各资产公允价值总额之间的差额就是所谓的激情，作为"商誉"核算。同时，购买过程中的相关税费也直接记管理费用。

▲【考点母题——万变不离其宗】企业合并的界定

下列各项中，关于企业合并的表述正确的有（ ）。		
构成企业合并的条件（同时）	构成业务	A. 构成业务的要素。资产组合具有投入、加工处理过程和产出能力，能够独立计算其成本费用或所产生的收入（生产出产品）
		B. 集中度测试。资产组公允价值几乎相当于其中某一单独可辨认资产或一组类似可辨认资产的公允价值的不构成业务
	业务控制权的转移	
企业合并的方式		A. 控股合并（甲公司 + 乙公司 = 甲公司 + 乙公司）
		B. 吸收合并（甲公司 + 乙公司 = 甲公司）
企业合并的类型		A. 同一控制。参与合并的企业在合并前后均受同一方或相同的多方最终控制且该控制并非暂时性的
		B. 非同一控制。同一控制以外的都是非同一控制

考点锦囊 **投加产是业务，公计量，不分摊，有商誉。**

▲【考点子题——举一反三，真枪实练】

[1]【经典子题·多选题】甲公司是一家港口企业，通过签订资产收购协议，甲公司从第三方乙公司收购了与港口吊装、过磅业务相关的资产，包括龙门吊、欧式起重机、桥式起重机、在建工程以及相关的订单处理系统和经营系统。同时乙公司相关业务人员全部转入甲公司并重新签订了劳动合同。购入资产具有吊装、过磅业务相关产出能力。不考虑其他因素，关于甲公司购入该项业务表述正确的有（ ）。

A. 属于购买业务

B. 收购的港口吊装、过磅业务相关的资产按照公允价值计量

C. 支付对价的公允价值与购入资产公允价值的差额计入商誉

D. 发生的交易费用计入管理费用

第二节　同一控制下企业合并的会计处理

考点2 **同一控制下吸收合并的处理**

1. 同一控制下合并的一般原理

同一控制是指参与合并的企业在合并前后均受同一方或相同的多方最终控制且该控制

并非暂时性。（1 年以上）

🌀【考点藏宝图】

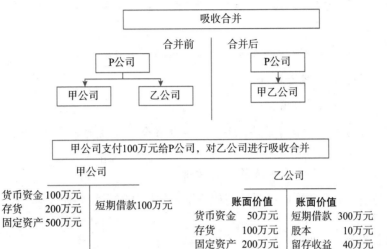

甲乙公司	
货币资金 0+50	短期借款 100+300
存货　　200+100	
固定资产 500+200	①差额：**冲减资本公积50**
	②**乙公司原有留存收益要保留**
	借：资本公积　　　　40
	贷：留存收益　　　　40

会计故事会 · 童养媳

　　同一控制下企业合并就像童养媳结婚，姐弟变夫妻还是一家人，结婚前大家都很熟悉，知根知底，不用重新计量。如果两人素不相识，就靠媒婆口中一张嘴，媒婆的嘴上功夫独步天下，虚虚实实、半哄半骗随时让你目瞪口呆，这时就需要重新计量。

考点锦囊　**同控用账面，合并没收益，留存要保留。（合并费用计入管理费用）**

⚜【考点母题——万变不离其宗】同一控制吸收合并

下列关于同一控制下吸收合并会计处理表述中，正确的有（　　）。

A. 合并方对同一控制下吸收合并中取得的资产、负债应当按照相关资产、负债在被合并方的原账面价值入账

B. 合并方在合并中取得的净资产的入账价值与为进行企业合并支付的对价账面价值之间的差额，应当调整所有者权益相关项目（资本公积、留存收益）

C. 合并费用计入管理费用

D. 合并方应以合并方资本公积的贷方余额为限，将被合并方在企业合并前实现的留存收益中归属于合并方的部分自"资本公积"转入"盈余公积"和"未分配利润"

▲【考点子题——举一反三，真枪实练】

［2］【经典子题·多选题】下列关于同一控制下吸收合并的会计处理表述中，正确的有（   ）。

　　A. 合并方对同一控制下吸收合并中取得的资产按照相关资产在被合并方的原账面价值入账

　　B. 合并方在合并中取得的净资产的入账价值与为进行企业合并支付的对价账面价值之间的差额，计入投资收益

　　C. 合并费用计入管理费用

　　D. 被合并方在企业合并前实现的留存收益在合并方报表中不需要还原

2. 同一控制下企业合并涉及的或有对价

同一控制下企业合并形成的长期股权投资初始确认时可能存在或有对价。

🌀【考点藏宝图】

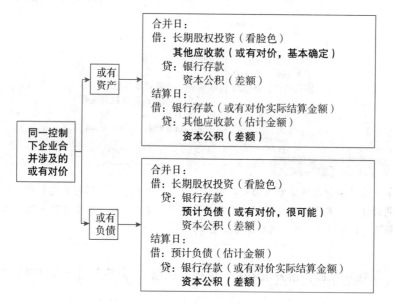

会计故事会·对赌协议

　　对赌协议就是投资方与出让方（标的企业股东）在达成并购协议时，对于未来不确定的情况进行一种约定。例如若被合并企业未来3年平均利润超过1000万元，合并方再支付给被合并企业原股东1000万元合并对价，这1000万元合并对价就是或有对价。反过来如果没有达到约定，被合并企业原股东支付给合并方1000万元，这就是对赌协议。

▲【考点母题——万变不离其宗】同一控制下或有对价

下列关于同一控制下或有对价的会计处理表述中，正确的有（   ）。

A. 初始投资时按《企业会计准则第 13 号——或有事项》的规定，确认预计负债或者确认资产

B. 预计负债或资产金额与后续或有对价结算金额的差额不影响当期损益，调整资本公积，资本公积不足冲减的，依次冲减盈余公积和未分配利润

考点锦囊 同控没收益，差额计公积。

⚠【考点子题——举一反三，真枪实练】

[3]【经典子题·计算分析题】2×20 年 12 月 31 日，甲公司向同一集团内乙公司的原股东 P 公司定向增发 2 000 万股普通股（每股面值为 1 元，每股公允价值为 5 元），取得乙公司 100% 的股权，相关手续于当日办理完毕，并能够对乙公司实施控制。合并后乙公司仍维持其独立法人资格继续经营。若乙公司 2×21 年获利超过 1 000 万元，甲公司 2×21 年 12 月 31 日需另向 P 公司支付 500 万元。乙公司之前为 P 公司于 2×18 年以非同一控制企业合并的方式收购的全资子公司。合并日，乙公司财务报表中净资产的账面价值为 4 400 万元，P 公司合并财务报表中的乙公司净资产账面价值为 8 000 万元（含商誉 1 000 万元）。假定乙公司 2×21 年很可能获利超过 1 000 万元。不考虑相关税费等其他因素影响。

要求：编制甲公司相关会计处理。

第三节 非同一控制下企业合并的会计处理

考点 3 非同一控制下吸收合并的处理

1. 非同一控制合并的一般原理

非同一控制的企业合并是指参与合并各方在合并前后不受同一方或相同的多方最终控制的合并交易。

🌀【考点藏宝图】

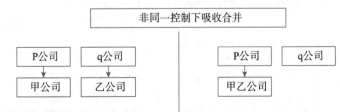

十年之前，我不认识你，你不属于我　　　　　　相见恨晚

甲公司支付150万元给q公司，取得乙公司100%股权

甲公司   乙公司

货币资金 300万元   短期借款 100万元   **账面价值**   **公允价值**   短期借款 300万元
存货   200万元   货币资金   50万元   50万元   股本   10万元
固定资产 500万元   存货   100万元   120万元   留存收益 40万元
                                    固定资产 200万元   250万元

甲乙公司

货币资金 150+50   短期借款 100+300
存货   200+120
固定资产   500+250
商誉   30
[150-（250+120+50-300）]

 非同控，新媳妇进门，重新计量。

会计故事会·商誉

    乙公司各项资产和负债公允价值的净额即净资产公允价值为120万元，甲公司支付150万元与购入净资产价值120万元之间的差额30万元理论上有三种处理方式：第一种方法是实在人的处理方法，将多支付的30万元作为营业外支出，痛痛快快地哭出来；第二种方法是偷偷摸摸的处理方式，将多支付的30万元冲减资本公积，咬碎牙往肚子里咽；第三种方法是具有商业头脑的处理方式，将多支付的30万元作为一项资产，这项资产别人看不见，但在自己眼中这东西金灿灿的、沉甸甸的，这就是会计上的商誉。这种处理方式虽然多花了钱，但一点也不伤心反而心中充满喜悦和憧憬。

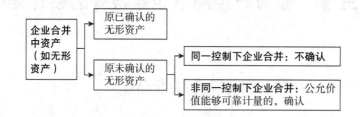

【考点母题——万变不离其宗】非同一控制的吸收合并

	下列各项中，关于企业非同一控制的吸收合并表述正确的有（ ）。
非同一控制下吸收合并	A. 合并成本是购买方为合并支付的对价在购买日的公允价值
	B. 直接相关合并费用计入管理费用
	C. 企业合并中取得的资产、负债应以其公允价值计量
	D. 各项可辨认资产、负债计税基础与账面价值不同形成暂时性差异的，应当确认相应的递延所得税资产或递延所得税负债
	E. 合并成本大于可辨认净资产公允价值份额时确认商誉
	F. 合并成本小于可辨认净资产公允价值份额时计入当期营业外收入（吸收合并计入的是个别报表的营业外收入，控股合并计入合并报表留存收益）

△【考点子题——举一反三，真枪实练】

［4］**【经典子题·多选题】**下列关于非同一控制下吸收合并在合并日的会计处理中，正确的有（　　）。

  A．合并方在企业合并中取得的资产和负债按照合并日公允价值计量

  B．合并方应以支付的现金或非现金资产的公允价值计入合并成本

  C．合并方发生的各项直接相关合并费用计入合并成本

  D．合并成本大于取得的可辨认净资产公允价值份额时确认商誉

2．非同一控制下企业合并涉及的或有对价

  合并各方可能在合并协议中约定，根据未来一项或多项或有事项的发生，购买方通过发行额外证券、支付额外现金或其他资产等方式追加合并对价，或者要求返还之前已经支付的对价。

⚘【考点藏宝图】

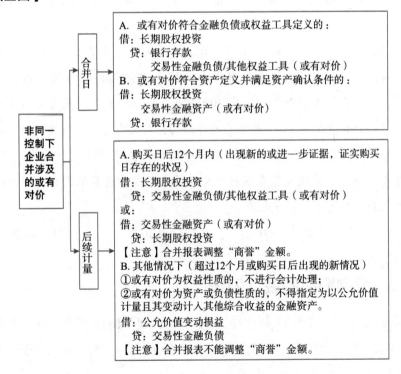

◈【考点母题——万变不离其宗】非同一控制下或有对价

下列关于非同一控制下或有对价的会计处理表述中，正确的有（　　）。

续表

购买日	A. 或有对价符合权益工具和金融负债定义的，购买方应当将支付或有对价的义务确认为一项权益或负债 B. 或有对价符合资产定义并满足资产确认条件的，确认为一项资产（指定为交易性金融资产）
后续计量	A. 购买日后 12 个月内出现对购买日已存在情况的新的或者进一步证据而需要调整或有对价的，应当予以确认并对原计入合并商誉的金额进行调整 B. 其他情况下发生的或有对价变化或调整，应当区分以下情况进行会计处理： （1）或有对价为权益性质的，不进行会计处理 （2）或有对价为资产或负债性质的，按照以公允价值计量且其变动计入当期损益进行会计处理（指定为交易性金融资产或负债，不得指定为以公允价值计量且其变动计入其他综合收益的金融资产）

考点锦囊 12 月、要指定、公计量。

【考点子题——举一反三，真枪实练】

[5]【经典子题·判断题】在非同一控制下的企业合并中，企业作为购买方确认的或有对价形成金融资产的，应当指定为以公允价值计量且其变动计入其他综合收益的金融资产。（　　）

[6]【经典子题·单选题】2×14 年 1 月 1 日，甲公司通过向乙公司股东定向增发 1 500 万股普通股（每股面值为 1 元，市价为 6 元），取得乙公司 80% 股权，并控制乙公司，另以银行存款支付财务顾问费 300 万元。双方约定，如果乙公司未来 3 年平均净利润增长率超过 8%，甲公司需要另外向乙公司股东支付 100 万元的合并对价；当日，甲公司预计乙公司未来 3 年平均净利润增长率很可能达到 10%。该项交易前，甲公司与乙公司及其控股股东不存在关联关系。不考虑其他因素，甲公司该项企业合并的合并成本是（　　）万元。

A. 9 000　　　　B. 9 300　　　　C. 9 100　　　　D. 9 400

考点 4　反向购买的会计处理

反向购买是指非同一控制下以发行权益性证券交换股权的方式进行的企业合并中，发行权益性证券的一方在合并后被参与合并的另一方所控制的，发行权益性证券的一方为法律上的母公司，但为会计上的被购买方。

❀【考点藏宝图】

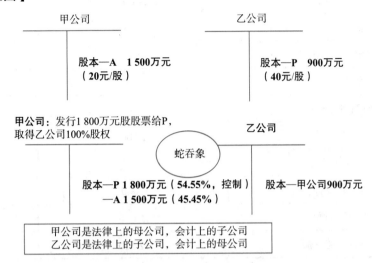

❀【考点藏宝图】

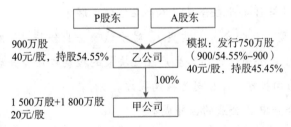

▲【考点子题——举一反三，真枪实练】

【经典例题·计算分析题】A上市公司于20×7年9月30日通过定向增发本企业普通股对B企业进行合并，取得B企业100%股权。假定不考虑所得税影响。A公司及B企业在合并前简化资产负债表如下表所示：

A公司及B企业合并前资产负债表（单位：万元）

	A公司（上市公司）	B企业
流动资产	3 000	4 500
非流动资产	21 000	60 000

续表

资产总额	24 000	64 500
流动负债	1 200	1 500
非流动负债	300	3 000
负债总额	1 500	4 500
所有者权益：		
股本	1 500	900
资本公积		
盈余公积	6 000	17 100
未分配利润	15 000	42 000
所有者权益总额	22 500	60 000

其他资料：

（1）20×7年9月30日，A公司通过定向增发本企业普通股，以2股换1股的比例自B企业原股东处取得了B企业全部股权。A公司共发行了1 800万股普通股以取得B企业全部900万股普通股。

（2）A公司普通股在20×7年9月30日的公允价值为20元，B企业每股普通股当日的公允价值为40元。A公司、B企业每股普通股的面值均为1元。

（3）20×7年9月30日，A公司除非流动资产公允价值较账面价值高4 500万元以外，其他资产、负债项目的公允价值与其账面价值相同。

（4）假定A公司与B企业在合并前不存在任何关联方关系。

【答案】（1）性质：反向合并（购买）。对于该项企业合并，虽然在合并中发行权益性证券的一方为A公司，但因其生产经营决策的控制权在合并后由B企业原股东控制，B企业应为购买方，A公司为被购买方。

（2）确定该项合并中B企业的合并成本：

A公司在该项合并中向B企业原股东增发了1 800万股普通股，合并后B企业原股东持有A公司的股权比例为54.55%（1 800/3 300），如果假定B企业发行本企业普通股在合并后主体享有同样的股权比例，则B企业应当发行的普通股股数为750万股（900÷54.55%-900），其公允价值为30 000万元（750万股×40），企业合并成本为30 000万元。

（3）企业合并成本在可辨认资产、负债的分配：

企业合并成本	30 000
A公司可辨认资产、负债：流动资产	3 000

非流动资产	25 500（21 000+4 500 增值）
流动负债	（1 200）
非流动负债	（300）
商誉	3 000

A公司20×7年9月30日合并资产负债表（单位：万元）

项 目	金 额
流动资产	7 500（3 000+4 500）
非流动资产	85 500（25 500+60 000）
商誉	3 000
资产总额	96 000
流动负债	2 700（1 200+1 500）
非流动负债	3 300（300+3 000）
负债总额	6 000
所有者权益：	
股本（3 300 万股普通股）	1 650（900+750）
资本公积	29 250（30 000−750）
盈余公积	17 100
未分配利润	42 000
所有者权益总额	90 000

▲【考点母题——万变不离其宗】反向购买

	下列关于非同一控制下反向购买的会计处理表述中，正确的有（　　）。
合并成本	A. 法律上子公司原股东全部变成法律上母公司的股东 **合并成本** = 法律上子公司股票公允价格 ×（法律上子公司原股本 / 法律上子公司原股东占法律上母公司的持股比例 − 法律上子公司原股本） B. 法律上子公司原股东部分变成法律上母公司的股东（假设90% 的转换了） 合并成本 = 法律上子公司股票公允价格 ×（法律上子公司原股本 ×90%/ 法律上子公司原股东占法律上母公司的持股比例 − 法律上子公司原股本 ×90%）
编制合并财务报表	A. 法律上子公司的资产、负债以其在合并前的账面价值计量 B. 留存收益和其他权益性余额反映的是法律上子公司在合并前的留存收益和其他权益余额 C. 权益性工具的金额反映法律上子公司合并前发行在外的股份面值以及假定在确定该项企业合并成本过程中新发行的权益性工具的金额（股票数量为法律上母公司发行在外权益性证券的数量及种类）

续表

编制合并 财务报表	D. 法律上母公司的有关可辨认资产、负债在并入合并财务报表时，以其在购买日确定的公允价值计量，企业合并成本大于法律上母公司（被购买方）可辨认净资产公允价值的份额体现为商誉（小于确认为合并当期损益） E. 合并财务报表的比较信息是法律上子公司的比较信息 F. 法律上子公司的有关股东未将其持有的股份转换为对法律上母公司股份的，作为少数股东权益列示。该部分少数股东权益反映的是少数股东按持股比例计算享有法律上子公司合并前净资产账面价值的份额（对于法律上母公司的所有股东，不作为少数股东权益列示）

考点锦囊 **合并成本为法律上母公司合并前的股权公允价值。**

[本章考点子题答案及解析]

[1]【答案：ABCD】甲公司购入的这组资产包括与吊装、过磅业务相关的实物资产（如固定资产、在建工程）、人员投入以及与之相联系的加工处理过程（如订单处理系统和经营系统），乙公司同时具有吊装、过磅业务的产出能力。甲公司收购的这组资产很可能是一项业务，选项 A 正确；构成业务按照企业合并进行会计处理，选项 B、C 和 D 正确。

[2]【答案：AC】选项 B，合并方在合并中取得的净资产的入账价值与为进行企业合并支付的对价账面价值之间的差额，应当调整所有者权益相关项目（资本公积、留存收益）；选项 D，合并方应以合并方资本公积的贷方余额为限，将被合并方在企业合并前实现的留存收益中归属于合并方的部分自"资本公积"转入"盈余公积"和"未分配利润"。

[3]【答案】

借：长期股权投资　　　　　　　　　　8 000

　　贷：股本　　　　　　　　　　　　　　2 000

　　　　资本公积——股本溢价　　　　　　5 500

　　　　预计负债　　　　　　　　　　　　500

[4]【答案：ABD】选项 C，合并方发生的各项直接相关合并费用计入管理费用。

[5]【答案：×】在非同一控制下的企业合并中，企业作为购买方确认的或有对价形成金融资产的，应当分类为以公允价值计量且其变动计入当期损益的金融资产。

[6]【答案：C】财务顾问费属于为企业合并发生的直接费用，计入管理费用；购买方应当将合并协议约定的或有对价作为企业合并转移对价的一部分，按照其在购买日的公允价值计入企业合并成本。因此，企业合并成本 =1 500×6+100=9 100（万元）。

借：长期股权投资　　　　　　　　　　9 100

　　贷：股本　　　　　　　　　　　　　　1 500

　　　　资本公积　　　　　　　　　　　　7 500（1 500×5）

　　　　交易性金融负债　　　　　　　　　100

第21章 财务报告

本章与长期股权投资紧密相连。本章内容包括同一控制、非同一控制下长期股权投资的抵销处理以及内部交易的抵销。

本章思维导图

- 财务报告
  - 财务报告概述
    - ★现金流量表的编制
    - 终止经营的会计处理
  - 合并财务报表概述
    - ★合并财务报表合并范围的确定
    - 合并财务报表编制的前期准备事项与编制程序
  - 合并资产负债表、合并利润表编制
    - 同一控制下长期股权投资的抵销分录
      - 合并日
      - 首个资产负债表日
      - 连续编制合并报表
    - ★非同一控制下长期股权投资的抵销分录
      - 合并日
      - 首个资产负债表日
      - 连续编制合并报表
    - ★内部债权债务的抵销分录
    - ★内部存货交易未实现内部损益的抵销
      - 全部对外销售
      - 全部未对外销售
      - 部分销售部分未销售
    - ★内部购进固定资产价值中包含的未实现内部销售损益
      - 交易当期
      - 固定资产持有期间
      - 固定资产处置
    - ★内部无形资产交易未实现内部损益的抵销
      - 交易当期
      - 无形资产持有期间
      - 无形资产处置
  - 合并现金流量
    - 合并现金流量表的抵销处理

题 型	2020 年		2021 年		2022 年		考 点
	第一批	第二批	第一批	第二批	第一批	第二批	
单选题	1	1	—	—	1	1	合并财务报表的调整、抵销分录的编制，可与长期股权投资等章节的相关知识相结合
多选题	—	1	—	—	1	—	
判断题	2	—	—	1	1	1	
计算分析题	—	—	—	—	—	—	
综合题	—	—	1	1	—	—	

第一节 财务报告概述

 财务报表概述

财务报告包括财务报表和其他相关信息和资料。财务报表包括资产负债表、利润表、现金流量表、所有者权益变动表和附注。

方点锦囊 **报表四件套,买三送一。**

会计故事会·底子、面子、日子

资产负债表是"底子",资产越多家底越厚,说明有实力。

利润表是"面子",收入越高就越有"面子"。

现金流量表是"日子",每天的油盐柴米都要现金流,企业的日常经营就靠现金流量表来过"日子"的。所有者权益变动表属于马屁精,VIP专属。

▲ 【考点母题——万变不离其宗】财务报表列报的基本要求

	下列关于财务报表列报的基本要求的表述中,正确的有(　　)。
依据重要性原则单独或汇总列报项目	A. 性质或功能不同的项目,应当在财务报表中单独列报(比如存货、固定资产),不重要性的项目除外 B. 性质或功能类似的项目,一般可以合并列报(原材料、在产品统称为存货) C. 重要性程度不足以在财务报表中单独列示,但对附注具有重要性,应当在附注中单独披露
财务报表项目金额间的相互抵销	A. 财务报表项目应当以总额列报,资产和负债、收入和费用不能相互抵销 B. 以下三种情况不属于抵销,可以以净额列示: (1)一组类似交易形成的利得和损失以净额列示,但具有重要性的除外 (2)资产或负债项目按扣除备抵项目后的净额列示 (3)非日常活动的发生具有偶然性,并非企业主要的业务
比较信息的列报	A. 一般情况。两期报表及相关附注 B. 会计政策、会计差错追溯调整、追溯重述。三期资产负债表,两期其他报表及相关附注

【考点子题——举一反三，真枪实练】

[1]【经典子题·多选题】下列各项中，财务报表中可以以净额列示的有（　　）。

A. 一组类似交易形成的利得和损失

B. 资产或负债项目按扣除备抵项目列示

C. 非日常活动的利得和损失

D. 应收和应付同一家单位的应收账款和应付账款

第二节　合并财务报表概述

考点2　合并财务报表合并范围的确定

（一）控制的定义和判断

合并财务报表的合并范围应当以控制为基础予以确定。控制是指投资方拥有对被投资方的权力，通过参与被投资方的相关活动而享有可变回报，并且有能力运用对被投资方的权力影响其回报金额。

【考点藏宝图】

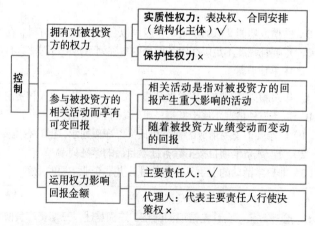

【考点母题——万变不离其宗】合并报表范围

下列各项中，关于合并报表范围表述正确的有（　　）。

续表

控制的基本要素	A. 对被投资方的设立目的和设计 B. 拥有对被投资方的权力，并且有能力运用对被投资方的权力影响其回报金额 C. 因涉入被投资方而享有可变回报
权力	A. 权力是一种实质性权利 B. 权力的持有人应为主要责任人 C. 权力的一般来源——来自表决权 D. 权力来自于表决权以外的其他权利——来自合同安排
相关活动	A. 相关活动是指对被投资方的回报产生**重大影响**的活动 B. 商品或劳务的销售和购买 C. 金融资产的管理 D. 资产的购买和处置 E. 研究与开发活动（比如汽车的研发由谁决定） F. 确定资本结构和获取融资
可变回报	A. 股利 B. 被投资方经济利益的其他分配
判断金句	（1）企业编制合并财务报表时，不能将已被人民法院宣告破产的子公司纳入合并范围。（　　） （2）如果有任何事实或情况表明控制的两项基本要素中的一个或多个发生了变化，投资方应重新评估对被投资方是否具有控制。（　　）

🔺【考点子题——举一反三，真枪实练】

[2]【历年真题·多选题】下列各项中，投资方在确定合并报表合并范围时应考虑的因素有（　　）。

A. 被投资方的设立目的

B. 投资方是否拥有对被投资方的权力

C. 投资方是否通过参与被投资方的相关活动而享有可变回报

D. 投资方是否有能力运用对被投资方的权利影响其回报金额

[3]【历年真题·多选题】下列各项中，被投资方不应纳入投资方合并财务报表合并范围的有（　　）。

A. 投资方和其他投资方对被投资方实施共同控制

B. 投资方拥有被投资方半数以上表决权但不能控制被投资方

C. 投资方未拥有被投资方半数以上表决权但有权决定其财务和经营政策

D. 投资方直接拥有被投资方半数以上表决权但被投资方已经被宣告清理整顿丧失控制权

[4]【历年真题·判断题】如果投资方能够对清算阶段的子公司进行控制，则应将清算阶段的子公司纳入合并报表范围。（　　）

（二）纳入合并范围的特殊情况——对被投资方可分割部分的控制

投资方通常应当对是否控制被投资方整体进行判断。在少数情况下，投资方可以判断是否控制被投资方的可分割部分。

🌀【考点藏宝图】

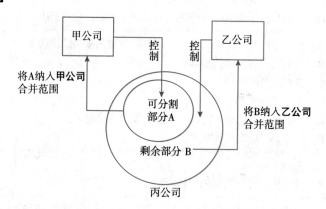

会计故事会·加盟店

小张加盟一家少儿书画店，总部授权使用相关商标和课程，加盟店按照协议支付加盟费。加盟店作为总部的分校，但加盟店独立核算，相关的资产、负债以及相关剩余现金流量的权利归小张控制，这个加盟店就是可分割部分，不纳入总部的合并范围，控制权属于小张。

▲【考点子题——举一反三，真枪实练】

[5]【经典子题·多选题】甲公司为有限责任公司，是专门从事房地产开发的项目公司，其主要经营活动为在乙地块上开发住宅和商业地产项目。乙地块的开发分三期执行，各期地块的开发成本和销售收入分设三个独立子账套进行单独核算管理。由于第一期启动资金缺乏，甲公司引入丙公司作为投资人，约定丙公司支付第一期项目的开发支出，丙公司负责第一期项目的经营，其经营损益归属于丙公司，同时丙公司按照约定支付给甲公司一定的费用。不考虑其他因素，关于乙地块的相关处理表述正确的有（　　）。

A. 第一期项目属于可分割部分

B. 乙地块整体纳入甲公司合并

C. 第一期项目纳入丙公司合并范围

D. 第二期和三期项目纳入甲公司合并

（三）合并范围的豁免

如果母公司是投资性主体，则只应将那些为投资性主体的投资活动提供相关服务的子公司纳入合并范围，其他子公司不应予以合并，母公司对其他子公司的投资应当按照公允价值计量且其变动计入当期损益。

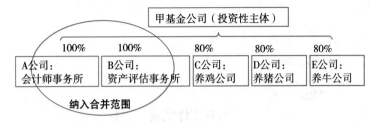

【考点子题——举一反三，真枪实练】

[6]【历年真题·单选题】母公司是投资性主体，对子公司的公允价值变动计量的资产，应计入合并报表中的项目是（　　）。

A. 公允价值变动损益　　　　　　　B. 投资收益

C. 其他综合收益　　　　　　　　　D. 资本公积

考点3　合并财务报表编制的前期准备事项与编制程序

（一）合并财务报表编制的前期准备事项

编制合并财务报表前，要统一母子公司的会计政策等。

```
                    ┌──统一母子公司的会计政策（子公司向母公司看齐）
合并财务            │
报表编制   ─────────├──统一母子公司的资产负债表日及会计期间
的前期准            │
备事项              ├──对子公司以外币表示的财务报表进行折算
                    │
                    └──收集编制合并财务报表的相关资料
```

会计故事会·统一会计政策

　　秦统一六国后，实行"车同轨，书同文，行同轮"，即全国采取相同的车轨、统一文字、人的行为有同样的道德标准，合并财务报表就是母公司对子公司的统而合一。

【考点子题——举一反三，真枪实练】

[7]【历年真题·多选题】母公司在编制合并财务报表前，对子公司所采用会计政策与其不一致的情形进行的下列会计处理中，正确的有（　　）。

A. 按照子公司的会计政策另行编报母公司的财务报表

B. 要求子公司按照母公司的会计政策另行编报子公司的财务报表

C. 按照母公司自身的会计政策对子公司财务报表进行必要的调整

D. 按照子公司的会计政策对母公司自身财务报表进行必要的调整

（二）合并财务报表的编制程序

（1）先不管三七二十一计算合计金额；

（2）通过抵销分录做减法；

（3）合并工作底稿无法存储，明年重来。

合并工作底稿

项目	甲公司	乙公司	合计数	调整分录		抵销分录		合并金额
				借方	贷方	借方	贷方	
（利润表项目）								
营业收入								
营业成本								
……								
净利润								
（所有者权益变动表项目）								
未分配利润——年初								
……								
未分配利润——年末								
（资产负债表项目）								
货币资产								
……								
短期借款								
……								
实收资本								
……								
未分配利润								

第三节　合并财务报表编制

 同一控制下长期股权投资的抵销分录

企业应当按照权益法调整对子公司的长期股权投资，在合并工作底稿中编制调整分录。

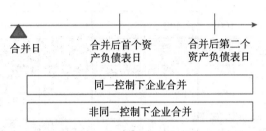

1.合并日

长期股权投资初始投资成本＝被合并方所有者权益在最终控制方合并财务报表上的账面价值 × 持股比例

🌀【考点藏宝图】

情形 1：持股 100%，子公司账面价值与最终控制方合并财务报表金额相同

情形1：持股100%，子公司账面价值与最终控制方合并财务报表金额相同

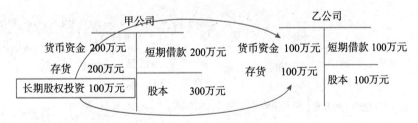

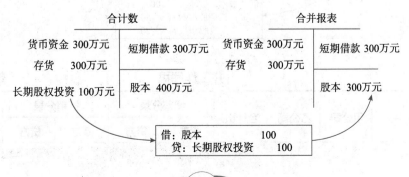

合并工作底稿　　　　　　　　　　　　　　　　**单位：万元**

项目	甲公司	乙公司	合计数	调整分录		抵销分录		合并金额
				借方	贷方	借方	贷方	
长期股权投资	100	0	100				100	0
货币资金	200	100	300					300
存货	200	100	300					300
短期借款	200	100	300					300
……								
股本	300	100	400			100		300
资本公积								
盈余公积								
未分配利润								

【注意】本表考试不用写，方便大家理解，下同。

情形2：持股80%，子公司账面价值与最终控制方合并财务报表金额相同

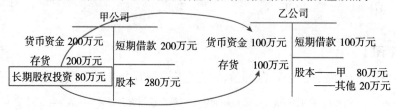

情形2：持股80%，子公司账面价值与最终控制方合并财务报表金额相同

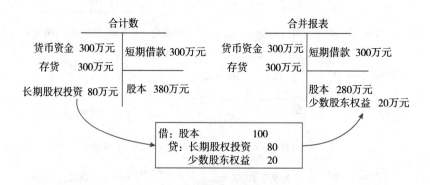

合并工作底稿　　　　　　　　　　　　　　　　**单位：万元**

项目	甲公司	乙公司	合计数	调整分录		抵销分录		合并金额
				借方	贷方	借方	贷方	

续表

长期股权投资	80	0	80			80	0
货币资金	200	100	300				300
存货	200	100	300				300
短期借款	200	100	300				300
……							
股本	280	100	380		100		280
资本公积							
盈余公积							
未分配利润							
少数股东权益	0	0	0			20	20

▲【考点母题——万变不离其宗】同一控制企业合并·合并日

下列关于同一控制下企业合并日会计处理表述中,正确的有( )。		
母公司个别财务报表	长期股权投资初始投资成本	A. 长期股权投资初始投资成本为被合并方在最终控制方合并财务报表中的净资产账面价值份额(**看母公司脸色**)
	合并方以支付现金、转让非现金资产或承担债务方式作为合并对价	B. 借:长期股权投资(**看母公司脸色**) 贷:资产(投出资产账面价值) 资本公积——资本溢价或股本溢价(**差额;如果差额在借方,依次冲减资本公积、盈余公积、未分配利润**)
	合并方以发行权益性证券作为合并对价的	C. 借:长期股权投资(**看母公司脸色**) 贷:股本(发行股票的数量×每股**面值**) 资本公积——股本溢价(**差额**) 借:资本公积——股本溢价(**权益性证券发行费用**) 贷:银行存款
合并财务报表	借:股本(子公司) 资本公积(子公司) 盈余公积(子公司) 未分配利润(子公司) 贷:长期股权投资(母公司) 少数股东权益(子公司所有者权益×少数股东持股比例)	*不会产生新的差额*

【经典例题·综合题】2023年1月1日,甲公司以银行存款1200万元,从母公司P处取得乙公司100%的股权。2023年1月1日,乙公司净资产的公允价值为900万元,账面价值为850万元(其中股本100万元,资本公积200万元,盈余公积100万元,未分配利润450万元),假设乙公司个别财务报表净资产账面价值与P公司合并财务报表乙公司净资产账面价值相同。不考虑其他因素(不考虑同一控制下留存收益还

原，下同）。

要求：编制甲公司 2023 年 1 月 1 日合并日的相关会计分录。

【答案】

母公司个别财务报表	长期股权投资初始投资成本	A. 长期股权投资初始投资成本 850 万元
	合并方支付对价	B. 借：长期股权投资　　　　　850 　　　资本公积　　　　　　　350 　　贷：银行存款　　　　　　　　1 200
合并财务表报	借：股本　　　　　　　　100 　　资本公积　　　　　　200 　　盈余公积　　　　　　100 　　未分配利润　　　　　450 　贷：长期股权投资　　　　850	没有新差额

合并工作底稿　　　　　　　　　　　　**单位：万元**

项目	甲公司	乙公司	合计数	调整分录 借方	调整分录 贷方	抵销分录 借方	抵销分录 贷方	合并金额
长期股权投资	850		850				850	0
货币资金			母＋子					母＋子
……			母＋子					母＋子
短期借款			母＋子					母＋子
……			母＋子					母＋子
股本		100	母＋子			100		母
资本公积		200	母＋子			200		母
盈余公积		100	母＋子			100		母
未分配利润		450	母＋子			450		母

【经典例题·综合题（少数股东权益）】2023 年 1 月 1 日，甲公司以银行存款 1 000 万元，从母公司 P 处取得乙公司 80% 的股权。2023 年 1 月 1 日，乙公司净资产的公允价值为 1 200 万元，账面价值为 1 100 万元（其中：股本 100 万元，资本公积 500 万元，盈余公积 200 万元，未分配利润 300 万元）。假设乙公司个别财务报表净资产账面价值与 P 公司合并财务报表乙公司净资产账面价值相同。不考虑其他因素。

要求：编制甲公司 2023 年 1 月 1 日合并日的相关会计分录。

【答案】

母公司个别财务报表	长期股权投资初始投资成本	A. 长期股权投资初始投资成本 = 1 100 × 80% = 880 万元
	支付对价	B. 借：长期股权投资 880 　　资本公积 120 　贷：银行存款 1 000
合并财务表报抵销分录	借：股本 100 　　资本公积 500 　　盈余公积 200 　　未分配利润 300 　贷：长期股权投资 880 　　少数股东权益 220（1 100 × 20%）	没有新差额

合并工作底稿　　　　　　　　　　单位：万元

项目	甲公司	乙公司	合计数	调整分录		抵销分录		合并金额
				借方	贷方	借方	贷方	
长期股权投资	880		880				880	0
货币资金			母+子					母+子
……			母+子					母+子
短期借款			母+子					母+子
……			母+子					母+子
股本		100	母+子			100		母
资本公积		500	母+子			500		母
盈余公积		200	母+子			200		母
未分配利润		300	母+子			300		母
少数股东权益	0	0	0				220	220

▲【考点子题——举一反三，真枪实练】

[8]【历年真题·判断题】合并财务报表中，少数股东权益项目的列报金额不能为负数。

（　　）

2．首个资产负债表日

【考点藏宝图】

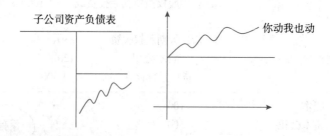

子公司资产负债表   你动我也动

会计故事会·调表不调账

　　母公司个别财务报表中，对子公司的长期股权投资采用成本法核算。合并日长期股权投资与子公司所有者权益在合并报表上抵销后，个别财务报表上仍然是各记各的账，合并日后由于子公司所有者权益随时在变动，而成本法长期股权投资一动不动，所以两者渐行渐远。长期股权投资抵销分录的核心是将母公司个别财务报表上的长期股权投资与子公司所有者权益进行抵销，因此在合并报表上需要按照权益法对长期股权投资进行调整，使得调整后的长期股权投资与子公司所有者权益保持同步，以便顺利抵销。但要注意长期股权投资从成本法调整为权益法，调整的是合并财务报表，不是调整的长期股权投资的账簿，母公司不能调整长期股权投资的账簿，这叫调表不调账。

【考点母题——万变不离其宗】同一控制企业合并·首个资产负债表日

下列关于同一控制下企业合并首个资产负债表日会计处理表述中，正确的有（　　）。

调整分录	子公司净利润	借：长期股权投资 　贷：投资收益（不用调整内部交易，下同）
	子公司分派现金股利	借：投资收益 　贷：长期股权投资
	子公司除净损益以外所有者权益的其他变动	借：长期股权投资 　贷：资本公积——本年 　　　其他综合收益——本年（或作相反分录）
抵销分录	抵销长期股权投资	借：股本（子公司） 　　资本公积（子公司） 　　盈余公积（子公司） 　　未分配利润（子公司） 　贷：长期股权投资（调整后） 　　　少数股东权益（子公司所有者权益×少数股东持股比例）
	抵销投资收益	借：投资收益（母公司确认的子公司净利润） 　　少数股东损益（子公司净利润×少数股东持股比例） 　　未分配利润——年初（子公司） 　贷：提取盈余公积（子公司）　┐ 　　　对所有者（或股东）的分配（子公司）　├合并所有者权益变动表项目 　　　未分配利润——年末（子公司）　┘

【考点小卡片】发放现金股利

类别	会计分录
成本法	借：应收股利 　　贷：投资收益
权益法	借：应收股利 　　贷：长期股权投资——损益调整 **【考点锦囊】**长投减少没收益。
成转权	借：投资收益 　　贷：长期股权投资——损益调整 **【考点锦囊】**长投减少冲收益。

会计故事会·利润到哪去了

　　子公司的利润要通过八抬大轿轰轰烈烈地迎入合并利润表，而且享受与母公司自身的利润同样的待遇，逐项列报，不能像对联营企业那样简单通过投资收益直接打发了。因此，在从成本法调整为权益法时产生的投资收益，即子公司的净利润要冲掉。冲销投资收益要知道子公司的利润最终到哪去了，所有的利润最终都是三个归宿：一是提取盈余公积；二是对所有者进行分配，比如分配现金股利；三是剩余的部分，计入未分配利润（本期新增，即期末－期初）。这就是抵销投资收益会计分录的基本原理。

【经典例题·综合题】 2022 年 1 月 1 日，甲公司以银行存款 1 200 万元，从母公司 P 处取得乙公司 100% 的股权。2022 年 1 月 1 日，乙公司净资产的公允价值为 900 万元，账面价值为 850 万元（其中：股本 100 万元，资本公积 200 万元，盈余公积 100 万元，未分配利润 450 万元）。假设合并日乙公司个别财务报表净资产账面价值与 P 公司合并财务报表乙公司净资产账面价值相同。

乙公司 2022 年实现净利润 600 万元，2022 年提取盈余公积 60 万元，向股东宣告分派现金股利 400 万元。不考虑其他因素。

要求：编制 2022 年 12 月 31 的相关会计分录。

【答案】

调整分录	长期股权投资	850	
	子公司净利润	借：长期股权投资 　　贷：投资收益	600 600
	子公司分派现金股利	借：投资收益 　　贷：长期股权投资	400 400

续表

抵销分录	抵销长期股权投资	借：股本（子公司） 100 　　资本公积（子公司） 200 　　盈余公积（子公司） 160（100+60） 　　未分配利润（子公司） 590（450+600−400−60） 　贷：长期股权投资（母公司） 1 050（850+600−400）
	抵销投资收益	借：投资收益 600 　　未分配利润——年初（子公司） 450 　贷：提取盈余公积（子公司） 60 　　对所有者（或股东）的分配（子公司） 400 　　未分配利润——年末（子公司） 590

合并工作底稿

单位：万元

项目	甲公司	乙公司	合计数	调整分录		抵销分录		合并金额
				借方	贷方	借方	贷方	
长期股权投资	850		850	600	400		1050	0
货币资金			母+子					母+子
……			母+子					母+子
短期借款			母+子					母+子
……			母+子					母+子
股本		100	母+子			100		母
资本公积		200	母+子			200		母
盈余公积		160	母+子			160		母
未分配利润		590	母+子			590		母
营业收入			母+子					母+子
投资收益	400	0	母+子	400	600	600		0

【考点小卡片】投资收益2对4个

类别	会计分录
母公司个别财务报表	①借：应收股利 　贷：投资收益

续表

	②借：投资收益 　　贷：长期股权投资——损益调整 ③借：长期股权投资——损益调整 　　贷：投资收益
合并财务报表	④借：投资收益 　　　少数股东损益 　　　未分配利润——年初（子公司） 　　贷：提取盈余公积（子公司） 　　　　对所有者（或股东）的分配（子公司） 　　　　未分配利润——年末（子公司）
	【注意】①和②，③和④中的投资收益相互抵销。

▲【考点子题——举一反三，真枪实练】

[9]【历年真题·单选题】乙公司为甲公司的全资子公司，且甲公司无其他子公司。乙公司 2017 年实现净利润 500 万元，提取法定盈余公积 50 万元，宣告分派现金股利 150 万元。2017 年甲公司个别利润表中投资收益为 480 万元。不考虑其他因素，2017 年甲公司合并利润表中"投资收益"项目应列示的金额是（　　）万元。

A．330　　　　　B．480　　　　　C．500　　　　　D．630

【经典例题·综合题（少数股东权益）】2019 年 1 月 1 日，甲公司以银行存款 1 000 万元，从母公司 P 处取得乙公司 80% 的股权。2019 年 1 月 1 日，乙公司净资产的公允价值为 1 200 万元，账面价值为 1 100 万元（其中：股本 100 万元，资本公积 500 万元，盈余公积 200 万元，未分配利润 300 万元）。假设合并日乙公司个别财务报表净资产账面价值与 P 公司合并财务报表乙公司净资产账面价值相同。

乙公司 2019 年实现净利润 600 万元，2019 年提取盈余公积 60 万元，向股东宣告分派现金股利 400 万元。不考虑其他因素。

要求：编制 2019 年 12 月 31 的相关会计分录。

【答案】

	长期股权投资	1 100×80%=880（万元）	
调整分录	子公司净利润	借：长期股权投资 　　贷：投资收益	480（600×80%） 480
	子公司分派现金股利	借：投资收益 　　贷：长期股权投资	320（400×80%） 320

| 抵销分录 | 抵销长期股权投资 | 借：股本　　　　　　　　　　　　100
　　资本公积　　　　　　　　　　500
　　盈余公积　　　　　　　　260（200+60）
　　未分配利润　　　440（300+600-60-400）
　　贷：长期股权投资 ⎱　　1040（880+480-320）
　　　　少数股东权益 ⎰　　　　　260
　　　　　　　　［（100+500+260+440）×20%］ |
| 抵销分录 | 抵销投资收益 | 借：投资收益　　　　　　　　　　480
　　少数股东损益 ⎱　　　　120（600×20%）
　　未分配利润——年初（子公司）　300
　　贷：提取盈余公积（子公司）　　60
　　　　对所有者（或股东）的分配（子公司）400
　　　　未分配利润——年末（子公司）　440 |

合并工作底稿　　　　　　　　　　　　　　　　　　　　**单位：万元**

项目	甲公司	乙公司	合计数	调整分录		抵销分录		合并金额
				借方	贷方	借方	贷方	
长期股权投资	880		880	480	320		1040	0
货币资金			母+子					母+子
……			母+子					母+子
短期借款			母+子					母+子
……			母+子					母+子
股本	100		母+子			100		母
资本公积	500		母+子			500		母
盈余公积	260		母+子			260		母
未分配利润	440		母+子			440		母
少数股东权益	0	0	0				260	260
营业收入			母+子					母+子
投资收益	320	0	母+子	320	480	480		0
少数股东损益						120		120

▲**【考点子题——举一反三，真枪实练】**

[10]**【历年真题·单选题】**2016年1月1日，甲公司从本集团内另一企业处购入乙公司
　　80%有表决权的股份，构成同一控制下企业合并，2016年度，乙公司实现净利润

800 万元，分派现金股利 250 万元。2016 年 12 月 31 日，甲公司个别资产负债表中所有者权益总额为 9 000 万元。不考虑其他因素，甲公司 2016 年 12 月 31 日合并资产负债表中归属于母公司所有者权益的金额为（　　）万元。

A．9 550　　　　　　B．9 440　　　　　　C．9 640　　　　　　D．10 050

3．连续资产负债表日

🌀【考点藏宝图】

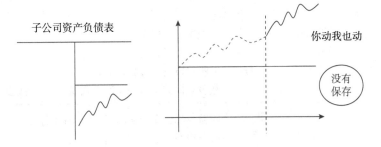

会计故事会·先抄后调

　　合并报表上调整分录调表不调账的结果就是合并报表上原来的调整分录下一期不会保存，要重新再抄一遍，只有账簿上的金额才能保存。在连续编制合并报表上，子公司所有者权益持续发生变化，而母公司个别财务报表上的长期股权投资始终是一动不动，虽然在首个资产负债表日的合并报表上已经将长期股权投资调整到与子公司所有者权益同步，但由于合并报表不会保存，所以需要先将长期股权投资原来的调整分录重新抄一遍再调整当期的金额，这叫先抄后调。抄的时候注意涉及到损益类的科目要换马甲（未分配利润）。

🌸【考点母题——万变不离其宗】同一控制企业合并·连续资产负债表日

下列关于同一控制下企业合并连续资产负债表日会计处理表述中，正确的有（　　）。		
调整分录	子公司净利润	（1）调整以前年度 　　借：长期股权投资 　　　　贷：未分配利润——年初（母公司） （2）调整当期 　　借：长期股权投资 　　　　贷：投资收益
	子公司分派现金股利	（1）调整以前年度 　　借：未分配利润——年初（母公司） 　　　　贷：长期股权投资 （2）调整当期 　　借：投资收益 　　　　贷：长期股权投资

续表

调整分录	子公司除净损益以外所有者权益的其他变动	（1）调整以前年度 借：长期股权投资 　　贷：资本公积——年初（母公司） 　　　　其他综合收益——年初（母公司） （2）调整当期 借：长期股权投资 　　贷：资本公积——本年（母公司） 　　　　其他综合收益——本年（母公司）
抵销分录	抵销长期股权投资	借：股本（子公司） 　　资本公积（子公司） 　　盈余公积（子公司） 　　未分配利润（子公司） 　　贷：长期股权投资（母公司） 　　　　少数股东权益（子公司所有者权益 × 少数股东持股比例）
	抵销投资收益	借：投资收益（母公司确认的子公司净利润，当期） 　　少数股东损益 　　未分配利润——年初（子公司） 　　贷：提取盈余公积（子公司） 　　　　对所有者（或股东）的分配（子公司） 　　　　未分配利润——年末（子公司）

考点锦囊 接力赛，先抄后调。

【经典例题·综合题】2019 年 1 月 1 日，甲公司以银行存款 1 200 万元，从母公司 P 处取得乙公司 100% 的股权。2019 年 1 月 1 日，乙公司净资产的公允价值为 900 万元，账面价值为 850 万元（与 P 公司合并报表上金额相同），其中股本 100 万元，资本公积 200 万元，盈余公积 100 万元，未分配利润 450 万元。

乙公司 2019 年实现净利润 600 万元，2019 年提取盈余公积 60 万元，向股东宣告分派现金股利 400 万元。

乙公司 2020 年实现净利润 1 000 万元，2020 年提取盈余公积 100 万元，向股东宣告分派现金股利 600 万元。不考虑其他因素。

要求：编制 2020 年 12 月 31 的合并财务相关会计分录。

【答案】

	长期股权投资	850	
调整分录	子公司净利润	借：长期股权投资　　　　　　　　　600 　贷：未分配利润——年初　　　　　　　600 借：长期股权投资　　　　　　　　1 000 　贷：投资收益　　　　　　　　　　　1 000	
	子公司分派现金股利	借：未分配利润——年初　　　　　　400 　贷：长期股权投资　　　　　　　　　400 借：投资收益　　　　　　　　　　600 　贷：长期股权投资　　　　　　　　　600	
抵销分录	抵销长期股权投资	借：股本（子公司）　　　　　　　100 　资本公积（子公司）　　　　　200 　盈余公积（子公司）　　　　　260（160+100） 　未分配利润（子公司）　　　　890（590+1 000-600-100） 　贷：长期股权投资（母公司）　　　　1 450（850+600+1 000-400-600）	
	抵销投资收益	借：投资收益　　　　　　　　1 000 　未分配利润——年初（子公司）　590 　贷：提取盈余公积（子公司）　　　　100 　　对所有者（或股东）的分配（子公司）600 　　未分配利润——年末（子公司）　890	

合并工作底稿　　　　　　　　　　　　　　　单位：万元

项目	甲公司	乙公司	合计数	调整分录		抵销分录		合并金额
				借方	贷方	借方	贷方	
长期股权投资	850	0	850	600+1 000	400+600		1450	0
货币资金			母+子					母+子
……			母+子					母+子
短期借款			母+子					母+子
……			母+子					母+子
股本		100	母+子			100		母
资本公积		200	母+子			200		母
盈余公积		260	母+子			260		母
未分配利润		890	母+子			890		母
营业收入			母+子					母+子
投资收益	600	0	母+子	600	1 000	1 000		0

【经典例题·综合题（少数股东权益）】2019 年 1 月 1 日，甲公司以银行存款 1 000 万元，

从母公司 P 公司处取得乙公司 80% 的股权。2019 年 1 月 1 日，乙公司净资产的公允价值为 1 200 万元，账面价值为 1 100 万元（与 P 公司合并财务报表上的金额相同），其中股本 100 万元，资本公积 500 万元，盈余公积 200 万元，未分配利润 300 万元。乙公司 2019 年实现净利润 600 万元，2019 年提取盈余公积 60 万元，向股东宣告分派现金股利 400 万元。

乙公司 2020 年实现净利润 1 000 万元，2019 年提取盈余公积 100 万元，向股东宣告分派现金股利 600 万元。不考虑其他因素。

要求：编制 2020 年 12 月 31 的合并财务相关会计分录。

【答案】

调整分录	长期股权投资	1 100×80%=880（万元）	
	子公司净利润	借：长期股权投资 　贷：未分配利润——年初 借：长期股权投资 　贷：投资收益	480（600×80%） 　　480 800（1 000×80%） 　　800
	子公司分派现金股利	借：未分配利润——年初 　贷：长期股权投资 借：投资收益 　贷：长期股权投资	320（400×80%） 　　320 480（600×80%） 　　480
抵销分录	抵销长期股权投资	借：股本 　资本公积 　盈余公积 　未分配利润 　贷：长期股权投资 　　少数股东权益	100 500 360（260+100） 740（440+1 000-600-100） 1 360（1 040+800-480） 340（100+500+360+740）×20%
	抵销投资收益	借：投资收益 　少数股东损益 　未分配利润——年初（子公司） 　贷：提取盈余公积（子公司） 　　对所有者（或股东）的分配（子公司） 　　未分配利润——年末（子公司）	800 200（1 000×20%） 440 　　100 　　600 　　740

合并工作底稿 　　　　　　　　　　单位：万元

项目	甲公司	乙公司	合计数	调整分录 借方	调整分录 贷方	抵销分录 借方	抵销分录 贷方	合并金额
长期股权投资	880	0	880	480+800	320+480		1360	0
货币资金			母＋子					母＋子
……			母＋子					母＋子
短期借款			母＋子					母＋子
……			母＋子					母＋子
股本		100	母＋子			100		母
资本公积		500	母＋子			500		母
盈余公积		360	母＋子			360		母
未分配利润		740	母＋子			740		母
少数股东权益			0				340	340
营业收入			母＋子					母＋子
投资收益	480	0	母＋子	480	800	800		0
少数股东损益			0				200	200

考点 5　非同一控制下长期股权投资的抵销分录

【考点藏宝图】

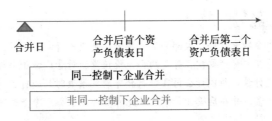

1. 对子公司的个别财务报表进行调整

非同一控制下企业合并中取得的子公司，以各项可辨认资产、负债及或有负债等在购买日的公允价值为基础，通过编制调整分录，对该子公司的个别财务报表进行调整。

【考点藏宝图】

假设乙公司账上有一项固定资产，成本 100 万元，预计使用寿命 10 年，净残值为 0，采用年限平均法计提折旧，在乙公司个别财务报表上固定资产每年计提 10 万元的折旧。假设 5 年后甲公司购入乙公司时，该固定资产账面价值 50 万元，公允价值 150 万元。在合并财务报表上，该固定资产的原价调整为 150 万元，并按照 150 万元为基础计提折旧，而乙公司个别财务报表上按照原来的历史成本继续计提折旧。如下图所示：

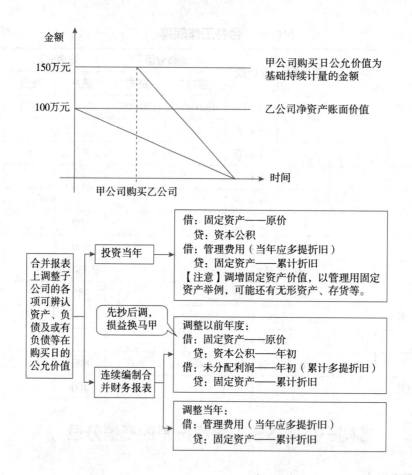

会计故事会·改朝换代

　　企业资产负债表中除金融资产外，大部分资产都是历史成本计量。而母公司将子公司买过来，改朝换代了，理论上子公司相关资产要按合并日的公允价值重新计量。但子公司是一个独立法人，准则不允许随意采用公允价值计量，所以母公司在编制合并财务报表时只能自己动手将子公司财务报表调整为购买日的公允价值计量，并在后续计量中，以此为基础对子公司净资产进行持续计量。

考点锦囊 **账调公，用公积。**

【注意】考虑所得税的情况下，购买日子公司资产和负债的公允价值（合并报表上采用公允价值）与计税基础（子公司个别财务报表上还是历史成本即计税基础）之间会形成暂时性差异，需要确认为递延所得税资产或负债。

> 借：递延所得税资产（可抵扣暂时性差异）
> 　　贷：资本公积
> 　　　　递延所得税负债（应纳税暂时性差异）
> 借：递延所得税负债
> 　　贷：递延所得税资产
> 　　　　所得税费用（或借方）

【经典例题·综合题】非同一控制下，甲公司取得乙公司100%的股份，能够对乙公司实施控制。购买日乙公司某项管理用的固定资产公允价值为1 100万元，账面价值为1 000万元，按2年提折旧，假定无残值，投资当年假定计提12个月折旧。不考虑其他因素。

要求：编制合并报表中各期乙公司固定资产的调整分录。（单位用万元表示）

【答案】（1）合并日：

借：固定资产——原价   100

  贷：资本公积   100

（2）第一年末：

借：固定资产——原价   100

  贷：资本公积   100

借：管理费用   50（100÷2）

  贷：固定资产——累计折旧   50

（3）第二年末：

借：固定资产——原价   100

  贷：资本公积   100

借：未分配利润——年初   50

  贷：固定资产——累计折旧   50

借：管理费用   50

  贷：固定资产——累计折旧   50

2.合并日

长期股权投资初始投资成本＝付出的资产、发生或承担的负债以及发行的权益性证券的公允价值（看自己）。

会计故事会·美若貂蝉的商誉

  权益法长期股权投资赚了发朋友圈，亏了不吭声。成本法下长期股权投资个别财务报表上看自己，无所谓亏盈，但合并报表上需要把账算清楚。如果溢价购买，多花的钱购买的是一项商誉，一般人的肉眼是看不出来的，这个商誉美若貂蝉，让人充满想象，殊不知貂蝉虽美却让无数英雄折戟沉沙。

▲【考点母题——万变不离其宗】非同一控制企业合并·合并日

下列关于非同一控制下企业合并日会计处理表述中，正确的有（ ）。

续表

母公司个别财务报表	长期股权投资初始投资成本	A. 长期股权投资初始投资成本为付出的资产、发生或承担的负债以及发行的权益性证券的**公允价值**
	支付对价	B. 借：长期股权投资 　　贷：银行存款
合并财务表报	调整子公司账面价值	借：固定资产等 　　贷：资本公积（子公司） **【考点锦囊】**账调公，用公积。
	抵销分录	借：股本（子公司） 　　资本公积（**调整后，子公司**） 　　盈余公积（子公司） 　　未分配利润（子公司） 　　**商誉（借方差额）** 贷：长期股权投资（母公司） 　　少数股东权益（子公司所有者权益 × 少数股东持股比例） 　　**盈余公积（贷方差额）** 　　**未分配利润（贷方差额）**

考点锦囊 借差是商誉，贷差计留存（贷差本来计入营业外收入，但购买日不编合并利润表，所以差额计入留存收益）。

【经典例题·综合题】资料一：甲公司 2017 年 1 月 1 日以账面价值 800 万元，公允价值和计税价格均为 1 000 万元的存货（增值税税率 13%），换入乙公司 100% 的股权（非同一控制）。

资料二：乙公司 2017 年 1 月 1 日净资产的公允价值为 800 万元，净资产的账面价值为 600 万元（其中，股本 100 万元，资本公积 200 万元，盈余公积 100 万元，未分配利润 200 万元），公允价值与账面价值的差异是由于一项管理用固定资产引起的，该固定资产账面价值 100 万元，公允价值 300 万元，按照年限平均法计提折旧，预计净残值为 0，预计使用寿命 10 年。不考虑其他因素。

要求：编制甲公司合并日的相关会计分录。

【答案】

母公司个别财务报表	长期股权投资初始投资成本	A. 长期股权投资初始投资成本 =1 000+1 000×13%=1 130（万元）
	支付的对价	B. 投出资产为存货 借：长期股权投资　　　　　　　　　1 130 　　贷：主营业务收入　　　　　　　　1 000 　　　　应交税费——应交增值税（销项税额）130 借：主营业务成本　　　　　　　　　　800 　　贷：库存商品　　　　　　　　　　800

续表

合并财务表报	调整子公司账面价值	借：固定资产 200 　贷：资本公积 200
	抵销分录	借：股本 100 　资本公积 400（200+200） 　盈余公积 100 　未分配利润 200 　**商誉（借方差额） 330** 贷：长期股权投资 1 130

合并工作底稿　　　　　　　　　　　　单位：万元

项目	甲公司	乙公司	合计数	调整分录		抵销分录		合并金额
				借方	贷方	借方	贷方	
长期股权投资	1 130	0	1 130				1 130	0
固定资产	0	100	0	200				300
……			母＋子					母＋子
商誉			母			330		330
短期借款			母＋子					母＋子
……			母＋子					母＋子
股本		100	母＋子			100		母
资本公积		200	母＋子		200	400		母
盈余公积		100	母＋子			100		母
未分配利润		200	母＋子			200		母

▲【考点子题——举一反三，真枪实练】

[11]【历年真题·综合题】2016 年，甲公司以定向增发股票方式取得了乙公司的控制权，但不构成反向购买。本次投资前，甲公司不持有乙公司的股份，且与乙公司不存在关联方关系。甲、乙公司的会计政策和会计期间一致。相关资料如下：

资料一：1 月 1 日，甲公司定向增发每股面值为 1 元、公允价值为 12 元的普通股股票 1 500 万股，取得乙公司 80% 有表决权的股份，能够对乙公司实施控制，相关手续已于当日办妥。

资料二：1 月 1 日，乙公司可辨认净资产的账面价值为 18 000 万元，其中，股本 5 000 万元，资本公积 3 000 万元，盈余公积 1 000 万元，未分配利润 9 000 万元。除销售中心业务大楼的公允价值高于账面价值 2 000 万元外（假设账面价值 1 000 万

元），其余各项可辨认资产、负债的公允价值与账面价值均相同。假设不考虑增值
税、所得税等相关税费及其他因素。

要求：

（1）编制甲公司 2016 年 1 月 1 日取得乙公司 80% 股权的相关会计分录。

（2）编制甲公司 2016 年 1 月 1 日合并工作底稿中对乙公司有关资产的相关调整分录。

（3）分别计算甲公司 2016 年 1 月 1 日合并资产负债表中，商誉和少数股东权益的金额。

（4）编制甲公司 2016 年 1 月 1 日与合并资产负债表相关的抵销分录。

3.合并首个资产负债表日

🌀【考点藏宝图】

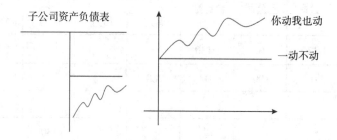

▲【考点母题——万变不离其宗】非同一控制企业合并·首个资产负债表日

下列关于非同一控制下企业合并首个资产负债表日会计处理表述中，正确的有（　　）。		
调整分录	先调整子公司报表	借：固定资产等 　贷：资本公积（子公司） 借：管理费用等 　贷：固定资产——累计折旧
	子公司净利润	借：长期股权投资 　贷：投资收益（公允价值调整后的投资收益）
调整分录	子公司分派现金股利	借：投资收益 　贷：长期股权投资
	子公司除净损益以外所有者权益的其他变动	借：长期股权投资 　贷：资本公积——本年 　　其他综合收益——本年
抵销分录	抵销长期股权投资	借：股本（子公司） 　资本公积（子公司，调整后） 　盈余公积（子公司） 　未分配利润（子公司，调整后） 　**商誉（借方差额）** 贷：长期股权投资（母公司） 　少数股东权益（子公司所有者权益 × 少数股东持股比例） 　**营业外收入（贷方差额）**　　　没有新差额

续表

抵销分录	抵销投资收益	借: 投资收益 (公允价值调整) 　　少数股东损益 (公允价值调整) 　　未分配利润——年初 (子公司, 调整后) 贷: 提取盈余公积 (子公司) 　　对所有者 (或股东) 的分配 (子公司) 　　未分配利润——年末 (子公司, 调整后)

【考点小卡片】账调公

项目		投资方♂	被投资方♀	调整成本	调整利润
购买日	固定资产	公允价值 A1	账面价值 A2	借: 固定资产 贷: 资本公积	被投资方账面净利润 – (A1 – A2) / 使用寿命 × 月 /12
	存货	公允价值 B1	账面价值 B2	借: 存货 贷: 资本公积	被投资方账面净利润 – (B1 – B2) × 对外出售比例

【考点子题——举一反三, 真枪实练】

[12]【经典子题·综合题】资料一: 甲公司 2017 年 1 月 1 日以账面价值 800 万元, 公允价值和计税价格均为 1 000 万元的存货 (增值税税率 13%), 换入乙公司 100% 的股权 (非同一控制)。

资料二: 乙公司 2017 年 1 月 1 日净资产的公允价值为 800 万元, 净资产的账面价值为 600 万元 (其中, 股本 100 万元, 资本公积 200 万元, 盈余公积 100 万元, 未分配利润 200 万元), 公允价值与账面价值的差异是由于一项管理用固定资产引起的, 该固定资产账面价值 100 万元, 公允价值 300 万元, 按照年限平均法计提折旧, 预计净残值为 0, 预计使用寿命 10 年。

资料三: 乙公司 2017 年度实现净利润 100 万元, 2017 年提取盈余公积 10 万元, 向股东宣告分派现金股利 40 万元。假设不考虑增值税、所得税等相关税费及其他因素。

要求: 编制甲公司 2017 年 12 月 31 合并财务报表相关会计分录。

[13]【历年真题·综合题 (改编)】2016 年, 甲公司以定向增发股票方式取得了乙公司的控制权, 但不构成反向购买。本次投资前, 甲公司不持有乙公司的股份, 且与乙公司不存在关联方关系。甲、乙公司的会计政策和会计期间相一致。相关资料如下:

资料一: 1 月 1 日, 甲公司定向增发每股面值为 1 元、公允价值为 12 元的普通股股票 1 500 万股, 取得乙公司 80% 有表决权的股份, 能够对乙公司实施控制, 相关手续已于当日办妥。

资料二: 1 月 1 日, 乙公司可辨认净资产的账面价值为 18 000 万元, 其中, 股本 5 000 万元, 资本公积 3 000 万元, 盈余公积 1 000 万元, 未分配利润 9 000 万元。

除销售中心业务大楼的公允价值高于账面价值2 000万元外（账面价值1 000万元），其余各项可辨认资产、负债的公允价值与账面价值均相同。该大楼按照年限平均法计提折旧，预计净残值为0，预计使用寿命10年。

资料三：乙公司2016年度实现利润1 000万元，2016年提取盈余公积100万元，向股东宣告分派现金股利400万元。

假设不考虑增值税、所得税等相关税费及其他因素。

要求：编制甲公司2016年12月31日合并财务报表相关的分录。

4.连续资产负债表日

🌀【考点藏宝图】

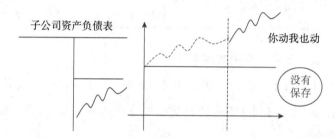

▲▲【考点母题——万变不离其宗】非同一控制企业合并·连续资产负债表日

下列关于非同一控制下企业合并连续资产负债表日会计处理表述中，正确的有（　　）。

调整分录	先调整子公司报表	借：固定资产——原价 　贷：资本公积 借：未分配利润——年初 　贷：固定资产——累计折旧 借：管理费用 　贷：固定资产——累计折旧
	子公司净利润	（1）调整以前年度 　借：长期股权投资 　　贷：未分配利润——年初 （2）调整当期 　借：长期股权投资 　　贷：投资收益
	子公司分派现金股利	（1）调整以前年度 　借：未分配利润——年初 　　贷：长期股权投资 （2）调整当期 　借：投资收益 　　贷：长期股权投资

续表

调整分录	子公司除净损益以外所有者权益的其他变动	（1）调整以前年度 　　借：长期股权投资 　　　　贷：资本公积——年初 　　　　　　其他综合收益——年初 （2）调整当期 　　借：长期股权投资 　　　　贷：资本公积——本年 　　　　　　其他综合收益——本年
抵销分录	抵销长期股权投资	借：股本（子公司） 　　资本公积（子公司，调整后） 　　盈余公积（子公司） 　　未分配利润（子公司，调整后） 　　**商誉（借方差额）** 　　贷：长期股权投资（母公司） 　　　　少数股东权益（子公司所有者权益 × 少数股东持股比例） 　　　　**盈余公积（贷方差额）** 　　　　**未分配利润（贷方差额）**　（差额不变）
	抵销投资收益	借：投资收益（公允价值调整） 　　少数股东损益（公允价值调整） 　　未分配利润——年初（子公司，调整后） 　　贷：提取盈余公积（子公司） 　　　　对所有者（或股东）的分配（子公司） 　　　　未分配利润——年末（子公司，调整后）

考点锦囊　接力赛，先抄后调。

【经典例题·综合题】资料一：甲公司 2017 年 1 月 1 日以账面价值 800 万元，公允价值和计税价格均为 1 000 万元的存货（增值税税率 13%），换入乙公司 100% 的股权（非同一控制）。

资料二：乙公司 2017 年 1 月 1 日净资产的公允价值为 800 万元，净资产的账面价值为 600 万元（其中，股本 100 万元，资本公积 200 万元，盈余公积 100 万元，未分配利润 200 万元），公允价值与账面价值的差异是由于一项管理用固定资产引起的，该固定资产账面价值 100 万元，公允价值 300 万元，按照年限平均法计提折旧，预计净残值为 0，预计使用寿命 10 年。

资料三：乙公司 2017 年度实现利润 100 万元，2017 年提取盈余公积 10 万元，向股东宣告分派现金股利 40 万元。

资料四：乙公司 2018 年度实现利润 200 万元，2018 年提取盈余公积 20 万元，向股东宣告分派现金股利 100 万元。

假设不考虑所得税等相关税费及其他因素。

要求：编制甲公司 2018 年 12 月 31 合并财务报表相关会计分录。

【答案】

<table>
<tr><td rowspan="4">调整分录</td><td>长期股权投资初始投资成本</td><td colspan="2">1 000+1 000×13%=1 130（万元）</td></tr>
<tr><td rowspan="2">先调整子公司报表</td><td>借：固定资产——原价
　　贷：资本公积
（1）调整以前期间公允价值利润
借：未分配利润——年初
　　贷：固定资产——累计折旧
（2）调整当期公允价值利润
借：管理费用
　　贷：固定资产——累计折旧</td><td>200
200

20（200÷10）
20

20（200÷10）
20</td></tr>
<tr><td>子公司净利润</td><td>（1）调整以前年度
借：长期股权投资
　　贷：未分配利润——年初
（2）调整当期
借：长期股权投资
　　贷：投资收益</td><td>80
80（100-20）

180
180（200-20）</td></tr>
<tr></tr>
<tr><td>调整分录</td><td>子公司分派现金股利</td><td>（1）调整以前年度
借：未分配利润——年初
　　贷：长期股权投资
（2）调整当期
借：投资收益
　　贷：长期股权投资</td><td>40
40

100
100</td></tr>
<tr><td rowspan="2">合并财务表报</td><td>抵销长期股权投资</td><td>借：股本
　　资本公积
　　盈余公积
　　未分配利润
　　商誉
　　贷：长期股权投资</td><td>100
400（200+200）
130（110+20）
290（230+200-20-20-100）
330（差额不变）
1 250（1 170+180-100）</td></tr>
<tr><td>抵销投资收益</td><td>借：投资收益
　　未分配利润——年初
　　贷：提取盈余公积（子公司）
　　　　对所有者（或股东）的分配（子公司）
　　　　未分配利润——年末</td><td>180（200-20）
230
20
100
290</td></tr>
</table>

合并工作底稿　　　　　　单位：万元

项目	甲公司	乙公司	合计数	调整分录		抵销分录		合并金额
				借方	贷方	借方	贷方	
长期股权投资	1 130	0	1 130	80+180	40+100		1 250	0
固定资产		80	80	200	40			240
……			母+子					母+子
商誉			母			330		330
短期借款			母+子					母+子
……			母+子					母+子
股本		100	母+子			100		母
资本公积		200	母+子		200	400		母
盈余公积		130	母+子			130		母
未分配利润		330	母+子	20+20		290		母
营业收入			母+子					母+子
管理费用			母+子	20				母+子+20
投资收益		100	0	100	100	180	180	0

▲【考点子题——举一反三，真枪实练】

[14]【经典子题·综合题】2016年，甲公司以定向增发股票方式取得了乙公司的控制权，但不构成反向购买。本次投资前，甲公司不持有乙公司的股份，且与乙公司不存在关联方关系。甲、乙公司的会计政策和会计期间相一致。相关资料如下：

资料一：1月1日，甲公司定向增发每股面值为1元、公允价值为12元的普通股股票1 500万股，取得乙公司80%有表决权的股份，能够对乙公司实施控制，相关手续已于当日办妥。

资料二：1月1日，乙公司可辨认净资产的账面价值为18 000万元，其中，股本5 000万元，资本公积3 000万元，盈余公积1 000万元，未分配利润9 000万元。除销售中心业务大楼的公允价值高于账面价值2 000万元外（账面价值1 000万元），其余各项可辨认资产、负债的公允价值与账面价值均相同。该大楼按照年限平均法计提折旧，预计净残值为0，预计使用寿命10年。

资料三：乙公司2016年度实现利润1 000万元，2016年提取盈余公积100万元，向股东宣告分派现金股利 400 万元。

资料四：乙公司 2017 年度实现利润 1 200 万元，2017 年提取盈余公积 120 万元，向股东宣告分派现金股利 600 万元。

假设不考虑增值税、所得税等相关税费及其他因素。

要求：编制甲公司 2017 年 12 月 31 日合并财务报表相关的分录。

考点6 内部债权债务的抵销分录

对于发生在母公司与子公司、子公司相互之间的债权和债务项目，在编制合并财务报表时应当将内部债权债务项目予以抵销。

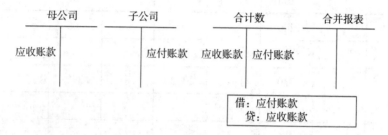

【经典例题·计算分析题】甲公司系乙公司的母公司，2019 年甲公司个别资产负债表应收账款中有 600 万为应收乙公司账款。

要求：编制 2019 年合并财务报表应收账款的抵销分录。

【答案】

借：应付账款	600
贷：应收账款	600

【思维拓展·甲公司计提坏账准备】甲公司系乙公司的母公司，2019 年甲公司应收账款中有 600 万元为应收乙公司账款，并计提 20 万元的坏账准备。

要求：编制 2019 年合并财务报表应收账款的抵销分录。

【答案】

借：应收账款	20
贷：信用减值损失	20
借：应付账款	600
贷：应收账款	600

或者合起来：

借：应付账款	600

　　　　贷：应收账款　　　　　　　　　　　　　　　　　　　　580

　　　　　　信用减值损失　　　　　　　　　　　　　　　　　　20

【思维拓展·2020 年计提坏账准备】甲公司系乙公司的母公司，2019 年甲公司应收账款中
　　有 600 万元为应收乙公司账款，并计提 20 万元的坏账准备。2020 年乙公司仍未偿
　　还，甲公司当期计提 10 万元坏账准备。

　　要求：编制 2020 年合并财务报表应收账款的抵销分录。

　　【答案】首先抵销坏账准备的期初数：

　　　　借：应收账款——坏账准备　　　　　　　　　　　　　　20

　　　　　　贷：未分配利润——年初　　　　　　　　　　　　　　20

　　　　冲销本期计提（或冲回）的坏账准备：

　　　　借：应收账款——坏账准备　　　　　　　　　　　　　　10

　　　　　　贷：信用减值损失　　　　　　　　　　　　　　　　10

　　　　抵销应付账款：

　　　　借：应付账款　　　　　　　　　　　　　　　　　　　600

　　　　　　贷：应收账款　　　　　　　　　　　　　　　　　600

【思维拓展·2020 年转回坏账准备】甲公司系乙公司的母公司，2019 年甲公司应收账款中
　　有 600 万元为应收乙公司账款，并计提 20 万元的坏账准备。2020 年乙公司仍未偿
　　还，甲公司当期转回 10 万元坏账准备。

　　要求：编制 2020 年合并财务报表应收账款的抵销分录。

　　【答案】首先抵销坏账准备的期初数：

　　　　借：应收账款——坏账准备　　　　　　　　　　　　　　20

　　　　　　贷：未分配利润——年初　　　　　　　　　　　　　　20

　　　　冲销本期冲回的坏账准备：

　　　　借：信用减值损失　　　　　　　　　　　　　　　　　　10

　　　　　　贷：应收账款——坏账准备　　　　　　　　　　　　10

　　　　抵销应付账款：

　　　　借：应付账款　　　　　　　　　　　　　　　　　　　600

　　　　　　贷：应收账款　　　　　　　　　　　　　　　　　600

【思维拓展·考虑所得税】甲公司系乙公司的母公司，2019 年甲公司应收账款中有 600 万
　　元为应收乙公司账款，并计提 20 万元的坏账准备。所得税税率为 25%。

　　要求：编制 2019 年合并财务报表应收账款的抵销分录。

　　【答案】

借：应付账款   600

贷：应收账款   580

信用减值损失   20

借：所得税费用   5（20×25%）

贷：递延所得税资产   5

🔺【考点子题——举一反三，真枪实练】

[15]【历年真题·判断题】母公司对子公司的债权投资与子公司应付债券抵销时出现的差额，应当计入合并财务报表的投资收益或财务费用项目。（　　）

【考点小结】

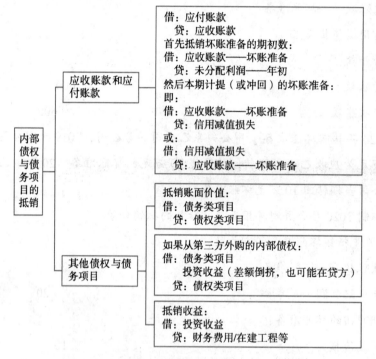

考点7 内部存货交易未实现内部损益的抵销

在编制合并资产负债表时，应当将存货价值中包含的未实现内部销售损益予以抵销。

1．内部存货全部未对外出售

❀【考点藏宝图】

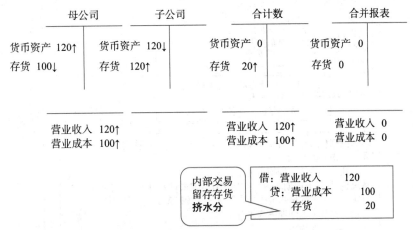

2．内部存货全部对外出售

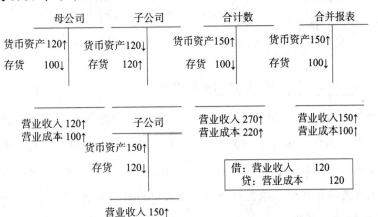

3．存货部分对外销售部分未销售

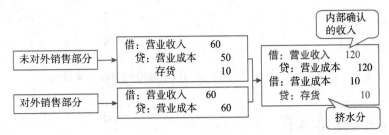

4. 连续编制合并财务报表时内部销售商品的合并处理

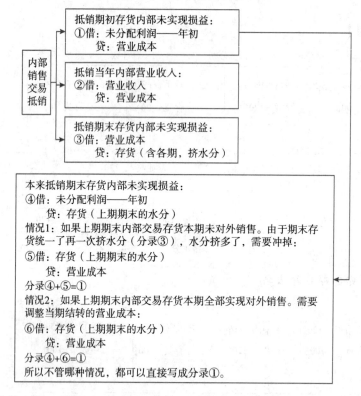

【经典例题·计算分析题】 2020 年 10 月 12 日，甲公司向其子公司乙公司销售一批商品，不含增值税的销售价格为 3 000 万元，该批商品成本为 2 000 万元，至当年 12 月 31 日，乙公司已将该批商品对外销售 80%。2021 年剩余的全部对外销售。

要求：不考虑其他因素，编制合并财务报表中的抵销分录。

【答案】 2020 年：

借：营业收入　　　　　　　　　　　3 000

　　贷：营业成本　　　　　　　　　　　　3 000

借：营业成本　　　　　　　　　　　200

　　贷：存货　　　　　　　　　　　200〔（3 000-2 000）×20%〕

2021 年：

借：未分配利润——年初　　　　　　200

　　贷：营业成本　　　　　　　　　　　200

【思维拓展·2021 年没有实现对外销售】 承上例，假设 2021 年内部交易的存货仍然没有对外销售。

【答案】 2021 年：

借：未分配利润——年初　　　　　　200

第21章

贷：营业成本	200
借：营业成本	200
贷：存货	200

【思维拓展•2021年部分实现对外销售】承上例，假设2021年内部交易的存货对外销售10%（即剩余部分的50%）。

【答案】2021年：

借：未分配利润——年初	200
贷：营业成本	200
借：营业成本	100
贷：存货	100 $\left[\left(3\,000-2\,000\right)\times10\%\right]$

【思维拓展•2021年以前内部交易存货全部未实现销售 2021年新发生内部交易】承上例，假设2020年内部交易存货在2021年全部未实现对外销售。2021年甲公司向子公司乙公司销售一批商品，不含增值税的销售价格为5 000万元，成本3 000万元，本期对外销售80%。

【答案】2021年：

借：未分配利润——年初	200
贷：营业成本	200
借：营业收入	5 000
贷：营业成本	5 000
借：营业成本	600
贷：存货	600 $\left[\left(3\,000-2\,000\right)\times20\%+\left(5\,000-3\,000\right)\times20\%\right]$

5. 考虑存货跌价准备

🌀【考点藏宝图】

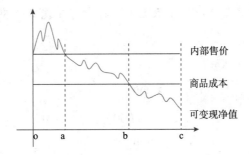

📜 考点锦囊 ✂ **双杆线：减值中间全冲回，底下冲水分。**

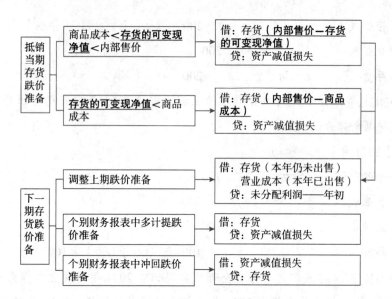

【经典例题·计算分析题】2020 年 10 月 12 日，甲公司向其子公司乙公司销售一批商品，不含增值税的销售价格为 3 000 万元，该批商品成本为 2 000 万元，至当年 12 月 31 日，乙公司已将该批商品对外销售 80%。存货可变现净值 500 万元，乙公司计提存货跌价准备 100 万元。

要求：不考虑其他因素，编制 2020 年合并财务报表中的抵销分录。

【答案】

借：营业收入   3 000
　　贷：营业成本   3 000

借：营业成本   200
　　贷：存货   200［（3 000－2 000）×20%］

借：存货   100
　　贷：资产减值损失   100

【思维拓展·存货可变现净值 300 万】承上例，存货可变现净值 300 万元，乙公司计提存货跌价准备 300 万元。

【答案】

借：营业收入   3 000
　　贷：营业成本   3 000

借：营业成本   200
　　贷：存货   200［（3 000－2 000）×20%］

借：存货   200
　　贷：资产减值损失   200

【思维拓展·连续编制合并财务报表·全部对外销售】承上例，2021年剩余存货全部出售。

2021年：

借：未分配利润——年初 200
　　贷：营业成本 200
借：营业成本 100
　　贷：未分配利润——年初 100

【思维拓展·连续编制合并财务报表·全部未外销售】承上例，2021年剩余存货全部未出售。

2021年：

借：未分配利润——年初 200
　　贷：营业成本 200
借：存货 100
　　贷：未分配利润——年初 100
借：营业成本 200
　　贷：存货 200

【思维拓展·连续编制合并财务报表·计提200万】承上例，2021年剩余存货未出售，年末可变现净值300万元。

2021年：

借：未分配利润——年初 200
　　贷：营业成本 200
借：存货 100
　　贷：未分配利润——年初 100
借：存货 100
　　贷：资产减值损失 100
借：营业成本 200
　　贷：存货 200

【思维拓展·连续编制合并财务报表·转回100万】承上例，2021年剩余存货未出售，年末可变现净值700万元。

2021年：

借：未分配利润——年初 200
　　贷：营业成本 200
借：存货 100

$$
\begin{array}{lll}
\quad 贷：未分配利润——年初 & 100 \\
借：资产减值损失 & 100 \\
\quad 贷：存货 & 100 \\
借：营业成本 & 200 \\
\quad 贷：存货 & 200
\end{array}
$$

6. 内部交易存货相关所得税会计的合并抵销处理

【考点藏宝图】

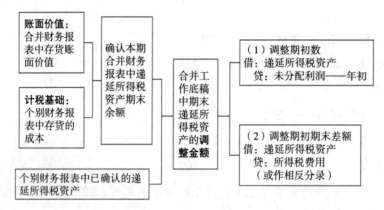

【经典例题·计算分析题】2020 年 10 月 12 日，甲公司向其子公司乙公司销售一批商品，不含增值税的销售价格为 3 000 万元，该批商品成本为 2 000 万元，至当年 12 月 31 日，乙公司已将该批商品对外销售 80%。所得税税率 25%。

要求：编制 2020 年合并财务报表中的抵销分录。

【答案】

$$
\begin{array}{lll}
借：营业收入 & 3\,000 \\
\quad 贷：营业成本 & 3\,000 \\
借：营业成本 & 200 \\
\quad 贷：存货 & 200\,[（3\,000-2\,000）\times 20\%] \\
借：递延所得税资产 & 50（200\times 25\%） \\
\quad 贷：所得税费用 & 50
\end{array}
$$

【思维拓展·连续编制合并财务报表】承上例，2021 年对外销售 10%（剩余部分的 50%）。

2021 年：

$$
\begin{array}{lll}
借：未分配利润——年初 & 200 \\
\quad 贷：营业成本 & 200 \\
借：递延所得税资产 & 50
\end{array}
$$

　　贷：未分配利润——年初　　　　　　50

　　借：营业成本　　　　　　　　　100

　　　　贷：存货　　　　　　　　　　100［（3 000-2 000）×10%］

　　借：所得税费用　　　　　　　　25

　　　　贷：递延所得税资产　　　　　25［50-（3 000-2 000）×10%×25%］

【思维拓展·计提减值】承上例，2020年末存货的可变现净值为500万元。

　　【答案】

　　借：营业收入　　　　　　　　3 000

　　　　贷：营业成本　　　　　　　3 000

　　借：营业成本　　　　　　　　200

　　　　贷：存货　　　　　　　　　200［（3 000-2 000）×20%］

　　借：存货　　　　　　　　　　100

　　　　贷：资产减值损失　　　　　100

　　借：递延所得税资产　　　　　25（200×25%-100×25%）

　　　　贷：所得税费用　　　　　　25

▲【考点子题——举一反三，真枪实练】

［16］【历年真题·判断题】在编制合并财务报表时，抵销母子公司间未实现内部销售损益形成的暂时性差异不应确认递延所得税。（　　）

7. 逆流交易的抵销

　　母公司向子公司出售资产（顺流交易）所发生的未实现内部交易损益，应当全额抵销"归属于母公司所有者的净利润"。

　　子公司向母公司出售资产（逆流交易）所发生的未实现内部交易损益，应当按照母公司对该子公司的分配比例在"归属于母公司所有者的净利润"和"少数股东损益"之间分配抵销。

> 借：少数股东权益（逆流交易未实现内部销售损益×归属于少数股东持股比例）
> 　　贷：少数股东损益

考点锦囊　顺母逆摊。

【经典例题·计算分析题】2020年10月12日，乙公司向其母公司甲公司销售一批商品，不含增值税的销售价格为3 000万元，该批商品成本为2 000万元，至当年12月31日，甲公司已将该批商品对外销售80%。

要求：不考虑其他因素，编制2020年合并财务报表中的抵销分录。

【答案】

借：营业收入	3 000	
贷：营业成本		3 000
借：营业成本	200	
贷：存货		200［（3 000-2 000）×20%］
借：少数股东权益	40（200×20%）	
贷：少数股东损益		40

▲【考点子题——举一反三，真枪实练】

［17］【历年真题·判断题】母公司编制合并报表时，应将非全资子公司向其出售资产所发生的未实现内部交易损益全额抵销归属于母公司所有者的净利润。（　　）

考点8　内部固定资产交易未实现内部损益的抵销

内部固定资产交易是指企业集团内部发生交易的一方与固定资产有关的购销业务，在编制合并资产负债表时，应当将固定资产价值中包含的未实现内部销售损益予以抵销。

【考点藏宝图】

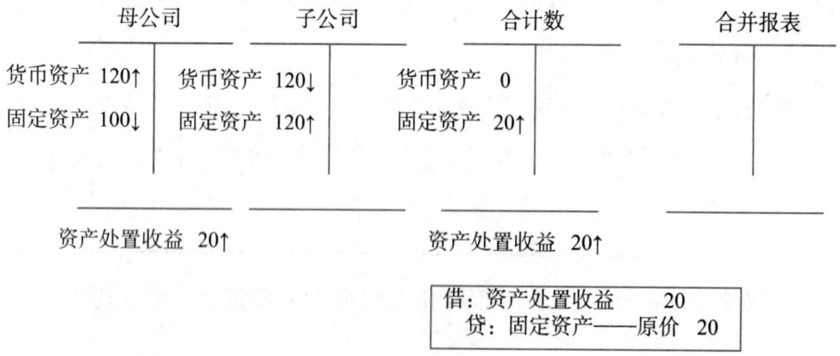

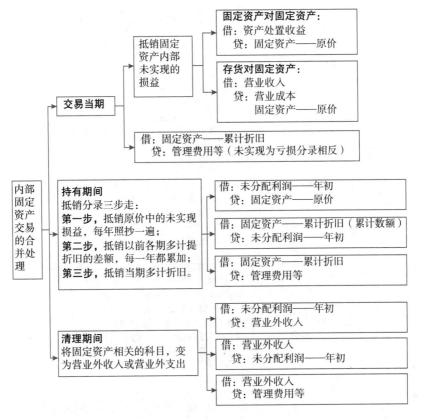

【经典例题·综合题】甲公司是乙公司的母公司。2017年1月1日销售商品给乙公司,商
品的成本为70万元,售价为100万元,乙公司购入后作为固定资产用于管理部门,
假定该固定资产折旧期为3年,没有残值,乙公司采用直线法计提折旧,为简化起
见,假定2017年全年计提折旧。不考虑其他因素。

要求:编制各期合并财务报表中固定资产内部交易相关分录。

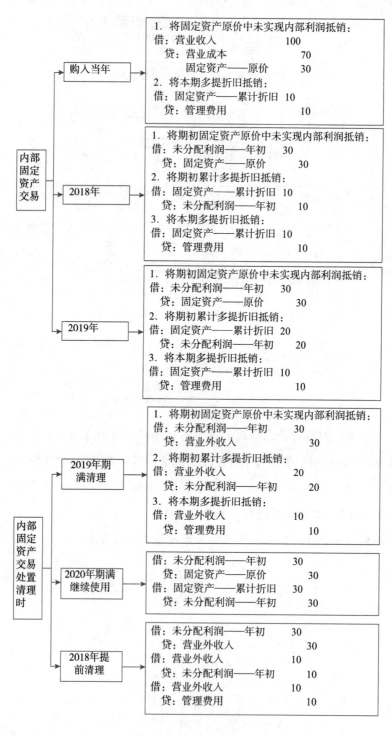

【考点子题——举一反三，真枪实练】

[18]【历年真题·单选题】甲公司是乙公司的母公司。2018 年 6 月 30 日，甲公司将其生产成本为 120 万元的 W 产品以 200 万元的价格销售给乙公司，乙公司将 W 产品作为固定资产核算，预计使用 5 年，预计净残值为 0，采用年限平均法计提折旧。不

考虑其他因素，该固定资产在甲公司 2019 年 12 月 31 日合并资产负债表中列示的金额为（　　）万元。

A. 140　　　　　　　B. 84　　　　　　　C. 160　　　　　　　D. 72

 考点9　内部无形资产交易未实现内部损益的抵销

内部无形资产交易与固定资产抵销处理相同。

✦【考点母题——万变不离其宗】无形资产

下列各项关于内部无形资产交易未实现内部损益的抵销的会计处理，正确的有（　　）。		
交易当期	抵销包含的未实现内部销售利润	A. 借：资产处置收益 　　贷：无形资产
	抵销当期多计提的累计摊销	B. 借：无形资产——累计摊销 　　贷：管理费用等
持有期间	抵销未实现内部销售损益	C. 借：未分配利润——年初 　　贷：无形资产
	抵销以前期间多计提的累计摊销	D. 借：无形资产——累计摊销 　　贷：未分配利润——年初
	抵销本期多计提的摊销额	E. 借：无形资产——累计摊销 　　贷：管理费用等
处置期间	摊销完毕	A. 将期初无形资产原价中未实现内部销售利润抵销： 　　借：未分配利润——年初 　　　贷：营业外收入（期初无形资产原价中未实现内部销售利润） B. 将期初累计多提摊销抵销： 　　借：营业外收入（期初累计多计提摊销） 　　　贷：未分配利润——年初 C. 将本期多提摊销抵销： 　　借：营业外收入（本期多计提摊销） 　　　贷：管理费用等
	摊销完毕继续使用	A. 借：未分配利润——年初 　　贷：无形资产（内部交易的利润） B. 借：无形资产——累计摊销（以前年度摊销多计提的金额） 　　贷：未分配利润——年初
	提前处理	A. 借：未分配利润——年初 　　贷：营业外收入（内部交易的利润） B. 借：营业外收入（以前年度摊销多计提的金额） 　　贷：未分配利润——年初 C. 借：营业外收入（当期摊销的多计提的金额） 　　贷：管理费用

【考点子题——举一反三，真枪实练】

[19]【**历年真题·综合题（节选）**】甲公司和乙公司采用的会计政策和会计期间相同，甲公司和乙公司2014年有关长期股权投资及其内部交易或事项如下：

①1月1日，甲公司以银行存款18 400万元自非关联方购入乙公司80%有表决权的股份。

②7月1日，甲公司将其一项专利权以1 200万元的价格转让给乙公司，款项于当日收存银行。甲公司该专利权的原价为1 000万元，预计使用年限为10年、残值为零，采用年限平均法进行摊销，至转让时已摊销5年。乙公司取得该专利权后作为管理用无形资产核算，预计尚可使用5年，残值为零。采用年限平均法进行摊销。假定不考虑增值税、所得税等相关税费及其他因素。

要求：

（1）编制甲公司2014年12月31日合并乙公司财务报表时与无形资产交易相关的抵销分录。（不要求编制与合并现金流量表相关的抵销分录）

（2）编制甲公司2015年12月31日合并乙公司财务报表时与无形资产交易相关的抵销分录。（不要求编制与合并现金流量表相关的抵销分录）

第四节　合并现金流量表

考点 10　合并现金流量表的抵销处理

以母公司和子公司内部交易涉及现金流量的业务，编制合并现金流量表时需要将这些重复的因素予以剔除。

母子公司之间的现金内部交易	现金流量表项目	集团个别财务报表			抵销分录		合并数
		母公司	子公司	合计	借方	贷方	
母公司以现金100万元投资子公司发行的股票	投资活动产生的现金流量——投资支付的现金	100万		100万		100万	—
	筹资活动产生的现金流量——吸收投资收到的现金		100万	100万	100万		—

续表

母公司取得子公司发放的现金股利10万元	投资活动产生的现金流量——取得投资收益收到的现金	10万	10万	10万	—
	筹资活动产生的现金流量——分配股利、利润或偿付利息支付的现金		10万	10万	10万	
母公司取得子公司支付的货款50万元	销售商品、提供劳动收到的现金	50万		50万	50万	—
	购买商品、接受劳务支付的现金		50万	50万	50万	50万

▲【考点子题——举一反三，真枪实练】

[20]【历年真题·判断题】母公司在编制合并现金流量表时，应将其直接以现金对子公司进行长期股权投资形成的现金流量，与子公司筹资活动形成的与之对应的现金流量相互抵销。（ ）

[21]【历年真题·判断题】编制合并现金流量表时，应当将母公司从全资子公司取得投资收益收到的现金与子公司分配股利支付的现金进行抵销。（ ）

[22]【历年真题·判断题】子公司少数股东以货币资金对子公司增加权益性投资，母公司在合并现金流量表中应将该现金流入分类为投资活动产生的现金流量。（ ）

第五节　特殊交易在合并财务报表中的会计处理

考点11　母公司购买子公司少数股东股权

母公司购买子公司少数股东股权在合并财务报表中的成本为子公司的资产和负债以购买日或合并日所确定的净资产价值开始持续计量的金额的份额，支付对价与取得少数股东股权成本之间的差额计入资本公积。

💠【考点藏宝图】

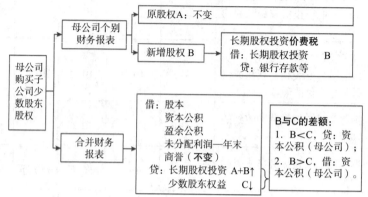

🔺【考点子题——举一反三，真枪实练】

[23]【历年真题·单选题】2×21年1月1日，甲公司从非关联方取得乙公司80%有表决权的股份，能够对其实施控制。2×22年1月1日，甲公司又以银行存款2 800万元从乙公司少数股东处取得乙公司20%有表决权的股份，乙公司成为甲公司的全资子公司。当日，乙公司个别报表中可辨认净资产的账面价值为18 000万元，公允价值为20 000万元。以2×21年1月1日乙公司各项可辨认资产、负债的公允价值为基础持续计算的净资产的账面价值为15 000万元。不考虑其他因素，甲公司合并报表中因购买少数股权增加的资本公积金额为（　　）万元。

A. 0　　　　　　　B. 200　　　　　　　C. 800　　　　　　　D. 1 200

考点12　通过多次交易分步实现的企业合并

通过多次交易分步实现非同一控制下企业合并，合并报表中原股权都视同按公允价值处置。

💠【考点藏宝图】

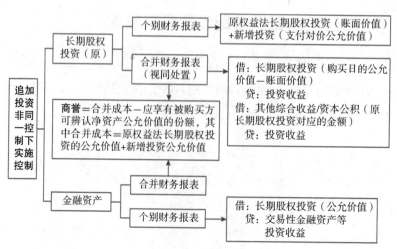

考点锦囊　权转成，个表杂交，并表公加公。

▲【考点子题——举一反三，真枪实练】

[24]【经典子题·计算分析题】2×17年至2×18年，甲公司发生的相关交易或事项如下：

（1）甲公司持有乙公司20%股权，能够对乙公司施加重大影响。2×17年1月1日，甲公司对乙公司股权投资的账面价值为4 000万元，其中投资成本为3 200万元，损益调整为500万元，以后期间可转入损益的其他综合收益为300万元。取得乙公司20%股权时，乙公司各项可辨认资产、负债的公允价值与其账面价值相同。

2×17年度，乙公司实现净利润1 800万元，分配现金股利1 200万元，无其他所有者权益变动事项。

（2）2×17年12月10日，甲公司与丙公司签订股权转让协议。协议约定，甲公司以发行本公司普通股为对价，受让丙公司所持的乙公司35%股权，双方同意以2×17年11月30日经评估乙公司全部股权公允价值15 000万元为依据，确定乙公司35%股权的转让价格为5 250万元，由甲公司以5元/股的价格向丙公司发行1 050万股本公司普通股作为支付对价。

2×18年1月1日，甲公司向丙公司定向发行本公司普通股1 050万股，丙公司向甲公司交付乙公司35%股权，发行股份的登记手续以及乙公司股东的变更登记手续已办理完成。当日，甲公司对乙公司董事会进行改选，改选后甲公司够控制乙公司的相关活动。购买日，甲公司股票的公允价值为7.5元/股，原持有乙公司20%股权的公允价值为4 500万元，乙公司净资产的账面价值为14 000万元（其中股本为8 000万元，盈余公积为2 000万元，未分配利润为4 000万元），可辨认净资产的公允价值为16 000万元，除一项固定资产的公允价值大于其账面价值2 000万元外，其他各资产、负债的公允价值与账面价值相同。

其他有关资料：第一，在取得乙公司35%股权前，甲公司与丙公司不存在关联方关系；第二，甲公司与乙公司之间未发生内部交易；第三，本题不考虑税费及其他因素。

要求：

（1）根据料（1），编制甲公司2×17年对乙公司股权投资进行权益法核算的会计分录，计算甲公司对乙公司股权投资2×17年12月31日的账面价值。

（2）根据资料（2），编制甲公司取得乙公司35%股权的会计分录，计算甲公司取得股权日在其个别财务报表中对乙公司股权投资的账面价值。

（3）根据上述资料，判断甲公司合并乙公司的企业合并类型，并说明理由；如为非同一控制下企业合并，说明购买日，计算甲公司购买日的合并成本和商誉，并

编制甲公司购买日在合并财务报表中的调整和抵销分录。

考点13　本期增加子公司时编制合并财务报表

分为同一控制和非同一控制两种情况分别处理。

♨【考点藏宝图】

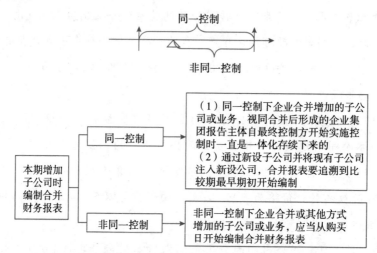

⁂【考点子题——举一反三，真枪实练】

[25]【经典子题·多选题】编制合并财务报表时，母公司对本期增加的子公司进行的下列
会计处理中，正确的有（　　）。

A. 非同一控制下增加的子公司应将其期初至报告期末的现金流量纳入合并现金流
量表

B. 同一控制下增加的子公司应调整合并资产负债表的期初数

C. 非同一控制下增加的子公司不需调整合并资产负债表的期初数

D. 同一控制下增加的子公司应将其期初至报告期末收入、费用和利润纳入合并利
润表

专题

⁂【考点子题——举一反三，真枪实练】

[26]【历年真题·综合题】2016年，甲公司以定向增发股票方式取得了乙公司的控制权，
但不构成反向购买。本次投资前，甲公司不持有乙公司的股份，且与乙公司不存在
关联方关系。甲、乙公司的会计政策和会计期间相一致。相关资料如下：

资料一：1月1日，甲公司定向增发每股面值为1元、公允价值为12元的普通股股票1 500万股，取得乙公司80%有表决权的股份，能够对乙公司实施控制，相关手续已于当日办妥。

资料二：1月1日，乙公司可辨认净资产的账面价值为18 000万元，其中，股本5 000万元，资本公积3 000万元，盈余公积1 000万元，未分配利润9 000万元。除销售中心业务大楼的公允价值高于账面价值2 000万元外，其余各项可辨认资产、负债的公允价值与账面价值均相同。

资料三：1月1日，甲、乙公司均预计销售中心业务大楼尚可使用10年，预计净残值为零，采用年限平均法计提折旧。

资料四：5月1日，甲公司以赊销方式向乙公司销售一批成本为600万元的产品，销售价格为800万元。至当年年末，乙公司已将该批产品的60%出售给非关联方。

资料五：12月31日，甲公司尚未收到乙公司所欠上述货款，对该应收账款计提了坏账准备16万元。

资料六：乙公司2016年度实现的净利润为7 000万元，计提盈余公积700万元，无其他利润分配事项。

假定不考虑增值税、所得税等相关税费及其他因素。

要求：

（1）编制甲公司2016年1月1日取得乙公司80%股权的相关会计分录。

（2）编制甲公司2016年1月1日合并工作底稿中对乙公司有关资产的相关调整分录。

（3）分别计算甲公司2016年1月1日合并资产负债表中，商誉和少数股东权益的金额。

（4）编制甲公司2016年1月1日与合并资产负债表相关的抵销分录。

（5）编制甲公司2016年12月31日与合并资产负债表、合并利润表相关的调整和抵销分录。

[27]【历年真题·综合题】2×19年，甲公司对乙公司进行股权投资的相关交易或事项如下。

资料一：2×19年1月1日，甲公司以定向增发3 000万股普通股（每股面值为1元、公允价值为6元）的方式从非关联方取得乙公司90%的有表决权股份，能够对乙公司实施控制。当日，乙公司可辨认净资产的账面价值为20 000万元。各项可辨认资产、负债的公允价值均与其账面价值相同。乙公司所有者权益的账面价值为20 000万元。其中：股本10 000万元，资本公积8 000万元，盈余公积500万元，未分配利润1 500万元。本次投资前，甲公司不持有乙公司股份且与乙公司不存在关联方关系。甲公司的会计政策、会计期间与乙公司的相同。

资料二：2×19年9月20日，甲公司将其生产的成本为700万元的A产品以750万元的价格出售给乙公司。当日，乙公司以银行存款支付全部货款。至2×19年12月31日，乙公司已将上述从甲公司购买的A产品对外出售了80%。

资料三：2×19年度，乙公司实现净利润800万元。提取法定盈余公积80万元。

甲公司以甲、乙公司个别财务报表为基础编制合并财务报表，合并工作底稿中将甲公司对乙公司的长期股权投资由成本法调整为权益法。

本题不考虑增值税、企业所得税等相关税费及其他因素。

要求：

（1）计算甲公司2×19年1月1日取得乙公司90%股权的初始投资成本，并编制相关会计分录。

（2）编制甲公司2×19年1月1日与合并资产负债表相关的抵销分录。

（3）编制甲公司2×19年12月31日与合并资产负债表、合并利润表相关的调整和抵销分录。

[28]【历年真题·综合题】2×20年至2×21年，甲公司对乙公司进行股权投资的相关交易或事项如下：

资料一：2×20年1月1日，甲公司以银行存款2 300万元从非关联方取得乙公司70%的有表决权股份，能够对乙公司实施控制。当日，乙公司可辨认净资产的账面价值为3 000万元，各项可辨认资产、负债的公允价值与其账面价值均相同。本次投资前，甲公司不持有乙公司股份且与乙公司不存在关联方关系。甲公司和乙公司的会计政策、会计期间均相同。

资料二：2×20年3月10日，乙公司宣告分派现金股利300万元。2×20年4月1日，甲公司按其持股比例收到乙公司发放的现金股利并存入银行。

资料三：2×20年4月10日，乙公司将其生产成本为45万元的A产品以60万元的价格销售给甲公司，款项已收存银行。甲公司将购入的A产品作为存货进行核算。2×20年12月31日，甲公司该批A产品的80%已对外出售。

资料四：2×20年度乙公司实现净利润500万元。

资料五：2×21年3月1日，甲公司将所持乙公司股份全部对外出售给非关联方，所得价款2 600万元存入银行。

甲公司以甲、乙公司个别财务报表为基础编制合并财务报表，不需要编制与合并现金流量表相关的抵销分录。

本题不考虑增值税、企业所得税等相关税费及其他因素。

要求：

（1）编制甲公司2×20年1月1日取得乙公司70%股权时的会计分录，并计算购买

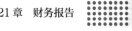

日的商誉。

（2）分别编制甲公司 2×20 年 3 月 10 日在乙公司宣告分派现金股利时和 4 月 1 日收到现金股利时的会计分录。

（3）编制 2×20 年 12 月 31 日与存货内部交易相关的抵销分录。

（4）分别计算 2×20 年 12 月 31 日合并资产负债表中少数股东权益的金额和 2×20 年度合并利润表中少数股东损益的金额。

（5）编制甲公司 2×21 年 3 月 1 日出售乙公司股份的相关会计分录。

[本章考点子题答案及解析]

[1]【答案：ABC】选项 D，应收和应付同一家单位的应收账款和应付账款不能以抵销后的净额列报。

[2]【答案：ABCD】合并财务报表的合并范围应当以控制为基础予以确定。投资方要实现控制，必须具备两项基本要素，一是因涉入被投资方而享有可变回报；二是拥有对被投资方的权力，并且有能力运用对被投资方的权力影响其回报金额。其中，对被投资方的设立目的和设计的分析，贯穿于判断控制的始终。

[3]【答案：ABD】纳入投资方合并财务报表合并范围的前提是实施控制，选项 A、B 没有达到施控制；选项 D，已宣告被清理整顿的原子公司不是母公司的子公司，不纳入合并报表范围。

[4]【答案：√ 】

[5]【答案：ACD】第一期项目属于可分割部分，丙公司可以控制第一期项目的资产以及剩余现金流量，属于可分割部分，纳入丙公司合并范围，其他部分纳入甲公司合并范围，选项 A、C 和 D 正确。

[6]【答案：A】如果母公司是投资性主体，不存在为其投资活动提供相关服务的子公司，不应当编制合并财务报表，该母公司以公允价值计量其对所有子公司的投资，且公允价值变动计入当期损益。

[7]【答案：BC】编制财务报表前，应当尽可能的统一母公司和子公司的会计政策，统一要求子公司所采用的会计政策与母公司保持一致，选项 B、C 正确。

[8]【答案：×】少数股东权益项目的列报金额可以为负数。

[9]【答案：A】2017 年甲公司合并利润表中"投资收益"项目应列示的金额是 =480-150=330（万元）。

[10]【答案：B】2016 年 12 月 31 日合并资产负债表中归属于母公司的所有者权益 =9 000+（800-250）×80%= 9 440（万元）。

[11]【答案】（1）2016 年 1 月 1 日，甲公司会计分录如下：

```
借：长期股权投资                18 000
    贷：股本                           1 500
        资本公积——股本溢价          16 500
```

（2）借：固定资产   2 000
　　　　贷：资本公积   2 000

（3）商誉 =18 000-（18 000+2 000）×80%=2 000（万元）；

少数股东权益 =（18 000+2 000）×20%=4 000（万元）。

（4）借：股本   5 000

资本公积		5 000
盈余公积		1 000
未分配利润		9 000
商誉		2 000
贷：长期股权投资		18 000
少数股东权益		4 000

合并工作底稿　　　　　　　　　　　　单位：万元

项目	甲公司	乙公司	合计数	调整分录		抵销分录		合并金额
				借方	贷方	借方	贷方	
长期股权投资	18 000	0	18 000				18 000	0
固定资产	0	1 000	1 000	2 000				3 000
……			母+子					母+子
商誉			母			2 000		2 000
短期借款			母+子					母+子
……			母+子					母+子
股本		5 000	母+子			5 000		母
资本公积		3 000	母+子		2 000	5 000		母
盈余公积		1 000	母+子			1 000		母
未分配利润		9 000	母+子			9 000		母
少数股东权益	0	0	0				4 000	4 000

[12]【答案】

调整分录	先调整子公司报表	借：固定资产——原价 　　贷：资本公积 借：管理费用 　　贷：固定资产——累计折旧	200 　　　　200 20（200÷10） 　　　　20
	长期股权投资初始投资成本	1 000+1 000×13%=1 130（万元）	
调整分录	子公司净利润	借：长期股权投资 　　贷：投资收益 　　　（公允价值调整后的投资收益）	80 　　80（100-20）
	子公司分派现金股利	借：投资收益 　　贷：长期股权投资	40 　　　40

第21章

抵销分录	抵销长期股权投资	借：股本 100 资本公积 400（200+200） 盈余公积 110（100+10） 未分配利润 230（200+100-20-10-40） **商誉 330（差额不变）** 贷：长期股权投资 1 170（1 130+80-40）
	抵销投资收益	借：投资收益 80（100-20） 未分配利润——年初 200 贷：提取盈余公积（子公司） 10 对所有者（或股东）的分配（子公司） 40 未分配利润——年末 230

合并工作底稿 单位：万元

项目	甲公司	乙公司	合计数	调整分录		抵销分录		合并金额
				借方	贷方	借方	贷方	
长期股权投资	1 130	0	1 130	80	40		1 170	0
固定资产		90	90	200	20			270
……			母+子					母+子
商誉			母			330		330
短期借款			母+子					母+子
……			母+子					母+子
股本	100		母+子			100		母
资本公积	200		母+子		200	400		母
盈余公积	110		母+子			110		母
未分配利润	250		母+子	20		230		母
营业收入			母+子					母+子
管理费用			母+子	20				母+子 +20
投资收益	40	0	40	40	80	80		0

[13]【答案】

调整分录	先调整子公司报表	借：固定资产——原价 2 000 贷：资本公积 2 000 借：销售费用 200（2 000÷10） 贷：固定资产——累计折旧 200

	长期股权投资初始投资成本	18 000（万元）		
调整分录	子公司净利润	借：长期股权投资　　　　　　640 　　贷：投资收益　　　　　　640 [（1 000−200）×80%] 　　（公允价值调整后的投资收益）		
	子公司分派现金股利	借：投资收益　　　　　　　　320 　　贷：长期股权投资　　　　320（400×80%）		
抵销分录	抵销长期股权投资	借：股本　　　　　　　　　　5 000 　　资本公积　　　　　　　　5 000（3 000+2 000） 　　盈余公积　　　　　　　　1 100（1 000+100） 　　未分配利润　　　　　　　9 300（9 000+1 000−200−100−400） 　　**商誉**　　　　　　　　　2 000（差额不变） 　　贷：长期股权投资　　　　18 320（18 000+640−320） 　　　　**少数股东权益**　　4 080 　　　　（5000+5000+1100+9300）×20%		
	抵销投资收益	借：投资收益　　　　　　　　640 [（1 000−200）×80%] 　　少数股东损益　　　　　　160 [（1 000−200）×20%] 　　未分配利润——年初　　　9 000 　　贷：提取盈余公积（子公司）　　　100 　　　　对所有者（或股东）的分配（子公司）400 　　　　未分配利润——年末　　　　　9 300		

合并工作底稿　　　　　　　　　　　　　　　　**单位：万元**

项目	甲公司	乙公司	合计数	调整分录		抵销分录		合并金额
				借方	贷方	借方	贷方	
长期股权投资	18 000	0	18 000	640	320		18 320	0
固定资产	0	900	900	2 000	200			2 700
……			母＋子					母＋子
商誉			母			2 000		2 000
短期借款			母＋子					母＋子
……			母＋子					母＋子
股本	5 000	母＋子				5 000		母
资本公积	3 000	母＋子			2 000	5 000		母
盈余公积	1 100	母＋子				1 100		母
未分配利润	9 500	母＋子		200		9 300		母
少数股东权益	0	0	0				4 080	4 080

续表

销售费用					200			母＋子+200
投资收益	320	0	320	320	640	640		0
少数股东损益	0	0	0			160		160

[14]【答案】

调整分录	长期股权投资初始投资成本	18 000（万元）
	先调整子公司报表	借：固定资产——原价　　　　　　　2 000 　　贷：资本公积　　　　　　　　　　　　2 000 （1）调整以前期间公允价值利润 借：未分配利润——年初　　200（2 000÷10） 　　贷：固定资产——累计折旧　　　　　　200 （2）调整当期公允价值利润 借：销售费用　　　　　　200（2 000÷10） 　　贷：固定资产——累计折旧　　　　　　200
	子公司净利润	（1）调整以前年度 借：长期股权投资　　　　　　　　　640 　　贷：未分配利润——年初　640［（1 000−200）×80%］ （2）调整当期 借：长期股权投资　　　　　　　　　800 　　贷：投资收益　　　　800［（1 200−200）×80%］
	子公司分派现金股利	（1）调整以前年度 借：未分配利润——年初　　　　　　320 　　贷：长期股权投资　　　　　　320（400×80%） （2）调整当期 借：投资收益　　　　　　　　　　　480 　　贷：长期股权投资　　　　　　480（600×80%）
抵销分录	抵销长期股权投资	借：股本　　　　　　　　　　　　5 000 　　资本公积　　　　　5 000（3 000+2 000） 　　盈余公积　　　　　1 220（1 100+120） 　　未分配利润　9 580（9 300+1 200−200−120−600） 　　**商誉**　　　　　　2 000（差额不变） 　　贷：长期股权投资　　18 640（18 320+800−480） 　　　　**少数股东权益**　　4 160 　　　（5 000+5 000+1 220+9 580）×20%

续表

抵销分录	抵销投资收益	借：投资收益　　　　　　　800［（1 200−200）×80%］ 　　　少数股东损益　　　　　200［（1 200−200）×20%］ 　　　未分配利润——年初　　9 300 　　贷：提取盈余公积（子公司）　120 　　　　对所有者（或股东）的分配（子公司）600 　　　　未分配利润——年末　　9 580

合并工作底稿　　　　　　　　　　　　　　单位：万元

项目	甲公司	乙公司	合计数	调整分录 借方	调整分录 贷方	抵销分录 借方	抵销分录 贷方	合并金额
长期股权投资	18 000	0	18 000	640+800	320+480		18 640	0
固定资产	0	800	800	2 000	400			2 400
……			母+子					母+子
商誉			母			2 000		2 000
短期借款			母+子					母+子
……			母+子					母+子
股本		5 000	母+子			5 000		母
资本公积		3 000	母+子		2 000	5 000		母
盈余公积		1 220	母+子			1 220		母
未分配利润		9 980	母+子	200+200		9 580		母
少数股东权益	0	0	0				4 160	4 160
销售费用				200				母+子+200
投资收益	480	0	480	480	800	800		0
少数股东损益	0	0	0				200	200

[15]【答案：√】

[16]【答案：×】合并报表中涉及相关资产的计税基础为其交易价格，账面价值为出售方的成本，资产账面价值小于计税基础，形成可抵扣暂时性差异，应确认递延所得税资产。

[17]【答案：×】合并报表逆流交易的未实现损益应按照母公司持股比例抵减归属于母公司的净利润。

[18]【答案：B】该固定资产在甲公司2019年12月31日合并资产负债表中列示的金额=120−120/5×1.5=84（万元）。

[19]【答案】（1）2014年12月31日内部无形资产交易相关的抵销分录：

借：资产处置收益　　　　　　　700

　贷：无形资产　　　　　　　　700

借：无形资产　　　　　　　　　70（700/5×6/12）

　　贷：管理费用　　　　　　　　　　　　　70

　　（2）2015 年 12 月 31 日内部无形资产交易相关的抵销分录：

　　借：未分配利润——年初　　　　　　　700

　　　　贷：无形资产　　　　　　　　　　　　700

　　借：无形资产　　　　　　　　　　　　70

　　　　贷：未分配利润——年初　　　　　　　70

　　借：无形资产　　　　　　　　　　140（700/5）

　　　　贷：管理费用　　　　　　　　　　　　140

[20]【答案：√】

[21]【答案：√】

[22]【答案：×】对于子公司的少数股东增加在子公司中的权益性投资，在合并现金流量表中应当在"筹资活动产生的现金流量"反映。

[23]【答案：B】资本公积金额 =15 000×20%-2 800=200（万元）。

[24]【答案】（1）①乙公司实现净利润 1 800 万元：

　　借：长期股权投资——损益调整　　　360（1 800×20%）

　　　　贷：投资收益　　　　　　　　　　　360

　　乙公司分派现金股利 1 200 万元：

　　借：应收股利　　　　　　　　　　　240

　　　　贷：长期股权投资——损益调整　　240（1 200×20%）

　　借：银行存款　　　　　　　　　　　240

　　　　贷：应收股利　　　　　　　　　　　240

　　②甲公司对乙公司股权投资 2×17 年 12 月 31 日的账面价值 =4 000+360-240=4 120（万元）。

　　（2）甲公司取得股权日在其个别财务报表中对乙公司股权投资的账面价值 =4 120+7 875=11 995（万元）。

　　借：长期股权投资　　　　　　　　11 995

　　　　贷：长期股权投资——投资成本　　3 200

　　　　　　　　　　　　——损益调整　　620（500+360-240）

　　　　　　　　　　　　——其他综合收益　300

　　　　　　股本　　　　　　　　　　1 050

　　　　　　资本公积——股本溢价　　6 825（1 050×7.5-1 050）

　　（3）甲公司取得乙公司股权为多次交易形成非同一控制下企业合并。

　　理由：甲公司与丙公司在本次交易前不存在关联方关系，进一步取得股权能够对乙公司实施控制。

　　购买日为 20×8 年 1 月 1 日，合并成本 =4 500+7 875=12 375（万元），商誉 =12 375-16 000×（20%+35%）=3 575（万元）。

　　借：固定资产　　　　　　　　　　2 000

贷: 资本公积	2 000	
借: 长期股权投资	380 (4 500-4 120)	
贷: 投资收益	380	
借: 其他综合收益	300	
贷: 投资收益	300	
借: 股本	8 000	
资本公积	2 000	
盈余公积	2 000	
未分配利润	4 000	
商誉	3 575	
贷: 长期股权投资	12 375	
少数股东权益	7 200[(8 000+2 000+2 000+4 000) ×45%]	

[25]【答案: BCD 】选项 A, 非同一控制下增加的子公司, 自购买日开始纳入合并财务报表, 不调整财务报表期初数。

[26]【答案】(1) 2016 年 1 月 1 日:

借: 长期股权投资	18 000 (12×1 500)	
贷: 股本	1 500	
资本公积——股本溢价	16 500 (12×1 500-1 500)	

(2)

借: 固定资产	2 000	
贷: 资本公积	2 000	

(3) 商誉 =18 000- (18 000+2 000) ×80%=2 000 (万元);

少数股东权益 = (18 000+2 000) ×20%=4 000 (万元)。

(4)

借: 股本	5 000	
资本公积	5 000 (3 000+2 000)	
盈余公积	1 000	
未分配利润	9 000	
商誉	2 000	
贷: 长期股权投资	18 000	
少数股东权益	4 000	

(5)

借: 固定资产	2 000	
贷: 资本公积	2 000	
借: 销售费用	200 (2 000÷10)	
贷: 固定资产——累计折旧	200	

调整后的乙公司净利润 =7 000-200=6 800 (万元), 甲公司确认投资收益 =6 800×80%=5 440 (万元)。

借: 长期股权投资	5 440	

贷：投资收益	5 440	

借：股本	5 000	
资本公积	5 000（3 000+2 000）	
盈余公积	1 700（1 000+700）	
未分配利润——年末	15 100（9 000+7 000-200-700）	
商誉	2 000	
贷：长期股权投资	23 440（18 000+5 440）	
少数股东权益	5 360	

借：投资收益	5 440	
少数股东损益	1 360（6 800×20%）	
未分配利润——年初	9 000	
贷：未分配利润——年末	15 100	
提取盈余公积	700	

借：营业收入	800	
贷：营业成本	800	

借：营业成本	80	
贷：存货	80	

借：应付账款	800	
贷：应收账款	800	

借：应收账款——坏账准备	16	
贷：信用减值损失	16	

[27]【答案】（1）甲公司2×19年1月1日取得乙公司90%股权的初始投资成本=3 000×6=18 000（万元）。

借：长期股权投资	18 000	
贷：股本	3 000	
资本公积——股本溢价	15 000	

（2）抵销分录如下：

借：股本	10 000	
资本公积	8 000	
盈余公积	500	
未分配利润	1 500	
贷：长期股权投资	18 000	
少数股东权益	2 000	

（3）①将甲公司对乙公司的股权投资由成本法调整为权益法：

借：长期股权投资	720	

貸：投资收益　　　　　　　　　　　720

②将甲公司向乙公司销售 A 产品的未实现内部利润进行抵销：

借：营业收入　　　　　　　　　　　750

　　貸：营业成本　　　　　　　　　　750

借：营业成本　　　　　　　　　　　10

　　貸：存货　　　　　　　　　　　　10

③甲公司对乙公司的长期股权投资与乙公司所有者权益项目进行抵销：

借：股本　　　　　　　　　　　10 000

　　资本公积　　　　　　　　　8 000

　　盈余公积　　　　　　　　　　580

　　未分配利润——年末　　　　2 220

　　貸：长期股权投资　　　　　18 720

　　　　少数股东权益　　　　　　2080

④甲公司的投资收益与乙公司利润分配项目进行抵销：

借：投资收益　　　　　　　　　　720

　　少数股东损益　　　　　　　　80

　　未分配利润——年初　　　　1 500

　　貸：提取盈余公积　　　　　　80

　　　　未分配利润——年末　　2 220

[28][答案]（1）商誉 =2 300-3 000×70%=200（万元）。

　　2×20 年 1 月 1 日

　　借：长期股权投资　　　　　　2 300

　　　　貸：银行存款　　　　　　2 300

　　（2）2×20 年 3 月 10 日

　　借：应收股利　　　　　　　　210

　　　　貸：投资收益　　　　　　210

　　2×20 年 4 月 1 日

　　借：银行存款　　　　　　　　210

　　　　貸：应收股利　　　　　　210

　　（3）2×20 年 12 月 31 日合并报表内部交易抵销：

　　借：营业收入　　　　　　　　60

　　　　貸：营业成本　　　　　　60

　　借：营业成本　　　　　　　　3

　　　　貸：存货　　　　　　3[（60-45）×（1-80%）]

　　借：少数股东权益　　　　　　0.9

　　贷：少数股东损益　　　　　　　　　　0.9（3×30%）

（4）2×20 年 12 月 31 日合并资产负债表中少数股东权益 =［3 000+500-300-(60-45)×(1-80%)］

×30%=959.1（万元）；

2×20 年 12 月 31 日合并资产负债表中少数股东损益 =［500-（60-45）×（1-80%）］×30%=149.1

（万元）。

（5）2×21 年 3 月 1 日

借：银行存款　　　　　　　　　　　　2 600

　　贷：长期股权投资　　　　　　　　　　　2 300

　　　　投资收益　　　　　　　　　　　　　300

第22章 会计政策、会计估计变更和差错更正

本章比较综合，常见考点就是区分会计政策和会计估计，差错更正可以在主观题中进行考察，需要掌握差错更正的会计处理。

本章思维导图

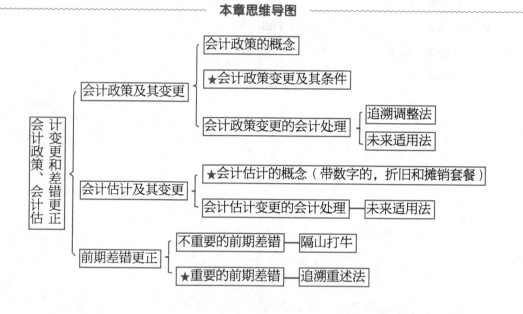

近三年真题考点分布

题 型	2020 年		2021 年		2022 年		考 点
	第一批	第二批	第一批	第二批	第一批	第二批	
单选题	1	—	—	—	1	—	会计政策变更和会计估计变更的区分，会计政策变更、会计估计变更和前期差错的会计处理
多选题	—	1	1	—	—	1	
判断题	—	—	1	—	1	1	
计算分析题	—	—	—	—	—	—	
综合题	—	—	—	1	—	—	

第一节　会计政策及其变更

考点 1　会计政策及其变更的会计处理

（一）会计政策的概念

会计政策是指企业在会计确认、计量和报告中所采用的原则、基础和会计处理方法。

🌀【考点藏宝图】

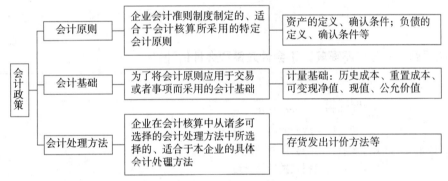

会计估计是企业对结果不确定的交易或者事项以最近可利用的信息为基础所作的判断。

会计故事会·会计政策

夏日炎炎，老王正在地里守西瓜。一路人过来买西瓜，问西瓜是按个卖还是按斤卖。按个卖还是按斤卖，这个属于会计政策，老王的西瓜是按斤卖的政策。路人挑了一个瓜让老王称重，不巧称重的秤坏了，老王估摸着这个西瓜有 10 多斤重，1 元／斤，跟路人说给 10 元就可以。老王估计西瓜的重量这个属于会计估计，会计估计一般都是估计会计要素的具体金额。

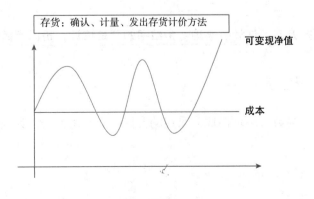

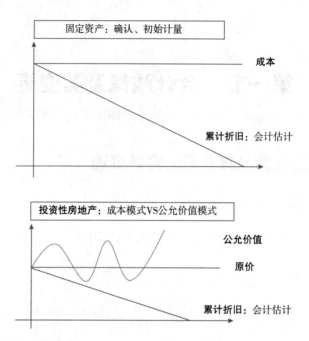

⚠️【考点母题——万变不离其宗】会计政策和会计估计

	下列各项中，属于会计政策和会计估计的有（ ）。
会计政策	A. 发出存货成本的计量 B. 投资性房地产的后续计量 C. 政府补助的会计处理方法 D. 长期股权投资的后续计量 E. 非货币性资产交换的计量（账面价值 vs 公允价值）
会计估计	A. 存货可变现净值的确定 B. 固定资产的折旧方法、预计使用寿命、净残值 C. 使用寿命有限的无形资产的摊销方法、预计使用寿命、净残值 D. 可收回金额的确定 E. 收入履约进度的确定 F. 公允价值的确定 G. 预计负债初始计量的最佳估计数的确定 H. 难以区分会计政策变更还是会计估计变更的，作为会计估计变更处理

考点锦囊 政策把方向、估计要落地。带数字的都是估计，折旧摊销估计套餐。

（二）会计政策变更及其条件

企业对相同的交易或者事项由原来采用的会计政策改用另一会计政策的行为。

❀【考点藏宝图】

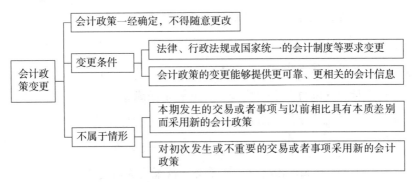

▲【考点子题——举一反三，真枪实练】

[1]【历年真题·判断题】企业因追加投资导致长期股权投资的核算由权益法转为成本法的，应当作为会计政策变更进行处理。（　　）

[2]【历年真题·单选题】下列各项中，属于企业会计政策变更的是（　　）。

　　A. 将固定资产的折旧方法由年数总和法变更为年限平均法

　　B. 将无形资产的摊销方法由直线法变更为产量法

　　C. 将产品保修费用的计提比例由销售收入的 1.5% 变更为 1%

　　D. 将政府补助的会计处理方法由净额法变更为总额法

[3]【历年真题·单选题】下列各项中，企业应按会计政策变更进行会计处理的是（　　）。

　　A. 将无形资产的摊销年限由 10 年调整为 6 年

　　B. 将发出存货的计价方法由先进先出法变更为移动加权平均法

　　C. 将成本模式计量的投资性房地产的净残值由原价的 5% 调整为 3%

　　D. 固定资产的折旧方法由年限平均法变更为年数总和法

[4]【历年真题·多选题】下列关于会计政策及其变更的表述中，正确的有（　　）。

　　A. 会计政策涉及会计原则、会计基础和具体会计处理方法

　　B. 变更会计政策表明以前会计期间采用的会计政策存在错误

　　C. 变更会计政策应能够更好地反映企业的财务状况和经营成果

　　D. 本期发生的交易或事项与前期相比具有本质差别而采用新的会计政策，不属于会计政策变更

[5]【历年真题·单选题】下列各项中，属于企业会计估计变更的是（　　）。

　　A. 无形资产的摊销方法由年限平均法改为产量法

　　B. 发出存货成本的计价由移动加权平均法改为先进先出法

C. 投资性房地产的后续计量由成本模式变更为公允价值模式

D. 政府补助的会计处理方法由总额法变更为净额法

[6]【历年真题·多选题】下列各项中，属于会计估计变更的有（   ）。

A. 固定资产的净残值率由8%改为5%

B. 固定资产折旧方法由年限平均法改为双倍余额递减法

C. 投资性房地产的后续计量由成本模式转为公允价值模式

D. 使用寿命确定的无形资产的摊销年限由10年变更为7年

[7]【历年真题·单选题】下列各项中，属于会计政策变更的是（   ）。

A. 长期股权投资的核算因增加投资份额由权益法改为成本法

B. 固定资产折旧方法由年限平均法改为年数总和法

C. 资产负债表日将奖励积分的预计兑换率由95%改为90%

D. 与资产相关的政府补助由总额法改为净额法

[8]【历年真题·单选题】2013年1月1日起，企业对其确认为无形资产的某项非专利技术按照5年的期限进行摊销，由于替代技术研发进程的加快，2014年1月，企业将该无形资产的剩余摊销年限缩短为2年，这一变更属于（   ）。

A. 会计政策变更　　B. 会计估计变更　　C. 前期差错更正　　D. 本期差错更正

[9]【历年真题·判断题】企业难以将某项变更区分为会计政策变更还是会计估计变更的，应将其作为会计政策变更处理。（   ）

（三）会计政策变更的会计处理

会计政策变更的会计处理方法包括追溯调整法和未来适用法。追溯调整法是指对某项交易或事项变更会计政策，视同该项交易或事项初次发生时即采用变更后的会计政策，并以此对财务报表相关项目进行调整的方法。

🌀【考点藏宝图】

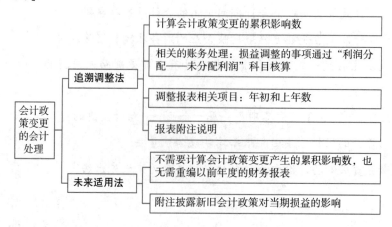

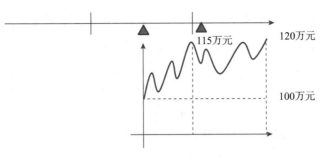

资产负债表

	期末金额	期初金额		期末金额	期初金额
交易性金融资产	120万元	115万元			
			盈余公积	2万元	1.5万元
			未分配利润	18万元	13.5万元

利润表

	本期金额	上期金额
公允价值变动收益	5万元	15万元

借：交易性金融资产　　　　　　　15
　　贷：以前年度损益调整　　　　　　　15
借：以前年度损益调整　　　　　　15
　　贷：盈余公积　　　　　　　　　　　1.5
　　　　利润分配——未分配利润　13.5

借：交易性金融资产　　　　　　　15
　　贷：盈余公积　　　　　　　　　　　1.5
　　　　利润分配——未分配利润 13.5

借：以前年度损益调整　　　　　　10
　　贷：交易性金融资产　　　　　　　10
借：盈余公积　　　　　　　　　　1
　　利润分配——未分配利润 9
　　贷：以前年度损益调整　　　　　　10

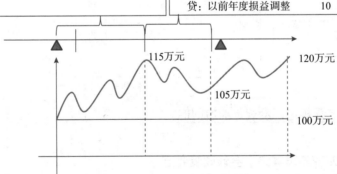

资产负债表

	期末金额	期初金额		期末金额	期初金额
交易性金融资产	120万元	105万元			
			盈余公积	2万元	0.5万元
			未分配利润	18万元	4.5万元

利润表

	本期金额	上期金额
公允价值变动收益	15万元	-10万元

穿越到从前，资产负债江山依旧，损益物是人非。

　　未来适用法是指将变更后的会计政策应用于变更日及以后发生的交易或者事项，或者在会计估计变更当期和未来期间确认会计估计变更影响数的方法。

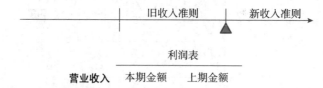

　旧收入准则　　　新收入准则

利润表

营业收入　本期金额　上期金额

▲【考点子题——举一反三，真枪实练】

[10]【经典子题·判断题】企业对会计政策变更采用追溯调整法时，应当按照会计政策变更的累积影响数调整当期期初的留存收益。（　　）

[11]【经典子题·单选题】甲公司发出存货按先进先出法计价，期末存货按成本与可变现净值孰低法计价。2023年1月1日将发出存货由先进先出法改为加权平均法。2023年年初存货账面余额等于账面价值60 000元，100千克，2023年1月、2月分别购入材料500千克、400千克，单价分别为1 000元、1 100元，3月5日领用400千克，用未来适用法处理该项会计政策的变更，则2023年一季度末该存货的账面余额为（　　）元。

A. 560 000　　　　B. 600 000　　　　C. 610 000　　　　D. 549 000

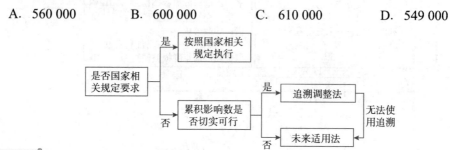

方点锦囊🖊️ **有规定看规定，没规定能追则追。**

▲【考点母题——万变不离其宗】会计政策变更

下列关于追溯调整法和未来适用法的表述，正确的有（　　）。	
追溯调整法	A. 将会计政策变更累积影响数调整列报前期最早期初留存收益，其他相关项目的期初余额和列报前期披露的其他比较数据也应当一并调整 B. 对列报前期影响数不切实可行的，应当从可追溯调整的最早期间期初开始应用变更后的会计政策
未来适用法	A. 在当期期初确定会计政策变更对以前各期累积影响数不切实可行的，应当采用未来适用法处理

第二节　会计估计及其变更

考点2　会计估计变更的会计处理

会计估计变更应采用未来适用法处理，即在会计估计变更当期及以后期间，采用新的会计估计，不改变以前期间的会计估计，也不调整以前期间的报告结果。

▲【考点母题——万变不离其宗】会计估计变更

下列关于会计估计变更的表述，正确的有（　　）。	
会计估计	A. 如果会计估计的变更仅影响变更当期，有关估计变更的影响应于当期确认 B. 如果会计估计的变更既影响变更当期又影响未来期间，有关估计变更的影响在当期及以后各期确认 C. 某项变更难以区分为会计政策变更和会计估计变更的，应作为会计估计变更处理

▲【考点子题——举一反三，真枪实练】

[12]【历年真题·单选题】下列关于会计估计及其变更的表述中，正确的是（　　）。

　　A. 会计估计应以最近可利用的信息或资料为基础

　　B. 对结果不确定的交易或事项进行会计估计会削弱会计信息的可靠性

　　C. 会计估计变更应根据不同情况采用追溯重述或追溯调整法进行处理

　　D. 某项变更难以区分为会计政策变更和会计估计变更的，应作为会计政策变更处理

[13]【历年真题·多选题】下列关于会计政策、会计估计及其变更的表述中，正确的有（　　）。

　　A. 会计政策是企业在会计确认、计量和报告中所采用的原则、基础和会计处理方法

　　B. 会计估计以最近可利用的信息或资料为基础，不会削弱会计确认和计量的可靠性

　　C. 企业应当在会计准则允许的范围内选择适合本企业情况的会计政策，但一经确定，不得随意变更

　　D. 按照会计政策变更和会计估计变更划分原则难以对某项变更进行区分的，应将该变更作为会计政策变更处理

[14]【历年真题·单选题】下列各项中，属于会计估计的有（　　）。

　　A. 固定资产预计使用寿命的确定　　　　B. 无形资产预计残值的确定

　　C. 投资性房地产采用公允价值计量　　　D. 收入确认时合同履约进度的确定

[15]【经典子题·单选题】甲企业于2018年12月31日以100 000元购入设备一台，该项设备使用年限为10年，残值10 000元，采用年限平均法提取折旧。2022年6月30日，甲企业发现该机器包含的经济利益的预期消耗方式有重大改变，决定自2022年7月1日起，将折旧方法改为年数总和法，并同时变更了折旧年限为8年，已履行相关程序获得批准。甲企业对该设备折旧方法变更的会计处理应当为（ ）。

A. 作为会计政策变更，并进行追溯调整

B. 作为会计估计变更，不进行追溯调整

C. 作为会计估计变更，并进行追溯调整

D. 作为会计政策变更，不进行追溯调整

第三节　前期差错更正

考点 3　前期差错及其更正的会计处理

前期差错通常包括计算错误、应用会计政策错误、疏忽或曲解事实以及舞弊产生的影响等。企业发现前期差错时，应当根据差错的性质及时纠正。

【考点藏宝图】

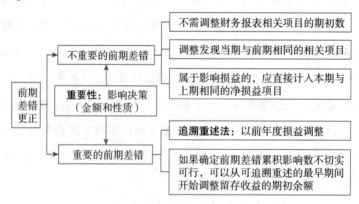

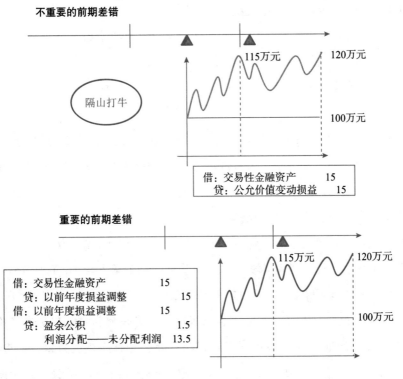

♨【考点母题——万变不离其宗】前期差错更正

下列关于前期差错更正的表述，正确的有（　　）。	
不重要的前期差错	调整发现当期与前期相同的相关项目
重要的前期差错	A. 补提折旧 　　借：以前年度损益调整——管理费用 　　　　贷：累计折旧 B. 调整应交所得税 （1）汇算清缴后 　　借：递延所得税资产 　　　　贷：以前年度损益调整——所得税费用 （2）汇算清缴前 　　借：应交税费——应交所得税 　　　　贷：以前年度损益调整——所得税费用 C. 将"以前年度损益调整"科目余额转入未分配利润 　　借：利润分配——未分配利润 　　　　贷：以前年度损益调整——本年利润 D. 因净利润减少，调减盈余公积 　　借：盈余公积——法定盈余公积 　　　　　　　　——任意盈余公积 　　　　贷：利润分配——未分配利润

✦【考点子题——举一反三，真枪实练】

[16]【历年真题·判断题】对于不重要的、影响损益的前期差错，企业应将涉及损益的金额直接调整发现差错当期的利润表项目。（　）

[17]【历年真题·单选题】对于属于前期差错的政府补助退回，企业应当按照前期差错更正进行追溯调整。（　）

[18]【历年真题·多选题】在相关资料均能有效获得的情况下，对上年度财务报告批准报出后发生的下列事项，企业应当采用追溯调整法或追溯重述法进行会计处理的有（　）。

A. 公布上年度利润分配方案

B. 债权投资重分类为其他债权投资

C. 发现上年度金额重大的应费用化的借款费用计入了在建工程成本

D. 发现上年度对使用寿命不确定且金额重大的无形资产按 10 年平均摊销

[19]【历年真题·多选题】2×19 年 12 月 31 日，甲公司发现 2×17 年 12 月收到投资者投入的一项行政管理用的固定资产尚未入账，投资合同约定该固定资产价值为 1 000 万元（与公允价值相同），预计使用年限为 5 年，预计净残值为零，采用年限平均法计提折旧。甲公司将漏记该固定资产事项认定为重要的前期差错，不考虑其他因素，下列关于该项会计差错更正的会计处理表述中正确的有（　）。

A. 增加 2×19 年度管理费用 200 万元　　B. 增加固定资产原价 1 000 万元

C. 增加累计折旧 400 万元　　　　　　　D. 减少 2×19 年年初留存收益 200 万元

[20]【经典子题·单选题】2022 年 12 月 31 日，甲公司发现 2021 年公司漏记一项管理用固定资产的折旧费用 300 000 元，所得税申报表中也未扣除该项费用。假定 2021 年甲公司适用所得税税率为 25%，无其他纳税调整事项。该公司按净利润的 10% 和 5% 提取法定盈余公积和任意盈余公积。甲公司在列报 2022 年年度财务报表时，应调减 2021 年度资产负债表"未分配利润"项目（　）元。

A. 300 000　　　B. 75 000　　　C. 33 750　　　D. 191 250

[21]【历年真题·单选题】2015 年 12 月 31 日，甲公司发现应自 2014 年 12 月开始计提折旧的一项固定资产从 2015 年 1 月才开始计提折旧，导致 2014 年度管理费用少记 200 万元，被认定为重大差错，税务部门允许调整 2015 年度的应交所得税。甲公司适用的企业所得税税率为 25%，无其他纳税调整事项，甲公司利润表中的 2014 年度净利润为 500 万元，并按 10% 提取了法定盈余公积，不考虑其他因素，甲公司更正该差错时应将 2015 年 12 月 31 日资产负债表未分配利润项目年初余额调减（　）万元。

A. 15　　　　　B. 50　　　　　C. 135　　　　　D. 150

[22]【历年真题·综合题】甲公司适用的企业所得税税率为 25%，预计未来期间适用的企

业所得税税率不会发生变化，未来期间能够产生足够的应纳税所得额用以抵减可抵扣暂时性差异，按净利润的10%提取法定盈余公积。甲公司2017年年度财务报告批准报出日为2018年3月23日，2017年度企业所得税汇算清缴于2018年4月10日完成。2018年3月1日，注册会计师与甲公司就2017年年度财务报表审计中发现的有关重大问题进行沟通，注册会计师对甲公司2017年年度财务报表中与A产品减值以及非专利技术摊销相关的会计处理提出质疑，相关资料如下：

资料一：2017年12月31日，甲公司库存200件当年投产并完工的A产品，成本为48万元/件（与计税基础一致），市场价格为47万元/件，其中，50件将用于履行一份不可撤销的销售合同，合同价格为51万元/件。预计A产品的销售费用均为1万元/件。2017年12月31日，甲公司对200件A产品计提了200万元存货跌价准备。税法规定当期计提的存货跌价准备不允许当期税前扣除，甲公司因此确认了递延所得税资产50万元。

资料二：2017年1月1日，甲公司以银行存款1200万元购入一项行政管理部门使用的非专利技术并立即投入使用，甲公司无法合理确定其使用寿命。该非专利技术取得时的初始入账金额与计税基础一致。税法规定，该非专利技术按不低于10年进行摊销扣除，为此甲公司会计核算和纳税申报均按10年采用年限平均法对该非专利技术进行摊销，2017年摊销金额为120万元。2017年12月31日，该非专利技术没有发生减值。

本题不考虑除企业所得税以外的税费及其他因素。

要求：

（1）根据资料一，判断甲公司对A产品计提的存货跌价准备金额是否正确。如不正确，计算甲公司对A产品应计提的存货跌价准备金额并编制差错更正的会计分录（与企业所得税、留存收益等相关的会计分录一并更正）。

（2）根据资料二，判断甲公司对行政管理部门使用的非专利技术进行摊销的会计处理是否正确，并简要说明理由。如不正确，编制甲公司更正该非专利技术会计处理差错的会计分录（与企业所得税、留存收益等相关的会计分录一并更正）。

[23]【历年真题·综合题（节选）】甲公司适用的企业所得税税率为25%，预计未来期间适用的企业所得税税率不会发生变化，未来期间能够产生足够的应纳税所得额用以抵减可抵扣暂时性差异。甲公司2×20年度财务报告批准报出日为2×21年4月10日，2×20年度企业所得税汇算清缴日为2×21年4月20日。甲公司按净利润的10%计提法定盈余公积。2×21年1月1日至2×21年4月10日，甲公司发生的相关交易或事项如下：

资料一：2×21 年 1 月 20 日，甲公司发现 2×20 年 6 月 15 日以赊购方式购入并于当日投入行政管理用的一台设备尚未入账。该设备的购买价款为 600 万元，预计使用年限为 5 年，预计净残值为零，采用年限平均法计提折旧。该设备的初始入账金额与计税基础一致。根据税法规定，2×20 年甲公司该设备准予在税前扣除的折旧费用为 60 万元，但甲公司在计算 2×20 年度应交企业所得税时未扣除该折旧费用。

资料二：2×21 年 1 月 25 日，甲公司发现其将 2×20 年 12 月 1 日收到的用于购买研发设备的财政补贴资金 300 万元直接计入了其他收益。至 2×21 年 1 月 25 日，甲公司尚未购买该设备。根据税法规定，甲公司收到的该财政补贴资金属于不征税收入。甲公司在计算 2×20 年度应交企业所得税时已扣除该财政补贴资金。

本题涉及的差错均为重要前期差错。不考虑除企业所得税以外的税费及其他因素。

要求：

（1）编制甲公司对其 2×21 年 1 月 20 日发现的会计差错进行更正的会计分录。

（2）编制甲公司对其 2×21 年 1 月 25 日发现的会计差错进行更正的会计分录。

［本章考点子题答案及解析］

[1]【答案：×】因追加投资导致长期股权投资的核算由权益法转为成本法的，应作为企业当期新事项进行处理。

[2]【答案：D】选项 A、B 和 C 均属于会计估计变更。

[3]【答案：B】将发出存货的计价方法由先进先出法变更为移动加权平均法属于会计政策变更，选项 C 正确。

[4]【答案：ACD】会计政策变更，并不意味着以前期间的会计政策是错误的，只是由于情况发生了变化，或者掌握了新的信息、积累了更多的经验，使得变更会计政策能够更好地反映企业的财务状况、经营成果和现金流量，选项 B 错误。

[5]【答案：A】选项 B、C 和 D 属于会计政策变更。

[6]【答案：ABD】选项 C，属于会计政策变更。

[7]【答案：D】选项 A 为企业当期新事项，选项 B、C 属于会计估计变更。

[8]【答案：B】无形资产摊销方法、残值和使用寿命都属于会计估计套餐，选项 B 正确。

[9]【答案：×】难以区分是会计政策变更还是会计估计变更的，应该做为会计估计变更处理。

[10]【答案：×】会计政策变更累积影响数，是指按照变更后的会计政策对以前各期追溯计算的列报前期最早期初留存收益应有金额与现有金额的差额。

[11]【答案：B】单位成本 =（60 000+500×1 000+400×1 100）÷（100+500+400）=1 000（元），2023 年一季度末该存货的账面余额 =（100+500+400-400）×1 000=600 000（元）。

[12]【答案：A】会计估计应当以最近可利用的信息或资料为基础。

[13]【答案：ABC】按照会计政策变更和会计估计变更划分原则难以对某项变更进行区分的，应将该变更作为会计估计变更处理。

[14]【答案：ABD】投资性房地产后续计量属于会计政策，选项 C 错误。

[15]【答案：B】固定资产折旧方法的变更应当属于会计估计的变更，选项 B 正确。

[16]【答案：√】

[17]【答案：√】

[18]【答案：CD】选项 A、B 属于当期发生正常事项，作为当期事项在当期处理；选项 C、D 属于本年发现以前年度的重大差错应当采用追溯重述法调整。

[19]【答案：ABCD】该项重要的前期差错的账务处理如下：

借：固定资产 1 000
　　贷：实收资本等 1 000
借：以前年度损益调整——管理费用 200（1 000/5）
　　贷：累计折旧 200
借：管理费用 200
　　贷：累计折旧 200
借：盈余公积 20（假设按照 10% 提取盈余公积）
　　利润分配——未分配利润 180
　　贷：以前年度损益调整 200

[20]【答案：D】2021 年少计折旧费用 300 000 元；多计所得税费用 75 000 元（300 000×25%）；多计净利润 225 000 元；调减 2021 年年度资产负债表"未分配利润"191 250 元（225 000×85%）。

编制有关项目的调整分录：

①补提折旧：

借：以前年度损益调整——管理费用 300 000
　　贷：累计折旧 300 000

②调整应交所得税：

借：递延所得税资产 75 000
　　贷：以前年度损益调整——所得税费用 75 000

③将"以前年度损益调整"科目余额转入未分配利润：

借：利润分配——未分配利润 225 000
　　贷：以前年度损益调整——本年利润 225 000

④因净利润减少，调减盈余公积：

借：盈余公积——法定盈余公积 22 500
　　　　　　——任意盈余公积 11 250
　　贷：利润分配——未分配利润 33 750

[21]【答案：C】2015 年 12 月 31 日资产负债表未分配利润项目年初余额调减金额 =200×（1-25%）×（1-10%）=135（万元）。

[22]【答案】（1）甲公司对 A 产品计提的存货跌价准备金额不正确。A 产品有合同部分成本 =50×48=2 400（万元），可变现净值 =50×（51-1）=2 500（万元），成本小于可变现净值，没有发生减值。无合同的部分 150×（47-1-48）=-300（万元），计提 300 万减值准备。题目中甲公司计提存货跌

价准备 200 万元，结转递延所得税资产 50 万元，应该补提存货跌价准备 100 万元，补结转递延所得税资产 25 万。会计分录如下：

借：以前年度损益调整   100

  贷：存货跌价准备   100

借：递延所得税资产   25

  贷：以前年度损益调整——所得税费用 25

借：盈余公积   7.5

  利润分配——未分配利润   67.5

  贷：以前年度损益调整   75

（2）甲公司对行政管理部门使用的非专利技术进行摊销的会计处理不正确。因为该非专利技术使用寿命不确定，对于使用寿命不确定的无形资产不需进行摊销。差错会计分录：

借：累计摊销   120

  贷：以前年度损益调整   120

借：以前年度损益调整——所得税费用 30

  贷：递延所得税负债   30（120×25%）

借：以前年度损益调整   90

  贷：盈余公积   9

    利润分配——未分配利润 81

［23］【答案】

（1）借：固定资产   600

   贷：应付账款   600

   借：以前年度损益调整——管理费用 60

    贷：累计折旧   60

   借：应交税费——应交所得税 15

    贷：以前年度损益调整——所得税费用 15

   借：盈余公积   4.5

    利润分配——未分配利润 40.5

    贷：以前年度损益调整   45

（2）借：以前年度损益调整——其他收益 300

   贷：递延收益   300

   借：盈余公积   30

    利润分配——未分配利润 270

    贷：以前年度损益调整   300

第 23 章　资产负债表日后事项

本章常见考点就是区分调整事项和非调整事项以及调整事项具体的会计处理。调整事项具体的会计处理经常在主观题中进行考察，需要掌握调整事项具体的会计处理。

<hr/>
本章思维导图
<hr/>

资产负债表日后事项
- 资产负债表日后事项概述
  - ★调整事项（资产负债表日已存在）
  - ★非调整事项（搭便车）
- 资产负债表日后调整事项
  - 涉及损益的事项，通过"以前年度损益调整"科目核算。调整完成后，应将"以前年度损益调整"科目的贷方或借方余额，转入"利润分配——未分配利润"科目
  - 涉及利润分配调整的事项，直接在"利润分配——未分配利润"科目核算
  - 不涉及损益以及利润分配的事项，调整相关科目
  - 凡是涉及货币资金收支的事项，均作为当期的会计事项，不调整报告年度资产负债表的货币资金项目和现金流量表
- 资产负债表日后非调整事项——只披露，不确认

<hr/>
近三年真题考点分布
<hr/>

题 型	2020 年		2021 年		2022 年		考　点
	第一批	第二批	第一批	第二批	第一批	第二批	
单选题	1	—	—	—	—	1	调整事项与非调整事项界定、调整事项的账务处理
多选题	—	1	1	—	—	—	
判断题	1	1	—	—	—	1	
计算分析题	—	—	—	—	—	—	
综合题	—	1	—	1	1	—	

扫码畅听增值课

第一节　资产负债表日后事项概述

考点 1　资产负债表日后事项的概念

资产负债表日后事项是指资产负债表日至财务报告批准报出日之间发生的有利或不利事项。包括资产负债表日后调整事项和资产负债表日后非调整事项。财务报告批准报出日是指董事会或类似机构批准财务报告报出的日期。

【考点藏宝图】

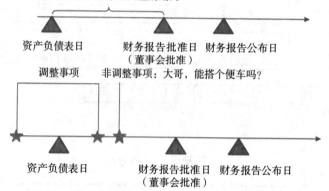

资产负债表日后事项涵盖的期间

资产负债表日　　　财务报告批准日　财务报告公布日
　　　　　　　　　（董事会批准）

调整事项　　　　　非调整事项：大哥，能搭个便车吗？

资产负债表日　　　财务报告批准日　财务报告公布日
　　　　　　　　　（董事会批准）

会计故事会·董事长的体检

2022 年 2 月 14 日，某上市公司董事长去医院例行体检，医生告诉董事长得了严重的心脏病而且这病去年就有了。董事长生病非同小可，会严重影响公司的相关业务，对公司未来盈利能力产生重大影响。董事长同志一心为公司谋发展，带病工作，虽然 2021 年就生病了，但大家也没看出来，在 2021 年的报表中没有反映这一利空消息对公司财务报表产生的影响。如果该公司 2021 年的财务报表还没有对外报告，需要赶紧计提和调整相关资产的减值准备，这就是所谓的资产负债表日后调整事项。如果医生说董事长的心脏病是 2022 年才得的，那就不用调整 2021 年的财务报表了。但这个信息太重要了会对 2022 年的财务报表产生重大影响，而 2022 年的财务报表要等到 2023 年才对外披露，真是心急如焚。碰巧 2021 年的报表现在还没报出去，于是灵机一动，"大哥，搭个便车吧，十万火急"，提前在 2021 年报表中进行披露，这就是非调整事项。

⚑【考点母题——万变不离其宗】资产负债表日后事项

下列各项中，关于资产负债表日后事项表述正确的有（　　）。

资产负债表日后调整事项	资产负债表日后调整事项是指对资产负债表日已经存在的情况提供了新的或进一步证据的事项 （1）在资产负债表日已经存在，资产负债表日后得以证实的事项 （2）对按资产负债表日存在状况编制的财务报表产生重大影响的事项
	A．资产负债表日后诉讼案件结案，法院判决证实了企业在资产负债表日已经存在现时义务，需要调整原先确认的与该诉讼案件相关的预计负债，或确认一项新负债 B．资产负债表日后取得确凿证据，表明某项资产在资产负债表日发生了减值或者需要调整该项资产原先确认的减值金额 C．资产负债表日后进一步确定了资产负债表日前购入资产的成本或售出资产的收入 D．资产负债表日后发现了财务报表舞弊或差错
资产负债表日后非调整事项	资产负债表日后非调整事项，是指表明资产负债表日后发生的情况的事项
	A．资产负债表日后发生重大诉讼、仲裁、承诺 B．资产负债表日后资产价格、税收政策、外汇汇率发生重大变化 C．资产负债表日后因自然灾害导致资产发生重大损失 D．资产负债表日后发行股票和债券以及其他巨额举债 E．资产负债表日后资本公积转增资本 F．资产负债表日后发生巨额亏损 G．资产负债表日后发生企业合并或处置子公司 H．资产负债表日后，企业利润分配方案中拟分配的以及经审议批准宣告发放的股利或利润

⚒【考点子题——举一反三，真枪实练】

［1］【历年真题·单选题】下列各项资产负债表日后事项中，属于非调整事项的是（　　）。

　　A．发现报告年度高估了固定资产的弃置费用

　　B．以资本公积转增资本

C. 发现报告年度虚增收入

D. 发现报告年度低估了应收账款的信用减值损失

[2]【历年真题·多选题】甲公司 2×20 年发生的下列各项资产负债表日后事项中，属于调整事项的有（　　）。

A. 外汇汇率发生重大变化导致外币存款出现巨额汇兑损失

B. 因火灾导致原材料发生重大损失

C. 发现 2×19 年确认的存货减值损失出现重大差错

D. 2×19 年 12 月已全额确认收入的商品因质量问题被全部退回

[3]【历年真题·单选题】企业下列各项资产负债表日后事项中，属于调整事项的是（　　）。

A. 发现报告年度重要会计差错　　　B. 处置子公司

C. 发生重大诉讼　　　D. 董事会通过利润分配方案

[4]【历年真题·单选题】甲公司 2017 年度财务报告批准报出日为 2018 年 3 月 20 日。甲公司发生的下列交易或事项中，属于资产负债表日后调整事项的是（　　）。

A. 2018 年 1 月 5 日地震造成重大财产损失

B. 2018 年 2 月 10 日外汇汇率发生重大变化

C. 2018 年 2 月 20 日发现上年度重大会计差错

D. 2018 年 3 月 9 日公布资本公积转增资本方案

[5]【历年真题·多选题】下列发生于报告年度资产负债表日至财务报告批准报出日之间的各事项中，应调整报告年度财务报表相关项目金额的有（　　）。

A. 董事会通过报告年度利润分配预案

B. 发现报告年度财务报告存在重要会计差错

C. 资产负债表日未决诉讼结案，实际判决金额与已确认预计负债不同

D. 新证据表明存货在报告年度资产负债表日的可变现净值与原估计不同

[6]【历年真题·单选题】甲公司 2016 年度财务报告批准报出日为 2017 年 4 月 1 日，下列事项中属于资产负债表日后调整事项的是（　　）。

A. 2017 年 4 月 11 日，甲公司上月销售产品因质量问题被客户退回

B. 2017 年 3 月 5 日，甲公司用 3 000 万元盈余公积转增资本

C. 2017 年 2 月 8 日，甲公司发生火灾造成重大损失 600 万元

D. 2017 年 3 月 20 日，注册会计师发现甲公司 2022 年度存在重大会计舞弊

[7]【历年真题·多选题】在资产负债表日后至财务报告批准报出日前发生的下列事项中，属于资产负债表日后调整事项的有（　　）。

A. 因汇率发生重大变化导致企业持有的外币资金出现重大汇兑损失

B.　企业报告年度销售给某主要客户的一批产品因存在质量缺陷被退回

C.　报告年度未决诉讼经人民法院判决败诉，企业需要赔偿的金额大幅超过已确认的预计负债

D.　企业获悉某主要客户在报告年度发生重大火灾，需要大额补提报告年度应收该客户账款的坏账准备

[8]　【历年真题·判断题】企业在报告年度资产负债表日至财务报告批准日之间取得确凿证据，表明某项资产在报告日已发生减值的，应作为非调整事项进行处理。（　　）

[9]　【历年真题·判断题】资产负债表日至财务报告批准报出日之间，股东大会批准了董事会拟定的股利分配方案，企业应将该事项作为资产负债表日后调整事项处理。（　　）

第二节　资产负债表日后调整事项

考点2　资产负债表日后调整事项的会计处理

资产负债表日后发生的调整事项，应当如同资产负债表所属期间发生的事项一样，作出相关账务处理，并对资产负债表日已经编制的财务报表进行调整。

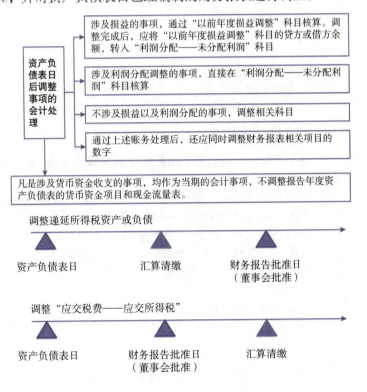

▲【考点母题——万变不离其宗】调整事项的会计处理

下列各项中，关于资产负债表日后调整事项的表述正确的有（　　）。

诉讼案件	A. 资产负债表日： 借：营业外支出 　　贷：预计负债 借：递延所得税资产 　　贷：所得税费用 B. 实际赔偿比预计少： 借：预计负债 　　贷：其他应付款 　　　　以前年度损益调整——营业外支出 借：其他应付款 　　贷：银行存款（注：当期的分录） （1）汇算清缴前 　　借：应交税费——应交所得税（实际赔偿金额 × 所得税税率） 　　　　贷：以前年度损益调整——所得税费用 　　借：以前年度损益调整——所得税费用 　　　　贷：递延所得税资产（全部冲减） 　　借：以前年度损益调整 　　　　贷：利润分配——未分配利润 　　　　　　盈余公积 （2）汇算清缴后 　　借：以前年度损益调整——所得税费用 　　　　贷：递延所得税资产（**冲减差额**） 　　借：以前年度损益调整 　　　　贷：利润分配——未分配利润 　　　　　　盈余公积 C. 实际赔偿比预计多： 借：预计负债 　　　　以前年度损益调整——营业外支出 　　贷：其他应付款 借：其他应付款 　　贷：银行存款（注：当期的分录） （1）汇算清缴前 　　借：应交税费——应交所得税（实际赔偿金额 × 所得税税率） 　　　　贷：以前年度损益调整——所得税费用 　　借：以前年度损益调整——所得税费用 　　　　贷：递延所得税资产（全部冲减） 　　借：利润分配——未分配利润 　　　　盈余公积 　　　　贷：以前年度损益调整

续表

诉讼案件	（2）汇算清缴后 借：递延所得税资产（**差额**） 　　贷：以前年度损益调整——所得税费用 借：利润分配——未分配利润 　　盈余公积 　　贷：以前年度损益调整
调整资产原先确认的减值金额	A. 补提资产减值准备： 借：以前年度损益调整——资产减值损失 　　贷：资产减值准备 B. 调整递延所得税资产： 借：递延所得税资产 　　贷：以前年度损益调整——所得税费用 C. 将"以前年度损益调整"科目的余额转入未分配利润： 借：利润分配——未分配利润 　　盈余公积 　　贷：以前年度损益调整
销售退回事项	A. 调整销售收入： 借：以前年度损益调整——主营业务收入 　　应交税费——应交增值税（销项税额） 　　贷：应收账款 B. 调整销售成本： 借：库存商品 　　贷：以前年度损益调整——主营业务成本 C. 调整应缴纳的所得税： （1）汇算清缴前 借：应交税费——应交所得税 [（收入－成本）×所得税税率] 　　贷：以前年度损益调整——所得税费用 （2）汇算清缴后 借：递延所得税资产 [（收入－成本）×所得税税率] 　　贷：以前年度损益调整——所得税费用 D. 将"以前年度损益调整"科目余额转入未分配利润： 借：利润分配——未分配利润 　　盈余公积 　　贷：以前年度损益调整
舞弊或差错	按照会计差错更正处理

▲▲【考点子题——举一反三，真枪实练】

[10]【历年真题·综合题（节选）】甲公司适用的企业所得税税率为25%，预计未来期间适用的企业所得税税率不会发生变化，未来期间能够产生足够的应纳税所得额用以抵减可抵扣暂时性差异。甲公司2×20年度财务报告批准报出日为2×21年4月10日，2×20年度企业所得税汇算清缴日为2×21年4月20日。甲公司按净利润的

10%计提法定盈余公积。2×21年1月1日至2×21年4月10日，甲公司发生的相关交易或事项如下：2×21年2月10日，甲公司收到法院关于乙公司2×20年起诉甲公司的判决书，判定甲公司因合同违约应向乙公司赔偿500万元。甲公司服从判决并于当日支付赔偿款。2×20年12月31日，甲公司根据律师意见已对该诉讼确认了400万元的预计负债。根据税法规定，因合同违约确认预计负债产生的损失不允许在预计时税前扣除，只有在损失实际发生时，才允许税前扣除。2×20年12月31日，甲公司对该预计负债确认了递延所得税资产100万元。

不考虑除企业所得税以外的税费及其他因素。

要求：判断甲公司2×21年2月10日收到法院判决是否属于资产负债表日后调整事项，并编制相关会计分录。

[11]【历年真题·单选题】2010年12月31日，甲公司对一起未决诉讼确认的预计负债为800万元。2011年3月6日，法院对该起诉讼判决，甲公司应赔偿乙公司600万元，甲公司和乙公司均不再上诉。甲公司的所得税税率为25%，按净利润的10%提取法定盈余公积，2010年度财务报告批准报出日为2011年3月31日，预计未来期间能够取得足够的应纳税所得额用以抵扣可抵扣暂时性差异。不考虑其他因素，该事项导致甲公司2010年12月31日资产负债表"未分配利润"项目"期末余额"调整增加的金额为（   ）万元。

A. 135　　　　　　B. 150　　　　　　C. 180　　　　　　D. 200

[12]【历年真题·判断题】资产负债表日后事项所涉及的现金收支，不应该调整报告年度资产负债表货币资金项目和现金流量表相关项目的金额。（   ）

[13]【历年真题·多选题】甲公司适用的企业所得税税率为25%，预计未来期间适用的企业所得税税率不会发生变化且能够产生足够的应纳税所得额用以抵减可抵扣暂时性差异，其2018年年度财务报表批准报出日为2019年4月15日。2019年2月10日，甲公司调减了2018年计提的坏账准备100万元，该调整事项发生时，企业所得税汇算清缴尚未完成。不考虑其他因素，上述调整事项对甲公司2018年年度财务报表项目产生的影响有（   ）。

A. 递延所得税资产减少25万元　　　　B. 所得税费用增加25万元

C. 应交税费增加25万元　　　　　　　D. 应收账款增加100万元

[14]【历年真题·综合题】甲公司系增值税一般纳税人，适用的企业所得税税率为25%，按净利润的10%计提法定盈余公积。甲公司2×21年度所得税汇算清缴于2×22年2月20日完成，2×21年度财务报告批准报出日为2×22年3月15日，未来期间能够产生足够的应纳税所得额用于抵减可抵扣暂时性差异。2×21年至

2×22年，甲公司发生的相关交易或事项如下：

资料一：2×21年11月1日，甲公司以银行存款450万元购入一批商品，并已验收入库，采用实际成本法核算。2×22年2月1日，该批商品因火灾全部毁损。

资料二：2×21年12月1日，甲公司收到法院通知，由于未能按期履行销售合同被乙公司起诉。2×21年12月31日，案件尚未判决，甲公司预计败诉的可能性为75%，预计的赔偿金额区间为70万元至100万元，且该区间内每个金额发生的可能性大致相同。

资料三：2×22年2月10日，法院对乙公司起诉甲公司案件作出判决，甲公司被判赔偿乙公司90万元，双方均表示不再上诉。当日，甲公司以银行存款向乙公司支付赔款。

资料四：2×22年3月1日，甲公司股东大会审议通过2×21年度股利分配方案，决定以公司2×21年年末总股本为基数，每10股派送0.5元，共分派现金股利2 500万元。本题不考虑除企业所得税以外的税费及其他因素。

要求：

（1）判断甲公司2×22年2月1日商品毁损是否属于2×21年资产负债表日后调整事项。如果为调整事项，编制相关会计分录；如果为非调整事项，简要说明理由。

（2）计算甲公司2×21年12月31日应确认的预计负债金额，并分别编制甲公司确认预计负债和相关递延所得税的会计分录。

（3）判断甲公司2×22年2月10日收到法院判决是否属于2×21年资产负债表日后调整事项。如果为调整事项，编制相关会计分录；如果为非调整事项，简要说明理由。

（4）判断甲公司2×22年3月1日审议通过股利分配方案是否属于2×21年资产负债表日后调整事项。如果为调整事项，编制相关会计分录；如果为非调整事项，简要说明理由。

第三节　资产负债表日后非调整事项

考点3　资产负债表日后非调整事项的会计处理

资产负债表日后发生的非调整事项，应当在报表附注中披露每项重要的资产负债表日后非调整事项的性质、内容，及其对财务状况和经营成果的影响。无法作出估计的，应当说明原因。

▲【考点子题——举一反三，真枪实练】

[15]【历年真题·多选题】下列各项关于企业资产负债表日后事项会计处理的表述中，正确的有（　　）。

A. 重要的非调整事项应当在报告年度财务报表附注中披露

B. 调整事项涉及损益的，应调整报告年度利润表相关项目的金额

C. 发生在报告年度企业所得税汇算清缴后涉及损益的调整事项，不应调整报告年度的应纳额

D. 调整事项涉及现金收支的，应调整报告年度资产负债表的货币资金项目的金额

[16]【历年真题·多选题】下列关于资产负债表日后事项的表述中，正确的有（　　）。

A. 影响重大的资产负债表日后非调整事项应在附注中披露

B. 对资产负债表日后调整事项应当调整资产负债表日财务报表有关项目

C. 资产负债表日后事项包括资产负债表日至财务报告批准报出日之间发生的全部事项

D. 判断资产负债表日后调整事项的标准在于该事项对资产负债表日存在的情况提供了新的或进一步的证据

[本章考点子题答案及解析]

[1]【答案：B】选项A、C和D均属于资产负债表日后期间发生的差错，属于调整事项；选项B，资产负债表日后期间资本公积转增资本，属于非调整事项。

[2]【答案：CD】选项A，外汇汇率发生重大变化导致外币存款出现巨额汇兑损失，属于资产负债表日后非调整事项；选项B，因火灾导致原材料发生重大损失，属于资产负债表日后非调整事项。

[3]【答案：A】选项B、C和D属于资产负债表日后非调整事项。

[4]【答案：C】选项A、B和D属于资产负债表日后非调整事项。

[5]【答案：BCD】选项A属于非调整事项。

[6]【答案：D】选项A、B和C属于资产负债表日后非调整事项。

[7]【答案：BCD】选项A，因汇率发生重大变化导致企业持有的外币资金出现重大汇兑损失属于资产负债表日后非调整事项。

[8]【答案：×】此种情况下应作为调整事项处理。

[9]【答案：×】资产负债表日至财务报告批准报出日之间股东大会批准了董事会拟定的股利分配方案，

企业应将该事项作为资产负债表日后非调整事项。

[10]【答案】甲公司 2×21 年 2 月 10 日收到法院判决属于资产负债表日后调整事项。相关会计分录：

　　借：预计负债　　　　　　　　　　　　　400

　　　　以前年度损益调整——营业外支出　　100

　　　　贷：其他应付款　　　　　　　　　　　　　500

　　借：应交税费——应交所得税　　　　　　125

　　　　贷：递延所得税资产　　　　　　　　　　　100

　　　　　　以前年度损益调整——所得税费用　　25

　　借：其他应付款　　　　　　　　　　　　500

　　　　贷：银行存款　　　　　　　　　　　　　　500

　　借：盈余公积　　　　　　　　　　　　　7.5

　　　　利润分配——未分配利润　　　　　　67.5

　　　　贷：以前年度损益调整　　　　　　　　　　75

[11]【答案：A】账务处理如下：

　　借：预计负债　　　　　　　　　　　　　800

　　　　贷：以前年度损益调整　　　　　　　　　　200

　　　　　　其他应付款　　　　　　　　　　　　　600

　　借：以前年度损益调整　　　　　　50（800×25%-600×25%）

　　　　贷：递延所得税资产　　　　　　　　　　　50

　　借：以前年度损益调整　　　　　　　　　150

　　　　贷：盈余公积　　　　　　　　　　　　　　15

　　　　　　利润分配——未分配利润　　　　　　135

[12]【答案：√】

[13]【答案：ABD】资产负债表日后期间发生的调整事项，相应账务处理为：

　　借：坏账准备　　　　　　　　　　　　　100

　　　　贷：以前年度损益调整——信用减值损失　100

　　借：以前年度损益调整——所得税费用　　25

　　　　贷：递延所得税资产　　　　　　　　　　　25

　　综上，应调整减少递延所得税资产项目 25 万元，调整增加所得税费用项目 25 万元。坏账准备属于应收账款的备抵科目，冲减的坏账准备调整增加应收账款项目金额 100 万元。选项 A、B 和 D 正确。

[14]【答案】（1）不属于资产负债表日后调整事项，属于非调整事项。

　　理由：火灾是在 2×22 年发生，与 2×21 年资产负债表日存在状况无关，因此不属于资产负债表日后调整事项，而是属于非调整事项。

　　（2）2×21 年 12 月 31 日应确认的预计负债 =（70+100）/2=85（万元）。

　　借：营业外支出　　　　　　　　　　　　85

　　　　贷：预计负债　　　　　　　　　　　　　　85

借：递延所得税资产　　　　　　21.25（85×25%）

　　贷：所得税费用　　　　　　　21.25

（3）属于资产负债表日后调整事项。

借：预计负债　　　　　　　　　85

　　以前年度损益调整　　　　　5

　　贷：其他应付款　　　　　　　90

借：其他应付款　　　　　　　　90

　　贷：银行存款　　　　　　　　90

借：以前年度损益调整　　　　　21.25

　　贷：递延所得税资产　　　　　21.25

借：应交税费——应交所得税　　22.5

　　贷：以前年度损益调整　　　　22.5

借：利润分配——未分配利润　　3.37（3.75-0.38）

　　盈余公积　　　　　　　　　0.38（3.75×10%）

　　贷：以前年度损益调整　　　　3.75

（4）不属于资产负债表日后调整事项，属于非调整事项。

理由：资产负债表日后，企业拟分配或经审议批准宣告发放现金股利的行为，在资产负债表日尚不存在，不应该调整资产负债表日的财务报表，该事项为非调整事项。

[15]【答案：ABC】资产负债表日后事项如涉及现金收支项目，均不调整报告年度资产负债表的货币资金项目和现金流量表各项目数字，选项 D 错误。

[16]【答案：ABD】资产负债表日后事项包括资产负债表日至财务报告批准报出日之间发生的有利或不利事项。也就是说资产负债表日后事项仅仅是指的对报告年度报告有关的事项，并不是在这个期间发生的所有事项，选项 C 错误。

第 24 章　公允价值计量

扫码畅听增值课

本章是 2022 年新增章节，阐述了公允价值的概念、基本原理和相关方法以及具体运用，考试题型为客观题。

―――――――――――――――― **本章思维导图** ――――――――――――――――

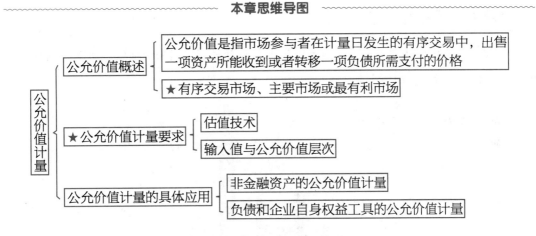

―――――――――――――――― **近三年真题考点分布** ――――――――――――――――

题　型	2022 年		考　点
	第一批	第二批	
单选题	—	—	公允价值的定义，公允价值层次
多选题	1	1	
判断题	—	—	
计算分析题	—	—	
综合题	—	—	

第一节　公允价值概述

 考点1 公允价值的定义

公允价值是指市场参与者在计量日发生的有序交易中，出售一项资产所能收到或者转移一项负债所需支付的价格。（判断金句）

【考点藏宝图】

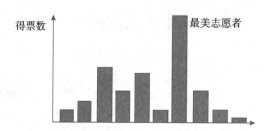

会计故事会·最美志愿者

为了引导和激励更多新冠防疫志愿者广泛参与防疫志愿服务工作，宣传在新冠肺炎疫情防控工作中主动服务一线、具有代表性、事迹感人、具有良好社会影响的优秀防疫志愿者，某市举行最美志愿者网络评选活动，10名候选人中得票最多就是最美志愿者。得票最高的就是认可度最高，也就是最公允的。

【考点母题——万变不离其宗】公允价值计量的总体要求

下列各项中，企业确认相关资产和负债的公允价值时应当考虑的事项有（　　）。

A. 作为计量对象的相关资产或负债　　B. 发生有序交易的主要市场或者最有利市场
C. 市场参与者　　D. 可采用的恰当的估值技术
E. 输入值和公允价值层次

会计故事会·老古董

会计表哥家有一件祖传的老古董，想知道现在能值多少钱。会计表哥到附近最大的古玩市场去考察，由于这个古玩市场人来人往，相应的古董的价格也更加公允一些，这就是选择最主要市场的原因。会计表哥在古玩市场转了一圈，发现跟自己家古董类似的古董价值10万元，但自己家的古董比市场的类似的古董保护的更好，品相更完整，应该能卖一个1.2倍的价格。会计表哥发挥自己算账小能手的优势，估计自己古董的价值$P=10×1.2=12$万元。这个$P=P1×M$，这个公式就是估值技术，$P1$和M就是输入值。

第二节　公允价值计量基本概念和一般应用

 公允价值计量基本概念

▲【考点母题——万变不离其宗】公允价值计量基本概念

下列公允价值计量基本概念的表述正确的有（　　）。	
相关资产或负债	A. 相关资产或负债的特征。包括资产的状况和所在位置（比如房子的新旧程度、位置）、对出售或使用资产的限制等。对出售或使用资产的限制区分该限制是针对资产持有者的（不影响公允价值，比如抵押的土地），还是针对该资产本身（影响公允价值，比如只能用于工业用途的土地，不能用于商品房开发） B. 计量单元。计量单元是指相关资产或负债以单独或者组合方式进行计量的最小单位（一条生产线中的一台设备，计量单元包括单个设备、生产线构成的资产组以及企业合并中的企业价值）
有序交易市场	A. 企业以公允价值计量相关资产或负债，应当假定市场参与者在计量日出售资产或者转移负债的交易，是当前市场情况下的有序交易 B. 有序交易是在计量日前一段时期内该资产或负债具有惯常市场活动的交易，不包括被迫清算和抛售
主要市场或最有利市场	A. 假定出售资产或者转移负债的有序交易在该资产或负债的主要市场进行，不存在主要市场的，选择最有利市场 B. 主要市场是指相关资产或负债交易量最大和交易活跃程度最高的市场 C. 最有利市场是指在考虑交易费用和运输费用后，能够以最高金额出售相关资产或者以最低金额转移相关负债的市场 【注意】企业在确定最有利市场时，应当考虑交易费用。但交易费用不属于相关资产或负债的特征，在确定公允价值时不予考虑。交易费用不包括运输费用。
市场参与者	A. 市场参与者应当具备下列特征：（1）市场参与者应当相互独立，不存在关联方关系；（2）市场参与者应当熟悉情况，对相关资产或负债以及交易具备合理认知；（3）市场参与者应当有能力并自愿进行相关资产或负债的交易，而非被迫或以其他强制方式进行的交易
公允价值的初始计量	A. 一般情况下进入价格就是脱手价格 B. 以公允价值初始计量的资产，如果进入价格与公允价值有差额，计入当期损益（有特殊规定从其规定，如计入其他综合收益）

第 24 章

⚠️ **【考点子题——举一反三，真枪实练】**

[1]【历年真题·多选题】甲公司将开发建成的一栋写字楼以经营租赁方式对外出租，并作为投资性房地产进行会计处理。根据有关规定，该写字楼的用途被限定为芯片研发企业的孵化，任何使用者不得擅自改变该用途。甲公司对该投资性房地产以公允价值模式进行后续计量，决定参照同一地段的其他写字楼在活跃市场的交易价格以确定甲公司写字楼的公允价值。不考虑其他因素，下列各项中，甲公司对该投资性房地产以公允价值计量时应考虑的因素有（　　）。

A. 写字楼的新旧程度
B. 写字楼的用途限制
C. 写字楼的周边配套设施
D. 写字楼所处的地理位置

【经典例题·计算分析题】2×19年12月31日，甲公司在非同一控制下的企业合并业务中获得一批存货（100吨原材料）。在购买日，甲公司应当以公允价值计量这批存货。根据市场交易情况，该原材料在A城市和B城市有两个活跃的交易市场。甲公司能够进入这两个市场，假定在A城市的市场出售这批存货的交易费用（如相关税费等）为600万元，将这批存货运抵A城市的成本为40万元；在B城市的市场出售这批存货的交易费用为640万元，将这批存货运抵B城市的成本为80万元。

【答案】（1）假定甲公司能够获得这批存货在A城市和B城市的历史交易量。

2×19年12月31日该原材料的市场交易数据如下表所示：

市场	销售价格（万元/吨）	历史交易量（万吨）
A城市	52	980
B城市	56	20

甲公司根据市场交易数据能够确定A城市的市场拥有最大交易量、交易活跃程度最高，判定A城市的市场为该原材料的主要市场。

甲公司在估计这批存货的公允价值时，应当使用在主要市场中出售该原材料将收到的价格，并考虑运输费用，但不考虑交易费用。存货的公允价值=5 200-40=5 160（万元）。

（2）假定甲公司无法获得这批存货在A城市和B城市的历史交易量。

由于甲公司无法确定该原材料的主要市场，甲公司应当在考虑交易费用和运输费用后将能够获得经济利益最大化的市场确定为最有利市场。B城市市场收入净额=5 600-640-80=4 880（万元），A城市市场收入净额=5 200-600-40=4 560（万元），B城市的市场为最有利市场。存货的公允价值=5 600-80=5 520（万元）。

企业以公允价值计量相关资产或负债，应当使用在当前情况下适用并且有足够可利用数据和其他信息支持的估值技术。估值技术通常包括市场法、收益法和成本法。

🌀【考点藏宝图】

会计故事会·盲人摸象

从前，有五个盲人，从来没见过大象，不知道大象长的什么样，他们就决定去摸摸大象。第一个人摸到了鼻子，他说："大象像一条弯弯的管子。"第二个人摸到了尾巴，他说："大象像个细细的棍子。"第三个人摸到了身体，他说："大象像一堵墙。"第四个人摸到了腿，他说："大象像一根粗粗的柱子。"公允价值也是一样的，有些时候公允价值到底是多少，世界上只有上帝知道。会计人员只能估计和猜测，不同的人采用不同的估计方法得出的结论也不同。

🔺【考点母题——万变不离其宗】估值技术

	下列关于估值技术的表述中，正确的有（　　）。
市场法	A. 市场法是利用相同或类似的资产、负债或资产和负债组合的价格以及其他相关市场交易信息进行估值的技术（比如股票价格）
收益法	A. 收益法是企业将未来金额转换成单一现值的估值技术 B. 企业使用的收益法包括现金流量折现法、多期超额收益折现法、期权定价模型等估值方法
成本法	A. 成本法是反映当前要求重置相关资产服务能力所需金额的估值技术，通常是指现行重置成本法
估值技术的选择	A. 企业应当运用更多职业判断，确定恰当的估值技术 B. 企业使用多种估值技术计量相关资产或负债公允价值的，应当评估这些估值结果所形成区间的合理性，并从这一区间内选出在当前市场情况下最能代表该资产或负债公允价值的估值结果 C. 企业在公允价值计量中使用的估值技术一经确定，不得随意变更 D. 企业变更估值技术及其应用方法的，应当按照《企业会计准则第 28 号——会计政策、会计估计变更和差错更正》的规定作为会计估计变更

第24章

⚛ **【考点子题——举一反三，真枪实练】**

【经典例题·计算分析题】 甲公司于 2×17 年 1 月 1 日购买了一台数控设备，其初始成本为 500 万元，预计使用年限为 20 年。2×19 年 12 月 31 日，甲公司决定对该数控设备进行减值测试，根据该数控设备的公允价值减去处置费用后的净额与预计未来现金流量现值两者中较高者确定可收回金额。根据可获得的市场信息，甲公司决定采用重置成本法估计该数控设备的公允价值。假设自 2×17 年至 2×19 年，此类数控设备价格指数在年度内分别为上涨 5%、2% 和 5%。2×19 年 12 月 31 日，该数控设备的成新率为 60%。

【分析】 甲公司估计该设备公允价值为 337.37 万元（$500 \times 1.05 \times 1.02 \times 1.05 \times 60\%$）。

考点4　输入值与公允价值层次

市场参与者所使用的假设即为输入值，可分为可观察输入值和不可观察输入值。企业使用估值技术时，应当优先使用可观察输入值，仅当相关可观察输入值无法取得或取得不切实可行时才使用不可观察输入值。

🌀 **【考点藏宝图】**

$$P=f（X1，X2，X3……）$$

其中：P 表示公允价值，f 表示估值技术，X1，X2……表示输入值

会计故事会·公允价值质量

理论上公允价值的质量取决于估值技术以及估值技术中的参数（输入值），而且估值技术一旦不客观、不合理，那么计算出的公允价值肯定质量不高。但哪个估值技术更好，很难说的清楚，谁都有 101 个理由认为自己的估值技术更好。所以会计上回避了这个问题，从输入值的角度来评价公允价值的质量，比如输入值有些是市场公开的数据，比如物价指数、运输费用等，这些输入值更客观、更可靠，这叫可观察输入值，还有一些是拍脑袋拍出来的输入值，比如主观估计的成新率等，主观性比较强，这叫不可观察输入值。

⚛ **【考点母题——万变不离其宗】公允价值层次**

下列关于公允价值层次的表述中，正确的有（　　）。	
第一层次输入值	A. 在计量日能够取得的相同资产或负债在活跃市场上未经调整的报价（比如股票价格）
第二层次输入值	A. 除第一层次输入值外相关资产或负债直接或间接可观察的输入值 B. 第二层次输入值包括： （1）活跃市场中类似资产或负债的报价 （2）非活跃市场中相同或类似资产或负债的报价 （3）除报价以外的其他可观察输入值等

续表

第三层次输入值	A. 相关资产或负债的不可观察输入值
公允价值计量结果所属的层次	A. 公允价值计量结果所属的层次，取决于估值技术的输入值，而不是估值技术本身 B. 公允价值计量结果所属的层次，由对公允价值计量整体而言重要的输入值所属的最低层次决定（谨慎性，木桶原理） C. 企业使用了第三方报价机构提供的估值，不应简单将该公允价值计量结果划入第三层次输入值。应当了解估值服务中应用到的输入值，并根据该输入值的可观察性和重要性，确定相关资产或负债公允价值计量结果的层次

🔺【考点子题——举一反三，真枪实练】

[2]【经典子题·单选题】下列各项关于公允价值层次的表述中，不符合企业会计准则规定的是（　　）。

A. 在计量日能够取得的相同资产或负债在活跃市场上未经调整的报价属于第一层次输入值

B. 除第一层次输入值之外相关资产或负债直接或间接可观察的输入值属于第二层次输入值

C. 公允价值计量结果所属的层次，由对公允价值计量整体而言重要的输入值所属的最高层次确定

D. 不能直接观察和无法由可观察市场数据验证的相关资产或负债的输入值属于第三层次输入值

[3]【经典子题·判断题】公允价值计量结果所属的层次，由对公允价值计量整体而言重要的输入值所属的最高层次确定。（　　）

[4]【经典子题·单选题】公允价值计量所使用的输入值划分为三个层次，下列各项输入值中不属于第二层输入值的是（　　）。

A. 活跃市场中相同资产或负债的报价　　B. 活跃市场中类似资产或负债的报价

C. 非活跃市场中类似资产或负债的报价　　D. 非活跃市场中相同资产或负债的报价

第三节　非金融资产、负债和企业自身权益工具的公允价值计量

考点 5　非金融资产的公允价值计量

企业以公允价值计量非金融资产，应当在最佳用途的基础上确定该非金融资产的估值

前提，即单独使用该非金融资产还是将其与其他资产或负债组合使用。

会计故事会 · 最佳用途

假如你有一块地，现在的用途是种菜，每天吃自己种的有机蔬菜。这块地也可以用来盖房子、开工厂、搞农家乐等等。虽然现在作为种菜使用，但在估计土地的公允价值时，可以基于最佳用途来估计其价值，不一定是现在实际的用途。

▲【考点母题——万变不离其宗】非金融资产最佳用途

	下列关于非金融资产最佳用途的表述中，正确的有（　　）。
最佳用途	A. 最佳用途是指市场参与者实现一项非金融资产或其所属的一组资产和负债的价值最大化时该非金融资产的用途 B. 企业判定非金融资产的最佳用途，应当考虑该用途是否为法律上允许、实物上可能以及财务上可行的使用方式

▲【考点子题——举一反三，真枪实练】

[5]【经典子题·计算分析题】2×21年12月1日，甲公司在非同一控制下的吸收合并中取得一块土地使用权。该土地在合并前被作为工业用地，一直用于出租。甲公司取得该土地使用权后，仍将其用于出租。甲公司以公允价值计量其拥有的投资性房地产。2×22年3月31日，邻近的一块土地被开发用于建造高层公寓大楼的住宅用地使用。本地区的区域规划自2×22年1月1日以来已经作出调整，甲公司确定，在履行相关手续后，可将该土地的用途从工业用地变更为住宅用地。假定该土地目前用于工业用途的价值是600万元，而用于建造住宅的价值是1 000万元，不考虑其他因素。

要求：计算2×22年1月1日的公允价值。

考点6 负债和企业自身权益工具的公允价值计量

交易性金融负债以及衍生工具等公允价值的确定。

▲【考点母题——万变不离其宗】负债和企业自身权益工具的公允价值计量

下列关于负债和企业自身权益工具的公允价值计量的表述中，正确的有（　　）。	
确定负债或企业自身权益工具公允价值的方法	A. 如果存在相同或类似负债或企业自身权益工具可观察市场报价，以该报价为基础确定负债或企业自身权益工具的公允价值
不履约风险	A. 企业以公允价值计量相关负债，应当考虑不履约风险，并假定不履约风险在负债转移前后保持不变
负债或企业自身权益工具转移受限	A. 如果企业在公允价值计量的输入值中已经考虑了这些因素，则不应再单独设置相关输入值，也不应对其他输入值进行相关调整

▲【考点子题——举一反三，真枪实练】

[6]【经典子题·多选题】下列关于负债和企业自身权益工具的公允价值计量的表述中，正确的有（ ）。

　A. 企业以公允价值计量相关负债，应当考虑不履约风险，不履约风险可能随时变动

　B. 企业可以以相同或类似负债可观察市场报价为基础确定该负债的公允价值

　C. 不管企业在公允价值计量的输入值中是否考虑了负债转移受限因素，都应当单独设置相关输入值以反映负债转移受限对公允价值的影响

　D. 应当优先使用可观察输入值对负债和企业自身权益工具进行估值

[本章考点子题答案及解析]

[1]【答案：ABCD】

[2]【答案：C】选项C，公允价值计量结果所属的层次，由对公允价值计量整体而言重要的输入值所属的最低层次决定。

[3]【答案：×】公允价值计量结果所属的层次，由对公允价值计量整体而言重要的输入值所属的最低层次决定。

[4]【答案】A】第二层次输入值是除第一层次输入值外相关资产或负债直接或间接可观察的输入值，包括：（1）活跃市场中类似资产或负债的报价；（2）非活跃市场中相同或类似资产或负债的报价；（3）除报价以外的其他可观察输入值；（4）市场验证的输入值等。选项A，属于第一层次输入值。

[5]【答案】该土地使用权的公允价值为1 000万元。

[6]【答案：BD】企业以公允价值计量相关负债，应当考虑不履约风险，并假定不履约风险在负债转移前后保持不变，选项A错误；如果企业在公允价值计量的输入值中已经考虑了负债或企业自身权益工具转移受限的因素，则不应再单独设置相关输入值，也不应对其他输入值进行相关调整，选项C错误。

第 25 章　政府会计

　　本章是独立的一个章节，系统地介绍了政府会计准则及其相关业务的会计处理。本章分值不高，主要考察客观题。

本章思维导图

政府会计
- 政府会计概述
  - 政府会计标准体系
  - 政府会计核算模式
  - ★政府会计要素及其确认和计量
  - 政府决策报告和财务报告
- 政府单位特定业务的会计核算
  - 单位会计核算一般原则
  - ★财政拨款收支业务
  - 非财政拨款收支业务
  - ★预算结转结余及分配业务
  - 净资产业务
  - ★资产业务
  - 负债业务
  - 受托代理业务
  - ★PPP 项目合同
  - 部门（单位）合并财务报表

近三年真题考点分布

题　型	2020 年		2021 年		2022 年		考　点
	第一批	第二批	第一批	第二批	第一批	第二批	
单选题	—	—	1	1	—	—	政府会计概述及单位特定业务的核算
多选题	1	1	—	1	1	—	
判断题	—	1	1	—	—	1	
计算分析题	—	—	—	—	—	—	
综合题	—	—	—	—	—	—	

第一节　政府会计概述

 政府会计概述

1. 政府会计核算模式

政府会计包括预算会计与财务会计。

▲▲▲【考点母题——万变不离其宗】政府会计核算模式

下列各项中，关于预算会计与财务会计适度分离原则表述正确的有（　　）。	
A.　双功能	预算会计反映和监督预算收支执行情况；财务会计反映和监督政府会计主体财务状况、运行情况和现金流量
B.　双基础	预算会计收付实现制；财务会计权责发生制
C.　双报告	预算会计对应的决算报告；财务会计对应的财务报告
【判断命句】根据《政府会计准则》的规定，行政事业单位对于纳入预算管理的现金收支业务，在采用财务会计核算的同时应当进行预算会计核算。（　　）	

▲▲▲【考点子题——举一反三，真枪实练】

［1］【历年真题·判断题】根据《政府会计准则——基本准则》的规定，行政事业单位对于纳入预算管理的现金收支业务，在采用财务会计核算的同时应当进行预算会计核算。（　　）

［2］【经典子题·判断题】执行《政府会计制度》的行政单位，对于纳入部门预算管理的现金收支业务，仅需要进行财务会计核算。（　　）

2. 政府会计要素及其确认和计量

（1）政府预算会计要素

政府预算会计要素包括预算收入、预算支出和预算结余共 3 个。（收支结与收付实现制）

预算会计收支结。

⚜ 【考点母题——万变不离其宗】预算会计要素

下列各项中，属于政府预算会计要素的有（　　）。	
A. 预算收入	预算收入是指政府会计主体在预算年度内依法取得的并纳入预算管理的现金流入 预算收入一般在实际收到时予以确认，以实际收到的金额计量
B. 预算支出	预算支出是指政府会计主体在预算年度内依法发生的并纳入预算管理的现金流出 预算支出一般在实际支付时予以确认，以实际支付的金额计量
C. 预算结余	预算结余是指政府会计主体预算年度内预算收入扣除预算支出后的资金余额，以及**历年滚存**的资金余额 预算结余包括结余资金和结转资金

⚜ 【考点子题——举一反三，真枪实练】

[3]【历年真题·单选题】下列各项中，属于政府预算会计要素的是（　　）。

　　A. 所有者权益　　　B. 利润　　　　C. 预算结余　　　D. 净资产

[4]【经典子题·判断题】预算结余是政府会计主体预算年度内预算收入扣除预算支出后的资金余额，不包括历年滚存的资金余额。（　　）

（2）政府财务会计要素

政府财务会计要素包括资产、负债、净资产、收入和费用共5个。

考点锦囊 　**五要素没利润，净资产没权益。**

⚜ 【考点子题——举一反三，真枪实练】

[5]【经典子题·多选题】下列各项中，属于政府财务会计要素的有（　　）。

　　A. 资产　　　　　B. 净资产　　　　C. 收入　　　　D. 支出

　　①资产。政府会计中资产是指政府主体过去的经济业务或者事项形成的、由政府主体控制的、预期能够产生服务潜力或者带来经济利益流入的经济资源。

⚜ 【考点母题——万变不离其宗】资产

下列各项中，关于政府会计中资产要素的表述正确的有（　　）。			
流动资产	A. 货币资金 D. 应收票据	B. 短期投资 E. 应收及预付款项	C. 财政应返还额度 F. 存货
非流动资产	A. 固定资产 D. 长期投资 G. 文物文化资产	B. 在建工程 E. 公共基础设施 H. 保障性住房	C. 无形资产 F. 政府储备资产 I. 自然资源资产等
计量属性	A. 历史成本（一般应当采用历史成本） C. 现值　　　D. 公允价值		B. 重置成本 E. **名义金额**

▲【考点子题——举一反三，真枪实练】

[6]【历年真题·多选题】下列各项中，属于政府会计中非流动资产的有（　　）。

　　A. 公共基础设施　　B. 文物文化资产　　C. 在建工程　　　　D. 保障性住房

[7]【历年真题·多选题】下列各项中，属于政府会计中资产计量属性的有（　　）。

　　A. 公允价值　　　　B. 可变现净值　　　C. 历史成本　　　　D. 名义金额

　　②负债。政府会计中的负债是指过去的经济业务或者事项形成的现时义务，履行该义务预期会导致经济利益流出政府会计主体。

▲【考点母题——万变不离其宗】负债

下列各项中，关于政府会计中负债要素的表述正确的有（　　）。	
流动负债	A. 短期借款　　B. 应付短期政府债券　　C. 应付及预收款项　　D. 应缴款项
非流动负债	A. 长期借款　　B. 长期应付款　　　　　C. 应付长期政府债券
计量属性	A. 历史成本　　B. 公允价值　　　　　　C. 现值

▲【考点子题——举一反三，真枪实练】

[8]【经典子题·多选题】下列各项中，属于政府会计中负债的计量属性的有（　　）。

　　A. 历史成本　　　　B. 公允价值　　　　C. 现值　　　　　　D. 名义金额

　　③净资产。指政府会计主体资产扣除负债后的净额，其金额取决于资产和负债的计量。

▲【考点母题——万变不离其宗】净资产

下列各项中，属于政府会计中净资产要素的有（　　）。
A. 累计盈余　　B. 专用基金　　C. 权益法调整　　D. 无偿调拨净资产*　E. 本期盈余*

*年末，"无偿调拨净资产"和"本期盈余"科目余额转入"累计盈余"。

　　④收入。收入是报告期内导致政府会计主体净资产增加的、含有服务潜力或者经济利益的经济资源的流入。

▲【考点子题——举一反三，真枪实练】

[9]【历年真题·判断题】政府预算收入是指报告期内导致政府会计主体净资产增加的、含有服务潜力或经济利益的经济资源的流入。（　　）

[10]【历年真题·多选题】下列关于政府会计要素的表述中，正确的有（　　）。

　　A. 资产是指政府会计主体过去的经济业务或者事项形成的，由政府会计主体控制的，预期能够产生服务潜力或者带来经济利益流入的经济资源

B. 负债是指政府会计主体过去的经济业务或者事项形成的，预期会导致经济资源流出政府会计主体的现时义务

C. 净资产是指政府会计主体资产扣除负债后的净额

D. 收入是指报告期内导致政府会计主体净资产增加的，含有服务潜力或者经济利益的经济资源的流入

⑤费用。费用是报告期内导致政府会计主体净资产减少的、含有服务潜力或者经济利益的经济资源的流出。

3. 政府决算报告和财务报告

【考点母题——万变不离其宗】政府报告

下列各项中，关于政府报告表述正确的有（ ）。		
	下列各项中，关于政府决算报告表述正确的有（ ）。	下列各项中，关于政府财务报告表述正确的有（ ）。
编制主体	各级政府财政部门、各部门、各单位	各级政府财政部门、各部门、各单位。包括政府部门财务报告和政府综合财务报告
反映的对象	一级政府年度预算收支执行情况的结果	一级政府整体财务状况、运行情况和财政中长期可持续性
编制基础	收付实现制	权责发生制
数据来源	以预算会计核算生成的数据为准	以财务会计核算生成的数据为准
报表内容	A. 预算收入支出表 B. 预算结转结余变动表 C. 财政拨款预算收入支出表	A. 资产负债表　　B. 收入费用表 C. 净资产变动表　　D. 附注 E. 现金流量表
编制方法	汇总	合并
报送要求	本级人民代表大会常务委员会审查和批准	本级人民代表大会常务委员会备案

【考点子题——举一反三，真枪实练】

[11]【历年真题·多选题】下列各项中，关于政府财务报告的表述正确的有（ ）。

A. 主要包括政府部门财务报告和政府综合财务报告

B. 主要以权责发生制为编制基础

C. 以财务会计核算生成的数据为准

D. 综合反映政府会计主体预算收支的年度执行结果

[12]【历年真题·判断题】政府综合财务报告包括政府财务报告和决算报告，全面反映政府财务信息和预算执行信息。（ ）

[13]【历年真题·判断题】各级政府财政部门应当按年度编制以权责发生制为基础的政府

综合财务报告，以反映政府整体财务状况、运行情况和财政中长期可持续性。（ ）

[14]【历年真题·单选题】下列各项中，不属于政府会计事业单位中合并财务报表体系的组成部分的是（ ）。

A. 合并收入费用表   B. 附注

C. 合并利润表   D. 合并资产负债表

第二节　政府单位特定业务的核算

考点 2　政府单位会计核算的基本特点

按照"双功能""双基础""双报告"的原则，单位对于纳入部门预算管理的现金收支业务，在采用财务会计核算的同时应当进行预算会计核算。

【考点母题——万变不离其宗】政府报告

预算会计	会计要素：预算收入、预算支出、预算结余	
	会计等式：预算收入 – 预算支出 = **预算结余**	
	会计基础：收付实现制	
财务会计	会计要素：资产、负债、净资产、收入、费用	
	会计等式	反映财务状况：资产 – 负债 = 净资产
		反映运行情况：收入 – 费用 = **本期盈余**
	会计基础	权责发生制
区别与联系	A. 单位对于纳入部门预算管理的现金收支业务，在采用财务会计核算的同时应当进行预算会计核算；对于其他业务，仅需进行财务会计核算。对于单位受托代理的现金以及应上缴财政的现金所涉及的收支业务，仅需要进行财务会计处理，不需要进行预算会计处理	
	B. 单位预算会计年末预算收支结转后"资金结存"科目借方余额与预算结转结余科目贷方余额相等；单位财务会计本期盈余经分配后最终转入净资产。单位财务会计核算中关于应交增值税的会计处理与企业会计基本相同，在预算会计处理中，预算收入和预算支出包含了销项税额和进项税额，实际缴纳增值税时计入预算支出	

【考点子题——举一反三，真枪实练】

[15]【经典子题·多选题】下列各项关于政府单位特定业务会计核算的一般原则中，正确

的有（　　）。

A. 政府单位财务会计实行权责发生制

B. 除另有规定外，单位预算会计采用收付实现制

C. 对于纳入部门预算管理的现金收支业务，同时进行财务会计和预算会计核算

D. 对于单位应上缴财政的现金所涉及的收支业务，进行预算会计处理

考点3　财政拨款收支业务

1. 财政直接支付业务

❀【考点藏宝图】

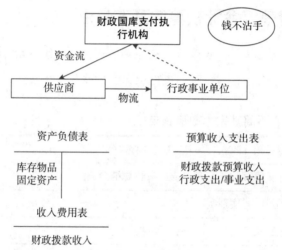

▲【考点母题——万变不离其宗】财政直接支付业务

下列各项中，关于财政直接支付的会计处理正确的有（　　）。

	财务会计	预算会计
收到拨款	借：库存物品/固定资产/业务活动费用/ 单位管理费用/应付职工薪酬等 　　贷：财政拨款收入	借：行政支出/事业支出等 　　贷：财政拨款预算收入
年末确认 拨款差额	借：财政应返还额度——财政直接支付 　　贷：财政拨款收入	借：资金结存——财政应返还额度 　　贷：财政拨款预算收入
年初恢复 用款额度	借：库存物品/固定资产/业务活动费用/ 单位管理费用/应付职工薪酬等 　　贷：财政应返还额度——财政直接支付	借：行政支出/事业支出等 　　贷：资金结存——财政应返还额度

▲【考点子题——举一反三，真枪实练】

[16]【经典子题·单选题】2022年4月9日，某事业单位根据经过批准的部门预算和用

款计划，向同级财政部门申请支付第三季度水费105 000元。4月18日，财政部门经审核后，以财政直接支付方式向自来水公司支付了该单位的水费105 000元。4月23日，该事业单位收到了"财政直接支付入账通知书"。该笔业务财务会计的处理正确的是（　）。

A. 借：单位管理费用　　　　　　　　　　　　　105 000

　　　贷：财政拨款收入　　　　　　　　　　　　　　　　105 000

B. 借：事业支出　　　　　　　　　　　　　　　105 000

　　　贷：财政拨款预算收入　　　　　　　　　　　　　　105 000

C. 借：事业支出　　　　　　　　　　　　　　　105 000

　　　贷：财政拨款收入　　　　　　　　　　　　　　　　105 000

D. 借：单位管理费用　　　　　　　　　　　　　105 000

　　　贷：财政拨款预算收入　　　　　　　　　　　　　　105 000

[17]【经典子题·多选题】2019年12月31日，某行政单位财政直接支付指标数与当年财政直接支付实际支出数之间的差额为100 000元。2020年年初，财政部门恢复了该单位的财政直接支付额度。2020年1月15日，该单位以财政直接支付方式购买一批办公用物资（属于上年预算指标数），支付给供应商50 000元价款。该行政单位的账务处理正确的有（　）。

A. 2019年12月31日补记指标财务会计处理：

借：财政应返还额度——财政直接支付　　　　　100 000

　　贷：财政拨款收入　　　　　　　　　　　　　　　　100 000

B. 2019年12月31日补记指标预算会计处理：

借：资金结存——财政应返还额度　　　　　　　100 000

　　贷：财政拨款预算收入　　　　　　　　　　　　　　100 000

C. 2020年1月15日使用上年预算指标购买办公用品财务会计处理：

借：库存物品　　　　　　　　　　　　　　　　50 000

　　贷：财政应返还额度——财政直接支付　　　　　　　50 000

D. 2020年1月15日使用上年预算指标购买办公用品财务会计处理：

借：行政支出　　　　　　　　　　　　　　　　50 000

　　贷：资金结存——财政应返还额度　　　　　　　　　50 000

[18]【历年真题·多选题】2×20年12月31日，甲行政单位财政直接支付指标数与当年财政直接支付实际支出数之间的差额为30万元。2×21年1月1日，财政部门恢复了该单位的财政直接支付额度。2×21年1月20日，该单位以财政直接支付方式购

买一批办公用品（属于上年预算指标数），支付给供应商 10 万元。不考虑其他因素，甲行政单位对购买办公用品的下列会计处理表述中，正确的有（ ）。

A. 增加库存物品 10 万元   B. 减少财政应返还额度 10 万元

C. 减少资金结存 10 万元   D. 增加行政支出 10 万元

2. 财政授权支付业务

【考点藏宝图】

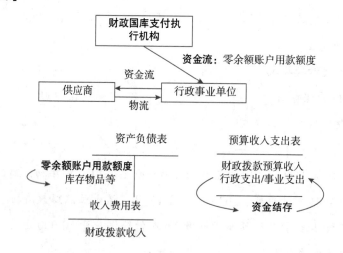

【考点母题——万变不离其宗】财政授权支付业务

下列各项中，关于财政授权支付的会计处理正确的有（ ）。		
	财务会计	**预算会计**
收到授权支付到账通知书	借：零余额账户用款额度 　贷：财政拨款收入	借：资金结存——零余额账户用款额度 　贷：财政拨款预算收入
按规定支用额度	借：库存物品/固定资产/业务活动费用/单位管理费用/应付职工薪酬等 　贷：零余额账户用款额度	借：行政支出/事业支出等 　贷：资金结存——零余额账户用款额度
年末，依据代理银行提供的对账单作注销额度的相关账务处理	借：财政应返还额度 　贷：零余额账户用款额度	借：资金结存——财政应返还额度 　贷：资金结存——零余额账户用款额度
下年初恢复额度时	借：零余额账户用款额度 　贷：财政应返还额度——财政授权支付	借：资金结存——零余额账户用款额度 　贷：资金结存——财政应返还额度

续表

年末，单位本年度财政授权支付预算指标数大于零余额账户用款额度下达数	借：财政应返还额度 　　贷：财政拨款收入	借：资金结存——财政应返还额度 　　贷：财政拨款预算收入
下年度收到财政部门批复的上年年末未下达零余额账户用款额度	借：零余额账户用款额度 　　贷：财政应返还额度	借：资金结存——零余额账户用款额度 　　贷：资金结存——财政应返还额度

🔺【考点子题——举一反三，真枪实练】

［19］【经典子题·多选题】2019 年 12 月 31 日，某事业单位经与代理银行提供的对账单核对无误后，将 150 000 元零余额账户用款额度予以注销。另外，本年度财政授权支付预算指标数大于零余额账户用款额度下达数，未下达的用款额度为 200 000 元。2020 年度，该单位收到代理银行提供的额度恢复到账通知书及财政部门批复的上年末未下达零余额账户用款额度。该事业单位账务处理正确的有（　　）。

A．2019 年 12 月 31 日注销额度：

借：财政应返还额度——财政授权支付　　　　　　150 000

　　贷：零余额账户用款额度　　　　　　　　　　　　150 000

同时，

借：资金结存——财政应返还额度　　　　　　　　150 000

　　贷：资金结存——零余额账户用款额度　　　　　　150 000

B．2019 年 12 月 31 日补记指标数：

借：财政应返还额度——财政授权支付　　　　　　200 000

　　贷：财政拨款收入　　　　　　　　　　　　　　　200 000

同时，

借：资金结存——财政应返还额度　　　　　　　　200 000

　　贷：财政拨款预算收入　　　　　　　　　　　　　200 000

C．2020 年初恢复额度：

借：零余额账户用款额度　　　　　　　　　　　　150 000

　　贷：财政应返还额度——财政授权支付　　　　　　150 000

同时，

借：资金结存——零余额账户用款额度　　　　　　150 000

　　贷：资金结存——财政应返还额度　　　　　　　　150 000

D．2020 年收到财政部门批复的上年年末未下达的额度：

借：零余额账户用款额度　　　　　　　　　　　　200 000

贷：财政应返还额度——财政授权支付   200 000

同时，

借：资金结存——零余额账户用款额度 200 000

  贷：资金结存——财政应返还额度   200 000

[20]【历年真题·多选题】某事业单位 2015 年度收到财政部门批复的 2014 年年末未下达零余额账户用款额度 300 万元，下列会计处理中，正确的有（ ）。

A. 贷记"财政补助收入"300 万元

B. 借记"财政补助结转"300 万元

C. 贷记"财政应返还额度"300 万元

D. 借记"零余额账户用款额度"300 万元

3. 预算管理一体化的相关会计处理

在部分实行预算管理一体化的地区和部门，国库集中支付不再区分财政直接支付和财政授权支付，会计处理与财政直接支付方式类似。

▲【考点母题——万变不离其宗】预算管理一体化的相关会计处理

下列各项中，关于预算管理一体化的相关会计处理正确的有（ ）。		
	财务会计	预算会计
科目设置	——	A. 不再使用"零余额账户用款额度" B. "财政应返还额度"和"资金结存——财政应返还额度"科目不设置"财政直接支付""财政授权支付"明细科目

收到国库集中支付凭证	借：库存物品/固定资产/业务活动费用/单位管理费用/应付职工薪酬等
	  贷：财政拨款收入（使用本年指标）
	    财政应返还额度（使用以前年度预算指标）
		借：行政支出/事业支出等
		  贷：财政拨款预算收入（使用本年度预算指标）
		    资金结存——财政应返还额度（使用以前年度预算指标）

年末，根据财政部门批准的本年度预算指标数大于当年实际支付数的差额中允许结转使用的金额（国库集中支付结余按权责发生制列支的）	借：财政应返还额度
	  贷：财政拨款收入
		借：资金结存——财政应返还额度
		  贷：财政拨款预算收入

【考点子题——举一反三，真枪实练】

[21]【经典子题·判断题】在实行预算管理一体化的地区和部门，财政拨款收支业务核算不再使用"零余额账户用款额度"。（　　）

考点4　非财政拨款收支业务

（一）事业（预算）收入

事业收入是指事业单位开展专业业务活动及其辅助活动实现的收入，不包括从同级政府财政部门取得的各类财政拨款。

【考点母题——万变不离其宗】事业（预算）收入

项目	具体情况	财务会计	预算会计
下列各项中，关于事业（预算）收入表述正确的有（　　）。			
采用财政专户返还方式管理的事业（预算）收入	实现应上缴财政专户的事业收入	借：银行存款/应收账款等 贷：应缴财政款	
	向财政专户上缴款项	借：应缴财政款 贷：银行存款	
	收到从财政专户返还的事业收入	借：银行存款 贷：事业收入	借：资金结存——货币资金 贷：事业预算收入
其他方式下确认的事业收入	按照实际收到的金额	借：银行存款、库存现金 贷：事业收入	借：资金结存——货币资金 贷：事业预算收入
增值税业务	确认收入	借：银行存款 贷：事业收入 应交增值税——应交税金（销项税额）	借：资金结存——货币资金 贷：事业预算收入
	实际缴纳增值税	借：应交增值税——应交税金（已交税金） 贷：银行存款	借：事业支出 贷：资金结存——货币资金
期末	"事业收入"科目本期发生额转入本期盈余	借：事业收入 贷：本期盈余	借：事业预算收入 贷：非财政拨款结转——本年收支结转（专项）/其他结余（非专项）

【考点子题——举一反三，真枪实练】

[22]【经典子题·单选题】某事业单位部分事业收入采用财政专户返还的方式管理。2019年9月5日，该单位收到应上缴财政专户的事业收入5 000 000元。9月15日，该

单位将上述款项上缴财政专户。10月15日，该单位收到从财政专户返还的事业收入5 000 000元。该单位收到应上缴财政专户的事业收入时的会计分录正确的是（   ）。

A. 借：银行存款　　　　　　　　　　　　　5 000 000

　　　贷：应缴财政款　　　　　　　　　　　　　5 000 000

B. 借：应缴财政款　　　　　　　　　　　　5 000 000

　　　贷：银行存款　　　　　　　　　　　　　　5 000 000

C. 借：银行存款　　　　　　　　　　　　　5 000 000

　　　贷：事业收入　　　　　　　　　　　　　　5 000 000

D. 借：资金结存——货币资金　　　　　　　5 000 000

　　　贷：事业预算收入　　　　　　　　　　　　5 000 000

[23]【经典子题·多选题】20×8年3月，某科研事业单位（为增值税一般纳税人）开展技术咨询服务，开具的增值税专用发票上注明的劳务收入为200 000元，增值税税额为12 000元，款项已存入银行。不考虑其他因素，下列会计处理表述正确的有（   ）。

A. 收到劳务收入时财务会计：

　　借：银行存款　　　　　　　　　　　　　212 000

　　　贷：事业收入　　　　　　　　　　　　　　200 000

　　　　　应交增值税——应交税金（销项税额）　　　12 000

B. 收到劳务收入时预算会计：

　　借：资金结存——货币资金　　　　　　　212 000

　　　贷：事业预算收入　　　　　　　　　　　　212 000

C. 实际缴纳增值税时财务会计：

　　借：应交增值税——应交税金（已交税金）　12 000

　　　贷：银行存款　　　　　　　　　　　　　　12 000

D. 实际缴纳增值税时预算会计：

　　借：事业支出　　　　　　　　　　　　　12 000

　　　贷：资金结存——货币资金　　　　　　　　12 000

[24]【历年真题·单选题】下列各项关于科研事业单位有关业务或事项会计处理的表述中，正确的是（   ）。

A. 开展技术咨询服务收取的劳务费（不含增值税），在预算会计下确认为其他预算收入

B. 年度终了，根据本年度财政直接支付预算指标数与本年财政直接支付实际支出数的差额确认为其他预算收入

C. 财政授权支付方式下年度终了根据代理银行提供的对账单核对无误后注销零余额账户用款额度的余额并于下年初恢复

D. 涉及现金收支的业务采用预算会计核算，不涉及现金收支的业务采用财务会计核算

（二）捐赠（预算）收入和支出

捐赠收入指单位接受其他单位或者个人捐赠取得的收入，包括现金捐赠和非现金捐赠收入。捐赠预算收入指单位接受的现金资产。

▲【考点母题——万变不离其宗】捐赠（预算）收入和支出

项目	资产	财务会计	预算会计
捐赠（预算）收入	接受捐赠的货币资金	借：银行存款/库存现金 　贷：捐赠收入	借：资金结存——货币资金 　贷：其他预算收入——捐赠收入
	接受货币资金捐赠按规定需要上缴的	借：银行存款/库存现金 　贷：应缴财政款	—
	接受捐赠的存货、固定资产等	借：库存物品/固定资产等 　贷：银行存款等（相关税费支出） 　　捐赠收入	借：其他支出（支付的相关税费） 　贷：资金结存——货币资金
捐赠（预算）支出	对外捐赠的货币资金	借：其他费用 　贷：银行存款/库存现金	借：其他支出 　贷：资金结存——货币资金
	对外捐赠的存货、固定资产等	借：资产处置费用 　贷：库存物品/固定资产等	—
	向附属单位分配受赠货币资金	借：对附属单位补助费用 　贷：银行存款/库存现金	借：对附属单位补助支出 　贷：资金结存——货币资金
	向附属单位以外的其他单位分配受赠货币资金	借：其他费用 　贷：银行存款/库存现金	借：其他支出 　贷：资金结存——货币资金
捐赠（预算）支出	向政府会计主体分配受赠的非现金资产	借：无偿调拨净资产 　贷：库存物品/固定资产等	—
	向非政府会计主体分配受赠的非现金资产	借：资产处置费用 　贷：库存物品/固定资产等	—

▲【考点子题——举一反三，真枪实练】

[25]【经典子题·计算分析题】20×7 年 3 月 12 日，某事业单位接受甲公司捐赠的一批实

验材料，甲公司所提供的凭据表明其价值为 100 000 元，该事业单位以银行存款支付了运输费 1 000 元。假设不考虑相关税费。

要求：编制该单位捐赠相关的会计分录。

考点 5 预算结转结余及分配业务

（一）财政拨款结转结余

1. 财政拨款结转的核算

财政拨款结转是指单位取得的同级财政拨款结转资金的调整、结转和滚存的情况。

▲【考点母题——万变不离其宗】财政拨款结转的核算

财政拨款结转	财务会计	预算会计
根据财政拨款收入本年发生额	—	借：财政拨款收入 　　贷：财政拨款结转——本年收支结转
根据各项支出中的财政拨款支出本年发生额	—	借：财政拨款结转——本年收支结转 　　贷：各项支出（财政拨款支出）
按规定从其他单位调入财政拨款结转金额	借：零余额账户用款额度 / 财政应返还额度 　　贷：累计盈余	借：资金结存——财政应返还额度 / 零余额账户用款额度 / 货币资金 　　贷：财政拨款结转——归集调入
按规定上缴（或注销）财政拨款结转资金、向其他单位调出财政拨款结转资金	借：累计盈余 　　贷：零余额账户用款额度 / 财政应返还额度	借：财政拨款结转——归集上缴 / 归集调出 　　贷：资金结存——财政应返还额度 / 零余额账户用款额度 / 货币资金
经财政部门批准对财政拨款结余资金改变用途	—	借：财政拨款结余——单位内部调剂 　　贷：财政拨款结转——单位内部调剂
发生差错等事项调整以前年度财政拨款结转资金	借：以前年度盈余调整（或贷方） 　　贷：零余额账户用款额度 / 银行存款等	借：资金结存—财政应返还额度 / 零余额账户用款额度 / 货币资金（或贷方） 　　贷：财政拨款结转——年初余额调整
冲销有关明细科目余额	—	借：财政拨款结转——累计结转 　　贷：财政拨款结转——本年收入结转 / 年初余额调整 / 归集调出 / 归集上缴 / 单位内部调剂
按照有关规定将符合财政拨款结余性质的项目余额转入财政拨款结余	—	借：财政拨款结转——累计结转 　　贷：财政拨款结余——结转转入

⚠【考点子题——举一反三，真枪实练】

[26]【经典子题·多选题】2019 年 10 月，某事业单位收到财政拨款收入 2 000 000 元，"事业支出"科目下"财政拨款支出"明细科目的当期发生额为 1 400 000 元。月末，该事业单位将本月财政拨款收入和支出结转的会计分录正确的有（　　）。

  A．借：财政拨款预算收入   2 000 000

     贷：财政拨款结转——本年收支结转   2 000 000

  B．借：财政拨款结转——本年收支结转   1 400 000

     贷：事业支出——财政拨款支出   1 400 000

  C．借：财政拨款收入   2 000 000

     贷：财政拨款结转——本年收支结转   2 000 000

  D．借：财政拨款结余——结转转入   1 400 000

     贷：事业支出——财政拨款支出   1 400 000

2．财政拨款结余的核算

  设置"财政拨款结余"科目反映财政拨款结余金额变动情况，包含"年初余额调整""归集上缴""单位内部调剂""结转转入""累计结余"等明细科目。年末结转后，财政拨款结余科目除"累计结余"明细科目外，其他明细科目应无余额。

⚠【考点母题——万变不离其宗】财政拨款结余的核算

财政拨款结余	财务会计	预算会计
按照有关规定将符合财政拨款结余性质的项目余额转入财政拨款结余	—	借：财政拨款结转——累计结转 　贷：财政拨款结余——结转转入
经财政部门批准对财政拨款结余资金改变用途	—	借：财政拨款结余——单位内部调剂 　贷：财政拨款结转——单位内部调剂
按照规定上缴财政拨款结余资金或注销财政拨款结余资金额度	借：累计盈余 　贷：零余额账户用款额度/财政应返还额度等	借：财政拨款结余——归集上缴 　贷：资金结存——财政应返还额度/零余额账户用款额度/货币资金
发生差错等事项调整以前年度财政拨款结转资金	借：以前年度盈余调整（或贷方） 　贷：零余额账户用款额度/银行存款等	借：资金结存——财政应返还额度/零余额账户用款额度/货币资金 　贷：财政拨款结余——年初余额调整（或借方）
年末冲销有关明细科目余额	—	借：财政拨款结余——累计结余 　贷：财政拨款结余——本年收入结转/年初余额调整/归集调出/归集上缴/单位内部调剂

🔺【考点子题——举一反三，真枪实练】

[27]【经典子题·多选题】2019年年末，某事业单位完成财政拨款收支结转后，对财政拨款各明细项目进行分析，按照有关规定将某项目结余资金65 000元转入财政拨款结余，该笔业务会计处理表述正确的有（   ）。

A．借记"财政拨款结转——累计结转"65 000元

B．贷记"财政拨款结余——结转转入"65 000元

C．借记"非财政拨款结转——累计结转"65 000元

D．贷记"非财政拨款结余——结转转入"65 000元

（二）非财政拨款结转结余

1．非财政拨款结转

非财政拨款结转资金是指事业单位除财政拨款收支、经营收支以外的各非同级财政拨款专项资金收入与其相关支出相抵后剩余滚存的、须按规定用途使用的结转资金。

🔺【考点母题——万变不离其宗】非财政拨款结转的核算

项目	财务会计	预算会计
年末将收入转入本科目	—	借：事业预算收入/上级补助预算收入/附属单位上缴预算收入/非同级财政拨款预算收入/债务预算收入/其他预算收入 　　贷：非财政拨款结转——本年收支结转
年末将支出转入本科目	—	借：非财政拨款结转——本年收支结转 　　贷：行政支出/事业支出/其他支出
发生差错等事项调整以前年度财政拨款结转资金	借：以前年度盈余调整（或贷方） 　　贷：零余额账户用款额度/银行存款等	借：资金结存——财政应返还额度/零余额账户用款额度/货币资金 　　贷：财政拨款结转——年初余额调整（或借方）
提取项目管理费或间接费	借：单位管理费用 　　贷：预提费用——项目间接费或管理费	借：非财政拨款结转——项目间接费用或管理费 　　贷：非财政拨款结余——项目间接费用或管理费
因差错更正等事项调整非财政拨款结转资金	借：以前年度盈余调整（或贷方） 　　贷：银行存款	借：资金结存——货币资金 　　贷：非财政拨款结转——年初余额调整
按规定缴回非财政拨款结转资金	借：累计盈余 　　贷：银行存款	借：非财政拨款结转——缴回资金 　　贷：资金结存——货币资金

续表

项目	财务会计	预算会计
年末冲销有关明细科目余额	—	借：非财政拨款结转——累计结转 　贷：非财政拨款结转——年初余额调整 / 项目间接费用或管理费 / 缴回资金 / 本年收支结转
完成结转剩余资金	—	借：非财政拨款结转——累计结转 　贷：非财政拨款结余——结转转入

▲【考点子题——举一反三，真枪实练】

[28]【经典子题·单选题】2022 年 1 月，某事业单位启动一项科研项目。当年收到上级主管部门拨付的非财政专项资金 6 000 000 元，为该项目发生事业支出 5 600 000 元。2022 年 12 月，项目结项，经上级主管部门批准，该项目的结余资金留归事业单位使用。该事业单位年末结转上级补助预算收入中该科研专项资金收入时的会计分录正确的是（　　）。

A. 借：上级补助预算收入　　　　　　　　　　6 000 000

　　贷：非财政拨款结转——本年收支结转　　　6 000 000

B. 借：非财政拨款结转——本年收支结转　　　5 600 000

　　贷：事业支出——非财政专项资金支出　　　5 600 000

C. 借：非财政拨款结转——本年收支结转　　　400 000

　　贷：非财政拨款结转——累计结转　　　　　400 000

D. 借：非财政拨款结转——累计结转　　　　　400 000

　　贷：非财政拨款结余——结转转入　　　　　400 000

2．非财政拨款结余

非财政拨款结余指单位历年滚存的非限定用途的非同级财政拨款结余资金，主要为非财政拨款结余扣除结余分配后滚存的金额。

▲【考点母题——万变不离其宗】非财政拨款结余的核算

项目	财务会计	预算会计
年末，将留归本单位使用的非财政拨款专项（项目已完成）剩余资金转入本科目	—	借：非财政拨款结转——累计结转 　贷：非财政拨款结余——结转转入
按照规定从科研项目预算收入中提取项目管理费或间接费	借：单位管理费用 　贷：预提费用——项目间接费或管理费	借：非财政拨款结转——项目间接费用或管理费 　贷：非财政拨款结余——项目间接费用或管理费

有企业所得税缴纳义务的事业单位实际缴纳企业所得税时	借：其他应缴税费——单位应交所得税 　　贷：银行存款	借：非财政拨款结余——累计结余 　　贷：资金结存——货币资金
因会计差错更正等调整非财政拨款结余资金	借：以前年度盈余调整 　　贷：银行存款	借：资金结存——货币资金 　　贷：非财政拨款结余——年初余额调整
年末，冲销有关明细科目余额	—	借：非财政拨款结余——年初余额调整 / 项目间接费用或管理费 / 结转转入 　　贷：非财政拨款结余——累计结余
年末，**事业单位**将"非财政拨款结余分配"科目余额转入非财政拨款结余	—	借：非财政拨款结余——累计结余 　　贷：非财政拨款结余分配（或借方）
年末，**行政单位**将"其他结余"科目余额转入非财政拨款结余	—	借：其他结余（或贷方） 　　贷：非财政拨款结余——累计结余

（三）专用结余、经营结余、其他结余及非财政拨款结余分配

1．专用结余

专用结余是指事业单位按照规定从非财政拨款结余中提取的具有专门用途的资金。专用结余期末余额在贷方，反映事业单位从非同级财政拨款结余中提取的专用基金的累计滚存数额。

▲【考点母题——万变不离其宗】专用结余

项目	财务会计	预算会计
提取	借：本年盈余分配 　　贷：专用基金	借：非财政拨款结余分配 　　贷：专用结余
使用	借：专用基金 　　贷：银行存款等	借：事业支出（注明使用专用结余） 　　贷：资金结存——货币资金 借：专用结余 　　贷：事业支出

2．经营结余

年末，如"经营结余"科目为贷方余额，将余额结转至"非财政补助结余分配"科目，借记"经营结余"科目，贷记"非财政补助结余分配"科目；如为借方余额，即为经营亏损，不予结转。

【考点母题——万变不离其宗】经营结余

项目	预算会计
根据经营预算收入本期发生额	借：经营预算收入 　　贷：经营结余
根据经营支出本期发生额	借：经营结余 　　贷：经营支出（不包括使用专用结余的支出）
年末，"经营结余"科目有余额	1. 贷方余额 借：经营结余 　　贷：非财政拨款结余分配 2. 借方余额 为经营亏损，不予结转

考点锦囊　赚了要结转，亏了自己留。

3．其他结余

年末行政单位将其他结余余额转入"非财政拨款结余——累计结余"科目；事业单位将本科目余额转入"非财政拨款结余分配"科目。

【考点母题——万变不离其宗】其他结余

项目	预算会计
收入转入本科目	借：事业预算收入/上级补助预算收入/附属单位上缴预算收入/非同级财政拨款预算收入/债务预算收入/其他预算收入科目下各非专项资金收入明细科目和投资预算收益 　　贷：其他结余 注：投资预算收益科目本年发生额为借方净额时 借：其他结余 　　贷：投资预算收益
支出转入本科目	借：其他结余 　　贷：行政支出/事业支出/其他支出科目下各非同级财政/非专项资金支出明细科目和上缴上级支出/对附属单位补助支出/投资支出/债务还本支出（不包括使用专用结余的支出）
完成结转后，将余额结转	1. 行政单位 借：其他结余 　　贷：非财政拨款结余——累计结余 2. 事业单位 借：其他结余 　　贷：非财政拨款结余分配

4．非财政拨款结余分配的核算

事业单位应当在预算会计中设置"非财政拨款结余分配"科目，核算事业单位本年度非财政拨款结余分配的情况和结果。

🔺【考点母题——万变不离其宗】非财政拨款结余分配

项目	财务会计	预算会计
将"其他结余"和"经营结余"贷方余额结转	——	借：其他结余或经营结余 　　贷：非财政拨款结余分配
根据有关规定提取专用基金	借：本年盈余分配 　　贷：专用基金	借：非财政拨款结余分配 　　贷：专用结余
将"非财政拨款结余分配"科目余额转入非财政拨款结余	——	借：非财政拨款结余分配 　　贷：非财政拨款结余

🔺【考点子题——举一反三，真枪实练】

[29]【经典子题·单选题】2022 年年终结账时，某事业单位当年其他结余的贷方余额为 50 000 元，经营结余的贷方余额为 40 000 元。该事业单位按照有关规定提取职工福利基金 12 000 元。该事业单位结转其他结余时会计分录正确的是（　　）。

A. 借：其他结余　　　　　　　　　　　50 000

　　贷：非财政拨款结余分配　　　　　　50 000

B. 借：经营结余　　　　　　　　　　　40 000

　　贷：非财政拨款结余分配　　　　　　40 000

C. 借：非财政拨款结余分配　　　　　　12 000

　　　贷：专用结余——职工福利基金　　12 000

　借：本年盈余分配　　　　　　　　　12 000

　　贷：专用基金职工福利基金　　　　　12 000

D. 借：非财政拨款结余分配　　　　　　78 000

　　贷：非财政拨款结余　　　　　　　　78 000

考点6　净资产业务

（一）本期盈余及本年盈余分配

年末，将本期盈余余额转入"本年盈余分配"科目时，借记或贷记"本期盈余"科目，贷记或借记"本年盈余分配"科目。

♜ 【考点母题——万变不离其宗】本期盈余

项目	事项	财务会计
本期盈余	期末，单位应当将各类收入的本期发生额转入本期盈余	借：财政拨款收入 / 事业收入 / 上级补助收入 / 附属单位上缴收入 / 经营收入 / 非同级财政拨款收入 / 投资收益 / 捐赠收入 / 利息收入 / 租金收入 / 其他收入 　　贷：本期盈余
	将各类费用本期发生额转入本期盈余	借：本期盈余 　　贷：业务活动费用 / 单位管理费用 / 经营费用 / 所得税费用 / 资产处置费用 / 上缴上级费用 / 对附属单位补助费用 / 其他费用
	年末，单位应当将本期盈余余额转入本年盈余分配	借：本期盈余 　　贷：本年盈余分配（或借方）
本年盈余分配	根据有关规定从本年度非财政拨款结余或经营结余中提取专用基金的	借：本年盈余分配 　　贷：专用基金
	期末结转	借：本年盈余分配 　　贷：累计盈余（或借方）

（二）专用基金

专用基金是指事业单位按照规定提取或设置的具有专门用途的净资产，主要包括职工福利基金、科技成果转换基金等。

♜ 【考点母题——万变不离其宗】专用基金

项目	事项	财务会计	预算会计
专用基金的取得	单位根据有关规定设置的其他专用基金（如留本基金）	借：银行存款等 　　贷：专用基金	—
	年末，事业单位根据有关规定从本年度非财政拨款结余或经营结余中提取专用基金的	借：本年盈余分配 　　贷：专用基金	借：非财政拨款结余分配 　　贷：专用结余
专用基金的使用	事业单位按照规定使用提取的专用基金时	借：专用基金 　　贷：银行存款等	借：事业支出等 　　贷：资金结存——货币资金
	单位使用提取的专用基金购置固定资产、无形资产的，按照固定资产、无形资产成本金额	借：固定资产等 　　贷：银行存款等； 同时按照专用基金使用金额： 借：专用基金 　　贷：累计盈余	借：事业支出等 　　贷：资金结存——货币资金

（三）无偿调拨净资产

按照行政事业单位资产管理相关规定，经批准政府单位之间可以无偿调拨资产。

【考点母题——万变不离其宗】无偿调拨净资产

事项	财务会计	预算会计
按照规定取得无偿调入的非现金资产等	借：库存物品 / 长期股权投资 / 固定资产等科目（相关资产在调出方的账面价值加相关税费、运输费） 贷：零余额账户用款额度 / 银行存款等科目（调入过程中发生的归属于调入方的相关费用） 无偿调拨净资产（按差额）	借：其他支出（调入过程中发生的归属于调入方的相关费用） 贷：资金结存
按照规定经批准无偿调出非现金资产等	借：无偿调拨净资产（调出资产的账面余额或账面价值） 固定资产累计折旧等 贷：库存物品 / 固定资产等（按照调出资产的账面余额）	—
调出过程中发生的归属于调出方的相关费用	借：资产处置费用 贷：零余额账户用款额度 / 银行存款等	借：其他支出 贷：资金结存
年末，将"无偿调拨净资产"科目余额转入累计盈余	借：无偿调拨净资产 贷：累计盈余（或借方）	—

【考点子题——举一反三，真枪实练】

[30]【经典子题·多选题】2022 年 5 月 5 日，某行政单位接受其他部门无偿调入物资一批，该批物资在调出方的账面价值为 20 000 元，经验收合格后入库。物资调入过程中该单位以银行存款支付了运输费 1 000 元。财会部门根据有关凭证进行了账务处理，不考虑相关税费，该单位编制的会计分录正确的有（　　）。

A. 借：库存物品　　　　　　　　　　　　　　21 000

　　　贷：银行存款　　　　　　　　　　　　　　　　1 000

　　　　　无偿调拨净资产　　　　　　　　　　　　20 000

B. 借：其他支出　　　　　　　　　　　　　　 1 000

　　　贷：资金结存——货币资金　　　　　　　　　 1 000

C. 借：库存物品　　　　　　　　　　　　　　20 000

　　　贷：无偿调拨净资产　　　　　　　　　　　　20 000

D. 借：库存物品　　　　　　　　　　　　　　20 000

　　　贷：非财政拨款收入　　　　　　　　　　　　20 000

（四）权益法调整

"权益法调整"科目核算事业单位持有的长期股权投资采用权益法核算时，按照被投资单位除净损益和利润分配以外的所有者权益变动份额调整长期股权投资账面余额而计入净资产的金额。

△【考点母题——万变不离其宗】权益法调整

年末	借：长期股权投资——其他权益变动（被投资单位除净损益和利润分配以外的所有者权益变动应享有（或应分担）的份额，或贷方） 　　贷：权益法调整
处置	借：权益法调整 　　贷：投资收益（或借方）

（五）以前年度盈余调整

"以前年度盈余调整"科目核算单位本年度发生的调整以前年度盈余的事项，包括本年度发生的重要前期差错更正涉及调整以前年度盈余的事项。

事项调整后的处理	借：累计盈余 　　贷：以前年度盈余调整（或借方）

（六）累计盈余

累计盈余反映单位历年实现的盈余扣除盈余分配后滚存的金额，以及因无偿调入调出资产产生的净资产变动额。

△【考点母题——万变不离其宗】累计盈余

项目	会计核算
年末，将"本年盈余分配"的余额转入累计盈余	借：本年盈余分配 　　贷：累计盈余（或借方）
将"无偿调拨净资产"的余额转入累计盈余	借：无偿调拨净资产 　　贷：累计盈余（或借方）
按照规定上缴、缴回、单位间调剂结转结余资金产生的净资产变动额，以及对以前年度盈余的调整金额，也通过"累计盈余"科目核算	

考点 7   资产业务

（一）资产业务共性内容

单位资产按照流动性分为流动资产和非流动资产。

【考点母题——万变不离其宗】资产业务

下列关于资产业务会计处理正确的有（ ）。		
资产取得	外购	购买价款、相关税费及其他费用
	自行加工建造	验收入库前全部必要支出
	接受捐赠	成本和相关税费，成本计量有四个层次，投资和经管资产不能采用名义金额
	无偿调入	调出方账面价值、相关税费
	置换取得	换出资产评估价值、补价、为换入发生的支出
资产处置	包括无偿调拨、出售、出让、转让、置换、对外捐赠、报废、毁损以及货币性资产损失核销等，单位应当按规定报经批准后对资产进行处置	
	单位应当将被处置资产账面价值转销计入资产处置费用，并按照"收支两条线"将处置净收益上缴财政	
	如按规定将资产处置净收益纳入单位预算管理的，应将净收益计入当期收入	
	对于资产盘盈、盘亏、报废或毁损的，应当在报经批准前将相关资产账面价值转入"待处理财产损益"。待报经批准后再进行资产处置	

（二）固定资产

固定资产，是指单位为满足自身开展业务活动或其他活动需要而控制的使用年限超过1年（不含1年）、单位价值在规定标准以上，并在使用过程中基本保持原有物质形态的资产。

【考点母题——万变不离其宗】固定资产

项目	财务会计	预算会计
取得固定资产	借：固定资产／在建工程 　　贷：财政拨款收入／零余额账户用款额度／应付账款／银行存款等科目	借：行政支出／事业支出／经营支出等科目 　　贷：财政拨款预算收入／资金结存等科目

续表

接受捐赠的固定资产	借：固定资产/在建工程 　贷：零余额账户用款额度/银行存款等科目 　（相关税费、运输费） 　　捐赠收入	实际发生的税费、运输费： 借：其他支出 　贷：资金结存
无偿调入的固定资产	借：固定资产/在建工程 　贷：零余额账户用款额度/银行存款等科目 　（相关税费、运输费） 　　无偿调拨净资产	实际发生的税费、运输费： 借：其他支出 　贷：资金结存
固定资产计提折旧	（1）除文物和陈列品、动植物、图书、档案、单独计价入账的土地、以名义金额计量的固定资产等资产外，应当按月对固定资产计提折旧 （2）当月增加的固定资产，当月开始计提折旧；当月减少的固定资产，当月不再计提折旧 借：业务活动费用/单位管理费用/经营费用/加工物品/在建工程等科目 　贷：固定资产累计折旧	—
固定资产后续支出	改建、扩建等后续支出，计入在建工程；日常维护等支出，计入当期费用	
处置固定资产	借：资产处置费用 　　固定资产累计折旧 　　银行存款（按照收到的价款） 　贷：固定资产 　　应缴财政款	—
对外捐赠固定资产	借：资产处置费用 　　固定资产累计折旧 　贷：固定资产 　　银行存款（实际支付的相关费用）	实际支付的相关费用： 借：其他支出（实际支付的相关费用） 　贷：资金结存
无偿调出固定资产	借：无偿调拨净资产 　　固定资产累计折旧 　贷：固定资产 　　银行存款（实际支付的相关费用） 借：资产处置费用 　贷：银行存款	实际支付的相关费用： 借：其他支出（实际支付的相关费用） 　贷：资金结存
固定资产盘盈、盘亏或损毁、报废	应当按照有关规定报经批准及时进行处理，并通过"待处理财产损溢"科目进行核算	—

▲【考点子题——举一反三，真枪实练】

[31]【经典子题·单选题】2022 年 7 月 18 日，某事业单位（为增值税一般纳税人）经批准购入一台不需安装就能投入使用的检测专用设备，取得的增值税专用发票上注明

的设备价款为 800 000 元，增值税税额为 128 000 元。该单位以银行存款支付了相关款项。关于该笔业务财务会计的会计分录正确的是（　　）。

A. 借：事业支出 　　　　　　　　　　　　　 928 000

　　　贷：资金结存——货币资金 　　　　　　　　　　　　 928 000

B. 借：固定资产 　　　　　　　　　　　　　 800 000

　　　应交增值税——应交税金（进项税额）　 128 000

　　　　贷：银行存款 　　　　　　　　　　　　　　　　 928 000

C. 借：事业支出 　　　　　　　　　　　　　 928 000

　　　贷：财政拨款预算收入 　　　　　　　　　　　　　 928 000

D. 借：固定资产 　　　　　　　　　　　　　 800 000

　　　应交增值税——应交税金（进项税额）　 128 000

　　　　贷：财政拨款收入 　　　　　　　　　　　　　　 928 000

[32]【经典子题•单选题】2022 年 6 月 30 日，某事业单位计提本月固定资产折旧 50 000元。财会部门根据有关凭证，应贷记的会计科目是（　　）。

A. 累计折旧 　　　　　　　　　　 B. 固定资产累计折旧

C. 业务活动费用 　　　　　　　　 D. 事业支出

[33]【经典子题•单选题】下列各项中，关于行政事业单位固定资产计提折旧表述正确的是（　　）。

A. 以名义金额计量的固定资产不提折旧

B. 当月增加的固定资产，下月开始计提折旧

C. 折旧计入累计折旧科目

D. 提前报废的固定资产需要补提折旧

（三）长期股权投资

事业单位长期股权投资是事业单位取得的持有时间超过 1 年的债权性质投资和股权性质的投资。

长期股权投资在持有期间通常采用权益法核算。事业单位无权决定被投资单位的财务和经营政策或无权参与被投资单位的财务和经营政策决策的，应当采用成本法进行核算。

▲【考点母题——万变不离其宗】长期股权投资

下列各项中，关于长期股权投资的会计处理正确的有（　　）。		
项目	财务会计	预算会计

第25章

取得长期股权投资	以现金取得的长期股权投资		借：长期股权投资 　　应收股利（实际支付价款中包含的已宣告但尚未发放的股利或利润） 　　贷：银行存款等（实际支付的价款）	借：投资支出（实际收到的价款） 　　贷：资金结存——货币资金
	以现金以外的其他资产置换取得长期股权投资		借：长期股权投资（评估价值＋相关税费） 　　固定资产累计折旧（无形资产累计摊销） 　　资产处置费用（借方差额） 　　贷：固定资产——原价／无形资产 　　银行存款（相关税费） 　　其他收入（贷方差额）	借：其他支出（相关税费支出） 　　贷：资金结存——货币资金
	以未入账的无形资产取得的长期股权投资		借：长期股权投资 　　贷：银行存款 　　其他收入	借：其他支出（支付的相关税费） 　　贷：资金结存
持有长期股权投资期间	成本法下	被投资单位宣告发放现金股利或利润时	借：应收股利 　　贷：投资收益	—
		收到被投资单位发放的现金股利时	借：银行存款 　　贷：应收股利	借：资金结存——货币资金 　　贷：投资预算收益
	权益法下	被投资单位实现净利润时	借：长期股权投资——损益调整 　　贷：投资收益	—
		被投资单位宣告发放现金股利时	借：应收股利 　　贷：长期股权投资——损益调整	—
持有长期股权投资期间	权益法下	实际发放现金股利时	借：银行存款 　　贷：应收股利	借：资金结存——货币资金 　　贷：投资预算收益
		其他权益变动	借：长期股权投资——其他权益变动 　　贷：权益法调整（或借方） 【注意】处置时计入投资收益。	—

▲【考点子题——举一反三，真枪实练】

[34]【经典子题·判断题】事业单位无权决定被投资单位的财务和经营政策或无权参与被投资单位的财务和经营政策决策的，应当采用权益法进行核算。(　　)

[35]【历年真题·单选题】2017 年 5 月 10 日，甲事业单位以一项原价为 50 万元，已计提折旧 10 万元、评估价值为 100 万元的固定资产对外投资，作为长期投资核算，在投资过程中另以银行存款支付直接相关费用 1 万元，不考虑其他因素，甲事业单位该业务应计入长期投资成本的金额为(　　)万元。

A. 41　　　　　　　B. 100　　　　　　　C. 40　　　　　　　D. 101

[36]【历年真题·单选题】2×19 年 1 月 1 日，甲事业单位以银行存款 2 000 万元取得乙公司 40% 的有表决权股份，对该股权投资采用权益法核算。2×19 年度乙公司实现净利润 500 万元；2×20 年 3 月 1 日，乙公司宣告分派现金股利 200 万元；2×20 年 3 月 20 日，乙公司支付了现金股利。2×20 年度乙公司发生亏损 100 万元。不考虑其他因素，甲事业单位 2×20 年 12 月 31 日长期股权投资的账面余额为(　　)万元。

A. 2 000　　　　　B. 2 120　　　　　C. 2 080　　　　　D. 2 200

（四）公共基础设施和政府储备物资的核算

（1）公共基础设施

包括城市道路、桥梁、广场等等。

▲【考点母题——万变不离其宗】公共基础设施

下列各项中，关于公共基础设施的会计处理正确的有(　　)。

项目		财务会计	预算会计
取得公共基础设施	自行建造公共基础设施完工交付使用时	借：公共基础设施 　　贷：在建工程	—
	外购的公共基础设施	借：公共基础设施 　　贷：财政拨款收入/零余额账户用款额度/应付账款/银行存款等	借：行政支出/事业支出 　　贷：财政拨款预算收入/资金结存
公共基础设施累计折旧	按月计提公共基础设施折旧或摊销时	借：业务活动费用 　　贷：公共基础设施累计折旧（摊销）	—

处置公共基础设施	对外捐赠公共基础设施	借：资产处置费用 　　公共基础设施累计折旧（摊销） 　贷：公共基础设施（账面余额） 　　银行存款等（归属于捐出方的相关费用）	借：其他支出（支付的归属于捐出方的相关费用） 　贷：资金结存等
	无偿调出公共基础设施	借：无偿调拨净资产 　　公共基础设施累计折旧（摊销） 　贷：公共基础设施（账面余额） 借：资产处置费用 　贷：银行存款等（归属于调出方的相关费用）	借：其他支出（支付的归属于调出方的相关费用） 　贷：资金结存等

（2）政府储备物资

包括抢险救灾物资等。

♠【考点母题——万变不离其宗】政府储备物资

下列各项中，关于政府储备物资的会计处理正确的有（　　　）。

项目		财务会计	预算会计
取得政府储备物资	购入的政府储备物资	借：政府储备物资 　贷：财政拨款收入/零余额账户用款额度/应付账款/银行存款等	借：行政支出/事业支出 　贷：财政拨款预算收入/资金结存
发出政府储备物资	发出无需收回的政府储备物资	借：业务活动费用 　贷：政府储备物资（账面余额）	—
	动用发出需要收回或预期可能收回的政府储备物资	发出物资时： 借：政府储备物资——发出 　贷：政府储备物资——在库 按照规定的质量验收标准收回物资时： 借：政府储备物资——在库（收回物资的账面余额） 　　业务活动费用（未收回物资的账面余额） 　贷：政府储备物资——发出	—

♠【考点子题——举一反三，真枪实练】

[37]【经典子题·多选题】甲行政单位负有对国家某类救灾物资的行政管理职责，负责制定相关的收储、动用方案。2019 年 8 月 12 日，甲单位按规定动用救灾物资，向灾区发出一批救灾物资。其中，发出的 A 类物资为一次消耗性物资，发出后不再收回，发出的该类物资账面成本为 6 000 000 元；发出的 B 类物资为可重复使用物资，

预期能够大部分收回，共发出 B 类物资 2 000 件，每件账面成本 6 000 元。至 10 月 20 日，甲单位实际收回 B 类物资 1 800 件并按规定的质量标准予以验收，其余的 200 件在救灾中发生毁损。甲单位的账务处理正确的有（   ）。

A. 发出 A 类救灾物资的会计处理

借：业务活动费用　　　　　　　　　　　　　　　　　6 000 000

　　贷：政府储备物资——A 类物资　　　　　　　　　　　6 000 000

B. 发出 B 类救灾物资的会计处理

借：政府储备物资——B 类物资（发出）　　　　　　　12 000 000

　　贷：政府储备物资——B 类物资（在库）　　　　　　12 000 000

C. 收回 B 类物资的会计处理

借：政府储备物资——B 类物资（在库）　　　　　　　10 800 000

　　业务活动费用　　　　　　　　　　　　　　　　　　1 200 000

　　贷：政府储备物资——B 类物资（发出）　　　　　　12 000 000

D. 发出 B 类救灾物资的会计处理

借：业务活动费用　　　　　　　　　　　　　　　　　12 000 000

　　贷：政府储备物资——B 类物资（在库）　　　　　　12 000 000

 考点8 负债业务

（一）应缴财政款

应缴财政款是指单位取得或应收的按照规定应当上缴财政的款项，包括应缴国库的款项和应缴财政专户的款项。

（1）单位取得或应收按照规定应缴财政的款项时：
借：银行存款、应收账款等
　　贷：应缴财政款
（2）单位上缴应缴财政的款项时，按照实际上缴的金额：
借：应缴财政款
　　贷：银行存款

（二）应付职工薪酬

单位计算确认当期应付职工薪酬时，根据职工提供服务的受益对象确认相关成本和费用。

▲ 【考点母题——万变不离其宗】应付职工薪酬

项目	财务会计	预算会计
单位计算确认当期应付职工薪酬时	借：业务活动费用 / 单位管理费用 / 在建工程 / 经营费用等（根据职工提供服务的受益对象） 　贷：应付职工薪酬	—
实际支付工资	借：应付职工薪酬 　贷：财政拨款收入 / 零余额账户用款额度 / 银行存款等科目	借：行政支出 / 事业支出 / 经营支出等科目 　贷：财政拨款预算收入 / 资金结存科目
从应付职工薪酬中代扣个人所得税、社会保险费和住房公积金	借：应付职工薪酬——基本工资（按照税法规定代扣职工个人所得税） 　贷：其他应交税费——应交个人所得税 借：应付职工薪酬——基本工资（按照代扣的金额） 　贷：应付职工薪酬——社会保险费 / 住房公积金	—
实际支付个人所得税、社会保险费和住房公积金	借：应付职工薪酬——社会保险费 / 住房公积金 　　其他应交税费——应交个人所得税 　贷：财政拨款收入 / 零余额账户用款额度 / 银行存款等科目	借：行政支出 / 事业支出 / 经营支出等科目 　贷：财政拨款预算收入 / 资金结存科目

▲ 【考点子题——举一反三，真枪实练】

[38]【经典子题·多选题】2019 年 5 月，某事业单位为开展专业业务活动及其辅助活动人员发放基本工资 500 000 元，绩效工资 300 000 元，奖金 100 000 元，按规定应代扣代缴个人所得税 30 000 元，该单位以银行转账方式支付薪酬并上缴代扣的个人所得税。该事业单位计提应付职工薪酬的会计分录表述正确的有（　　）。

A. 借记业务活动费用 900 000 元　　　　B. 贷记应付职工薪酬 900 000 元

C. 贷记银行存款 870 000 元　　　　　　D. 借记业务活动费用 500 000 元

（三）借款

借款是事业单位从银行或其他金融机构等借入的款项。

▲ 【考点母题——万变不离其宗】借款

下列各项中，关于借款的会计处理正确的有（　）。		
项目	财务会计	预算会计

续表

取得借款	借：银行存款 　贷：短期借款（含1年） 　　　长期借款——本金	借：资金结存——货币资金 　贷：债务预算收入
计提借款利息（为购建固定资产等工程项目借入的专门借款的利息）	A. 发生的专门借款利息，按照借款利息减去尚未动用的借款资金产生的利息收入后的金额，属于工程项目建设期间发生的，计入工程成本；不属于工程项目建设期间发生的，计入当期费用 B. 工程项目建设期间是指自工程项目开始建造起至交付使用时止的期间 C. 工程项目建设期间发生非正常中断且中断时间连续超过3个月（含3个月）的，事业单位应当将非正常中断期间的借款费用计入当期费用	—
计提借款利息（其他借款的利息）	借：其他费用 　贷：应付利息/长期借款——应计利息 借：应付利息 　贷：银行存款	借：其他支出 　贷：资金结存——货币资金
偿还借款	借：短期借款 　　长期借款——本金 　　长期借款——应计利息 　贷：银行存款	借：债务还本支出 　　其他支出 　贷：资金结存——货币资金

【考点子题——举一反三，真枪实练】

[39]【经典子题·判断题】事业单位为购建固定资产等工程项目借入一般借款的，借款费用符合资本化条件的计入工程成本。（　　）

考点9　委托代理业务

委托代理资产是指政府单位接受委托方委托管理的各项资产，包括受托指定转赠的物资、受托存储保管的物资和罚没物资等。

资产负债表

受托代理资产　｜　受托代理负债

【考点母题——万变不离其宗】受托代理资产和受托代理负债

下列各项中，关于受托代理资产和受托代理负债的会计处理正确的有（　　）。		
项目	财务会计	预算会计

受托转赠物资	接受委托人委托需要转赠给受赠人的物资	借：受托代理资产 　贷：受托代理负债	—
	受托协议约定由受托方承担相关税费、运输费的	借：其他费用 　贷：财政拨款收入 / 零余额账户用款额度 / 银行存款等	借：其他支出（实际支付的相关税费、运输费等） 　贷：财政拨款预算收入 / 资金结存
	将受托转赠物资交付受赠人时	借：受托代理负债 　贷：受托代理资产	—
	转赠物资的委托人取消了对捐赠物资的转赠要求，且不再收回捐赠物资的	借：受托代理负债 　贷：受托代理资产 借：库存物品 / 固定资产等 　贷：其他收入	—
受托储存保管物资	接受委托人委托储存保管的物资	借：受托代理资产 　贷：受托代理负债	—
	支付由受托单位承担的与受托储存保管的物资相关的运输费、保管费等	借：其他费用等 　贷：财政拨款收入 / 零余额账户用款额度 / 银行存款等	借：其他支出等（实际支付的运输费、保管费等） 　贷：财政拨款预算收入 / 资金结存
	根据委托人要求交付受托储存保管的物资时	借：受托代理负债 　贷：受托代理资产	—
罚没物资	取得罚没物资时	借：受托代理资产 　贷：受托代理负债	—
	按照规定处置罚没物资时	借：受托代理负债 　贷：受托代理资产 处置时取得款项的： 借：银行存款等 　贷：应缴财政款	—

考点 10　PPP 项目合同

　　PPP 项目合同是指政府方与社会资本方依法依规就 PPP 项目合作所订立的合同。政府方在取得 PPP 项目资产时一般应当按照成本进行初始计量；按规定需要进行资产评估的，应当按照评估价值进行初始计量。

🌀【考点藏宝图】

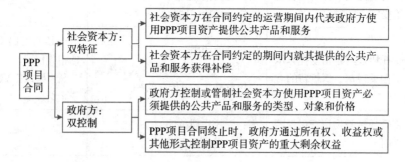

▲【考点母题——万变不离其宗】PPP 项目合同

	下列各项中，关于 PPP 项目合同的会计处理正确的有（　　）。	
取得	社会资本方投资建造、从第三方购买、现有资产形成的 PPP 项目资产	借：PPP 项目资产 　贷：PPP 项目净资产
	使用政府方现有资产形成的 PPP 项目资产（无须进行资产评估的）	借：PPP 项目资产 　公共基础设施累计折旧（摊销） 　贷：公共基础设施
	使用政府方现有资产形成的 PPP 项目资产（需要进行资产评估的）	借：PPP 项目资产（评估价） 　公共基础设施累计折旧（摊销） 　其他费用（借方差额） 　贷：公共基础设施 　　其他收入（贷方差额）
	社会资本方对政府方原有资产进行改建、扩建形成的 PPP 项目资产	借：PPP 项目资产（按照资产改建、扩建前的账面价值加上改建、扩建发生的支出，再扣除资产被替换部分账面价值后的金额） 　公共基础设施累计折旧（摊销） 　贷：公共基础设施 　　PPP 项目净资产
运营期间	计提折旧（摊销）	借：PPP 项目净资产 　业务活动费用（初始确认的 PPP 项目净资产金额小于 PPP 项目资产初始入账金额） 　贷：PPP 项目资产累计折旧（摊销）
	大修、改建、扩建等后续支出	借：PPP 项目资产（按照相关支出扣除资产被替换部分账面价值的差额） 　贷：PPP 项目净资产
	日常维修、养护等后续支出	不计入 PPP 项目资产的成本

续表

合同终止	不需要评估	借：公共基础设施 　　PPP 项目资产累计折旧（摊销） 贷：PPP 项目资产
	需要评估	借：公共基础设施（评估价） 　　PPP 项目资产累计折旧（摊销） 　　其他费用（借方差额） 贷：PPP 项目资产 　　其他收入（贷方差额）
	结转 PPP 项目净资产	借：PPP 项目净资产 贷：累计盈余

🔺【考点子题——举一反三，真枪实练】

[40]【经典子题·多选题】下列各项中，关于 PPP 项目合同的会计处理正确的有（　　）。

　　A. 政府方在取得 PPP 项目资产时一般应当按照成本进行初始计量

　　B. 政府方 PPP 项目资产计提折旧（摊销）贷记"累计折旧（摊销）"

　　C. PPP 项目资产的正常使用而发生的日常维修、养护等后续支出，不计入 PPP 项目资产的成本。

　　D. PPP 项目合同终止时，政府方应当将尚未冲减完的 PPP 项目净资产账面余额转入累计盈余

考点 11　部门（单位）合并财务报表

　　部门（单位）合并财务报表，是指以政府部门（单位）本级作为合并主体，将部门（单位）本级及其合并范围内全部被合并主体的财务报表进行合并后形成的，反映部门（单位）整体财务状况与运行情况的财务报表。

🔺【考点母题——万变不离其宗】部门（单位）合并财务报表

下列各项中，关于部门（单位）合并财务报表表述正确的有（　　）。		
合并范围	A. 部门（单位）合并财务报表的合并范围一般应当以财政预算拨款关系为基础予以确定	
	纳入合并财务报表范围	A. 部门（单位）所属的未纳入部门预决算管理的事业单位 B. 部门（单位）所属的纳入企业财务管理体系执行企业类会计准则制度的事业单位

合并范围	不纳入合并财务报表范围	A. 部门（单位）所属的企业，以及所属企业下属的事业单位 B. 与行政机关脱钩的行业协会商会 C. 部门（单位）财务部门按规定单独建账核算的会计主体，如工会经费、党费、团费和土地储备资金、住房公积金等资金（基金）会计主体 D. 挂靠部门（单位）的没有财政预算拨款关系的社会组织以及非法人性质的学术团体、研究会等
合并程序		A. 合并资产负债表。在抵销内部业务或事项对合并资产负债表的影响后，由部门（单位）本级合并编制 B. 合并收入费用表。在抵销内部业务或事项对合并收入费用表的影响后，由部门（单位）本级合并编制

🔺【考点子题——举一反三，真枪实练】

[41]【经典子题·判断题】部门（单位）合并财务报表的合并范围一般应当以控制为基础予以确定。（　　）

[42]【经典子题·多选题】根据政府会计准则的规定，应当纳入合并财务报表范围的有（　　）。

A. 部门（单位）所属的纳入企业财务管理体系执行企业类会计准则制度的事业单位

B. 部门（单位）所属的未纳入部门预决算管理的事业单位

C. 部门（单位）所属的企业

D. 部门（单位）财务部门按规定单独建账核算的工会经费会计主体

［本章考点子题答案及解析］

[1]【答案：√】

[2]【答案：×】执行《政府会计制度》的行政单位，对于纳入部门预算管理的现金收支业务，在采用财务会计核算的同时应当进行预算会计核算；对于其他业务，仅需进行财务会计核算。

[3]【答案：C】选项 A、B，属于企业会计要素；选项 D，属于政府财务会计要素。

[4]【答案：×】预算结余包括历年滚存的资金余额。

[5]【答案：ABC】政府财务会计要素包括资产、负债、净资产、收入和费用。

[6]【答案：ABCD】

[7]【答案：ACD】政府会计中资产的计量属性主要包括历史成本、重置成本、现值、公允价值和名义金额。

[8]【答案：ABC】政府会计中的负债计量属性包括历史成本、现值和公允价值。

[9]【答案：×】政府财务会计收入要素是指报告期内导致政府会计主体净资产增加的、含有服务潜力或经济利益的经济资源的流入，不是预算收入要素。

[10]【答案：ABCD】

[11]【答案：ABC】选项 D 属于政府决算报告的内容。

[12]【答案：×】政府综合财务报告包括资产负债表、收入费用表和净资产变动表等。

[13]【答案：√】

[14]【答案：C】政府会计合并财务报表至少包括合并资产负债表、合并收入费用表和附注。

[15]【答案：ABC】对于单位应上缴财政的现金所涉及的收支业务，仅需要进行财务会计处理，不需要进行预算会计处理，选项 D 错误。

[16]【答案：A】该笔业务会计处理如下：

财务会计的账务处理：

借：单位管理费用　　　　　　　105 000

　　贷：财政拨款收入　　　　　　　　105 000

预算会计的账务处理：

借：事业支出　　　　　　　　　105 000

　　贷：财政拨款预算收入　　　　　　105 000

[17]【答案：ABC】选项 D 错误。

（1）2019 年 12 月 31 日补记指标：

借：财政应返还额度——财政直接支付100 000

　　贷：财政拨款收入　　　　　　　　100 000

借：资金结存——财政应返还额度　100 000

　　贷：财政拨款预算收入　　　　　　100 000

（2）2020 年 1 月 15 日使用上年预算指标购买办公用品：

借：库存物品　　　　　　　　　 50 000

　　贷：财政应返还额度——财政直接支付　50 000

借：行政支出　　　　　　　　　 50 000

　　贷：资金结存——财政应返还额度　 50 000

[18]【答案：ABCD】相关会计分录如下：

财务会计：

借：库存物品　　　　　　　　　　　10

　　贷：财政应返还额度——财政直接支付　　10

预算会计：

借：行政支出　　　　　　　　　　　10

　　贷：资金结存——财政应返还额度　　　10

[19]【答案：ABCD】

[20]【答案：CD】选项 C、D 正确。

借：零余额账户用款额度　　　　300

　　贷：财政应返还额度　　　　　　300

[21]【答案：√】

[22]【答案：A】（1）收到应上缴财政专户的事业收入时：

借：银行存款　　　　　　　　 5 000 000

   贷：应缴财政款   5 000 000

  （2）向财政专户上缴款项时：

   借：应缴财政款   5 000 000

    贷：银行存款   5 000 000

  （3）收到从财政专户返还的事业收入时：

   借：银行存款   5 000 000

    贷：事业收入   5 000 000

   借：资金结存——货币资金 5 000 000

    贷：事业预算收入   5 000 000

[23]【答案：ABCD】

[24]【答案：C】选项 A，计入事业预算收入；选项 B，计入财政拨款预算收入；选项 D，对纳入预算管理的现金收支业务财务会计和预算会计同时核算，对不纳入预算管理的现金收支，只进行财务会计核算，不进行预算会计核算。

[25]【答案】

   借：库存商品   101 000

    贷：捐赠收入   100 000

     银行存款   1 000 000

  同时，

   借：其他支出   1 000

    贷：资金结存——货币资金 1 000

[26]【答案：AB】（1）结转财政拨款收入时：

   借：财政拨款预算收入   2 000 000

    贷：财政拨款结转——本年收支结转 2 000 000

  （2）结转财政拨款支出时：

   借：财政拨款结转——本年收支结转 1 400 000

    贷：事业支出——财政拨款支出 1 400 000

[27]【答案：AB】将项目结余转入财政拨款结余时：

   借：财政拨款结转——累计结转 65 000

    贷：财政拨款结余——结转转入 65 000

[28]【答案：A】年末结转上级补助预算收入中该科研专项资金收入时：

   借：上级补助预算收入   6 000 000

    贷：非财政拨款结转——本年收支结转 6 000 000

  年末结转事业支出中该科研专项支出时：

   借：非财政拨款结转——本年收支结转 5 600 000

    贷：事业支出——非财政专项资金支出 5 600 000

  年末冲销有关明细科目余额时：

借：非财政拨款结转——本年收支结转　　400 000

　　贷：非财政拨款结转——累计结转　　　　400 000

经批准确定结余资金留归本单位使用时：

借：非财政拨款结转——累计结转　　400 000

　　贷：非财政拨款结余——结转转入　　　　400 000

[29]【答案：A】（1）结转其他结余时：

借：其他结余　　　　　　　　　50 000

　　贷：非财政拨款结余分配　　　　　50 000

（2）结转经营结余时：

借：经营结余　　　　　　　　　40 000

　　贷：非财政拨款结余分配　　　　　40 000

（3）提取专用基金时：

借：非财政拨款结余分配　　　　12 000

　　贷：专用结余——职工福利基金　　　12 000

借：本年盈余分配　　　　　　　12 000

　　贷：专用基金职工福利基金　　　　　12 000

（4）将"非财政补助结余分配"的余额转入非财政拨款结余时：

借：非财政拨款结余分配　　　　78 000

　　贷：非财政拨款结余　　　　　　　78 000

[30]【答案：AB】

借：库存物品　　　　　　　　　21 000

　　贷：银行存款　　　　　　　　　　1 000

　　　　无偿调拨净资产　　　　　　　20 000

同时，

借：其他支出　　　　　　　　　1 000

　　贷：资金结存——货币资金　　　　　1 000

[31]【答案：B】预算会计：

借：事业支出　　　　　　　　　928 000

　　贷：资金结存——货币资金　　　　928 000

财务会计：

借：固定资产　　　　　　　　　800 000

　　应交增值税——应交税金（进项税额）　128 000

　　贷：银行存款　　　　　　　　　　928 000

[32]【答案：B】

借：业务活动费用　　　　　　　50 000

　　贷：固定资产累计折旧　　　　　　50 000

[33]【答案：A】选项B，当月增加的固定资产，当月开始计提折旧；选项C，折旧计入固定资产累计折

旧科目；选项 D，提前报废的固定资产，也不再计提折旧。

[34]【答案：×】事业单位无权决定被投资单位的财务和经营政策或无权参与被投资单位的财务和经营政策决策的，应当采用成本法进行核算。

[35]【答案：D】该项长期投资成本 =100+1=101（万元），选项 D 正确。

借：长期股权投资	101		
固定资产累计折旧	10		
贷：固定资产		50	
银行存款		1	
其他收入		60	

[36]【答案：C】甲事业单位财务会计相关分录如下：

借：长期股权投资——投资成本　　　　2 000
　　贷：银行存款　　　　　　　　　　　　　2 000

借：长期股权投资——损益调整　　200（500×40%）
　　贷：投资收益　　　　　　　　　　　　　200

借：应收股利　　　　　　　　　80（200×40%）
　　贷：长期股权投资——损益调整　　　　80

借：银行存款　　　　　　　　　　80
　　贷：应收股利　　　　　　　　　　　　　80

借：投资收益　　　　　　　　　　40
　　贷：长期股权投资——损益调整　　40（100×40%）

长期股权投资账面余额 =2 000+200-80-40=2 080（万元）。

[37]【答案：ABC】（1）2019 年 8 月 12 日发出救灾物资：

借：业务活动费用　　　　　　　　　　　6 000 000
　　贷：政府储备物资——A 类物资　　　　6 000 000

借：政府储备物资——B 类物资（发出）12 000 000
　　贷：政府储备物资——B 类物资（在库）　12 000 000

（2）2019 年 10 月 20 日收回 B 类物资：

借：政府储备物资——B 类物资（在库）10 800 000
　　业务活动费用　　　　　　　　　　　1 200 000
　　贷：政府储备物资——B 类物资（发出）12 000 000

[38]【答案：AB】（1）计提应付职工薪酬时：

借：业务活动费用　　　　　　　　　　900 000
　　贷：应付职工薪酬——基本工资　　500 000
　　　　　　　　　　　——绩效工资　　300 000
　　　　　　　　　　　——其他个人收入 100 000

（2）代扣个人所得税时：

借：应付职工薪酬—— 基本工资　　300 000

　　　　贷：其他应交税费——应交个人所得税 300 000

（3）实际支付职工薪酬：

借：应付职工薪酬——基本工资　　470 000

　　　　　　　　——绩效工资　　300 000

　　　　　　　　——其他个人收入 100 000

　　　贷：银行存款　　　　　　　　　870 000

同时，

借：事业支出　　　　　　　　　　870 000

　　贷：资金结存——货币资金　　　870 000

（4）上缴代扣的个人所得税时：

借：其他应交税费——应交个人所得税 30 000

　　贷：零余额账户用款额度　　　　 30 000

同时，

借：事业支出　　　　　　　　　　 30 000

　　贷：资金结存——零余额账户用款额度 30 000

[39]【答案：×】事业单位为购建固定资产等工程项目借入专门借款的借款费用，属于工程项目建设期
　　间发生的，计入工程成本。

[40]【答案：ACD】政府方 PPP 项目计提折旧（摊销）计入"PPP 项目资产累计折旧（摊销）"，选项 B
　　错误。

[41]【答案：×】部门（单位）合并财务报表的合并范围一般应当以财政预算拨款关系为基础予以确定。

[42]【答案：AB】选项 C、D，属于不纳入合并财务报表范围的主体。

第 26 章　民间非营利组织会计

本章比较独立，介绍了民间非营利组织会计制度。本章分值不高，每年考一个客观题。

本章思维导图

民间非营利组织会计
- 民间非营利组织会计概述
  - 概念和特点：权责发生制
  - ★基本原则与会计要素：资产、负债、净资产、收入和费用
  - 报告的构成：资产负债表、业务活动表、现金流量表三张基本报表，以及会计报表附注
- 民间非营利组织特定业务的核算
  - 受托代理业务的核算
  - ★捐赠收入的核算：承诺不靠谱，劳务讲奉献
  - 业务活动成本的核算
  - ★净资产的核算：限定性净资产和非限定性净资产

近三年真题考点分布

题　型	2020 年		2021 年		2022 年		考　点
	第一批	第二批	第一批	第二批	第一批	第二批	
单选题	—	—	1	—	—	—	捐赠收入的核算、受托代理业务的核算
多选题	—	—	—	1	—	1	
判断题	1	1	—	—	1	—	
计算分析题	—	—	—	—	—	—	
综合题	—	—	—	—	—	—	

扫码畅听增值课

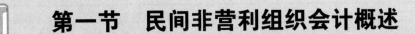

第一节　民间非营利组织会计概述

考点 1　民间非营利组织会计概述

民间非营利组织是指通过筹集社会民间资金举办的、不以营利为目的组织，包括民办非企业单位和寺院、宫观、清真寺、教堂等。

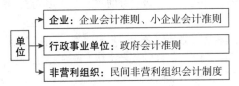

（1）民间非营利组织会计的概念和特点

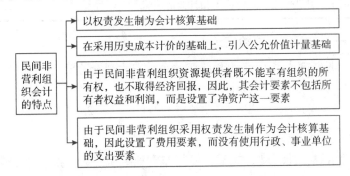

⚠【考点子题——举一反三，真枪实练】

［1］【历年真题·判断题】民间非营利组织应当采用收付实现制作为会计核算基础。（　　）

（2）民间非营利组织会计核算的基本原则与会计要素

🌀【考点藏宝图】

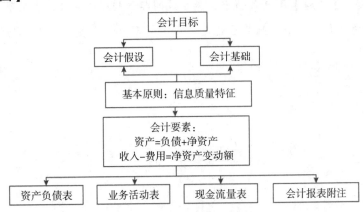

⚠【考点母题——万变不离其宗】会计要素

	下列各项中，关于民间非营利组织会计要素表述正确的有（ ）。
资产	指过去的交易或事项形成并由民间非营利组织拥有或者控制的资源，该资源预期会给民间非营利组织带来经济利益或者服务潜力，包括流动资产、长期投资、固定资产、无形资产和受托代理资产等
负债	指过去的交易或事项形成的现时义务，履行该义务预期会导致含有经济利益或者服务潜力的资产流出民间非营利组织，包括流动负债、长期负债和受托代理负债等
净资产	资产减去负债后的余额，包括限定性净资产和非限定性净资产
收入	开展业务活动取得的、导致本期净资产增加的经济利益或者服务潜力的流入。包括捐赠收入、会费收入、提供服务收入、政府补助收入、投资收益、商品销售收入等主要业务活动收入和其他收入 各项收入应当按是否存在限定区分为非限定性收入和限定性收入进行核算。如果资产提供者对于资产的使用设置了时间限制或者（和）用途限制，则所确认的相关收入为限定性收入，除此之外的其他收入为非限定性收入
费用	为开展业务活动所发生的、导致本期净资产减少的经济利益或者服务潜力流出，包括业务活动成本、管理费用、筹资费用和其他费用等

⚠【考点子题——举一反三，真枪实练】

［2］【经典子题·判断题】民间非营利组织的会计要素划分为资产、负债、净资产、收入和费用。（ ）

（3）民间非营利组织的财务会计报告的构成

《民间非营利组织会计制度》规定，民间非营利组织的会计报表至少应当包括资产负债表、业务活动表和现金流量表三张基本报表以及附注。

考点锦囊 四件套，少一件，有附注。

⚠【考点子题——举一反三，真枪实练】

［3］【经典子题·多选题】下列各项中，属于民间非营利组织会计报表的有（ ）。

    A. 资产负债表   B. 业务活动表   C. 现金流量表   D. 附注

第二节　民间非营利组织特定业务的核算

考点 2　捐赠收入的核算

捐赠收入是指民间非营利组织接受其他单位或者个人捐赠所取得的收入。

★ 【考点母题——万变不离其宗】捐赠收入

下列各项中，关于民间非营利组织捐赠收入的核算表述正确的有（　）。	
接受现金资产捐赠时，实际收到款项	借：银行存款等 　　贷：捐赠收入——限定性收入（有限定用途） 　　　　捐赠收入——非限定性收入（无限定用途）
接受非现金资产捐赠时	A. 如果捐赠方提供了有关凭据的，受赠资产应当按照凭据上标明的金额作为入账价值（凭据金额与公允价值相差较大，按照公允价值入账） B. 如果捐赠方没有提供有关凭据的，受赠资产按公允价值入账
对于接受的附条件捐赠，如果存在需要偿还全部或部分捐赠资产或者相应金额的现时义务时，按照需要偿还的金额	借：管理费用 　　贷：其他应付款
如果限定性捐赠收入的限制在确认收入的当期得以解除	借：捐赠收入——限定性收入 　　贷：捐赠收入——非限定性收入
期末	借：捐赠收入——限定性收入 　　贷：限定性净资产 借：捐赠收入——非限定性收入 　　贷：非限定性净资产

续表

【判断金句】
1. 民间非营利组织对于**捐赠承诺**，不应予以确认。（ ）
2. 民间非营利组织对于**劳务捐赠**，不应予以确认。（ ）

考点锦囊 **捐赠有条件，收入计限定；承诺不靠谱，劳务讲奉献。**

【考点子题——举一反三，真枪实练】

[4]【经典子题·计算分析题】2018 年 8 月 24 日，某基金会与乙企业签订了一份捐赠协议。协议规定，乙企业将向该基金会捐赠 180 000 元，其中 160 000 元用于资助贫困地区的儿童，20 000 元用于此次捐赠活动的管理，款项将在协议签订后的 20 日内汇至该基金会银行账户。根据此协议，2018 年 9 月 12 日，该基金会收到了乙企业捐赠的款项 180 000 元。2018 年 10 月 9 日，该基金会将 160 000 元转赠给数家贫困地区的小学，并发生了 18 000 元的管理费用。2018 年 10 月 14 日，该基金会与乙企业签订了一份补充协议，协议规定，此次捐赠活动节余的 2 000 元由该基金会自由支配。

要求：编制该基金会相关的账务处理。

[5]【历年真题·多选题】下列各项中，民间非营利组织应确认捐赠收入的有（ ）。

    A. 接受志愿者无偿提供的劳务   B. 收到捐赠人未限定用途的物资

    C. 收到捐赠人的捐赠承诺函   D. 收到捐赠人限定了用途的现金

[6]【历年真题·判断题】民间非营利组织接受劳务捐赠时，应当按照其公允价值确认捐赠收入。（ ）

[7]【历年真题·判断题】民间非营利组织对于捐赠承诺，应作为捐赠收入予以确认。（ ）

[8]【历年真题·判断题】民间非营利组织接受捐款后，因无法满足捐赠所附条件而将部分捐款退还给捐赠人时，应冲减捐赠收入。（ ）

[9]【历年真题·判断题】民间非营利组织接受捐赠的固定资产，捐赠方没有提供相关凭据，应当以公允价值计量。（ ）

考点3 **受托代理业务的核算**

    受托代理业务是指民间非营利组织从委托方收到受托资产，并按照委托人的意愿将资产转赠给指定的其他组织或者个人的受托代理过程。

【考点藏宝图】

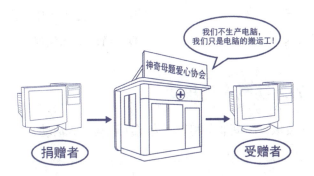

 会计故事会·捐赠

　　媒体："为什么不直接捐给受赠者？"

　　捐赠者："抵个税，留个名，行不行？"

　　媒体："手动点赞！"

【考点母题——万变不离其宗】受托代理业务

下列各项中，关于民间非营利组织受托代理业务的会计核算表述正确的有（　　）。	
收到受托代理资产时	借：受托代理资产（**金额：有凭据看凭据，凭据与公允价值相差较大看公允**） 　　贷：受托代理负债
在转赠或者转出受托代理资产时	借：受托代理负债 　　贷：受托代理资产
收到的受托代理资产如果为现金、银行存款或者其他货币资金	（1）收到时： 借：银行存款等 　　贷：受托代理负债 （2）转出时： 借：受托代理负债 　　贷：银行存款等

考点锦囊　资产对资产，货币不区分。

【考点子题——举一反三，真枪实练】

[10]**【历年真题·判断题】**甲基金会与乙企业签订一份协议，约定乙企业通过甲基金会向丙希望小学捐款 30 万元，甲基金会在收到乙企业汇来的捐款时应确认捐赠收入。（　　）

[11]**【历年真题·判断题】**民间非营利组织对其受托代理的非现金资产，如果资产凭据上标明的金额与其公允价值相差较大，应以该资产的公允价值作为入账价值。（　　）

[12]**【历年真题·多选题】**2015 年 12 月 10 日，甲民间非营利组织按照与乙企业签订的一份捐赠协议，向乙企业指定的一所贫困小学捐赠电脑 50 台，该组织收到乙企业捐赠

第26章

的电脑时进行的下列会计处理中，正确的有（　　）。

A. 确认固定资产
B. 确认受托代理资产
C. 确认捐赠收入
D. 确认受托代理负债

考点4　业务活动成本的核算

业务活动成本科目核算民间非营利组织为了实现其业务活动目标、开展其项目活动或者提供服务所发生的费用。

▲【考点母题——万变不离其宗】业务活动成本

下列各项中，关于民间非营利组织业务活动成本的核算表述正确的有（　　）。	
发生的业务活动成本	借：业务活动成本 　贷：银行存款等
会计期末	借：非限定性净资产 　贷：业务活动成本

▲【考点子题——举一反三，真枪实练】

[13]【经典子题·计算分析题】甲教育基金会 2023 年 4 月 25 日用银行存款向希望中学捐赠 20 000 元，用于奖励优秀青年教师。不考虑相关税费。

要求：编写甲基金会的账务处理。

[14]【经典子题·计算分析题】2021 年 8 月 5 日，某社会团体对外售出杂志 2 万份，每份售价 5 元，款项已于当日收到（假定均为银行存款），每份杂志的成本为 4 元。假定销售符合收入确认条件，不考虑相关税费。

要求：编写该社会团体的账务处理。

[15]【经典子题·计算分析题】2021 年 12 月 31 日，某民间非营利组织"业务活动成本"科目的借方余额为 230 000 元。

要求：编写该社会团体的账务处理。

考点5　净资产的核算

民间非营利组织的净资产是指资产减去负债后的余额。民间非营利组织的净资产分为限定性净资产和非限定性净资产。

【考点藏宝图】

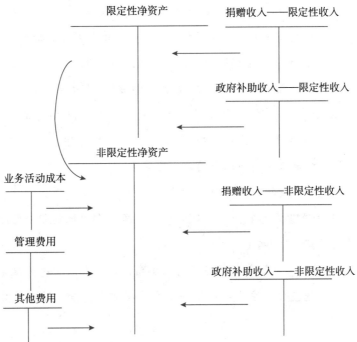

各回各家，各找各妈。

【考点母题——万变不离其宗】净资产

下列各项中，关于民间非营利组织净资产的核算表述正确的有（　　）。	
注册资本	A. 借：银行存款等 　　　贷：限定性净资产（使用受到时间限制或用途限制的） 　　　　　非限定性净资产 B. 社会团体、基金会、社会服务机构变更登记注册资金属于自愿采取的登记事项变更，并不引起资产和净资产的变化，无须进行会计处理
期末结转限定性收入	借：捐赠收入——限定性收入 　贷：限定性净资产 借：政府补助收入——限定性收入 　贷：限定性净资产
限定性净资产的重分类	借：限定性净资产 　贷：非限定性净资产
非限定性净资产的核算	借：捐赠收入——非限定性收入 　贷：非限定性净资产 借：非限定性净资产 　贷：业务活动成本
调整以前期间非限定性收入、费用项目	【例】2022 年 5 月 6 日，某基金会发现上一年度的一项无形资产摊销 6 000 元未记录。该基金会应当追溯调整 2021 年度业务活动中的管理费用（调增 6 000 元），减少非限定性净资产期初数 6 000 元。 借：非限定性净资产（期初数）　　　6 000 　贷：无形资产　　　　　　　　　　　　　6 000

⚠【考点子题——举一反三，真枪实练】

[16]【经典子题·判断题】社会团体、基金会、社会服务机构变更登记注册资金属于自愿采取的登记事项变更，并不引起资产和净资产的变化，无须进行会计处理。（　）

[17]【经典子题·计算分析题】2018年11月5日，某捐赠举办的民办学校获得一笔23 000元的捐赠，捐赠人要求将款项用于奖励该校2019年度科研竞赛的前十名学生。该民办学校在2018年12月7日，又得到一笔1 000 000元的政府实拨补助款，要求用于资助贫困学生。该民办学校在2019年10月将2018年收到的23 000元捐款以现金的形式奖励给了科研比赛的前十名学生。

要求：编写该民办学校的账务处理。

[18]【历年真题·判断题】民间非盈利组织的限定性净资产的限制即使已经解除，也不应当对净资产进行重新分类。（　）

[19]【历年真题·判断题】甲基金会经与捐赠人协商，捐赠人同意将原限定捐赠给特定群体的款项转为由基金会自主支配。甲基金会应将该限定性净资产重分类为非限定性净资产。（　）

[本章考点子题答案及解析]

[1]【答案：×】民间非营利组织采用权责发生制为核算基础。

[2]【答案：√】

[3]【答案：ABCD】民间非营利组织会计报表至少包括资产负债表、业务活动表、现金流量表三张基本报表，以及会计报表附注。

[4]【答案】该基金会的账务处理如下：

（1）2018年8月24日，不满足捐赠收入的确认条件，不需要进行账务处理。

（2）2018年9月12日，按照收到的捐款金额，确认捐赠收入。

借：银行存款　　　　　　　　　　180 000

　　贷：捐赠收入——限定性收入　　　180 000

（3）2018年10月9日，按照实际发生的金额，确认业务活动成本。

借：业务活动成本　　　　　　　　160 000

　　管理费用　　　　　　　　　　18 000

　　贷：银行存款　　　　　　　　　178 000

（4）2018年10月14日

借：捐赠收入——限定性收入　　　2 000

　　贷：捐赠收入——非限定性收入　　2 000

[5]【答案：BD】选项A，民间非营利组织对于其接受的劳务捐赠，不予以确认；选项C，捐赠承诺不满足非交换交易收入的确认条件，民间非营利组织对于捐赠承诺，不予以确认。

[6]【答案：×】劳务捐赠，不予确认，但应在会计报表附注中披露。

[7]【答案：×】由于捐赠承诺不满足非交换交易收入的确认条件，民间非营利组织对于捐赠承诺不应予以确认。

[8]【答案：×】借记"管理费用"科目，贷记"其他应付款"等科目。

[9]【答案：√】

[10]【答案：×】该事项属于受托代理业务，甲基金会在收到乙企业汇来的捐款时，应借记"银行存款——受托代理资产"等科目，贷记"受托代理负债"科目，不确认捐赠收入。

[11]【答案：√】

[12]【答案：BD】乙企业在该项业务当中，只是起到中介人的作用，收到受托代理资产时，应该确认受托代理资产和受托代理负债。

[13]【答案】

　　借：业务活动成本　　　　　　　　20 000
　　　　贷：银行存款　　　　　　　　　　　　20 000

[14]【答案】按照配比原则，在确认销售收入时，应当结转相应的成本。

　　借：银行存款　　　　　　　　　　100 000
　　　　贷：商品销售收入　　　　　　　　　100 000
　　借：业务活动成本——商品销售成本　80 000
　　　　贷：存货　　　　　　　　　　　　　　80 000

【 15 】【答案】该民间非营利组织的账务处理如下：

　　借：非限定性净资产　　　　　　　230 000
　　　　贷：业务活动成本　　　　　　　　　230 000

[16]【答案：√】

[17]【答案】该民办学校账务处理如下：

　　（1）2018 年 11 月 5 日，收到捐款：

　　借：银行存款　　　　　　　　　　23 000
　　　　贷：捐赠收入——限定性收入　　　　23 000

　　（2）2018 年 12 月 7 日，收到补助款：

　　借：银行存款　　　　　　　　　1 000 000
　　　　贷：政府补助收入——限定性收入　1 000 000

　　（3）2018 年 12 月 31 日，将捐赠收入结转限定性净资产：

　　借：捐赠收入——限定性收入　　　23 000
　　　　贷：限定性净资产　　　　　　　　　23 000
　　借：政府补助收入——限定性收入　1 000 000
　　　　贷：限定性净资产　　　　　　　　1 000 000

　　（4）在 2019 年 10 月以现金的形式奖励给了科研比赛的前十名学生：

　　借：业务活动成本　　　　　　　　23 000
　　　　贷：现金　　　　　　　　　　　　　23 000
　　借：限定性净资产　　　　　　　　23 000

　　　　贷：非限定性净资产　　　　　　　23 000

　　　（5）2019 年 12 月 31 日：

　　　　借：非限定性净资产　　　　　　　23 000

　　　　　　贷：业务活动成本　　　　　　　23 000

[18]【答案：×】应对该净资产进行重分类，将其转入非限定性净资产。会计分录为：

　　　　借：限定性净资产

　　　　　　贷：非限定性净资产

[19]【答案：√】